JOOMLA

LE GUIDE COMPLET

Micro Application

Copyright © 2012 MA EDITIONS
88 ter, avenue du Général-Leclerc
92100 Boulogne-Billancourt

1ère Édition - Juillet 2012

Auteur MOSAIQUE Informatique

Avertissement aux utilisateurs

Les informations contenues dans cet ouvrage sont données à titre indicatif et n'ont aucun caractère exhaustif voire certain. A titre d'exemple non limitatif, cet ouvrage peut vous proposer une ou plusieurs adresses de sites Web qui ne seront plus d'actualité ou dont le contenu aura changé au moment où vous en prendrez connaissance.
Aussi, ces informations ne sauraient engager la responsabilité de l'Editeur. La société MA EDITIONS ne pourra être tenue responsable de toute omission, erreur ou lacune qui aurait pu se glisser dans ce produit ainsi que des conséquences, quelles qu'elles soient, qui résulteraient des informations et indications fournies ainsi que de leur utilisation.
Tous les produits cités dans cet ouvrage sont protégés, et les marques déposées par leurs titulaires de droits respectifs. Cet ouvrage n'est ni édité, ni produit par le(s) propriétaire(s) de(s) programme(s) sur le(s) quel(s) il porte et les marques ne sont utilisées qu'à seule fin de désignation des produits en tant que noms de ces derniers.

ISBN : 978-2-822-401296

ISSN : 1950-0289

Avant-propos

Destinée aussi bien aux débutants qu'aux utilisateurs initiés, la collection *Guide Complet* repose sur une méthode essentiellement pratique. Les explications, données dans un langage clair et précis, s'appuient sur de courts exemples. En fin de chaque chapitre, découvrez, en fonction du sujet, des exercices, une check-list ou une série de FAQ pour répondre à vos questions.

Vous trouverez dans cette collection les principaux thèmes de l'univers informatique : matériel, bureautique, programmation, nouvelles technologies...

Conventions typographiques

Afin de faciliter la compréhension des techniques décrites, nous avons adopté les conventions typographiques suivantes :

- **gras** : menu, commande, boîte de dialogue, bouton, onglet.
- *italique* : zone de texte, liste déroulante, case à cocher, bouton radio.
- `Police bâton` : Instruction, listing, adresse internet, texte à saisir.
- ✂ : indique un retour à la ligne volontaire dû aux contraintes de la mise en page.

REMARQUE

Il s'agit d'informations supplémentaires relatives au sujet traité.

ATTENTION

Met l'accent sur un point important, souvent d'ordre technique qu'il ne faut négliger à aucun prix.

ASTUCE

Propose conseils et trucs pratiques.

DEFINITION

Donne en quelques lignes la définition d'un terme technique ou d'une abréviation.

LE CONCEPT DU CMS

Même s'il est d'usage de comparer Internet à une toile d'araignée, l'image n'est que partiellement fondée... En effet, les arachnides ont pour habitude de tisser seules... Or la toile du Web, qui s'étend toujours plus chaque jour, est l'œuvre d'un nombre important et croissant d'acteurs. Webmestres, informaticiens, scientifiques, journalistes, blogueurs, marchands, passionnés en tous genres de sujets en tous types ; chacun d'eux, chacun de nous, tisse, à tout instant, une maille supplémentaire, participant ainsi à ce fantastique accroissement de la mise en ligne des connaissances technologiques, culturelles et artistiques, révolution majeure de la dernière décennie.

Chaque jour voit de nouvelles techniques naître, des habitudes changer, des internautes plus curieux mais aussi, forcément, plus pressés de savoir, découvrir, essayer et également laisser leur propre trace dans la mémoire sans fin du réseau.

Plus question, en effet, de se limiter à la consultation passive de sites construits uniquement avec des textes et des images. Musiques, films, forums, chats, messageries instantanées, réponses aux articles sont les éléments constituants du Web moderne.

N'oublions pas le commerce électronique. . Cette révolution dans la révolution, fonctionnalité balbutiante hier, parfaitement mature aujourd'hui, capable de faire vaciller certaines grandes structures commerciales, construites sur des techniques de vente traditionnelles, et qui payent cher, pour certaines, l'erreur de ne pas avoir anticipé la vague déferlante du commerce en ligne.

Passionnant mais bouillonnant, pourvoyeur de richesses intellectuelles et financières pour certains, de rêves et de désillusions pour d'autres, le Web est sans merci et ne laisse pas place à l'inefficacité. Que l'on soit rédacteur ou commerçant, on ne crée plus aujourd'hui des pages comme on le faisait il y a encore quelques années. Performance et rentabilité sont les maîtres mots de la réussite, en matière de gestion du contenu rédactionnel, qui ne peut plus s'opérer de façon artisanale. Et c'est tout naturellement en réponse à ce besoin de productivité que sont nés les systèmes de gestion de contenu.

L'objectif de ce livre est de vous présenter Joomla. À nos yeux, Joomla est le système de gestion de contenu le plus abouti et le plus polyvalent. Il est capable, par exemple, de se transformer en forum de discussion, en galerie d'images et surtout, comme vous le découvrirez dans la seconde partie de cet ouvrage, en site de commerce électronique.

Qu'est-ce qu'un système de gestion de contenu ? Avant de pouvoir répondre à cette question, il est nécessaire de revenir sur les techniques traditionnelles de réalisation d'un site Internet.

1.1. Techniques traditionnelles de construction de sites

Pour comprendre l'intérêt des systèmes de gestion de contenu, il vous faut bien différencier les deux familles de sites web en ligne à ce jour : les sites statiques et les sites dynamiques.

Créer un site statique, une technique aujourd'hui dépassée

Toutes les pages qui composent les sites web que vous visitez, respectent des normes de conception, celles du langage XHTML, nouvelle mouture du langage HTML.

Le HTML (*Hypertext Markup Language*) est un langage de mise en forme de documents, employé afin d'afficher les contenus des pages web dans les navigateurs Internet. Ce langage est une variante du SGML (*Standard Generalized Markup Language*).

La structure du HTML est fondée sur l'utilisation de "balises", instructions permettant la mise en forme des documents, essentiellement composés de textes et d'images. L'une d'entre elles est fondamentale, puisqu'elle autorise la création de liens "hypertextes", qui permettent, par simple clic sur une chaîne de caractères ou une image, d'ouvrir une autre page. Cette fonctionnalité, qui autorise les sauts d'une page à une autre, est à l'origine de l'expression "surfer sur le Web".

En complément du code HTML, il est fréquent de trouver, greffées dans les pages, des fonctionnalités complémentaires, telles que des animations sophistiquées en technologie Flash, des vidéos ou des morceaux de code Javascript. Ces derniers sont utilisés afin de réaliser des traitements impossibles en HTML, tels que des validations de données dans des formulaires (zones de collectes d'informations structurées), des calculs ou encore certains types de menus déroulants.

Autre complément aujourd'hui indissociable des pages HTML, les feuilles de style en cascades (dont l'extension de fichiers est *.ccs*), traduction française de l'expression "*Cascading Style Sheet*" et dont la fonction est de gérer la mise en forme des pages. L'utilisation des feuilles de style a constitué un progrès majeur car elle a simplifié considérablement la lecture du code HTML.

REMARQUE

"Page HTML", un abus de langage

Parler de *pages HTML* est aujourd'hui un abus de langage puisque le HTML a été remplacé par le XHTML et par HTML 5. Cette expression est toutefois très répandue et nous l'utiliserons dans ce qui suit pour désigner les pages web, quelle que soit la version du langage utilisée.

La méthode la plus simple, la plus ancienne également, pour réaliser un site web, est celle du *site statique*. Dans un tel site, les pages sont écrites par le webmestre, en langage HTML, soit par une saisie totale du code dans un éditeur de texte, tel que le Bloc-notes, soit par le biais d'un logiciel de création de pages WYSIWYG tel que Dreamweaver.

REMARQUE

Éditeur de texte et générateur de code WYSIWYG

On nomme *éditeur de texte* un logiciel simple, qui peut être comparé à un traitement de texte qui ne disposerait pas de fonctionnalités de mise en forme du texte. Le langage HTML étant un langage de mise en forme de documents, c'est en effet le code de la page et celui de la feuille de style à laquelle elle est rattachée qui contiennent les instructions de mise en forme.

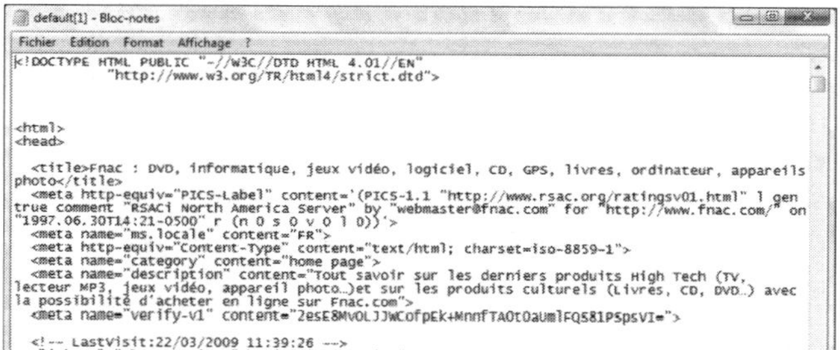


```
<!DOCTYPE HTML PUBLIC "-//W3C//DTD HTML 4.01//EN"
          "http://www.w3.org/TR/html4/strict.dtd">



<html>
<head>

  <title>Fnac : DVD, informatique, jeux vidéo, logiciel, CD, GPS, livres, ordinateur, appareils
photo</title>
  <meta http-equiv="PICS-Label" content='(PICS-1.1 "http://www.rsac.org/ratingsv01.html" l gen
true comment "RSACi North America Server" by "webmaster@fnac.com" for "http://www.fnac.com/" on
"1997.06.30T14:21-0500" r (n 0 s 0 v 0 l 0))'>
  <meta name="ms.locale" content="FR">
  <meta http-equiv="Content-Type" content="text/html; charset=iso-8859-1">
  <meta name="category" content="home page">
  <meta name="description" content="Tout savoir sur les derniers produits High Tech (TV,
lecteur MP3, jeux vidéo, appareil photo…)et sur les produits culturels (Livres, CD, DVD…) avec
la possibilité d'acheter en ligne sur Fnac.com">
  <meta name="verify-v1" content="2esE8MvOLJJWCofpEk+MnnfTAOtOaUmlFQ581PSpsVI=">

  <!-- LastVisit:22/03/2009 11:39:26 -->
  <link rel="shortcut icon" href="/favicon.ico">

  <link rel="stylesheet" type="text/css" media="all" href="/css/stylesv2.css?20090223">
```

Figure 1.1 : Extrait du code XHTML d'une page web, ici affiché dans le Bloc-notes, l'éditeur de texte livré avec Windows

Le terme WYSIWYG, quant à lui, est un acronyme de *What You See Is What You Get*. Cette expression, qui peut être interprétée par "*Vous voyez ce que vous obtiendrez*" est utilisée pour désigner le mode de fonctionnement des logiciels de création de pages web, tels que le célèbre Dreamweaver. À la différence d'un simple éditeur de texte, ceux-ci se présentent sous la forme d'un traitement de texte simplifié, disposant d'une interface dédiée à la réalisation des mises en forme des textes et des images ainsi qu'aux insertions d'objets dans les pages tels que des applications en technologie Flash ou

REMARQUE

de traitements prédéfinis en langage Javascript. Les actions effectuées sont ensuite transformées en langage HTML, comme si ce dernier avait été tapé manuellement dans un éditeur de texte.

Le plus souvent, la visite d'un site web débute par la page d'accueil. Celle-ci se nomme quasi invariablement *Index*. Si le site est construit de façon *statique* (entendez "*sans utilisation d'un langage de programmation générant les pages HTML*"), elle porte l'extension *.htm* ou *.html*.

Les navigateurs Internet, dont la finalité est d'interpréter le code des pages et d'afficher le résultat de cette interprétation, sont programmés, lorsqu'un nom de domaine est saisi dans leur barre d'adresse, pour s'assurer de l'existence d'une telle page et pour l'ouvrir, dans l'affirmative. Si tel n'est pas le cas, le navigateur affiche un message indiquant qu'il ne peut afficher la page.

REMARQUE

Nom et extension d'un fichier

L'extension d'un fichier est le terme indiquant une courte chaîne de caractères ajoutés après le nom du fichier et qui indique son appartenance à une famille. Ainsi, les fichiers portant l'extension *.htm* ou *.html* font partie de la famille des pages web statiques. Nom de fichier et extension sont toujours séparés par un point.

La visite d'un site ne commence toutefois pas obligatoirement par celle de la page d'accueil, l'internaute venant généralement d'un moteur de recherche, pouvant commencer son parcours depuis n'importe quelle page du site et se déplacer vers les suivantes en utilisant les liens hypertextes permettant une navigation sur le site.

Pour un internaute, une autre raison de débuter son parcours sur un site web peut être d'avoir enregistré l'adresse de la page dans ses Favoris, encore nommés marque-pages, qui sont des adresses de pages mémorisées et stockées dans les navigateurs Internet.

Comprendre les principes des sites dynamiques

Deuxième catégorie de sites web, les sites dynamiques se distinguent des sites statiques dans la mesure où les pages qui les composent sont générées par des programmes, selon les requêtes réalisées par les internautes, et qui peuvent prendre des formes diverses (zones de texte, cases à cocher, listes déroulantes, boutons d'options, etc.).

Parmi les composants techniques susceptibles de réaliser de tels traitements, les plus utilisés sont incontestablement les composants open source Linux (système d'exploitation), Apache (serveur web), PHP (langage de programmation) et MySQL (base de données). On retrouve cette configuration chez la quasi totalité des hébergeurs.

Nombreuses sont les utilisations qui peuvent être faites des rouages du Web dynamique : commerce électronique, en premier lieu, mais aussi forums, blogs, réseaux sociaux, jeux en ligne, pour citer les applications les plus répandues.

L'un des tournants majeurs du Web dynamique, ces dernières années, a été sa démocratisation. Petites et moyennes structures commerciales l'ont adopté, y voyant une technologie beaucoup plus efficace et bien moins coûteuse que celle du traditionnel Web statique. Quant aux particuliers, nombre d'entre eux l'utilisent sans même en avoir conscience, en publiant leurs articles sur des blogs, par exemple. Facilité de mise à jour par interface directement accessible depuis un navigateur web, de n'importe quel poste connecté à Internet, aucun logiciel à installer sur le PC, optimisation du référencement dans les moteurs de recherche sont les séduisants atouts du Web dynamique, auxquels il est difficile de résister.

C'est donc très naturellement sur cette vague que se sont développés les CMS (*Systèmes de Gestion de Contenu*), outils de création et de mise à jour de sites, dont le principal avantage est de délester le webmestre des tâches de création des pages pour lui permettre de se concentrer sur le contenu rédactionnel du site.

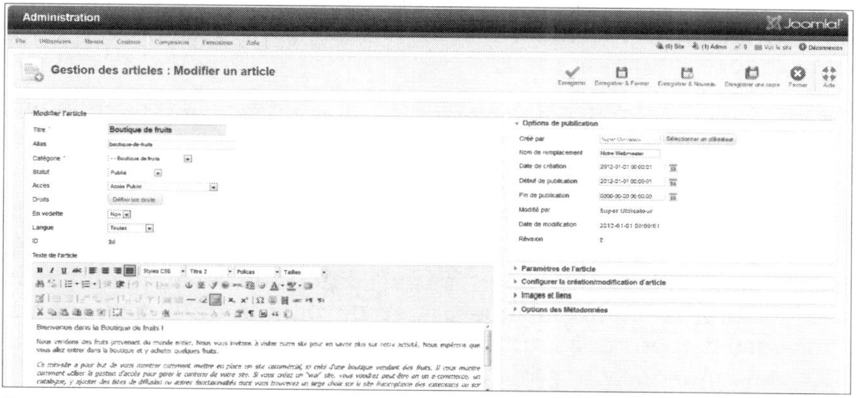

Figure 1.2 : L'éditeur de création de pages en ligne proposé par le CMS Joomla 2.5

1.2. Principes des CMS

Serveur web, base de donnée, code dynamique.

Les avantages du CMS

Les principes de fonctionnement des systèmes de gestion de contenu (dénommés CMS, pour *Content Management System* ou encore SGC, pour *Système de Gestion de Contenu*) sont globalement toujours les mêmes. Bien les comprendre est donc un atout important pour un webmestre utilisant Joomla.

Les CMS sont des systèmes de publication sur Internet. Leurs mécanismes sont préfabriqués : édition du contenu des pages (textes et images), fonctionnalités en tous genres qui nécessitaient il y a peu des développements spécifiques lors de la création d'un site, etc. Implémenter un site web au moyen d'un CMS consiste donc à paramétrer celui-ci.

Le webmestre ayant déjà créé, de toutes pièces, un site statique via des techniques traditionnelles, sera immédiatement et agréablement surpris par l'efficacité d'une telle solution, en termes de temps de mise en place (sans les nombreux jours de débogage et de tests).

Sa seconde surprise sera certainement la facilité qui s'offrira à lui en ce qui concerne la mise à jour du contenu éditorial et qui s'opérera simplement, depuis une interface d'administration en ligne. La quantité de pages qu'il mettra en ligne s'en trouvera certainement accrue, de même que leur qualité, puisque la tâche du webmestre se limitera à la rédaction du contenu rédactionnel, à laquelle s'ajouteront quelques opérations simples de mise en forme, opérées par les commandes proposées sur l'interface.

En outre, toute modification effectuée (mise à jour d'un catalogue, date d'événement, modification de tarif, ...) sera visible instantanément pour tout visiteur du site.

Enfin, et cela n'est pas le moindre avantage, le webmestre, par simple mise à jour de son système de gestion de contenu, bénéficiera de toutes les améliorations apportées par l'équipe de développement du produit, gratuitement puisque issues du monde de l'open source, soucieuse d'apporter à leur "bébé" toutes les nouvelles fonctionnalités qui ne manqueront pas d'apparaître sur Internet.

REMARQUE

Le monde de l'open source

On peut traduire ce terme par *source ouverte*. Il désigne les logiciels disposant d'une licence autorisant la libre redistribution du produit et dont le code informatique est libre.

Les programmes open source sont généralement de bonne qualité puisque l'ouverture du code à de nombreux programmeurs favorise l'amélioration des produits.

Ajoutons à cette liste, déjà longue, d'arguments positifs en faveur de l'utilisation d'un CMS, que ce dernier s'installe en un temps record (moins d'une heure en général) et il sera aisé de comprendre pourquoi tant de personnes utilisent aujourd'hui des systèmes de gestion de contenu.

Intéressons-nous maintenant aux principes techniques qui régissent les CMS, et particulièrement Joomla...

L'idée fédératrice est de séparer les contenus à proprement parler, que représentent les textes, les images et, d'une manière générale, les objets insérés dans les pages, de leur mise en forme, effectuée par un choix en matière de polices de caractères, de couleurs et d'habillage graphique principalement.

Les contenus sont stockés dans une base de données (MySQL dans presque tous les cas), alors que les directives relatives à la présentation sont dans des feuilles de styles, les fichiers dans lesquels sont enregistrées les particularités de mise en forme des pages du site.

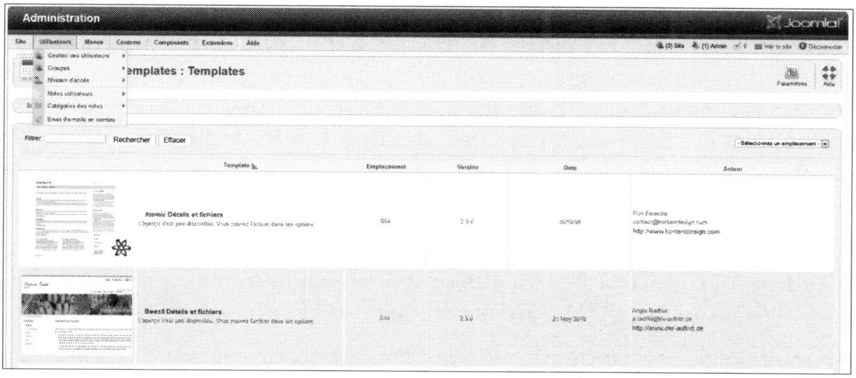

Figure 1.3 : Sur Joomla 2.5, la modification de la mise en forme s'effectue par application d'un "template"

Ainsi, il est possible, sans changer une virgule du contenu rédactionnel du site, d'en modifier l'apparence radicalement (il suffit de modifier la ou les feuilles de styles qui leur sont appliquées).

Vous pourrez, par exemple, utiliser des modèles de présentation différents en fonction des périodes de soldes, ou des fêtes à venir afin de changer l'aspect de votre site, sans modifier les textes et les images qu'il renferme.

La mise à jour immédiate du site

L'un des principaux avantages du CMS est la mise en ligne immédiate de toute modification des pages du site. Pour bien le comprendre, il est nécessaire de commencer par décrire le mode de fonctionnement de la publication traditionnelle d'un site web.

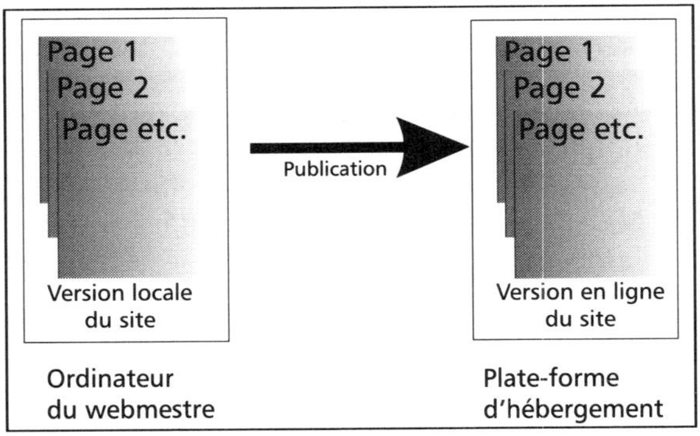

Figure 1.4 : Schéma de publication traditionnelle d'un site web

Lorsque le site est construit et mis en ligne de façon traditionnelle, c'est-à-dire sans utilisation d'un système de gestion de contenu (au moyen d'un logiciel tel que Dreamweaver, par exemple), le webmestre construit une version *locale* du site sur son ordinateur. Il *publie* ensuite cet ensemble de fichiers chez son hébergeur afin que le site soit *en ligne*, terme synonyme de *accessible depuis Internet*.

Cette méthode présente un inconvénient majeur : toute mise à jour du contenu rédactionnel du site doit être suivie d'une nouvelle publication, action chronophage, fastidieuse et répétitive.

Avec un système de gestion de contenu, les choses sont différentes. Les personnes en charge de la mise à jour du contenu rédactionnel du site voient, comme les internautes, les modifications apparaître en ligne dès leur validation, c'est-à-dire immédiatement. La phase de publication est supprimée, les données étant stockées dans une base de données et non plus en tant que pages HTML indépendantes. Ce principe simplifie considérablement les choses et rend les travaux de rédaction accessibles à tous, y compris aux non informaticiens.

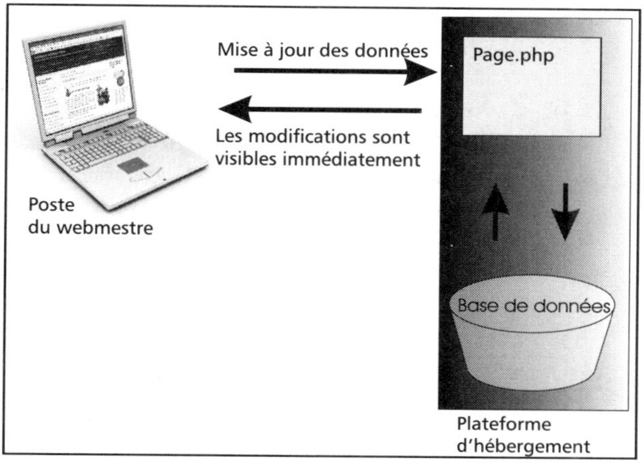

Figure 1.5 : Schéma de la mise à jour d'un site administré avec Joomla

Sur un CMS tel que Joomla, le travail collaboratif est très facile à coordonner (ce qui n'est pas le cas lorsque le site est publié de façon traditionnelle). De nombreux rédacteurs peuvent ainsi travailler en même temps à la mise à jour du site. On retrouve même, dans la chaîne de production, les phases de soumission et de validation des articles qui caractérisent les méthodes de travail de la presse traditionnelle, sur journaux papier. Les auteurs écrivent et soumettent leurs articles (qui sont stockés sur le site mais ne sont pas encore visibles des internautes), les éditeurs les corrigent éventuellement, puis les valident. Quant aux administrateurs, leur rôle est d'assurer le bon fonctionnement du système et de l'améliorer. Tous accèdent au site via un simple navigateur Internet. Les contenus et la plupart des paramètres sont stockés dans la base de données.

Quand le site est visité par un internaute, les pages n'existent pas encore, à la différence des pages HTML qui constituent un site statique. Elles sont créées dynamiquement, en fonction des demandes (nommées *requêtes*) effectuées par les internautes.

Un CMS ne requiert donc aucune installation logicielle sur l'ordinateur du webmestre. Celui-ci est, en outre, libre de travailler sous le système d'exploitation de son choix (Windows, Linux ou Mac OS).

L'interface d'administration du site est affichée dans les navigateurs des auteurs, des éditeurs et des administrateurs, avec des fonctionnalités plus ou moins étendues, selon le niveau hiérarchique de l'individu (les administrateurs étant les seuls à disposer de toutes les fonctions du système).

Les principaux CMS du marché et leurs spécificités

Même si Joomla est, à nos yeux, le meilleur CMS open source actuellement disponible sur le marché, il n'est pas le seul système de gestion de contenu que vous pourrez télécharger et utiliser. Voici une sélection de cinq CMS très en vogue, ayant chacun ses spécificités.

Dotclear

Dotclear est un CMS très utilisé par les blogueurs.

Figure 1.6 : Le site de téléchargement de Dotclear

REMARQUE

Le phénomène des blogs

Un blog est une forme de CMS, simple à mettre en place, et dont la finalité est de donner à son propriétaire des outils rapides et efficaces pour générer du contenu (le site traite souvent des passions du blogueur et peut prendre la forme d'un journal plus ou moins intime). On y trouve fréquemment des

REMARQUE

vidéos, ce qui fait de certains blogs de véritables canaux médiatiques, parallèles à ceux des grands médias traditionnels.

Ce CMS est téléchargeable, à l'adresse **http://fr.dotclear.org**.

Drupal

Drupal est un CMS répandu. Il permet la mise en ligne de contenu structuré et personnalisable par l'ajout de modules optionnels.

Vous pouvez télécharger Drupal à l'adresse **http://drupalfr.org/**.

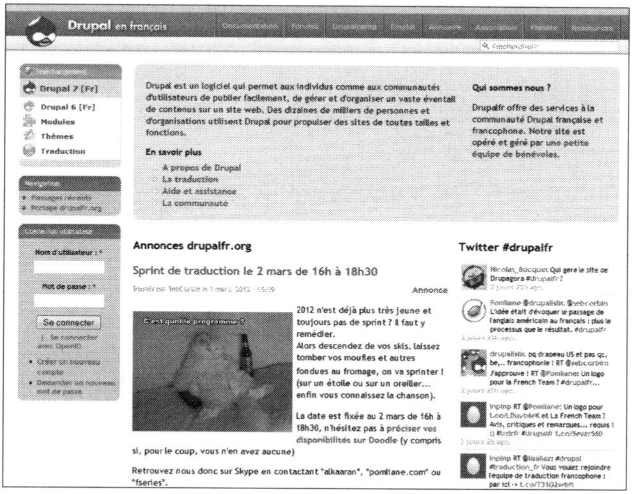

Figure 1.7 : Le site de téléchargement de Drupal

Joomla

Joomla est un CMS incroyablement achevé, fruit du travail d'une équipe de développement open source internationale très efficace. Comme vous le découvrirez plus loin dans cet ouvrage, sa grande polyvalence autorise son emploi pour la création de tous types de sites web (site personnel, site vitrine d'entreprise, espace de téléchargement, forum, intranet, boutique de vente en ligne, etc.).

REMARQUE

Signification du mot "Joomla"

Ce terme semble trouver son origine dans le mot "*Jumla*" qui, en swahili, signifie "*tous ensemble*".

Vous pouvez le télécharger à l'adresse **http://www.joomla.fr.**

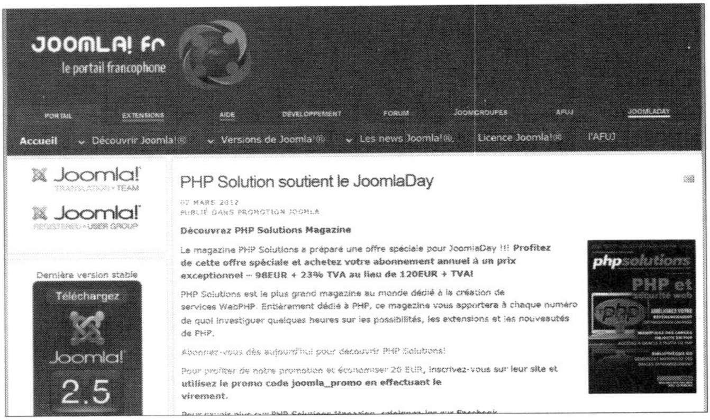

Figure 1.8 : Le site de téléchargement de Joomla

Spip

Cet excellent CMS est conçu comme un véritable outil de gestion d'un journal d'information en ligne. Il offre nombre de fonctions spécifiques au monde de la presse.

Spip est téléchargeable à l'adresse **http://www.spip.net.**

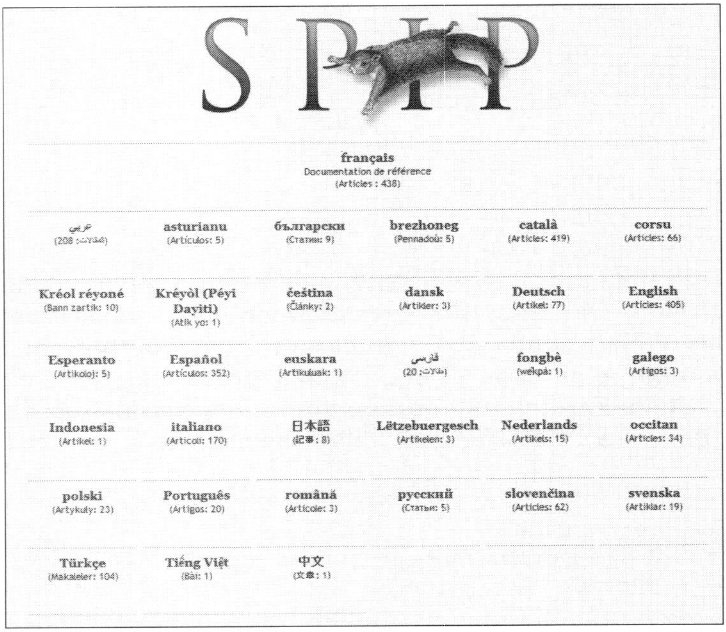

Figure 1.9 : Le site de téléchargement de Spip

WordPress

WordPress est un CMS très connu des blogueurs exigeants. Il se caractérise par une grande souplesse d'utilisation qui permet également son emploi pour la création d'un site traditionnel.

Vous pouvez le télécharger à l'adresse **http://www.wordpress-fr.net.**

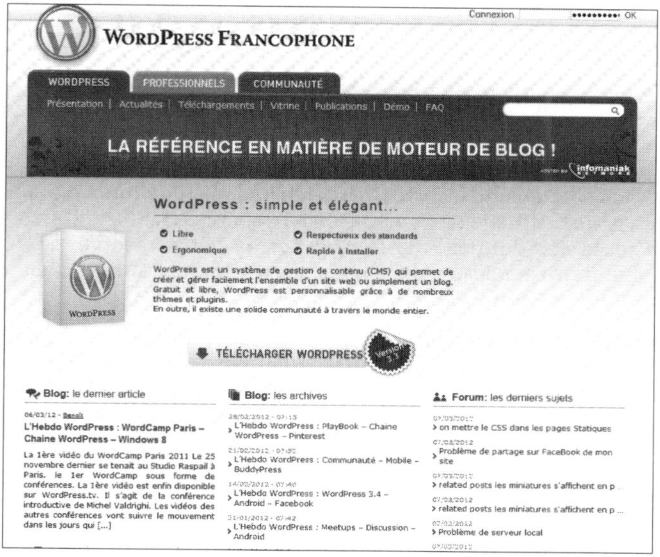

Figure 1.10 : Le site de téléchargement de WordPress

Pourquoi choisir Joomla

Un outil très polyvalent et robuste (Joomla peut aussi bien être employé pour la réalisation d'un simple site vitrine comme pour la construction d'une boutique de commerce électronique), une équipe de développement efficace et une communauté active, assurant la pérennité du produit ; voici les critères essentiels qui nous font préférer Joomla aux autres CMS, même si nombre d'entre eux présentent des atouts séduisants.

On peut ajouter plusieurs points à la liste : une gestion des droits simple et efficace, une interface conviviale et complète, un nombre impressionnant de modules complémentaires pouvant se ploguer sur le système et lui adjoignant pratiquement toutes les fonctionnalités dont a toujours rêvé un webmestre, sans jamais trouver le temps de les développer.

Juridiquement, Joomla est un système sous licence GNU/GPL (vous donnant le droit d'utiliser gratuitement et légalement le produit), développé sous technologie PHP (en ce qui concerne le langage de programmation) et MySQL (le gestionnaire de base de données).

REMARQUE

Origine de Joomla

Joomla est né en 2005, du fait de désaccords entre l'équipe de développement du CMS open source *Mambo*, certains des développeurs du projet préférant continuer l'aventure avec un nom différent, indiquant ainsi leur rupture avec le projet initial.

Quelques années plus tard, Joomla est devenu un produit d'une grande qualité, disposant de facultés d'adaptation nombreuses à tous types de sites (par ajout de modules d'extensions, correspondant chacun à une fonctionnalité spécifique). La version actuelle du système est la version 2.5. Elle autorise deux méthodes d'accès aux données : le *frontend* est la partie réservée aux internautes visitant le site et le *backend* est l'interface d'administration, accessible seulement aux administrateurs.

Joomla se singularise également par sa gestion de la mise en forme des pages (polices, couleurs, images de fond, boutons, etc.) qui peut être modifiée en quelques clics par application de *templates* (modèles de mise en forme utilisant les feuilles de style, fichiers stockant les paramètres de mise en forme).

1.3. Langage XHTML

Joomla vous décharge de la fastidieuse tâche d'écriture des pages HTML. Il ne vous est donc plus nécessaire de maîtriser ce langage pour être le webmestre d'un bon site web. Plus nécessaire, mais pas inutile... Qui peut le plus peut également le moins...

L'objectif de cette section n'est nullement de faire de vous un expert du HTML mais de vous permettre d'en acquérir les bases générales qui, vous le découvrirez rapidement, sont très simples.

Il vous sera alors possible de comprendre les rouages mis en œuvre, derrière l'éditeur HTML de Joomla et, le cas échéant, de savoir comment appréhender le travail et les recherches d'information à effectuer s'il vous était nécessaire de "*ploguer*" un greffon de code dans vos pages que Joomla ne saurait pas réaliser. Ceux d'entre vous qui voudront aller plus loin dans l'apprentissage du HTML trouveront l'information nécessaire en ligne, sur le Web.

Apprendre le langage HTML

Rien de plus facile, l'information est à la portée de quelques recherches sur Internet. Saisissez, par exemple, `tutoriel html`, `didacticiel html`, `guide html` ou encore `apprendre le html` dans la zone de recherche de Google. De nombreux liens vous mèneront vers de très instructifs sites web.

Rien ne distingue, techniquement, une page web d'une autre, puisqu'elle se doit d'être compatible avec la norme HTML. Qu'elles soient issues d'un blog, d'un système de gestion de contenu, qu'elles soient tapées à la main dans un simple éditeur de texte comme le Bloc-notes ou générées avec un éditeur de sites sophistiqué tel que Dreamweaver, les pages affichées dans votre navigateur Internet sont donc normalisées et obéissent aux mêmes règles de structure : celles du langage HTML. Ce dernier n'est pas un langage de programmation mais un langage de mise en forme du contenu des pages web.

À la différence de la presque totalité des langages de programmation, le code HTML ne nécessite pas l'installation d'un environnement (interpréteur ou compilateur). Ce sont, en effet, les navigateurs qui servent d'interpréteurs. Quant au code, il prend la forme d'un simple fichier texte, qui peut être généré par un logiciel de création de pages HTML mais peut aussi bien être saisi avec un simple Bloc-notes, c'est-à-dire un éditeur de texte.

Certes, Joomla utilise le langage PHP pour générer ses pages et interroger ses bases de données mais ces traitements sont transparents pour le webmestre qui travaille sur le site depuis l'interface d'administration et qui, par exemple, met en forme un article depuis l'éditeur de pages du CMS. Lors de cette opération, du code HTML est généré et une compréhension des règles syntaxiques employées ne peut qu'être qu'utile.

Comprendre les bases d'une page XHTML

La structure de base du code HTML d'une page est la suivante :

```
<html>
<head>
</head>
<body>
</body>
</html>
```

Quelques explications s'imposent.

Utiliser les balises, bases de la page XHTML

Les balises (ou *tags*) sont les éléments syntaxiques de base des pages HTML. Elles définissent la mise en forme des contenus (textes et images essentiellement) puis sont interprétées par les navigateurs Internet qui affichent alors les pages sous une forme intelligible pour les humains.

Conventionnellement, il est d'usage de saisir les noms des balises en caractères minuscules et encadrés par les caractères "<" et ">" (on parle de *chevrons*), sans ajouter d'espace entre le nom du tag et ces caractères.

La plupart des balises vont par paires : l'action d'une balise de ce type prend fin lorsque la même balise, portant un nom identique précédé du caractère "/", est rencontrée par le navigateur Internet, lors de sa lecture séquentielle du code HTML (on parle alors de *balise de fin*).

Un nombre limité de balises déroge toutefois à cette règle et ne nécessite pas de balises de fin. Ainsi, par exemple, la balise permettant l'insertion d'une image ou celle utilisée pour générer un simple saut de ligne dans un paragraphe.

La syntaxe utilisée est alors du type :

```
<balise />
```

> REMARQUE
>
> **HTML et traitements séquentiels**
>
> En informatique, un traitement est dit séquentiel lorsque les instructions qui le composent sont lues selon une suite ordonnée, généralement du début à la fin du code.
>
> Il existe d'autres traitements, susceptibles d'être effectués par des langages de programmation : les traitements répétitifs (répétant une séquence) et conditionnels (le résultat du traitement est déterminé par une condition). HTML n'est pas adapté à l'exécution de ces deux derniers types de traitements, c'est pourquoi HTML n'est pas considéré comme un langage de programmation mais comme un langage de mise en forme de documents.

Le code HTML utilise fréquemment des balises de manière imbriquée : il est ainsi, par exemple, possible d'indiquer qu'une portion de texte est en caractères italiques et qu'une sous-portion de celle-ci est en caractères gras. Les balises indiquant la mise en forme en gras seront alors comprises dans les balises indiquant la mise en forme en italiques.

Voici un exemple de code XHTML, utilisant les balises <h1> et <p>, permettant respectivement de définir des titres de premier niveau et des paragraphes dans une page web :

```
<h1>texte</h1>
<p>texte</p>
```

Utiliser les attributs

De nombreuses balises peuvent être personnalisées par l'ajout d'attributs, qui sont des paramètres permettant de personnaliser les actions des balises.

Ces attributs sont placés après le nom de la balise, entre les caractères "<" et ">". Un espace sert de séparateur entre le nom de la balise et l'attribut.

La syntaxe générale des attributs est la suivante :

```
<balise attribut 1= "valeur 1" attribut 2 = "valeur 2">
```

Voici quelques exemples concrets d'utilisation des attributs :

```
<img src="voiture.jpg" width="400" height="200" />
```

(la balise <img /> affiche l'image *voiture.jpg*, avec une largeur de 400 pixels et une hauteur de 200 pixels).

```
<p align="center">Le menu du jour</p>
```

(La balise <p> affiche le paragraphe en alignement centré.)

Insérer des commentaires

Dans une page HTML, les commentaires n'ont pas d'incidence sur l'affichage dans le navigateur Internet. Ils n'en sont pas moins utiles au développeur de la page car ils lui servent de repères et lui permettent de placer les informations de son choix dans la page, afin de rendre celle-ci plus intelligible, lors d'une relecture ultérieure.

Pour être ignorés lors de la lecture de la page par le navigateur Internet, les commentaires doivent être précédés de la suite de caractères <!— et suivis de —>.

Voici un exemple de la forme que peut prendre un commentaire dans une page :

```
<!--Cette partie a été mise à jour le 01/07/12 -->
```

Comprendre le HTML par l'exemple

Observez la structure de base d'une page XHTML :

```
<html>
<head>
<title>Le titre de la page qui sera affiché dans la
Barre de titre du navigateur Internet</title>
</head>
<body>
Le corps de la page, c'est-à-dire le contenu (textes,
images et objets) qui sera affiché dans la fenêtre du
navigateur Internet
</body>
</html>
```

ASTUCE

Afficher le code HTML d'une page web quelconque

Vous pouvez afficher le code de n'importe quelle page HTML parcourue sur le web. Sur le navigateur Firefox, cette opération s'effectue par un clic droit dans la page, puis en choisissant **Code source de la page** dans le menu contextuel qui apparaît. Vous obtiendrez le même résultat sous le navigateur Internet Explorer par la même manipulation puis en choisissant **Afficher la source**, dans le menu contextuel.

La balise `<html>` indique le début de la page alors que la balise fermante `</html>` indique la fin. Ce sont donc ces deux balises qui encapsulent tout le code de la page.

La balise ouvrante `<head>` et la balise fermante `</head>` contiennent, quant à elles, l'en-tête, c'est à dire essentiellement les instructions non affichées dans la page, lorsque celle-ci est ouverte dans un navigateur. Bien que non visibles, ces informations n'en sont pas pour autant inutiles. Elles permettent, par exemple, d'afficher un titre dans la barre de titre du navigateur (cela est le cas de la paire de balises `<title>` et `</title>`). On place également dans la zone d'en-tête des balises utilisées par les moteurs de recherche, telles que la balise `<meta name="description">`, dont le rôle est de transmettre aux moteurs de recherche une description du contenu de la page.

La paire de balises `<body>` et `</body>` renferme, comme son nom l'indique, le corps de la page, c'est-à-dire toute la partie visible dans la fenêtre du navigateur. Il n'est donc pas étonnant de trouver des centaines ou des milliers de balises imbriquées à l'intérieur de cette paire de balises.

Puisque le langage XHTML est un langage interprété, un simple éditeur de texte (tel que le Bloc-notes de Windows) et un navigateur, même non connecté à Internet, vous suffisent pour réaliser le petit exercice qui suit et qui vous permet de comprendre le principe d'écriture et d'affichage d'une page web.

1 Lancez le Bloc-notes de Windows en utilisant le bouton **Démarrer/Tous les programmes/Accessoires/Bloc-notes**.

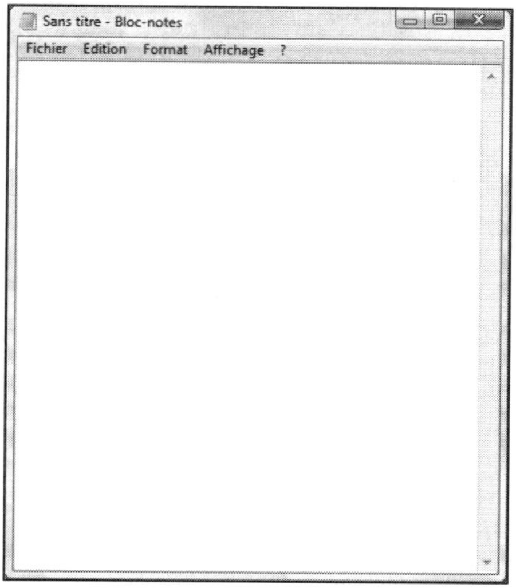

Figure 1.11 : La fenêtre du Bloc-notes de Windows

2 Saisissez le code suivant :

```
<html>
<head>
</head>
<body>
Voici une phrase à afficher.
</body>
</html>
```

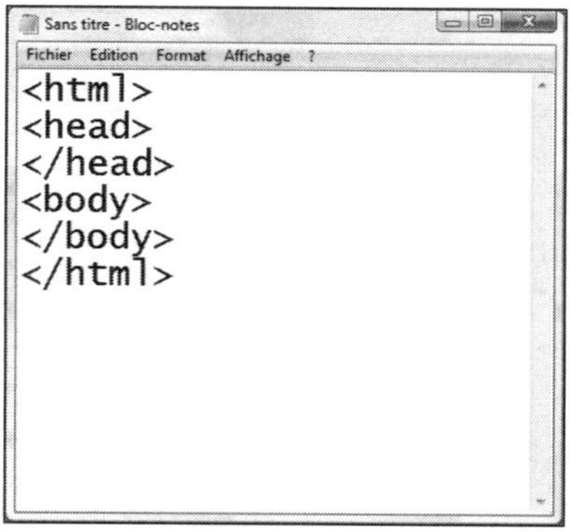

Figure 1.12 : Le code de la structure de base d'une page XHTML, saisi dans le Bloc-notes de Windows

3 Enregistrez le fichier, via la commande **Fichier/Enregistrer sous,** dans le dossier de votre choix sur votre ordinateur. Affectez, par exemple, le nom `page1.html`.

ATTENTION

Extension des fichiers HTML

Le Bloc-notes étant un éditeur de texte, il affectera par défaut l'extension *.txt* à votre fichier si celle-ci est omise, lors de l'enregistrement. La page XHTML ne sera alors pas reconnue lorsqu'elle sera ouverte dans le navigateur. Veillez à bien saisir l'extension `.html`, après le nom du fichier, lors de son enregistrement depuis le Bloc-notes.

4 Lancez un navigateur Internet, Internet Explorer, par exemple, puis activez le menu **Fichier/Ouvrir**. Dans la boîte de dialogue **Ouvrir** qui apparaît, cliquez sur le bouton **Parcourir** et recherchez le fichier *page1.html* précédemment enregistré. Sélectionnez ce fichier, cliquez sur le bouton **Ouvrir** puis sur le bouton OK.

Une page blanche est affichée dans le navigateur. Il s'agit de votre page XHTML. Vous pouvez le vérifier par la lecture de son adresse dans la Barre d'adresse de votre navigateur. Elle est vierge car vous n'y avez saisi aucun contenu à afficher.

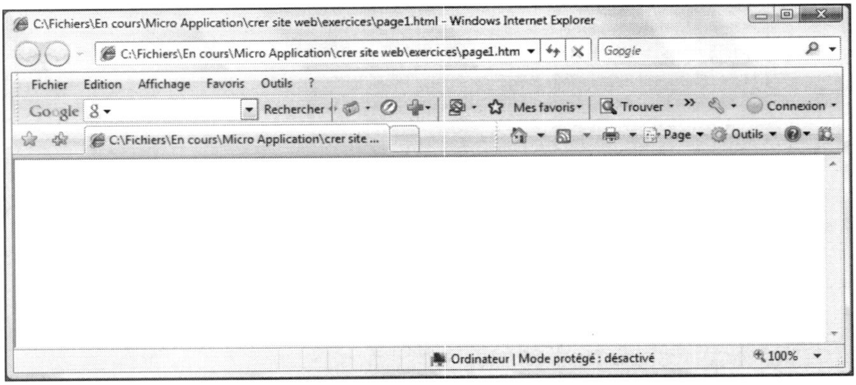

Figure 1.13 : Le code HTML affiche une page vide

5 Laissez le navigateur ouvert et retournez au Bloc-notes. Modifiez le code de la page en y ajoutant un contenu textuel entre les balises `<body>` et `</body>`, comme dans le code qui suit :

```
<html>
<head>
</head>
<body>
```

```
Voici une phrase à afficher.
</body>
</html>
```

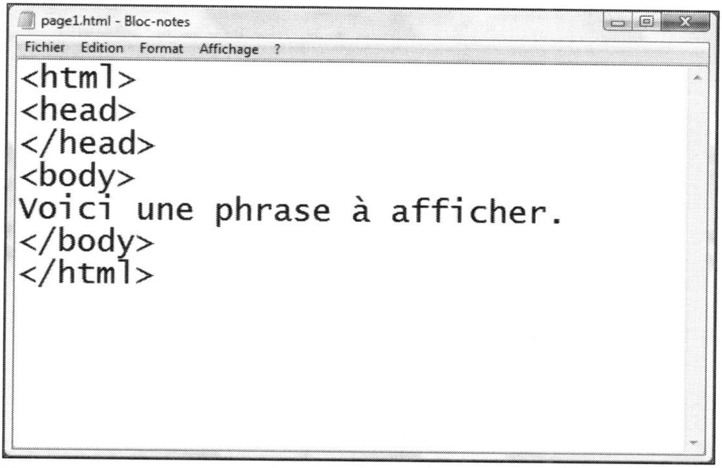

Figure 1.14 : Le code est modifié dans le Bloc-notes

6 Depuis le Bloc-notes, enregistrez à nouveau le fichier, en utilisant le menu **Fichier/Enregistrer**.

7 Retournez dans la fenêtre du navigateur, que vous aviez laissé ouverte, par la Barre des tâches de Windows.

Aucune modification n'est visible dans le navigateur. La phrase que vous avez ajoutée dans le code n'apparaît pas. Ceci est dû au fait que la page affichée actuellement est celle qui a été chargée dans le cache du navigateur lors du premier essai. Il va vous falloir l'actualiser.

REMARQUE

Cache du navigateur Internet

Ce terme désigne une zone de mémoire intermédiaire, dans laquelle sont stockées les dernières pages et images affichées récemment dans le navigateur. Sa fonction principale est d'accélérer l'affichage. Il doit être actualisé, si la page consultée a été modifiée, afin de permettre la consultation de la dernière version du document.

8 Dans Internet Explorer, cliquez sur le bouton **Actualiser** (ou appuyez sur la touche F5).

Figure 1.15 : Le bouton Actualiser du navigateur Internet Explorer

La page est actualisée et la phrase apparaît dans la page affichée dans le navigateur.

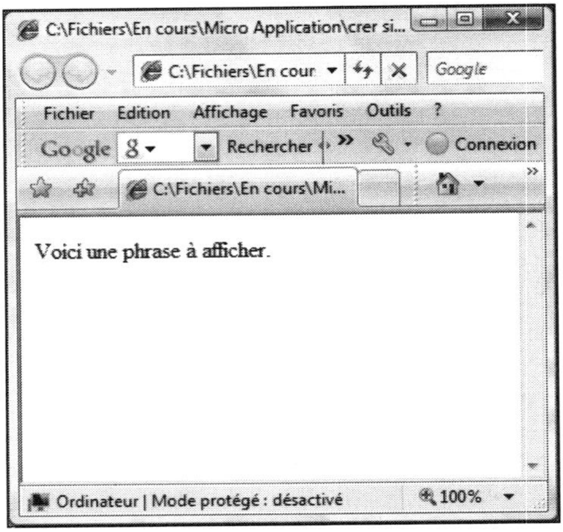

Figure 1.16 : La page a été modifiée

Vous allez ajouter quelques balises dans le code de la page, afin de bien assimiler les bases de l'imbrication des tags.

9 Laissez le navigateur ouvert et retournez au Bloc-notes. Modifiez le code de la page en y ajoutant les balises `<b>` et `</b>`, afin qu'elles encadrent une zone quelconque de texte, comme dans le code qui suit (cette balise permet de mettre le texte concerné en gras) :

```
<html>
<head>
</head>
<body>
Voici <b>une phrase</b> à afficher.
</body>
</html>
```

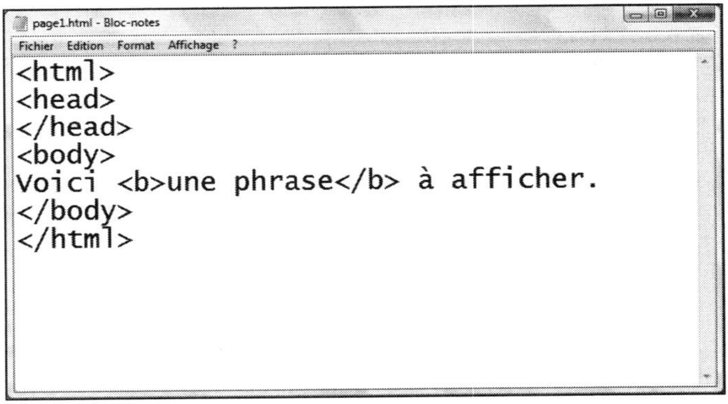

Figure 1.17 : L'ajout du code dans le Bloc-notes

10 Depuis le Bloc-notes, enregistrez à nouveau le fichier, via le menu **Fichier/Enregistrer**.

11 Retournez dans la fenêtre du navigateur, que vous aviez laissé ouverte, par la Barre des tâches de Windows. Actualisez la page affichée dans le navigateur.

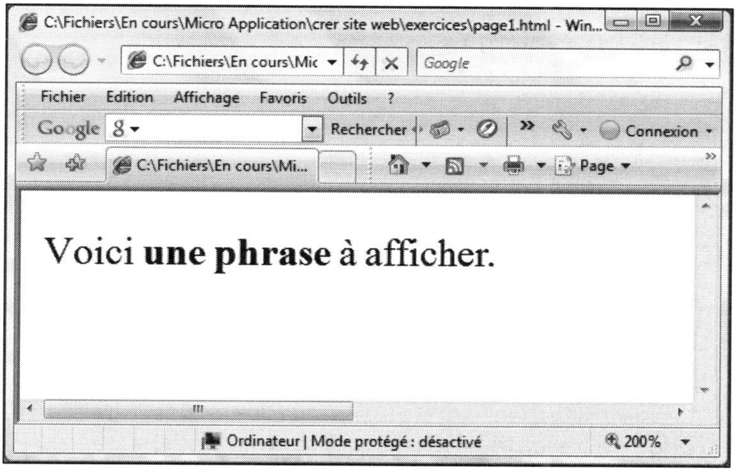

Figure 1.18 : La nouvelle page, après qu'elle ait été actualisée

Vous allez maintenant placer en italique l'un des mots déjà en gras, au moyen de la balise `<i>`.

12 Laissez le navigateur ouvert et retournez au Bloc-notes. Modifiez le code de la page en y ajoutant les balises `<i>` et `</i>`, afin qu'elles encadrent une zone quelconque de texte, comme dans le code qui suit :

```
<html>
<head>
</head>
<body>
Voici <b>une <i>phrase</i></b> à afficher.
</body>
</html>
```

13 Depuis le Bloc-notes, enregistrez à nouveau le fichier, par le menu **Fichier/Enregistrer**.

14 Retournez dans la fenêtre du navigateur, que vous aviez laissé ouverte, par la Barre des tâches de Windows. Actualisez la page affichée dans le navigateur.

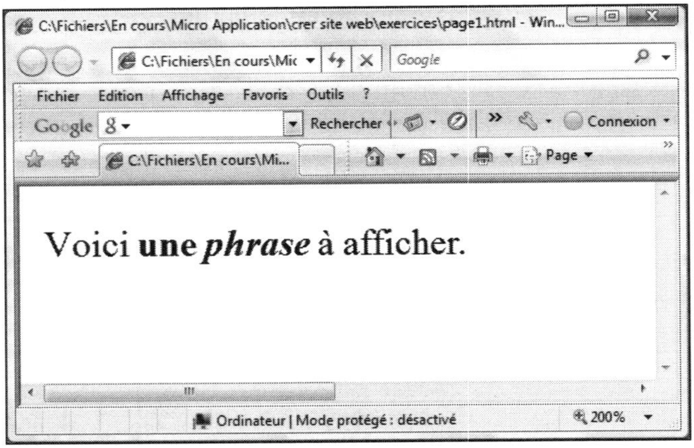

Figure 1.19 : La nouvelle version de la page

Vous allez maintenant utiliser une balise ayant une incidence sur la mise en forme des paragraphes. Mais auparavant, une petite expérimentation sera instructive.

15 Laissez le navigateur ouvert et retournez au Bloc-notes. Modifiez le code de la page en y ajoutant un retour à la ligne (touche ↵) après la phrase de texte. Saisissez une ligne de texte quelconque après ce retour à la ligne, comme dans le code qui suit :

```
<html>
<head>
</head>
<body>
Voici <b>une <i>phrase</i></b> à afficher.
Ceci est une nouvelle ligne de texte.
</body>
</html>
```

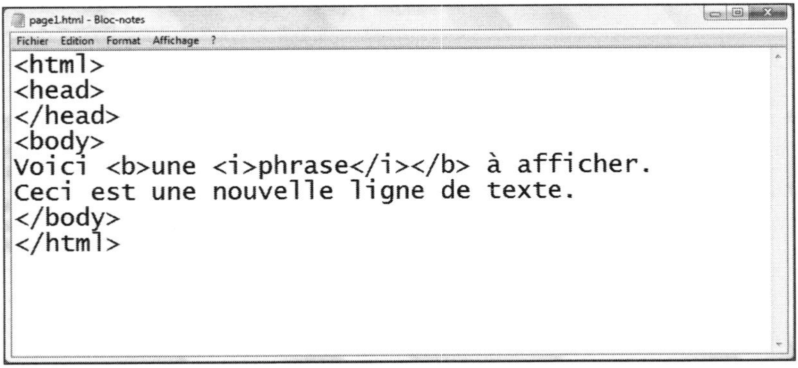

Figure 1.20 : Un retour à la ligne est créé dans le Bloc-notes

16 Depuis le Bloc-notes, enregistrez à nouveau le fichier, par le menu **Fichier/Enregistrer**.

17 Retournez dans la fenêtre du navigateur et actualisez la fenêtre.

Le retour à la ligne n'est pas visible dans la fenêtre du navigateur : les deux phrases sont affichées sur la même ligne.

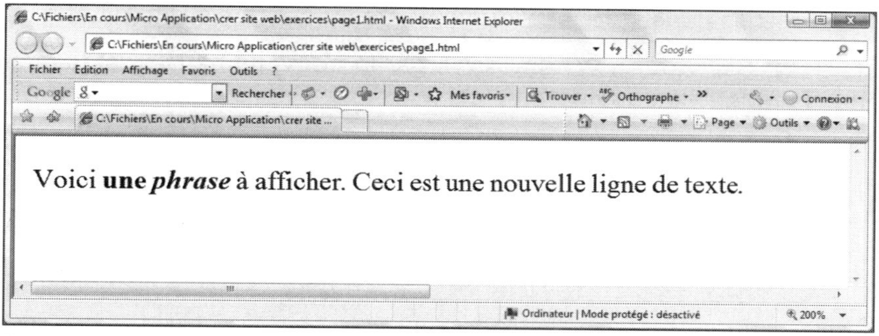

Figure 1.21 : Le retour à la ligne n'apparaît pas dans le navigateur

Cette manipulation met en évidence le fait que le navigateur, qui agit en tant qu'interpréteur du code XHTML, n'accorde aucune valeur au retour à la ligne effectué par la touche ↵, dans le Bloc-notes. Tout le code XHTML pourrait être écrit sur une seule ligne. Cette disposition entacherait certainement la lecture d'un œil humain mais nullement celle d'un navigateur Internet. Vous pouvez, pour vous en convaincre, supprimer tous les retours à la ligne placés dans le code : ceci ne changera rien à l'affichage de la page dans le navigateur.

Un retour à la ligne est un paramètre de mise en forme comme un autre. Or, XHTML est un langage de mise en forme de document. L'ordre de retourner à la ligne doit donc être donné par une balise.

C'est ce que vous allez faire au moyen de la balise <p>, dont la finalité est de créer un nouveau paragraphe. Pour rendre la démonstration plus pertinente, vous supprimerez même le retour à la ligne créé dans le Bloc-notes en utilisant la touche ↵.

18 Retournez dans la fenêtre du Bloc-notes. Modifiez le code de la page en supprimant le retour à la ligne généré par l'utilisation de la touche ↵ et en le remplaçant par une balise <p>, comme dans le code qui suit :

```
<html>
<head>
</head>
<body>
```

```
Voici <b>une <i>phrase</i></b> à afficher.<p>Ceci est
une nouvelle ligne de texte.</p>
</body>
</html>
```

19 Depuis le Bloc-notes, enregistrez à nouveau le fichier, par le menu **Fichier/Enregistrer**.

20 Retournez dans la fenêtre du navigateur et actualisez la fenêtre.

Cette fois, le retour à la ligne, créé par la nouvelle balise, est visible dans la fenêtre du navigateur.

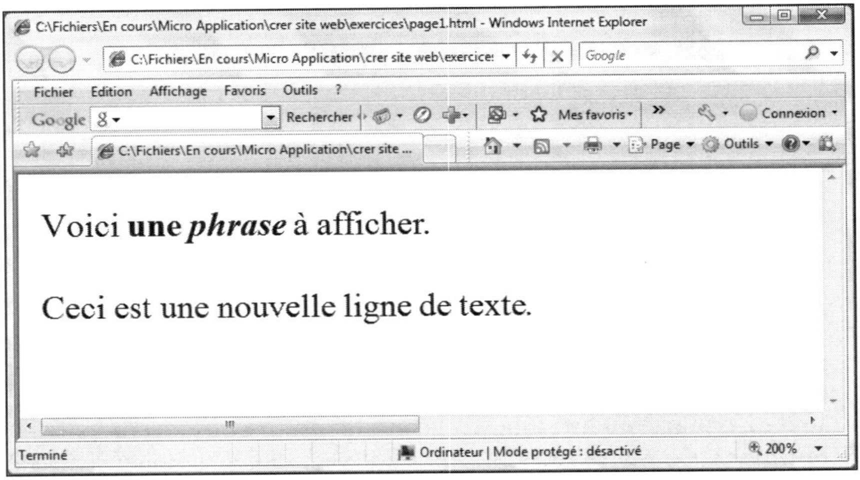

Figure 1.22 : Le retour à la ligne apparaît désormais dans le navigateur

Vous allez ajouter un attribut à une balise. Pour ce faire, vous emploierez la balise la plus utilisée sur le Web. Il s'agit du tag <a> (*anchor*), qui permet de réaliser des liens hypertextes, liant ainsi les pages les unes aux autres.

21 Dans la fenêtre du Bloc-notes, modifiez le code de la page comme dans le code qui suit :

```
<html>
<head>
</head>
<body>
Voici <b>une <i>phrase</i></b> à afficher.<p>Ceci est
une nouvelle ligne de texte.</p>
Cliquez <a href="page2.html">ici</a> pour afficher
la deuxième page.
</body>
</html>
```

22 Depuis le Bloc-notes, enregistrez à nouveau le fichier, par le menu **Fichier/Enregistrer**.

23 Toujours depuis le Bloc-notes, modifiez le code de la page comme suit :

```
<html>
<head>
</head>
<body>
Ceci est la seconde page.
</body>
</html>
```

24 Enregistrez le fichier avec le nom `page2.html`, par le menu **Fichier/Enregistrer sous**.

25 Retournez dans la fenêtre du navigateur et actualisez la fenêtre.

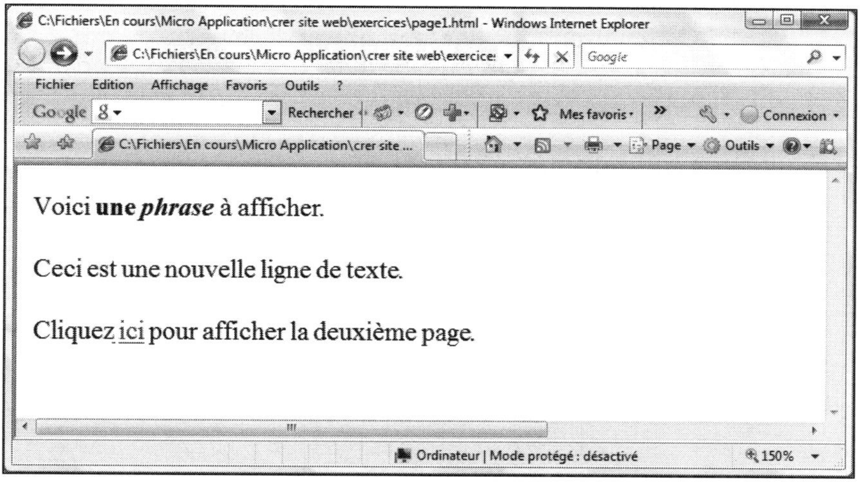

Figure 1.23 : La première page, affichée dans le navigateur

26 Cliquez sur le lien hypertexte, apparaissant en caractères soulignés dans la page.

La seconde page est affichée dans le navigateur, preuve que le lien hypertexte a fonctionné correctement.

Dans cet exemple, l'attribut utilisé est `href` (pour *Hypertext REFerence*). Il permet d'indiquer quelle page doit être ouverte lorsque le lien est cliqué (on parle alors de "*page cible*").

Vous allez maintenant utiliser une balise employée dans l'en-tête de la page. La balise utilisée sera `<title>`, qui permet d'affecter un titre, affiché dans la barre de titre de la fenêtre du navigateur.

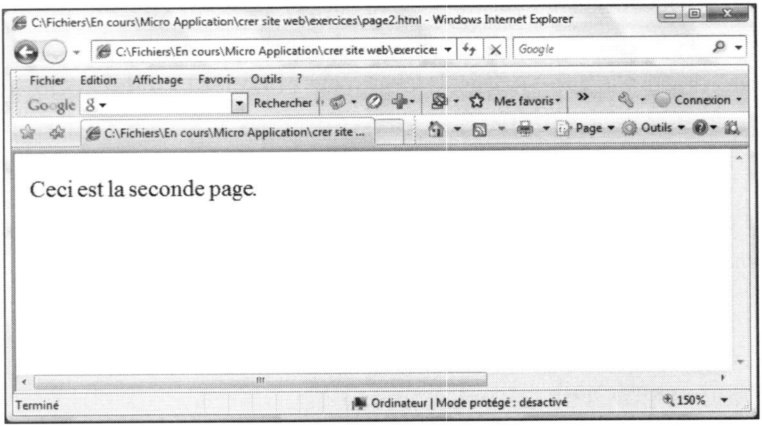

Figure 1.24 : Le lien hypertexte a permis d'ouvrir la deuxième page

27 En haut de la fenêtre du navigateur, observez la barre de titre. Elle affiche l'adresse de la page ouverte (ici *page2.html*), précédée du chemin d'accès à celle-ci sur votre ordinateur. Vous allez modifier cet affichage.

28 Depuis le Bloc-notes, modifiez le code de la seconde page comme suit :

```
<html>
<head>
<title>
Ceci est le titre de la deuxième page
</title>
</head>
<body>
Ceci est la seconde page.
</body>
</html>
```

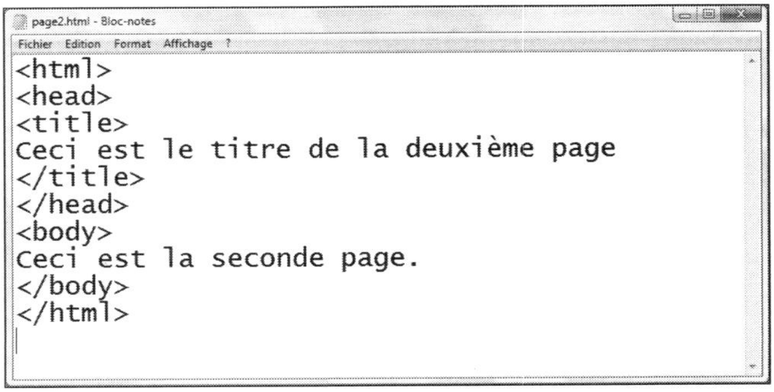

Figure 1.25 : L'ajout de la balise <title> au code HTML

29 Enregistrez à nouveau le fichier, par le menu **Fichier/Enregistrer**.

30 Retournez dans la fenêtre du navigateur et actualisez la fenêtre.

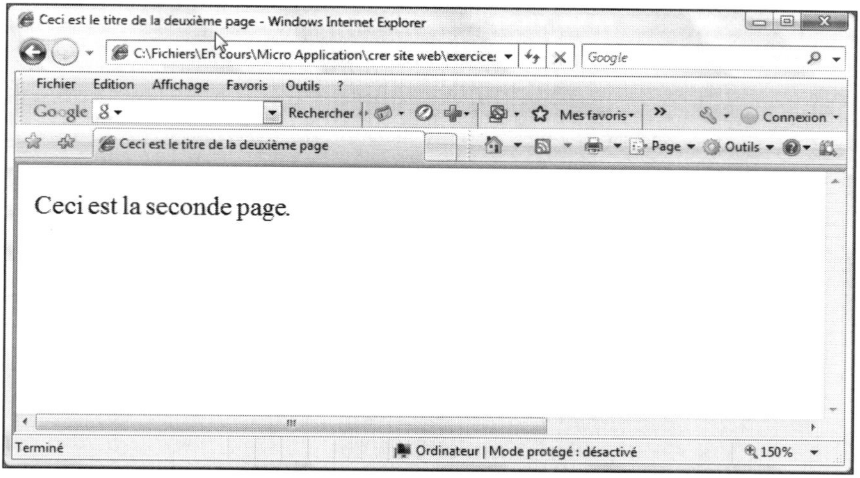

Figure 1.26 : Le titre de la page est visible dans la Barre de titre du navigateur

1.4. Check-list

- Les CMS ont révolutionné, en quelques années, le concept du site Internet.
- Un CMS est construit autour de trois concepts : les contenus sont stockés dans une base de données, les pages sont générées dynamiquement et le webmestre dispose d'une interface de mise à jour qui facilite considérablement son travail.
- Joomla est incontestablement l'un des meilleurs CMS du monde OpenSource, capable d'intégrer de nombreux composants complémentaires, dont VirtueMart, le composant permettant de transformer le CMS en véritable boutique en ligne.
- Bien que non obligatoires, quelques notions, dans le domaine de l'écriture de pages HTML, aideront le webmestre d'un site Joomla dans ses travaux de mise en page.

INSTALLER JOOMLA

Dans la première partie de cet ouvrage, vous allez découvrir comment réaliser un site vitrine, c'est-à-dire un site de présentation de contenus, sans fonctionnalités spécifiques au commerce électronique. Mais avant cela, il vous faut installer Joomla.

L'opération est possible "*en local*", c'est-à-dire sur votre ordinateur, afin de pouvoir effectuer tous les tests de fonctionnement que vous jugerez utiles et aussi, bien entendu, chez un hébergeur, de sorte que le site soit accessible aux internautes.

2.1. La configuration nécessaire

Qu'il soit installé en local ou chez un hébergeur, le système doit disposer, pour fonctionner, de fonctionnalités techniques de base :

- le système de gestion de contenu Joomla, un ensemble de procédures développées dans le langage PHP ;
- un serveur web (nous utiliserons ici Apache, le serveur web le plus répandu) ;
- le moteur de langage de programmation de pages web PHP ;
- la base de données MySQL.

Avant d'effectuer l'installation de Joomla, vous devez télécharger le système.

La trilogie Apache/PHP/MySQL

Apache est le serveur web le plus employé sur Internet. Il s'agit d'un logiciel libre pouvant être mis en œuvre sur différents systèmes d'exploitation, tels que Linux ou Windows.

PHP est un langage de programmation libre, fonctionnant sur les serveurs web (par le biais d'un interpréteur PHP). Il permet, lorsqu'un internaute saisit l'adresse d'une page portant l'extension *.php*, de générer et de retourner une page au format HTML (format d'affichage des pages dans un navigateur Internet tel que Firefox ou Internet Explorer). Cette page, qui n'avait pas d'existence physique avant la requête de l'internaute, peut être personnalisée en fonction de celle-ci, ce que ne permet pas le HTML traditionnel.

MySQL est un SGBD (*Système de Gestion de Base de données*). C'est également l'un des logiciels libres les plus répandus tant chez les particuliers que chez les professionnels.

Vous allez donc, dans ce qui suit, télécharger et installer ces composants.

2.2. Télécharger Joomla

1 Lancez votre navigateur Internet (Internet Explorer ou Firefox, par exemple) puis connectez-vous au site **http://www.joomla.fr.**

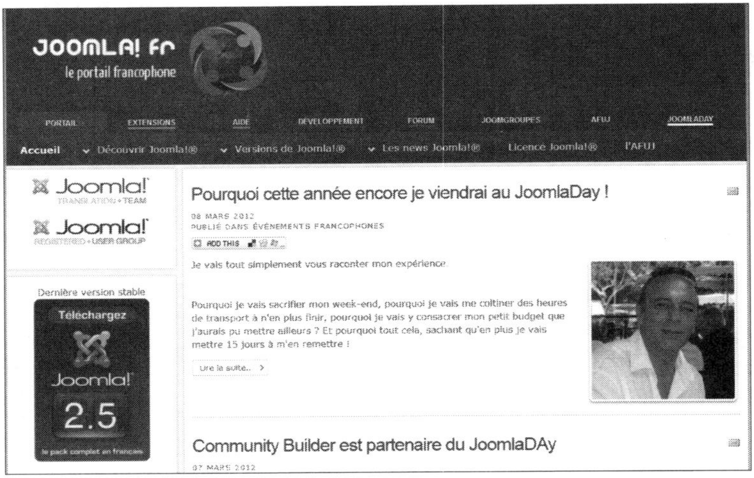

Figure 2.1 : Le site www.joomla.fr

2 Cliquez sur le lien de téléchargement de la dernière version 2.5.x (ou ultérieure) de Joomla.

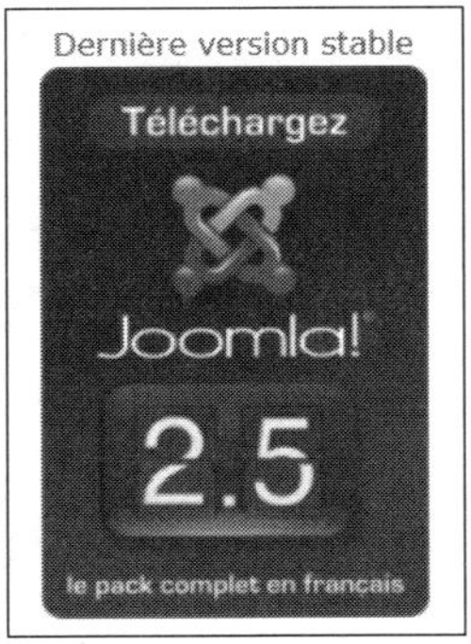

Figure 2.2 : Le lien de téléchargement de la version 2.5.x

La page dédiée au téléchargement est affichée.

3 Cliquez sur le lien de téléchargement de Joomla 2.5, proposé dans cette page.

Figure 2.3 : Le lien de lancement du téléchargement

La boîte de dialogue de téléchargement de fichiers apparaît.

Figure 2.4 : La boîte de téléchargement

4 Choisissez d'enregistrer le fichier.

Le téléchargement du fichier compressé au format *zip* s'opère et dure quelques instants.

REMARQUE

La compression des fichiers au format .zip

Cette extension indique des fichiers ayant subi une compression, opération visant à réduire la place occupée sur l'ordinateur. Plusieurs fichiers peuvent être compressés en un seul. Ils doivent être décompressés avant usage.

5 Lancez l'Explorateur de fichiers de Windows (par un clic droit sur le bouton **Démarrer** puis en choisissant **Ouvrir l'Explorateur Windows**) et placez-vous dans le dossier dans lequel le fichier a été téléchargé. Cliquez du bouton droit sur le fichier et choisissez **Extraire tout**, dans le menu contextuel qui apparaît.

La boîte de dialogue **Extraire les dossiers compressés** apparaît.

6 Conservez les options proposées et cliquez sur le bouton **Extraire** de la boîte de dialogue.

La boîte de dialogue suivante mentionne le temps restant nécessaire pour effectuer la décompression des fichiers qui constituent le système Joomla. Attendez la fin de l'opération.

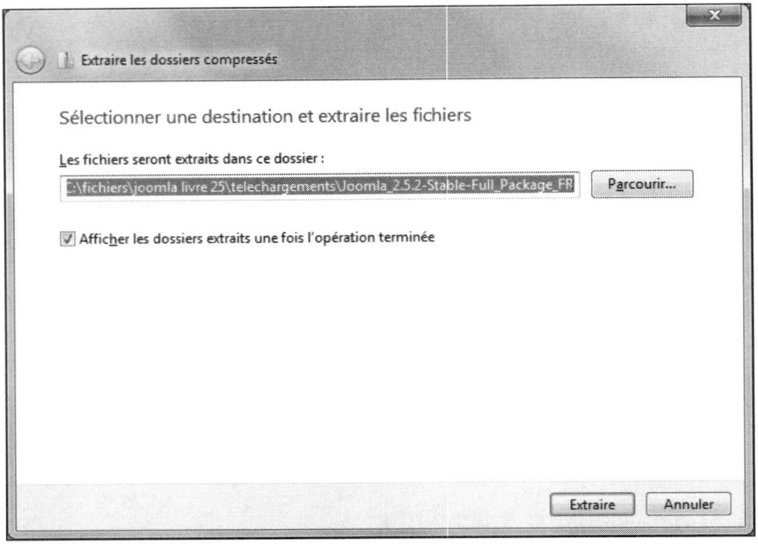

Figure 2.5 : La boîte de dialogue Extraire les dossiers compressés

À la fin du traitement, un nouveau dossier est créé. Dans l'arborescence des fichiers, affichée depuis l'Explorateur de fichiers, il se trouve au même niveau que celui du fichier zippé. Ce nouveau répertoire renferme les fichiers et les dossiers de Joomla non compressés.

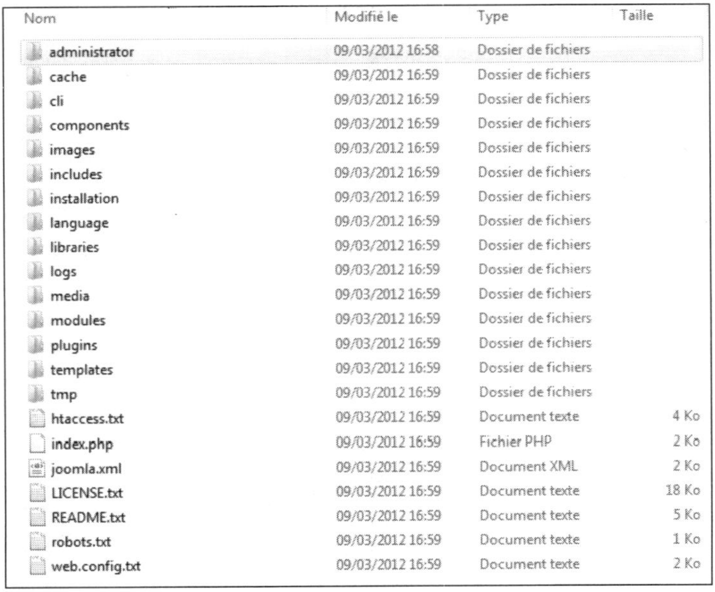

Nom	Modifié le	Type	Taille
administrator	09/03/2012 16:58	Dossier de fichiers	
cache	09/03/2012 16:59	Dossier de fichiers	
cli	09/03/2012 16:59	Dossier de fichiers	
components	09/03/2012 16:59	Dossier de fichiers	
images	09/03/2012 16:59	Dossier de fichiers	
includes	09/03/2012 16:59	Dossier de fichiers	
installation	09/03/2012 16:59	Dossier de fichiers	
language	09/03/2012 16:59	Dossier de fichiers	
libraries	09/03/2012 16:59	Dossier de fichiers	
logs	09/03/2012 16:59	Dossier de fichiers	
media	09/03/2012 16:59	Dossier de fichiers	
modules	09/03/2012 16:59	Dossier de fichiers	
plugins	09/03/2012 16:59	Dossier de fichiers	
templates	09/03/2012 16:59	Dossier de fichiers	
tmp	09/03/2012 16:59	Dossier de fichiers	
htaccess.txt	09/03/2012 16:59	Document texte	4 Ko
index.php	09/03/2012 16:59	Fichier PHP	2 Ko
joomla.xml	09/03/2012 16:59	Document XML	2 Ko
LICENSE.txt	09/03/2012 16:59	Document texte	18 Ko
README.txt	09/03/2012 16:59	Document texte	5 Ko
robots.txt	09/03/2012 16:59	Document texte	1 Ko
web.config.txt	09/03/2012 16:59	Document texte	2 Ko

Figure 2.6 : Les fichiers de Joomla, après décompression du fichier

Conservez ces fichiers sur votre disque dur ; ils vous seront utiles dans les étapes suivantes.

2.3. Télécharger et installer un serveur web local

L'installation de Joomla sur un serveur web local, c'est-à-dire sur votre propre ordinateur, n'est pas une étape obligatoire. Vous pouvez choisir de l'installer directement chez un hébergeur. Le site sera alors immédiatement en ligne et donc accessible, pour les internautes. Vous découvrirez plus loin dans cette section comment installer Joomla chez un hébergeur.

L'installation en local présente toutefois des avantages :

- vous permettre d'effectuer toutes les étapes d'une première installation, donc prendre en main le système ;
- une fois celui-ci installé, pouvoir réaliser tous les essais de votre choix, plus rapidement que chez un hébergeur et sans risquer une interruption de service, inhérente à une mauvaise manipulation, ou d'obtenir des résultats indésirables sur votre véritable site web (dans le pire des cas, rien ne vous empêchera de tout effacer et de recommencer les opérations, chose toujours plus délicate, plus longue et entachant l'image du site, lorsque cette opération est effectuée en ligne).

Pour que Joomla fonctionne localement, vous devez installer un serveur web (il s'agira d'Apache), le moteur de langage PHP ainsi que le système de gestion de base de données MySQL. Il existe plusieurs packages de ces trois logiciels. Nous utilisons ici EasyPHP.

REMARQUE

Apache, PHP et MySQL : les packages d'installation

Bien qu'il vous soit possible d'installer ces trois composants individuellement sur votre ordinateur, il est beaucoup plus simple d'avoir recours à un package d'installation. EasyPHP n'est pas le seul package de ce type, téléchargeable librement sur le Web. Citons notamment XAMPP, pour "*X Apache MySQL Perl PHP*", qu'il est possible de télécharger à l'adresse http://www.apachefriends.org/fr/xampp.html.

1 Téléchargez le fichier d'installation d'EasyPHP en vous connectant, depuis votre navigateur Internet, à l'adresse http://www.easyphp.org/fr/.

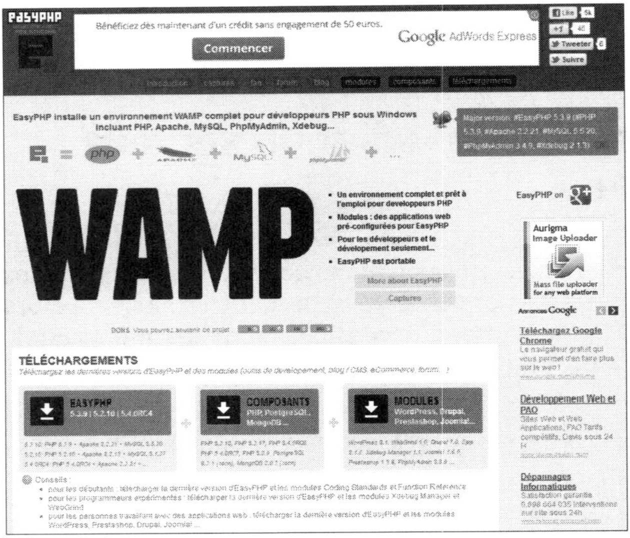

Figure 2.7 : Le site http://www.easyphp.org

2 Cliquez sur le lien de téléchargement puis sur le lien lançant le téléchargement.

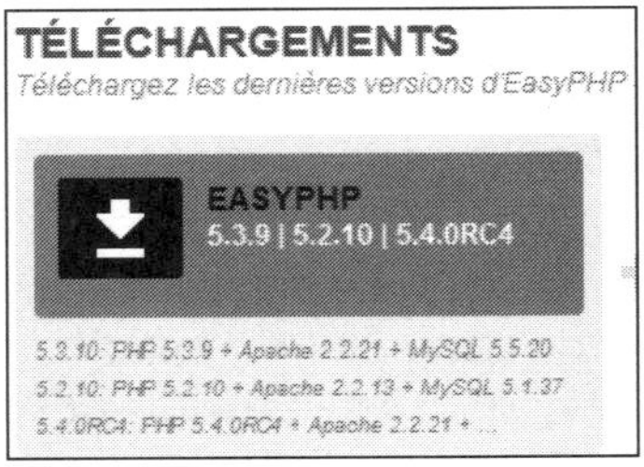

Figure 2.8 : Le lien de téléchargement

3 Effectuez le téléchargement du fichier d'installation en cliquant sur le lien suivant qui vous est proposé (nous téléchargeons ici la version 5.3.9). Enregistrez le fichier dans le dossier de votre choix.

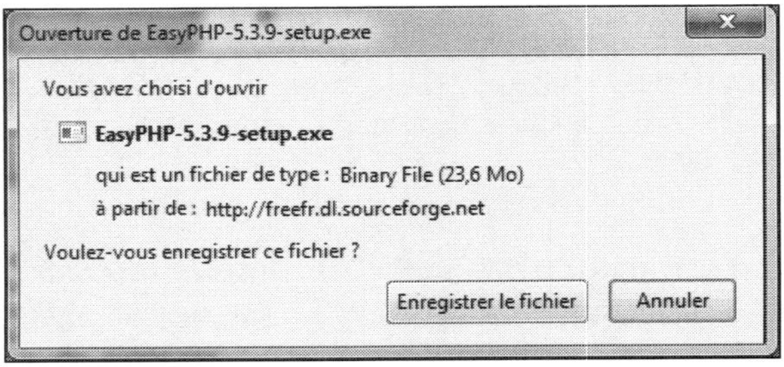

Figure 2.9 : Le téléchargement du fichier

4 Lancez l'Explorateur de fichiers de Windows en cliquant du bouton droit sur **Démarrer** puis en choisissant **Ouvrir l'Explorateur Windows** dans le menu contextuel. Recherchez le dossier dans lequel le fichier téléchargé a été enregistré puis double-cliquez sur son icône afin de lancer l'installation d'EasyPHP.

Figure 2.10 : L'installation d'EasyPHP est lancée par un double-clic sur cet icône

La boîte de dialogue **Avertissement de sécurité** apparaît.

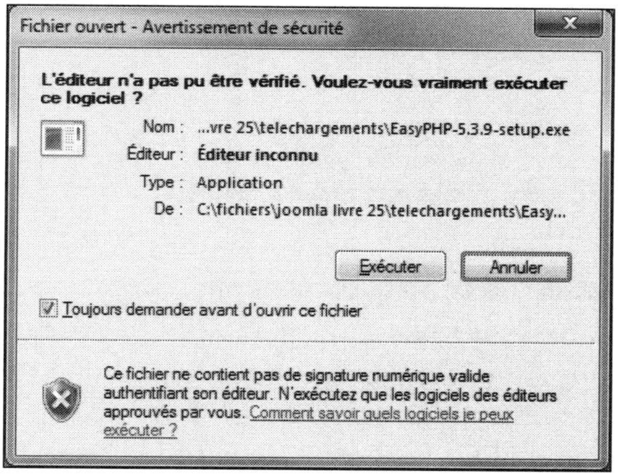

Figure 2.11 : La boîte de dialogue Avertissement de sécurité

5 Cliquez sur le bouton **Exécuter** de la boîte de dialogue.

6 Si votre système d'exploitation est Windows 7, une étape de validation supplémentaire est affichée. Validez cette étape en acceptant l'exécution du programme.

La boîte de dialogue **Langue de l'Assistant d'installation** apparaît.

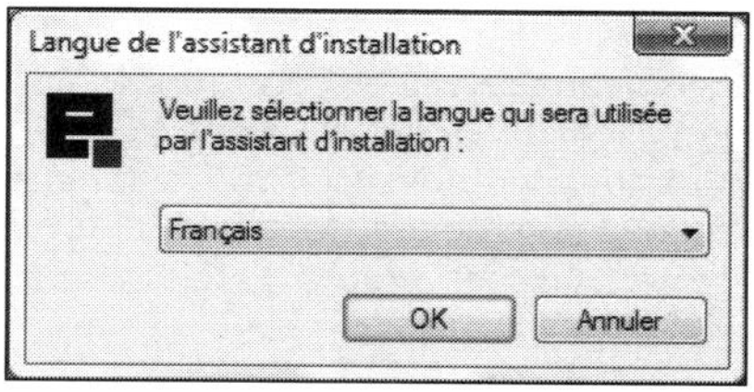

Figure 2.12 : La boîte de dialogue Langue de l'Assistant d'installation

7 Choisissez le français puis cliquez sur le bouton OK de la boîte de dialogue.

La boîte de dialogue **Installation – EasyPHP** apparaît.

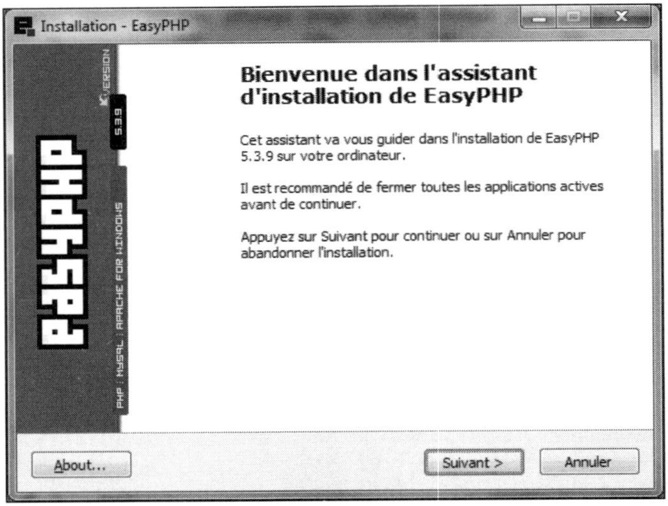

Figure 2.13 : La boîte de dialogue Installation

8 Cliquez sur le bouton **Suivant** de la boîte de dialogue.

9 Acceptez les termes du contrat de licence en cliquant sur le bouton d'option idoine puis cliquez sur le bouton **Suivant** de la boîte de dialogue.

10 L'installateur vous informe qu'EasyPHP est un environnement de travail, et non un environnement de production. Cliquez sur le bouton **Suivant** de la boîte de dialogue.

11 L'installateur propose de choisir le dossier d'installation du logiciel. Effectuez cette opération, ou conservez le dossier proposé par défaut, puis cliquez sur le bouton **Suivant** de la boîte de dialogue.

REMARQUE

Dossier d'installation

Sous Windows Vista, nous avons constaté, dans certaines configurations, des problèmes de fonctionnement lorsque EasyPHP est installé dans le dossier d'installation proposé par défaut de Windows (le dossier *Programmes*). Pour pallier ce problème, nous vous conseillons de créer un dossier différent (*c:\autresprogrammes*, par exemple), que vous réserverez à l'installation d'EasyPHP.

12 L'étape suivante est celle de la création des raccourcis de lancement de l'application. Conservez les paramètres proposés par défaut et cliquez sur le bouton **Suivant** de la boîte de dialogue.

13 L'étape suivante résume les paramètres précédemment saisis. Cliquez sur le bouton **Installer** de la boîte de dialogue.

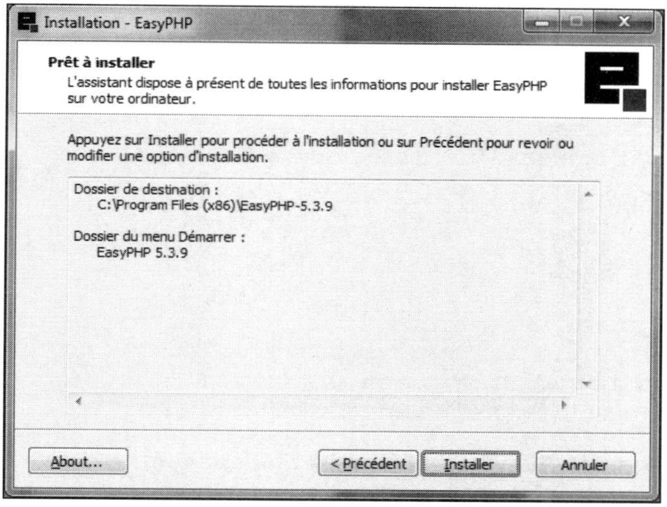

Figure 2.14 : La boîte de dialogue résumant les paramètres d'installation

Un témoin d'avancement indique que l'installation d'EasyPHP est en cours d'exécution.

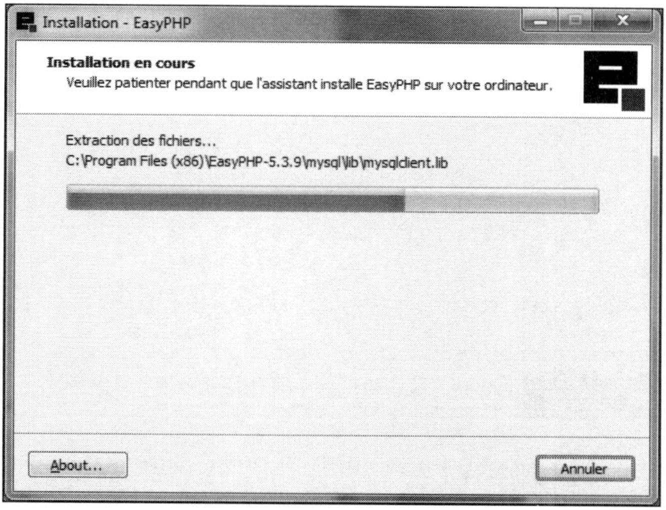

Figure 2.15 : L'installation est en cours

À l'issue du traitement, une dernière boîte de dialogue indique que l'installation est terminée.

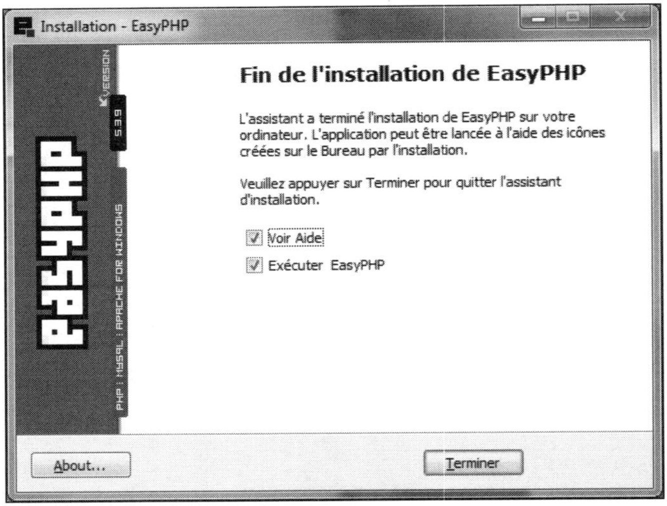

Figure 2.16 : La dernière boîte de dialogue de l'Assistant

14 Cliquez sur le bouton **Terminer** de la boîte de dialogue.

Vous allez lancer EasyPHP et vous assurer que le système fonctionne.

15 Cliquez sur le bouton **Démarrer** de Windows puis sur **Tous les programmes/EasyPHP 5.2.10/EasyPHP 5.3.9** (cette procédure de lancement est ici toutefois superflue car EasyPHP est lancé automatiquement après l'installation).

Le démarrage du service est symbolisé par une petite icône représentant la lettre "e" dans la Barre des tâches de Windows.

Figure 2.17 : Une fois EasyPHP démarré, son icône est visible dans la Barre des tâches

16 Afin de vérifier le bon fonctionnement du service, cliquez du bouton droit sur cette icône et choisissez **Administration** dans le menu contextuel qui apparaît.

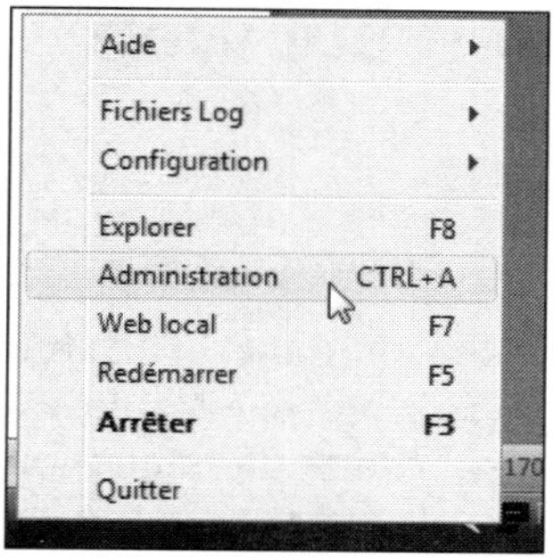

Figure 2.18 : Le menu contextuel, activé par un clic droit sur l'icône d'EasyPHP

La page d'administration des services d'EasyPHP est ouverte dans votre navigateur web.

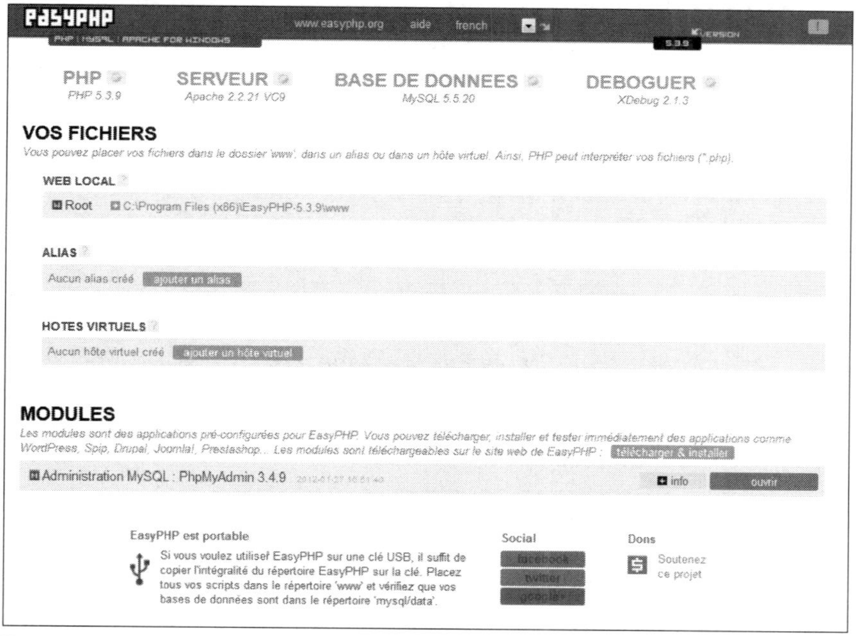

Figure 2.19 : La page d'administration des services d'EasyPHP

Votre serveur web local est maintenant opérationnel. Vous pouvez y installer Joomla...

2.4. Installer Joomla sur un serveur web local

Pour utiliser Joomla sur votre ordinateur, vous devez d'abord copier les fichiers qui composent le CMS sur votre serveur web.

1 Activez l'Explorateur de fichiers de Windows (en cliquant du bouton droit sur **Démarrer** puis en choisissant **Ouvrir l'Explorateur Windows**) et placez-vous dans le dossier *EasyPHP*, répertoire d'installation d'EasyPHP (dans le dossier *Program Files*, si vous avez conservé les paramètres d'installation par défaut ou le dossier que vous avez stipulé lors de l'installation, si vous avez choisi d'utiliser d'autres paramètres). Sous ce dossier, sélectionnez le dossier *www*.

2 Copiez-y le dossier *Joomla_2.5.X-Stable-Full_Package_FR* qui a été créé lors de la décompression du fichier compressé portant le même nom (ne copiez pas le dossier compressé mais le dossier contenant les fichiers qui ont été extraits).

REMARQUE

Particularité du dossier www

Les sous-dossiers placés dans ce dossier correspondent chacun à un site web géré par le serveur Apache, sous EasyPHP.

3 Cliquez du bouton droit puis choisissez **Renommez** sur le nom du dossier *Joomla_2.5.X-Stable-Full_Package_FR*, afin de lui affecter un nom plus significatif, `site-1-joomla` par exemple (n'ayez pas recours aux espaces, aux caractères spéciaux ou accentués pour écrire le nom du dossier).

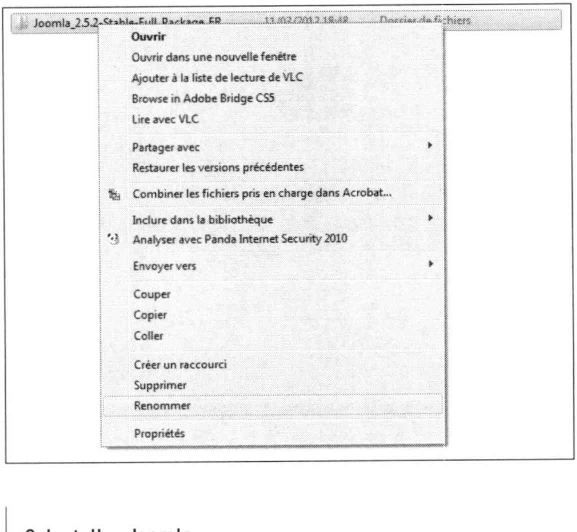

Figure 2.20 : Le dossier va être renommé

4 EasyPHP étant démarré (si tel n'est pas le cas, reportez-vous à la section qui précède pour plus d'informations), lancez votre navigateur Internet (Firefox, par exemple), puis saisissez l'adresse `127.0.0.1` dans sa barre d'adresse (vous pouvez également taper `localhost`, ces deux syntaxes ayant la même conséquence : ouvrir la page d'accueil du serveur web installé sur votre ordinateur).

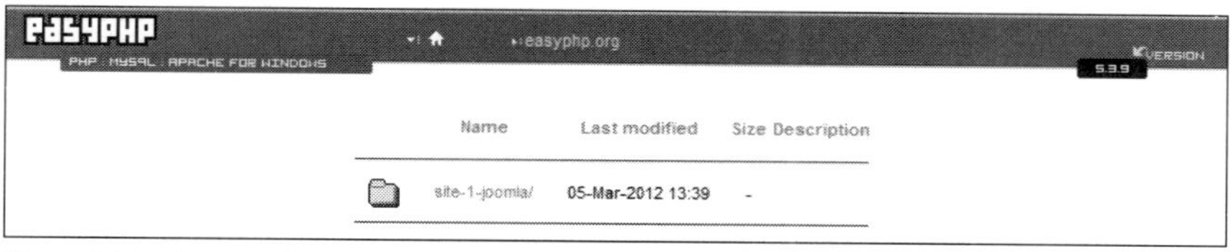

Figure 2.21 : La page d'accueil de votre serveur web

La page affichée dans le navigateur présente tous les sites installés sur votre serveur web (comme vous n'avez installé qu'un seul site, la liste se compose pour l'instant uniquement du nom du dossier que vous venez de renommer).

5 Cliquez sur le lien *site-1-joomla* afin de lancer l'installation du système.

Lorsque l'adresse d'un site Joomla est saisie, le CMS teste si l'initiation du système a déjà été effectuée. Si, comme ici, tel n'est pas le cas, le premier écran de l'installateur de Joomla apparaît.

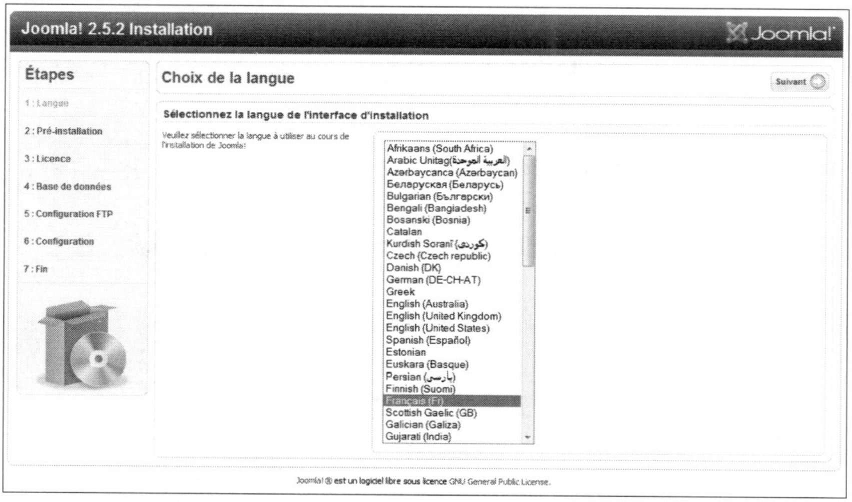

Figure 2.22 : L'installateur de Joomla affiche la première étape du paramétrage initial du système

6 Sélectionnez la langue française dans la liste *Sélectionnez la langue* puis cliquez sur le lien *Suivant*, présenté en haut et à droite dans la page, pour passer à l'étape suivante de l'installation.

L'étape suivante consiste en une vérification des paramètres du serveur web.

La partie supérieure de la page affiche une liste de paramètres devant tous être à l'état *Oui*, indiquant un paramétrage correct.

La partie inférieure de la page, quant à elle, indique l'état des paramètres recommandés. Pour un fonctionnement optimal et une plus grande sécurité, il est préférable que les paramètres de votre serveur web, indiqués dans la colonne *Actuel*, correspondent à ceux préconisés par les concepteurs de Joomla, mentionnés dans la colonne *Recommandé*. Si tel n'est pas le cas, le système pourra toutefois être exécuté.

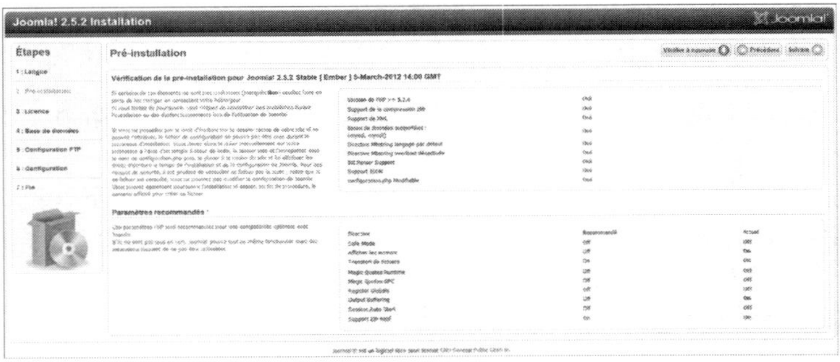

Figure 2.23 : La seconde étape de l'installation

7 Cliquez sur le lien *Suivant*.

Dans l'étape suivante, vous devez signifier votre acceptation de la licence d'utilisation de Joomla.

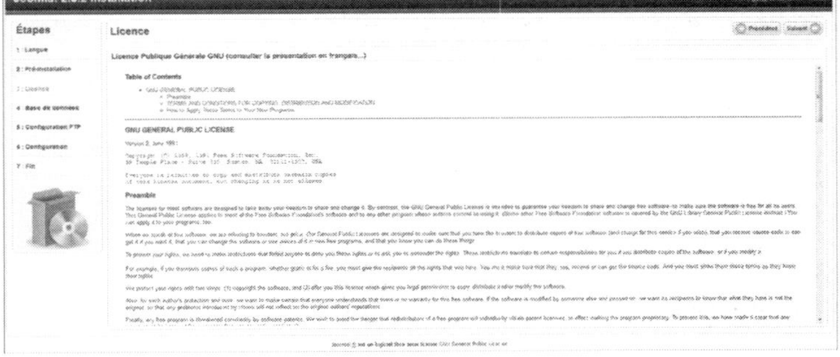

Figure 2.24 : L'acceptation de la licence d'utilisation

8 Cliquez sur le lien *Suivant*.

L'étape qui suit permet de paramétrer la base de données utilisée par Joomla.

9 Dans la liste de la zone *Type de la base de données*, conservez `Mysqli`.

10 Dans la zone *Nom du serveur*, saisissez `localhost`.

11 Dans la zone *Nom d'utilisateur*, saisissez `root`.

12 Dans la zone *Mot de passe*, ne saisissez rien (vous ne risquez pas, dans cette installation, de créer une faille de sécurité avec un mot de passe aussi simple car vous utilisez le serveur web de votre propre ordinateur, qui n'est pas accessible aux autres utilisateurs ; il vous faudra, bien entendu, saisir un mot de passe quand vous publierez votre site chez un hébergeur). Sur certaines implémentations locales de Mysql, vous devrez saisir le mot de passe `mysql` dans cette zone.

13 Dans la zone *Nom de la base de données*, saisissez, par exemple, `joomla1`.

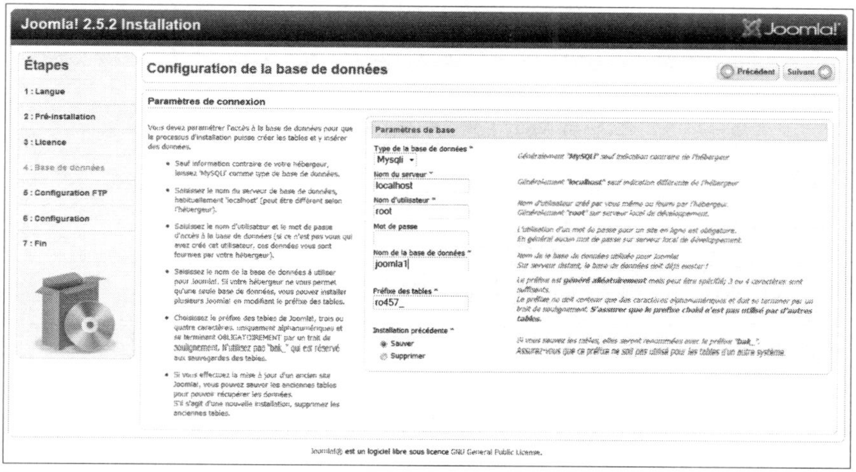

Figure 2.25 : L'étape de paramétrage de la base de données

REMARQUE

Le préfixe des tables

Comme vous le constatez, cette zone, présentée à cette étape, est renseignée automatiquement par Joomla, sous la forme d'une chaîne de caractères aléatoires, suivie du caractère "_". Il vous est possible de saisir le préfixe de votre choix mais, pour cette première installation, nous vous conseillons de conserver celui proposé par le CMS.

REMARQUE

Le rôle de ce préfixe, qui s'ajoute aux noms de tables créées dans la base de données, est de permettre l'installation de plusieurs itérations de Joomla sur une même base de données, dans le cas éventuel par exemple où votre hébergeur ne vous fournirait qu'une seule base. Cette fonctionnalité ne vous sera pas utile pour l'instant puisque l'installation s'effectue sur votre serveur local, qui vous autorisera la création d'autant de bases de données que vous le souhaitez, si vous disposez des droits d'administration de votre machine.

14 Cliquez sur le lien *Suivant*.

L'étape suivante vous permet de paramétrer un accès FTP, utile pour gérer des problèmes de publication pouvant apparaître chez certains hébergeurs, dans des conditions spécifiques. Cette fonctionnalité ne vous sera pas utile dans le cas présent.

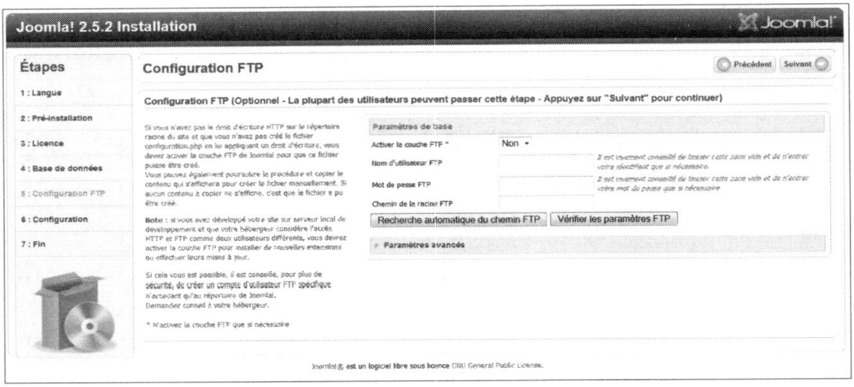

Figure 2.26 : L'étape de la configuration optionnelle de l'accès FTP

15 Cliquez sur le lien *Suivant*.

À l'étape qui s'affiche, vous pouvez définir les paramètres de configuration initiaux du site. Ces valeurs pourront être changées ultérieurement.

16 Dans la zone *Nom du site*, saisissez, par exemple, `Site Joomla local`.

Cette information sera affichée par Joomla, dans certaines zones du site, comme vous le constaterez plus loin.

17 Dans la zone *Votre email*, saisissez votre adresse email.

18 Dans la zone *Identifiant*, saisissez votre identifiant, ou conservez `admin`, l'identifiant proposé par défaut.

REMARQUE

Identifiant et sécurité

Votre site Joomla étant ici installé sur votre serveur local, vous ne courez aucun risque en termes de sécurité et vous pouvez conserver l'identifiant proposé par Joomla.

En revanche, nous vous conseillons de modifier cet identifiant lorsque vous installerez le système chez un hébergeur, afin d'accroître la sécurité.

19 Dans la zone *Mot de passe de l'admin*, saisissez le mot de passe qui vous permettra de vous identifier lors de vos accès à l'interface d'administration. Dans la zone *Confirmer le mot de passe admin*, saisissez à nouveau le mot de passe.

20 Cliquez sur le bouton **Installer les données d'exemple** (afin d'insérer dans la base de données quelques articles fictifs et de copier dans le site les images utilisées par ces exemples).

21 Cliquez sur le lien *Suivant*.

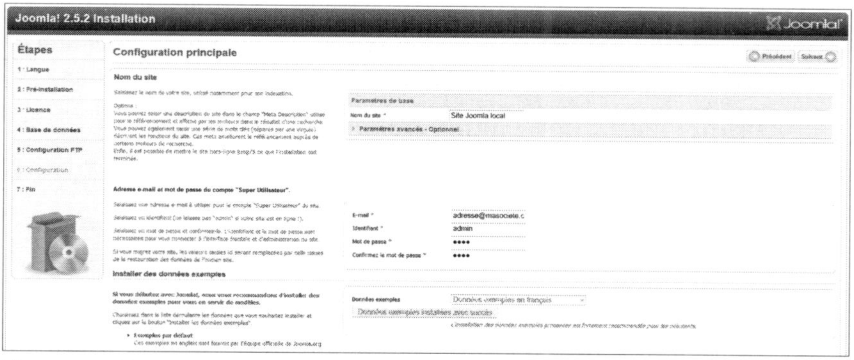

Figure 2.27 : L'étape d'installation des données d'exemple

À la dernière étape, il vous est indiqué que l'installation s'est déroulée normalement. Vous êtes informé que vous devez détruire le dossier *installation*, dans l'arborescence de répertoires du système Joomla que vous venez de mettre en place sur votre serveur web local.

Cette opération a pour but de vous protéger contre une tentative éventuelle de piratage, pendant laquelle un pirate informatique pourrait exécuter une nouvelle fois la procédure d'installation afin de s'approprier le site.

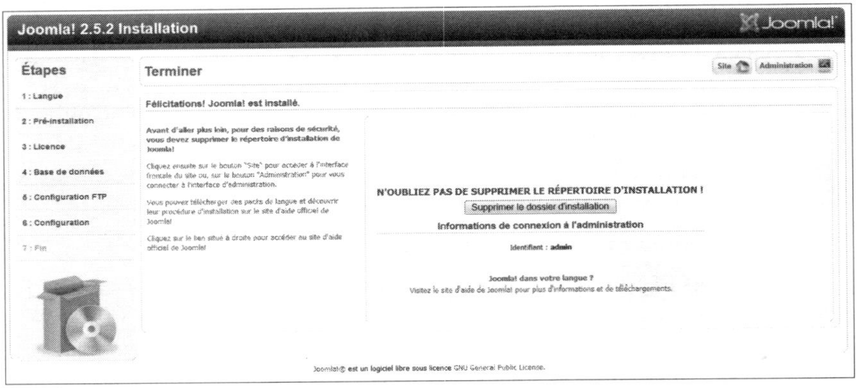

Figure 2.28 : Le message vous indiquant que vous devez détruire le répertoire

22 Cliquez sur le bouton **Supprimer le dossier d'installation**, proposé dans la page.

23 Cliquez sur le bouton **Site**, afin d'accéder à la partie publique du site.

Vous visualisez la partie publique de votre site, c'est-à-dire celle qui sera accessible aux internautes. Cette première maquette utilise les données d'exemples implémentées lors de l'installation, ainsi qu'une mise en forme par défaut, modifiable ultérieurement.

Figure 2.29 : La partie publique du site

Vous allez maintenant accéder à l'interface d'administration du site, c'est-à-dire à l'espace qui vous est réservé et depuis lequel vous pourrez modifier le site.

24 Ouvrez un nouvel onglet dans votre navigateur Internet (par la commande **Fichier/Nouvel onglet**) et saisissez (ou copiez-collez) l'adresse de ce dernier, en ajoutant à celle-ci la chaîne de caractères `/administrator`. Dans cet exemple, le chemin d'accès est `http://localhost/site-1-joomla/administrator`.

La page de connexion à l'interface d'administration de Joomla apparaît.

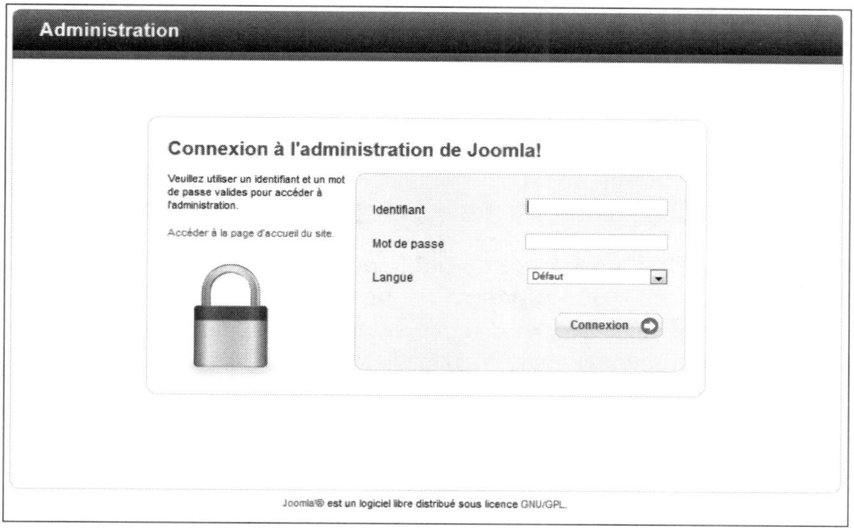

Figure 2.30 : La connexion à l'interface d'administration de Joomla

25 Dans la zone *Identifiant*, saisissez `admin` ou l'identifiant que vous avez saisi lors de l'installation, si vous n'avez pas conservé l'identifiant proposé par Joomla.

Cet identifiant est le nom d'utilisateur créé à l'installation de Joomla. Il vous sera possible de le modifier ultérieurement depuis l'interface d'administration du système, si vous le désirez.

26 Dans la zone *Mot de passe*, saisissez le mot de passe que vous avez défini lors de l'installation.

27 Cliquez sur le bouton **Connexion**.

La page d'accueil de l'interface d'administration de Joomla est affichée.

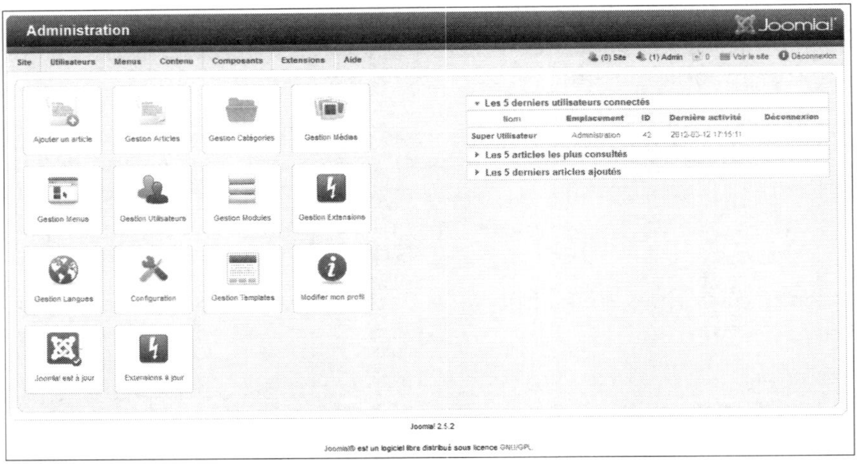

Figure 2.31 : L'interface d'administration de Joomla 2.5

2.5. Installer Joomla chez un hébergeur

Les sociétés d'hébergement de sites web, communément appelées "hébergeurs" ont pour fonction de permettre aux webmestres de publier (c'est-à-dire déposer) leurs sites web sur des serveurs web. Les sites sont ainsi accessibles depuis Internet, 24 heures sur 24.

En matière d'hébergement, plusieurs solutions sont proposées.

Les hébergements mutualisés

Dans ce type d'hébergement, le plus répandu (et le moins coûteux), un même serveur est partagé afin d'assurer l'hébergement d'un grand nombre de sites.

Cet hébergement est adapté dans la majorité des cas car l'espace de stockage des pages du site est largement suffisant (plusieurs gigaoctets, généralement).

DEFINITION

Gigaoctet

Un octet est une unité de mesure correspondant à la quantité de stockage nécessaire pour contenir un caractère. Un kilooctet (ko) correspond à 1 024 octets, soit 1 000 octets environ. Un mégaoctet (Mo) correspond à 1 000 ko environ soit un million de caractères. Un gigaoctet (Go) correspond à 1 000 Mo environ soit un milliard de caractères.

Si le nombre d'internautes connectés simultanément augmente de manière conséquente, les délais de chargement des pages deviendront plus élevés et il conviendra d'envisager un type d'hébergement plus important.

Les hébergements sur des serveurs virtuels

Dans ce cas, le webmestre gère son propre serveur, dit "*virtuel*", c'est-à-dire émulé sur un ordinateur sur lequel plusieurs serveurs du même type sont implémentés. La puissance offerte par le système est supérieure à celle d'un hébergement mutualisé mais moindre que celle d'un serveur "*dédié*".

Les hébergements sur des serveurs dédiés

Ici, le webmestre administre intégralement le serveur web, ce qui demande plus de connaissances techniques de sa part. Cette solution permet la connexion simultanée d'un grand nombre d'internautes au site web. Le coût de ce type d'hébergement est, bien entendu, plus élevé.

De nombreux hébergeurs proposent des systèmes de ce type "clés en mains", préinstallés et faciles à administrer.

Les hébergements sont proposés sur systèmes d'exploitation Linux ou Windows. La première catégorie est la plus adaptée à une installation de Joomla.

Étude de cas : Installation type chez un hébergeur

Ouvrir un compte chez un hébergeur

La quasi-totalité des hébergeurs actuels implémentent systématiquement les technologies Apache, Php et MySQL sur leurs machines. L'installation de Joomla est donc facilement réalisable dans la majorité des cas, chez la plupart des hébergeurs.

À titre d'exemple, voici décrite l'installation d'un système Joomla chez l'hébergeur **1and1**. Vous pouvez bien entendu effectuer une procédure similaire chez d'autres hébergeurs.

1 Connectez-vous à l'adresse http://.1and1.fr.

Figure 2.32 : La page d'accueil de l'hébergeur 1and1

2 Cliquez sur le lien *Hébergement*.

La page correspondante apparaît. Plusieurs solutions d'hébergements mutualisés vous sont proposées.

3 Cliquez sur l'hébergement de votre choix et suivez la procédure d'inscription afin de contracter un abonnement (choisissez le mieux adapté à la taille et au taux de fréquentation prévisionnels de votre site).

Figure 2.33 : Le choix d'un type d'hébergement

REMARQUE

Hébergement gratuit ou payant

Le coût de l'hébergement est aujourd'hui assez faible (quelques euros par mois). Vous pouvez également opter pour une solution entièrement gratuite, si vous utilisez l'espace offert par votre fournisseur d'accès à Internet (Free, par exemple). Toutefois, les plateformes d'hébergement payantes mettent à votre disposition, pour un coût très abordable, des fonctionnalités d'administration plus évoluées et disposent de caractéristiques techniques plus importantes (possibilité de déposer plusieurs noms de domaines, bande passante et espaces de stockage élevés, trafic, création de comptes emails rattachés aux noms de domaines, etc.).

REMARQUE

Importance de la bande passante et du trafic

La bande passante correspond au débit de données ; c'est-à-dire à la quantité de données pouvant circuler sur le système en un temps donné. Elle est quantifiée en bits par seconde. Une bande passante élevée permet de diminuer le temps d'affichage des pages du site.

Le terme trafic mensuel indique, quant à lui, la quantité de données échangées en un mois. Il dépend du nombre de pages visitées mais aussi du poids des objets, images notamment, qu'elles renferment. Ainsi est-il conseillé de toujours réduire la taille des fichiers images affichés dans les pages, en conservant le meilleur compromis qualité/poids.

Une fois le service ouvert, vous disposez d'une interface d'administration vous permettant de gérer votre espace chez l'hébergeur. Vous allez vérifier qu'il vous est désormais possible d'accéder à cette interface.

4 Cliquez sur le lien *Espace client*, proposé en page d'accueil.

Figure 2.34 : Le lien permettant l'accès à votre espace d'hébergement

La page *Espace client* apparaît.

5 Saisissez le code client et le mot de passe rattaché, qui vous ont été communiqués par votre hébergeur afin de vous permettre de vous authentifier. Cliquez sur le bouton **Connexion**.

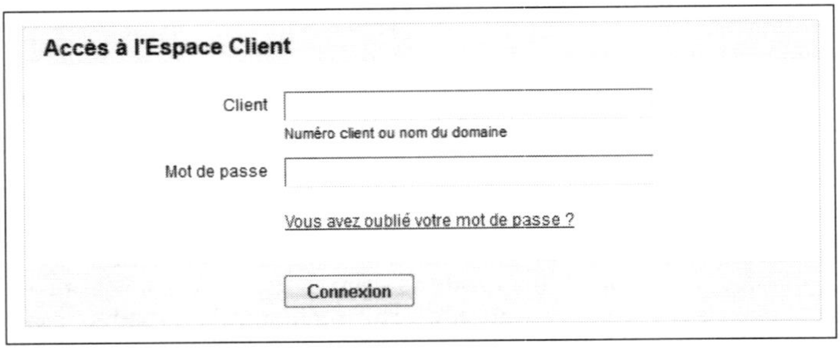

Figure 2.35 : La saisie du code client et du mot de passe

L'interface d'administration est affichée dans votre navigateur.

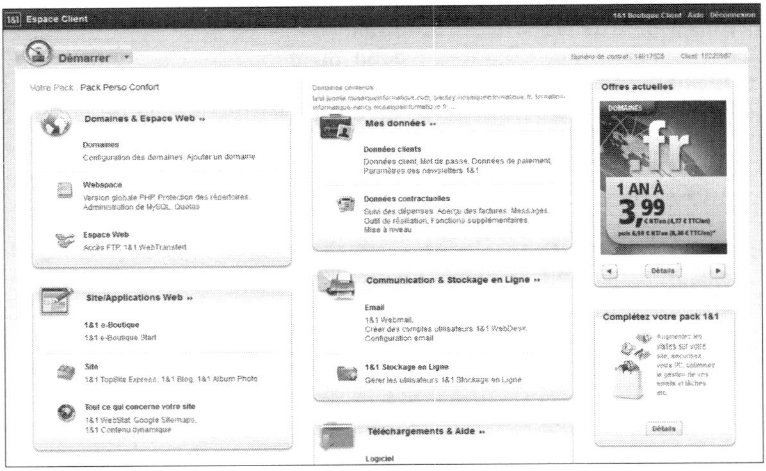

Figure 2.36 : L'interface d'administration

Publier les fichiers de Joomla chez l'hébergeur

La mise en place de Joomla chez un hébergeur est identique à celle que vous avez précédemment réalisée sur votre serveur local. Vous devez toutefois disposer d'un logiciel de transfert FTP afin de transférer les fichiers qui constituent le CMS sur votre espace d'hébergement.

REMARQUE

Le protocole FTP

Ce terme, acronyme de *File Transfer Protocole*, désigne l'un des protocoles de communication les plus répandus, permettant l'adressage de fichiers sur les réseaux TCP/IP. Il est employé dans de très nombreuses circonstances, pour l'échange et l'administration des fichiers d'ordinateur à ordinateur.

1 Téléchargez puis installez sur votre ordinateur un logiciel de transfert FTP. L'un des plus utilisés de ces programmes est FileZilla. Vous pouvez télécharger ce logiciel open source à l'adresse **http://www.filezilla.fr** ou utiliser le logiciel de transfert FTP de votre choix.

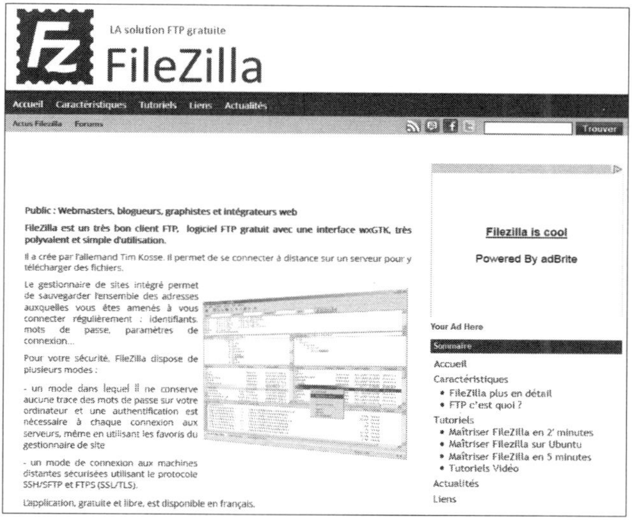

Figure 2.37 : Le site de téléchargement de FileZilla

2 Depuis l'interface d'administration de votre espace d'hébergement, affichée précédemment dans la fenêtre de votre navigateur Internet, cliquez sur le lien *Accès FTP*, afin d'accéder à votre identifiant FTP et à son mot de passe associé (ces paramètres sont requis pour effectuer la connexion en FTP depuis le logiciel FileZilla).

Figure 2.38 : Le lien permettant d'accéder à vos paramètres FTP

3 Lancez FileZilla afin de vous connecter à votre espace d'hébergement. Dans le logiciel, saisissez l'adresse de l'espace d'hébergement (il s'agit généralement de votre nom de domaine), le nom d'utilisateur et son mot de passe rattaché. Ces paramètres vous ont été fournis à l'étape 2. Cliquez sur le bouton **Connexion rapide**.

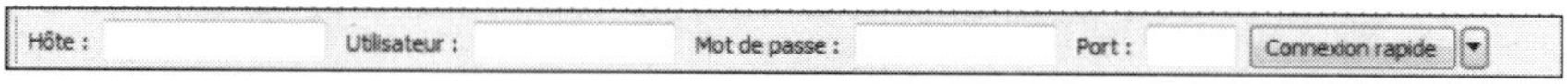

Figure 2.39 : Adresse de l'ordinateur hôte, nom d'utilisateur et mot de passe sont des paramètres qui vous sont fournis par votre hébergeur et que vous devez entrer dans le logiciel de transfert FTP

4 Dans votre espace d'hébergement, figurant dans la partie droite du logiciel nommée *Site distant*, cliquez du bouton droit sur l'icône représentant la racine de l'arborescence de fichiers et choisissez **Nouveau dossier** dans le menu contextuel qui apparaît.

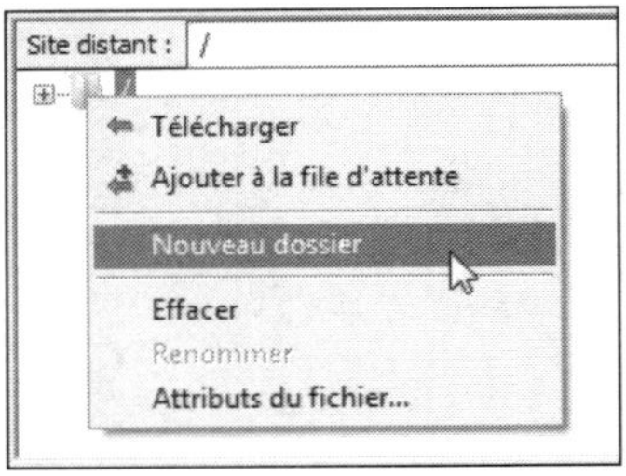

Figure 2.40 : La création du nouveau dossier sur le site distant

5 Affectez un nom significatif à ce dossier (pour éviter d'éventuels problèmes, utilisez uniquement des caractères minuscules, sans espaces et sans accents ni caractères spéciaux pour nommer le dossier).

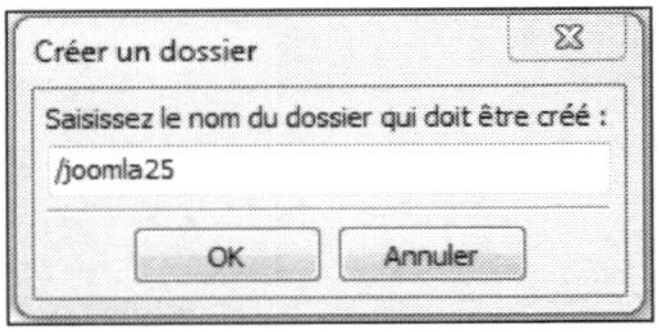

Figure 2.41 : Un nom significatif est affecté au dossier

6 Dans la partie gauche du logiciel, sélectionnez le contenu du dossier *Joomla_2.5.X-Stable-Full_Package_FR*, précédemment créé lors de la décompression du fichier zippé du même nom. Pour ce faire, cliquez sur le nom du dossier dans la partie supérieure gauche de la fenêtre de FileZilla, nommée *Site local*. Cliquez sur un nom de dossier ou de fichier, dans la partie inférieure droite de la fenêtre, nommée *Nom de fichier*. Utilisez la combinaison de touches Ctrl+A pour sélectionner tous les fichiers et tous les dossiers du dossier *Joomla_2.5.X-Stable-Full_Package_FR* (voir Figure 2.42).

7 Collez ces fichiers dans le dossier créé chez l'hébergeur à l'étape 5 (sur FileZilla, ce copier/coller s'effectue en glissant les fichiers sélectionnés de la partie gauche vers la partie droite de la fenêtre). Assurez-vous que le dossier cible est sélectionné afin d'éviter une éventuelle erreur de destination lors de la copie des fichiers et des dossiers (voir Figure 2.43).

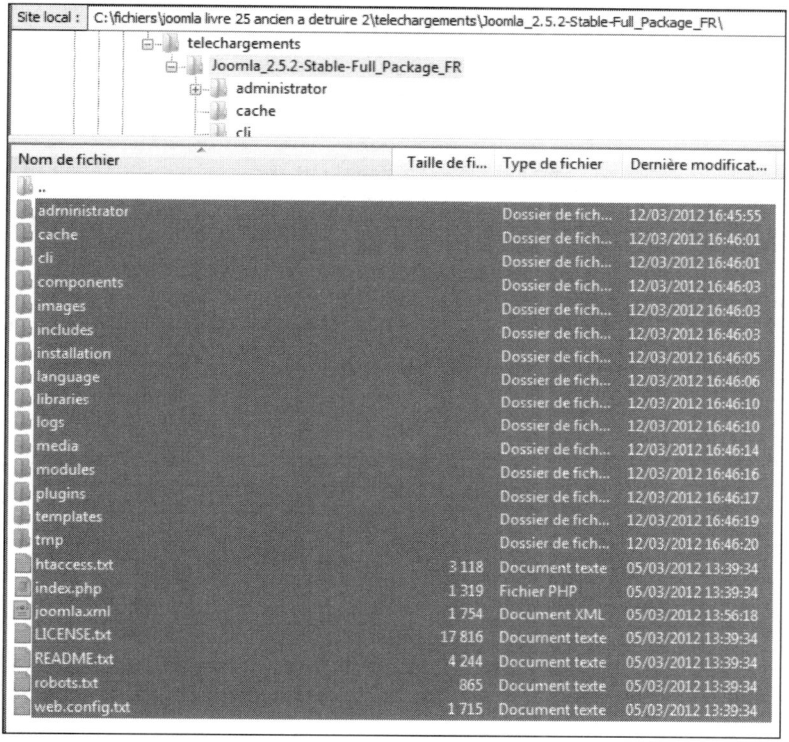

Figure 2.42 : Tous les fichiers et tous les dossiers du dossier Joomla_2.5.X-Stable-Full_Package_FR

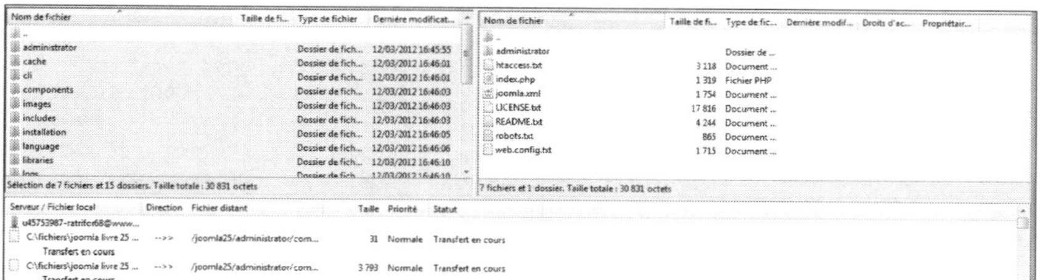

Figure 2.43 : Les fichiers et dossiers sont collés par un glisser/déposer dans la partie droite de la fenêtre

Pendant l'opération de copie, qui prend quelques minutes (ou plus, selon la bande passante de votre connexion Internet), les fichiers copiés sont affichés dans la partie inférieure de la fenêtre de FileZilla.

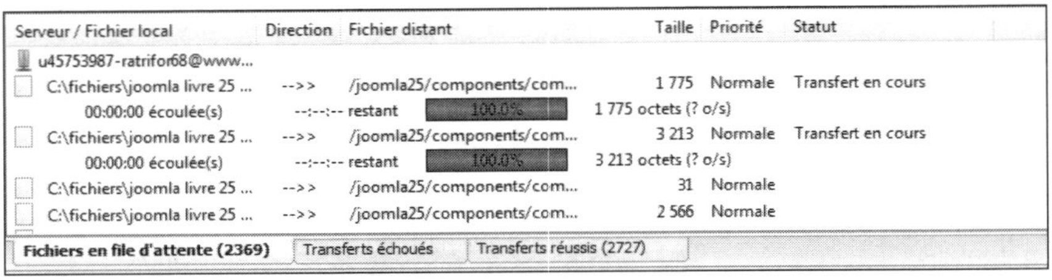

Figure 2.44 : Les fichiers en cours de copie sont affichés dans la partie inférieure de la fenêtre

À l'issue de la copie, les fichiers et les dossiers publiés chez l'hébergeur sont visibles dans les zones *Site distant* et *Nom de fichier*, dans la partie droite de la fenêtre de FileZilla.

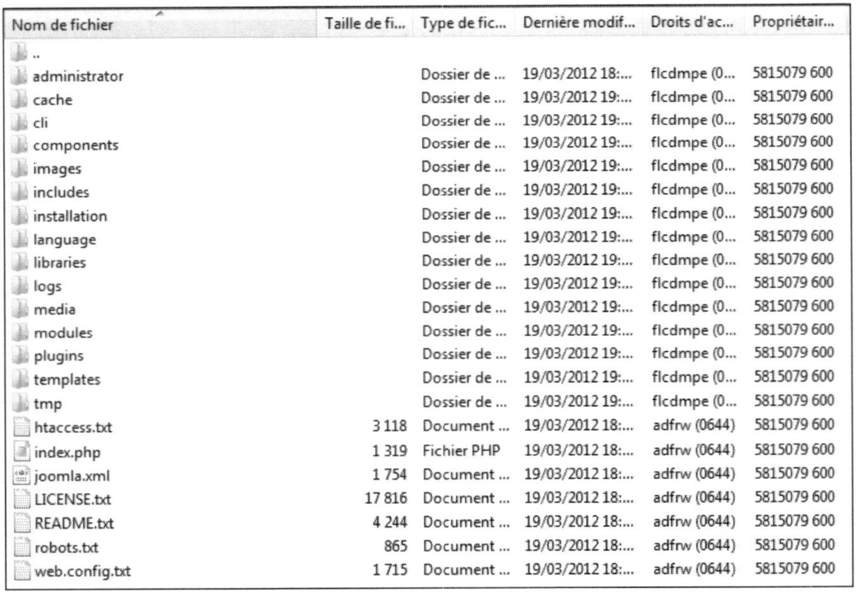

Figure 2.45 : Les fichiers constituant le système Joomla, après leur publication chez l'hébergeur

La mise en place du CMS est presque terminée. Il vous reste à opérer l'initialisation du système, qui s'effectue de manière analogue à celle que vous avez déjà réalisée sur votre serveur web local, à quelques nuances près.

Pour accéder au site, il vous faut créer un nom de sous-domaine pointant vers le dossier dans lequel vous avez déposé les fichiers de Joomla, chez votre hébergeur. Pour les besoins de cet exemple, nous utilisons un sous-domaine dans ce qui suit. Vous pouvez également employer l'un de vos noms de domaines créés à l'ouverture de l'hébergement pour réaliser ce pointage.

REMARQUE

Domaine et sous-domaine

Un domaine est un ensemble de pages web, désigné par un identifiant unique, saisi dans la Barre d'adresse du navigateur Internet (du type **http://www.mosaiqueinformatique.com**).

Un sous-domaine est une subdivision de l'espace que représente le domaine principal, portant elle aussi une adresse unique (du type **http://www.joomla25.mosaiqueinformatique.com**).

8 Depuis votre navigateur Internet, accédez à nouveau à l'interface d'administration de votre espace d'hébergement, comme vu précédemment. Après vous être authentifié, cliquez sur le lien *Configuration des domaines*.

Figure 2.46 : Le lien Configuration des domaines, affiché dans l'interface d'administration de l'hébergeur

La page *Aperçu des domaines* est affichée.

9 Cliquez sur le lien *Nouveau/Créer un sous-domaine*.

Figure 2.47 : Le lien permettant de créer un nouveau domaine ou un nouveau sous-domaine

La page *Créer un sous-domaine* est affichée (voir Figure 2.48).

La page *Nouveau sous-domaine* est affichée.

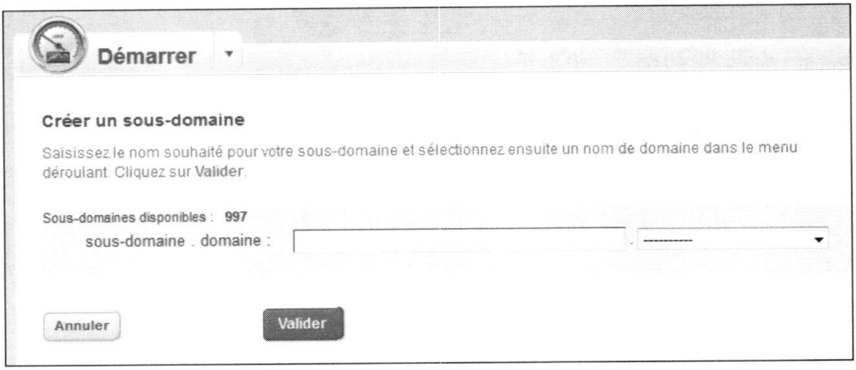

Figure 2.48 : La page Créer un sous-domaine

10 Dans la zone *Sous-domaine.Nom du domaine*, saisissez le préfixe du sous-domaine (nous utilisons "`joomla25`", pour cet exemple). Choisissez le nom de domaine auquel est rattaché le sous-domaine au moyen de la liste déroulante présentée à droite de la zone (en fonction du type d'hébergement choisi, vous pouvez en effet disposer de plusieurs noms de domaines). Cliquez sur le bouton **Valider**.

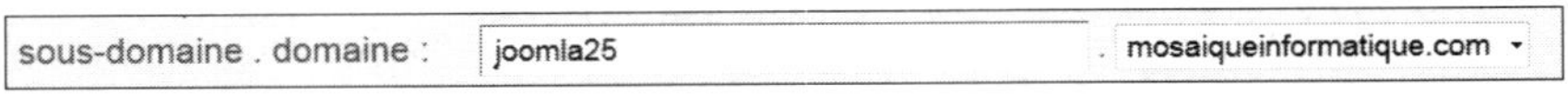

Figure 2.49 : La création du sous-domaine

Le nom de sous-domaine étant désormais créé, il faut le diriger vers le dossier dans lequel vous avez déposé les fichiers de Joomla.

11 Depuis la page d'accueil du site de l'hébergeur, cliquez sur le lien *Configuration des domaines*.

La page *Aperçu des domaines* est affichée.

12 Dans la liste des noms de domaines et de sous-domaines, affichée sur cette page, cliquez sur le lien constitué du nom de sous-domaine qui vient d'être créé.

La page *Modifier la destination* est affichée.

13 À la rubrique *Destination*, cliquez sur le bouton **Modifier** (voir Figure 2.50).

14 À la rubrique *Répertoire racine*, choisissez `Répertoire existant` puis, dans la liste déroulante de la zone *Répertoire existant*, le nom du dossier créé précédemment au moyen du logiciel de transfert FTP, et dans lequel vous avez déposé les fichiers et dossiers d'installation de Joomla. Cliquez sur le bouton **Valider** (voir Figure 2.51).

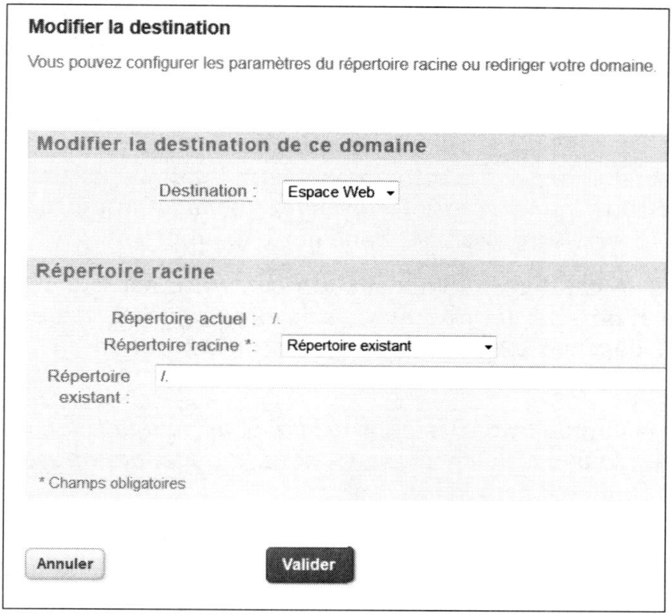

Figure 2.50 : La page Modifier la destination

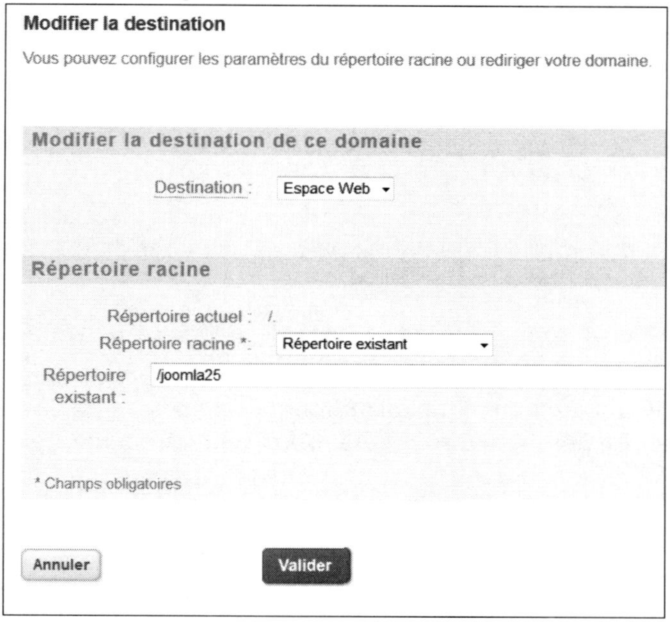

Figure 2.51 : Le choix du dossier de destination

La page alors affichée indique que l'opération s'est effectuée correctement et que les modifications réalisées seront effectives dans 30 minutes environ.

Il vous reste à effectuer le paramétrage du système.

15 Dans la barre d'adresse de votre navigateur Internet, saisissez l'adresse du sous-domaine que vous avez précédemment créé (**http://joomla25.mosaiqueinformatique.com**, dans notre exemple).

Comme cela fut le cas lors de l'installation sur votre serveur web local, l'adresse d'un site Joomla étant saisie, le système teste si l'initialisation a déjà été exécutée. Puisque ce n'est pas le cas, le premier écran de l'installateur de Joomla apparaît.

16 Sélectionnez la langue française dans la liste *Sélectionnez la langue* puis cliquez sur le lien *Suivant*, présenté dans la page, pour passer à l'étape suivante de l'installation.

L'étape suivante est celle de la vérification des paramètres du serveur web. La partie supérieure de la page affiche une liste de paramètres devant tous être à l'état *Oui*, indiquant un paramétrage correct alors que la partie inférieure de la page indique l'état des paramètres recommandés.

17 Cliquez sur le lien *Suivant*.

Dans l'étape suivante, vous devez signifier votre acceptation de la licence d'utilisation de Joomla.

18 Cliquez sur le lien *Suivant*.

L'étape qui suit est celle qui vous permet de paramétrer la base de données utilisée par Joomla. Quelques paramètres vont différer de ceux utilisés sur votre serveur web local.

19 Dans la liste de la zone *Type de la base de données*, conservez l'option proposée.

Dans la zone suivante, il vous faut saisir le nom du serveur de votre base de données. Ce paramètre vous sera fourni par votre hébergeur.

20 Depuis votre navigateur Internet, accédez à nouveau à l'interface d'administration de votre espace d'hébergement, comme vu précédemment. Après vous être authentifié, cliquez sur le lien *Administration de MySQL* à la rubrique *Webspace*.

Figure 2.52 : Le lien permettant l'accès aux paramètres de la base de données

La page *Créer et configurer une base de données MySQL* est affichée. Les noms de vos bases de données, ainsi que les noms d'utilisateurs et mots de passe rattachés vous y sont fournis.

REMARQUE

Copier/coller des paramètres

Vous pouvez gagner un temps appréciable, et éviter des erreurs de saisie, en opérant des copier/coller de ces paramètres, lorsqu'ils sont requis pendant l'installation de Joomla, plutôt que de les ressaisir.

21 Effectuez un copier du nom du serveur de votre base de données puis retournez à l'étape 4 de l'installation de Joomla. Collez cette donnée dans la zone *Nom du serveur*.

22 Copiez de même le nom d'utilisateur de la base de données et collez-le dans la zone *Nom d'utilisateur*.

23 Copiez de même le mot de passe permettant l'accès à la base de données et collez-le dans la zone *Mot de passe*.

24 Copiez le nom de la base de données et collez-le dans la zone *Nom de la base de données*.

REMARQUE

Création de la base de données

En fonction des spécificités des services d'hébergements de sites proposées par les hébergeurs, il se peut que votre base de données ne soit pas initialisée à l'ouverture du service. Vous devrez donc la créer, depuis l'interface d'administration mise à votre disposition par l'hébergeur, avant l'exécution de cette étape d'installation de Joomla.

REMARQUE

Utilisation d'un préfixe de tables

Si vous disposez uniquement d'une base de données MySQL sur votre espace d'hébergement, vous pouvez toutefois procéder à plusieurs installations distinctes de Joomla en préfixant les tables. Dans la zone *Préfixe des tables*, indiquez une courte chaîne de caractères (du type "`abc_`"). Ce préfixe sera ajouté au début des noms de vos tables (les tables sont des regroupements d'informations, dans une base de données) et vous pourrez ainsi

REMARQUE

installer plusieurs fois le CMS, avec des noms de domaines ou de sous-domaines différents (pointant vers des dossiers distincts), chaque système utilisant des tables à préfixe unique.

25 Cliquez sur le lien *Suivant*.

L'étape suivante vous permet de paramétrer un accès FTP, utile pour gérer des problèmes de publication pouvant apparaître chez certains hébergeurs. Vous n'utiliserez pas cette fonctionnalité dans le cas présent.

26 Cliquez sur le lien *Suivant*.

À cette étape, définissez les paramètres de configuration initiaux de votre site Joomla. Ces valeurs pourront être changées ultérieurement.

27 Dans la zone *Nom du site*, saisissez le nom que vous désirez affecter à votre site.

Cette information sera visible dans la Barre de titre du navigateur Internet depuis lequel est affiché le site.

28 Dans la zone *Votre email*, saisissez votre adresse email. Dans la zone *Identifiant*, saisissez votre identifiant, ou conservez `admin`, l'identifiant proposé par défaut.

29 Dans la zone *Mot de passe de l'admin*, saisissez le mot de passe qui vous permettra de vous identifier lors de vos accès à l'interface d'administration.

30 Dans la zone *Confirmer le mot de passe admin*, saisissez à nouveau le mot de passe.

31 Cliquez sur le bouton **Installer les données d'exemple**.

32 Cliquez sur le lien *Suivant*.

Vous connaissez déjà la particularité de cette dernière étape, pour l'avoir observée lors de l'installation de Joomla sur votre serveur local. Il vous est indiqué que l'installation s'est déroulée normalement et que vous devez détruire le dossier *installation*, dans l'arborescence de répertoires du système mis en place sur le serveur web, afin de vous protéger d'un piratage, dans lequel la procédure d'installation serait exécutée une nouvelle fois.

33 Cliquez sur le bouton **Supprimer le dossier d'installation**.

34 Retournez sous le navigateur Internet et cliquez sur le bouton **Site**, afin d'accéder à la partie publique du site.

Comme lors de l'installation du système sur votre serveur local, la partie publique de votre site est affichée. Votre site web est désormais accessible aux internautes, par simple saisie de leur part de l'URL du site.

35 Pour accéder à l'interface d'administration de votre site Joomla, c'est-à-dire à l'espace qui vous est réservé et depuis lequel vous pourrez modifier le site, ouvrez un nouvel onglet dans votre navigateur Internet (par la commande **Fichier/Nouvel onglet**) et saisissez l'adresse du site, en lui ajoutant la chaîne de caractères `/administrator`. Dans cet exemple, le chemin d'accès est donc `http://joomla25.mosaiqueinformatique.com/administrator/`.

La page de connexion à l'interface d'administration de Joomla apparaît.

36 Dans la zone *Identifiant*, saisissez `admin`.

Ce nom d'utilisateur, créé par défaut à l'installation de Joomla, pourra être changé ultérieurement pour plus de sécurité.

37 Dans la zone *Mot de passe*, saisissez le mot de passe que vous avez défini lors de l'installation.

38 Cliquez sur le bouton **Connexion**.

La page d'accueil de l'interface d'administration de Joomla est affichée. Les choses sérieuses peuvent commencer...

2.6. Check-list

- Le CMS Joomla est téléchargeable gratuitement en ligne.
- Il en va de même pour le serveur Apache et la configuration de base de données MySQL et PHP.
- Ces derniers composants peuvent être facilement installés sur votre ordinateur, à des fins de tests.
- De nombreux hébergeurs proposent différents types d'hébergements. Il vous sera aisé de choisir le plus adapté à vos besoins.
- L'installation de Joomla s'effectue en quelques instants, sur votre serveur local ou chez un hébergeur grâce à un installateur ne nécessitant pas de connaissances spécifiques en programmation.

SE FAMILIARISER AVEC JOOMLA

Avant de vous lancer dans l'utilisation et la personnalisation du système, prenez quelques instants pour en découvrir les principales fonctionnalités. Vous aurez ainsi une vision globale des possibilités offertes par Joomla.

3.1. Le frontend

Commencez votre visite par la partie publique du site (*frontend*), qui sera accessible aux internautes. Vous découvrirez ensuite l'interface d'administration du système (*backend* ou encore *Backoffice*). Nous n'aborderons pas en détails les nombreux éléments qui composent ces deux parties, l'objectif de cette section est uniquement de vous permettre d'effectuer une première visite globale de Joomla.

Depuis votre navigateur Internet, connectez-vous à la page d'accueil du site, en utilisant soit l'adresse sur votre serveur web local (`http://127.0.0.1/site-1-joomla/` dans notre exemple), soit celle créée chez votre hébergeur. Pour vous familiariser avec Joomla et effectuer des tests, il est plus rapide d'avoir recours à votre installation locale (nous utiliserons cette solution dans la majorité des cas décrits dans ce livre).

REMARQUE

Démarrer le serveur local avant d'utiliser Joomla

Lorsque vous éteignez votre ordinateur, il est préférable d'arrêter au préalable votre serveur Apache, après vous être déconnecté de l'interface d'administration par un clic sur le bouton **Déconnexion**, proposé en haut et à droite de la fenêtre du backend. Pour ce faire, cliquez du bouton droit sur l'icône d'EasyPHP, affichée dans la Barre des tâches, puis choisissez **Quitter**, dans le menu contextuel qui apparaît.

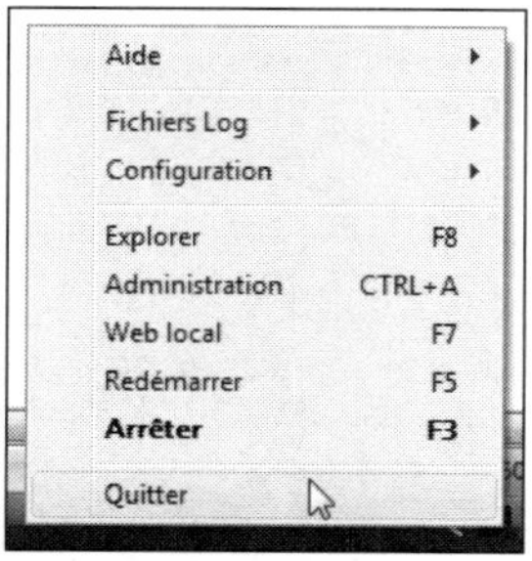

Figure 3.1 : Le menu contextuel d'EasyPHP

Si votre serveur Apache est arrêté (vous avez éteint votre ordinateur ou vous avez arrêté le service), vous ne pourrez accéder à une version locale de Joomla qu'après avoir relancé le serveur, en cliquant sur le bouton **Démarrer** puis sur **Tous les programmes/EasyPHP 5.3.9/EasyPHP 5.3.9**.

Cette partie publique du site se compose de plusieurs éléments qui pourront être conservés ou désactivés (d'autres, non visibles ici, pourront également être ajoutés). De même, si la charte graphique proposée par défaut ne vous convient pas (polices de caractères, couleurs, images de fond, disposition des éléments, etc.), vous découvrirez plus loin qu'elle peut, très aisément, être changée.

Figure 3.2 : La page d'accueil de la partie publique (frontend)

Voici les modules essentiels, visibles dans cette page, composée pour l'instant de textes et d'images d'exemples :

- une bannière de haut de page ;

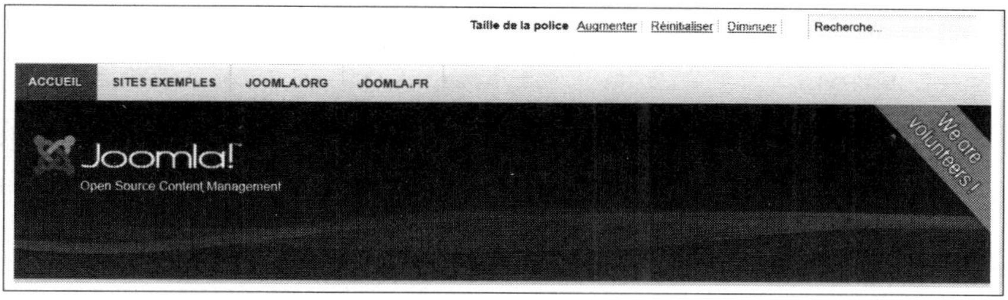

Figure 3.3 : La zone de bannière de haut de page

- des menus, horizontaux et verticaux, permettant la navigation sur le site ;

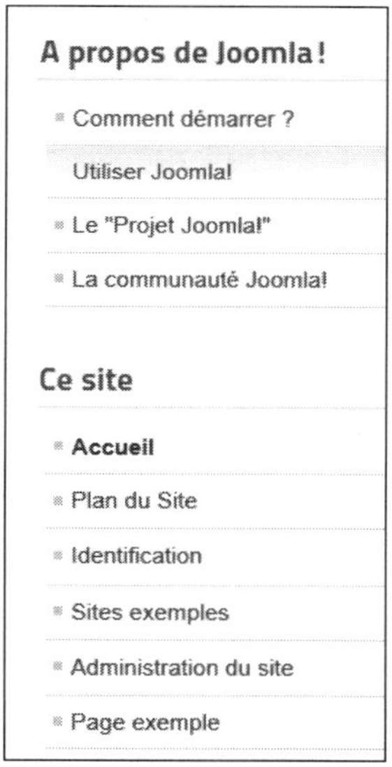

Figure 3.4 : Deux menus verticaux

- une zone de connexion, permettant une identification avec mot de passe ;

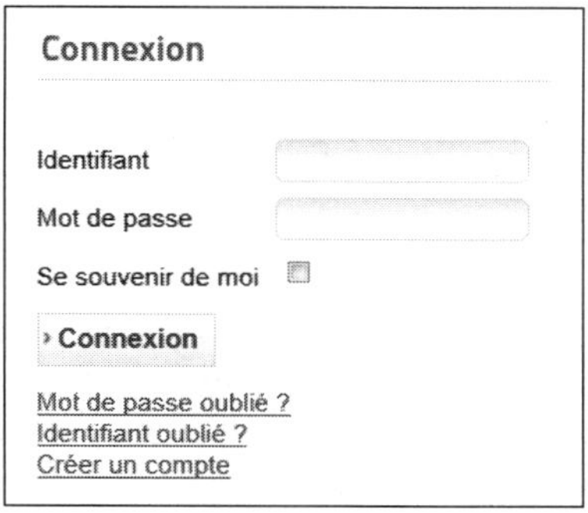

Figure 3.5 : Une zone de connexion

- une zone d'affichage de bannières publicitaires ;

Figure 3.6 : Une zone est dédiée à l'affichage de bannières publicitaires, en bas de page

- une zone principale affichant le contenu à proprement parler de la page (textes et images).

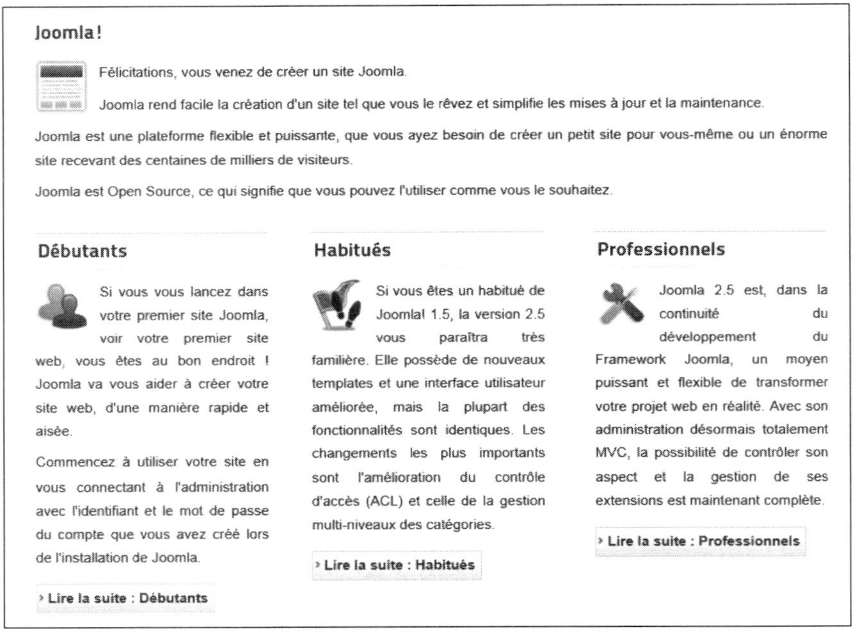

Figure 3.7 : Un exemple de contenu textuel

3.2. Le backend

Vous allez maintenant découvrir l'interface d'administration de Joomla (*backend*), grâce à laquelle vous pourrez créer et modifier tous les éléments constitutifs de votre site web.

Procédez ainsi :

1 Depuis votre navigateur Internet, connectez-vous au backend, en utilisant soit l'adresse sur votre serveur web local (`http://127.0.0.1/site-1-joomla/administrator` dans notre exemple), soit celle créée chez votre hébergeur (l'adresse sera alors du type

`http://www.votrenomdedomaine/administrator`). Une fois encore, nous vous conseillons de réaliser vos premiers tests sur votre serveur local car les opérations seront plus rapides à réaliser et vous pourrez vous livrer à toutes les expérimentations de votre choix, sans risque d'altération du bon fonctionnement de votre site réel.

2 Dans la page de connexion qui est affichée, saisissez votre identifiant et votre mot de passe puis cliquez sur le bouton **Connexion**.

Les fonctionnalités de l'interface de Joomla seront détaillées dans le chapitre qui suit. Le rapide parcours que nous vous proposons ici n'a d'autre intérêt que de vous permettre de découvrir quelques rouages essentiels et significatifs du système, afin de vous familiariser avec le CMS.

Découvrir le gestionnaire d'articles

C'est au moyen de cette fonctionnalité que vous pourrez rédiger les articles affichés dans les pages. Ils sont essentiellement composés de textes et d'images.

1 Depuis l'interface d'administration cliquez sur **Site/Panneau d'administration**.

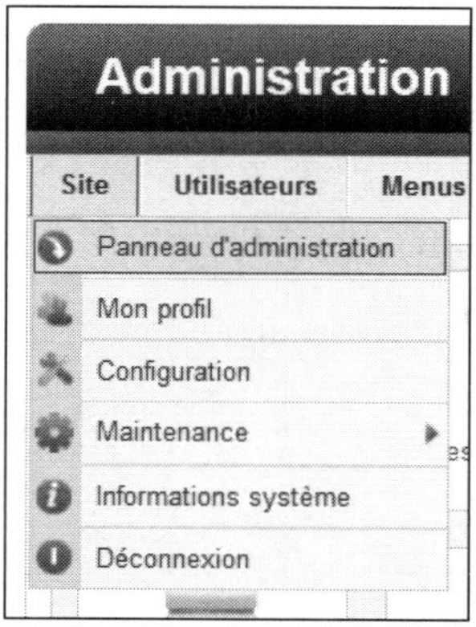

Figure 3.8 : L'accès au panneau d'administration

2 Cliquez sur le bouton **Gestion Articles**.

Figure 3.9 : Le bouton Gestion Articles

Le gestionnaire des articles est affiché (son utilisation sera détaillée plus loin dans cet ouvrage).

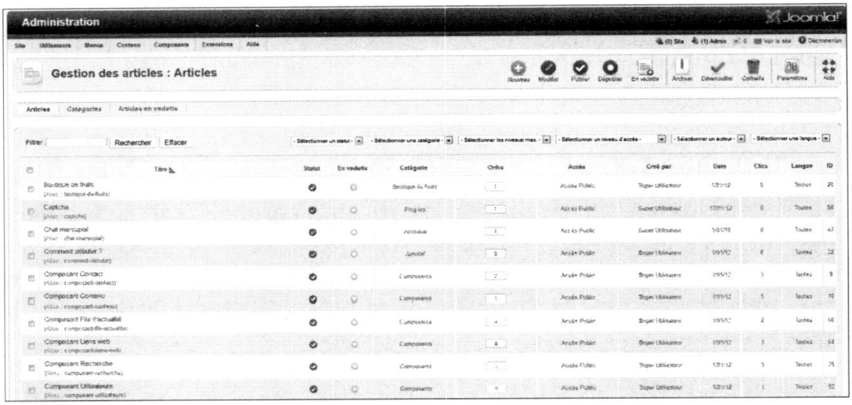

Figure 3.10 : Le gestionnaire des articles

3 Dans la colonne *Titre*, qui affiche les titres des articles, cliquez par exemple sur le premier lien.

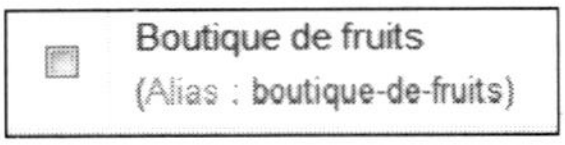

Figure 3.11 : Le premier lien

L'éditeur WYSIWYG d'articles est affiché. Vous pouvez y observer, notamment, les boutons qui vous permettront de mettre en forme vos articles (au-dessus du texte de l'article).

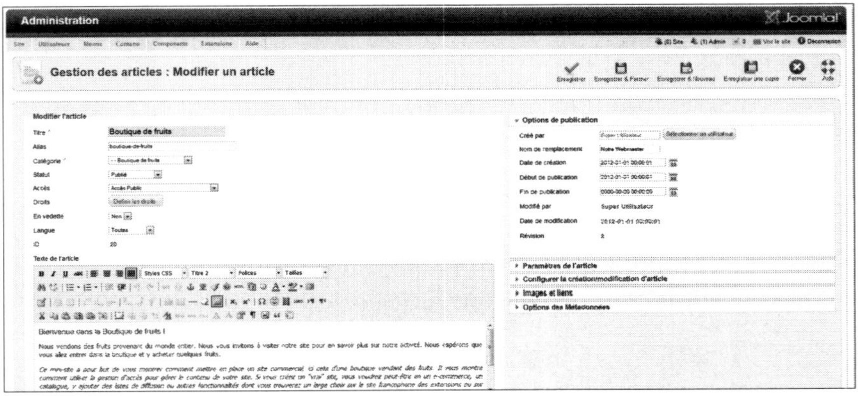

Figure 3.12 : L'éditeur d'articles

4 Quittez l'éditeur sans sauvegarder vos éventuelles modifications en cliquant sur le bouton **Fermer**.

Figure 3.13 : Le bouton Fermer

Découvrir le gestionnaire de menus

Les menus renferment les liens de navigation qui permettent aux internautes d'accéder aux pages composant le site. Ils peuvent prendre différents aspects et être activés ou désactivés. Il vous est également possible de créer vos propres menus.

1 Cliquez sur le menu **Menus/Menu principal**, qui permet d'accéder aux liens (ou items) du menu principal.

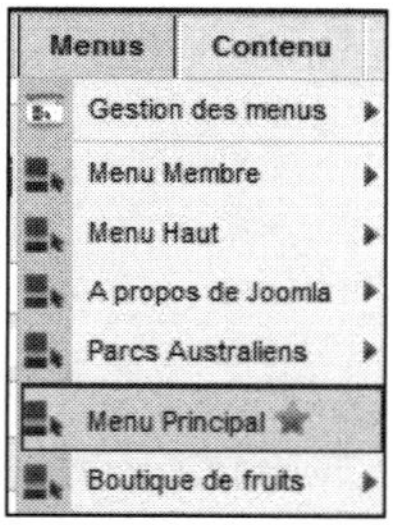

Figure 3.14 : Le menu Menus

Le gestionnaire d'éléments de menu apparaît.

Figure 3.15 : Le gestionnaire d'éléments de menu

2 Cliquez, par exemple, sur le lien *Accueil*, qui est le premier lien du menu.

L'élément de menu est affiché.

3 Quittez l'élément de menu sans sauvegarder vos éventuelles modifications en cliquant sur le bouton **Fermer**.

Découvrir le gestionnaire de médias

Autre fonctionnalité essentielle de Joomla, le gestionnaire de médias vous permet d'importer dans le site les images et fichiers qui seront accessibles depuis les pages du site.

Cliquez sur le menu **Contenu/Gestion des médias.**

Le gestionnaire de médias est affiché. Il renferme des images copiées lors de l'installation (vous pourrez y copier vos propres images). Il se compose également de dossiers qui vous permettront d'organiser efficacement le classement des fichiers.

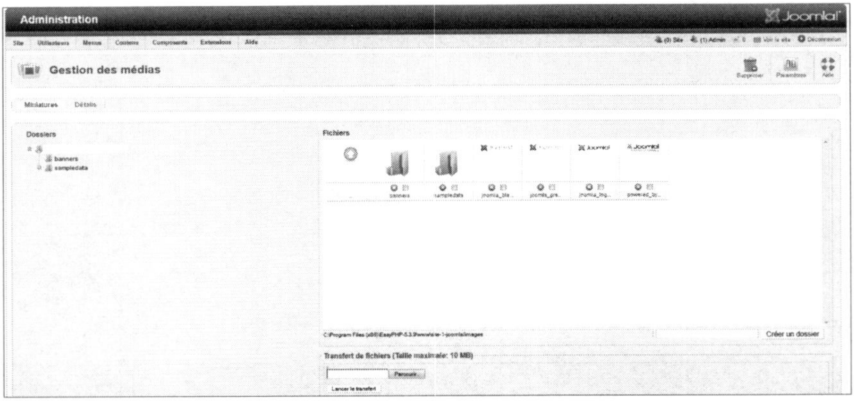

Figure 3.16 : Le gestionnaire de médias

Découvrir le principe des templates

La possibilité de changer en un instant la mise en forme du site (au moyen des *templates*), sans affecter son contenu, est l'une des fonctionnalités les plus étonnantes de Joomla. Voici une petite manipulation qui vous permettra d'en apercevoir les possibilités.

DEFINITION

Template

Ce terme anglais indique sous Joomla un modèle de conception, c'est-à-dire un ensemble d'éléments de mise en forme (polices, couleurs, boutons, visuels de fonds de pages, etc.) qui peuvent être appliqués simplement et rapidement sur tout ou partie du site.

1 Cliquez sur le menu **Extensions/Gestion des templates.**

Le gestionnaire de templates est affiché. Il présente la liste des templates installés sur le système (vous découvrirez plus loin comment ajouter de nouveaux templates).

2 Cochez, par exemple, la case placée à gauche du nom de template *Beez5 - Default*, affichée dans la colonne *Styles*.

Figure 3.17 : Le choix du template

3 

Cliquez sur le bouton **Définir par défaut**, placé en haut et à droite de la fenêtre du gestionnaire de templates.

Vous venez de changer le modèle de mise en forme appliqué à votre site. Pour le vérifier, visualisez la partie publique du site en cliquant sur **Voir le site**, en haut et à droite de l'interface d'administration de Joomla.

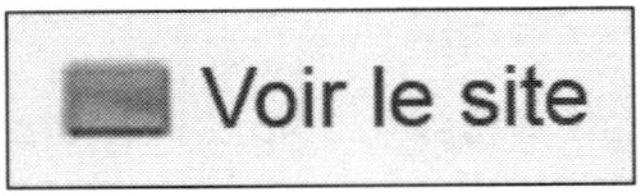

Figure 3.18 : Le lien Voir le site

Le frontend est ouvert dans un nouvel onglet (ou une nouvelle fenêtre, selon le navigateur Internet utilisé).

4 Cliquez sur le nouvel onglet ou ouvrez la nouvelle fenêtre du navigateur affichant le frontend.

Le contenu (textes et images) reste inchangé mais sa présentation est radicalement différente grâce à l'application du template.

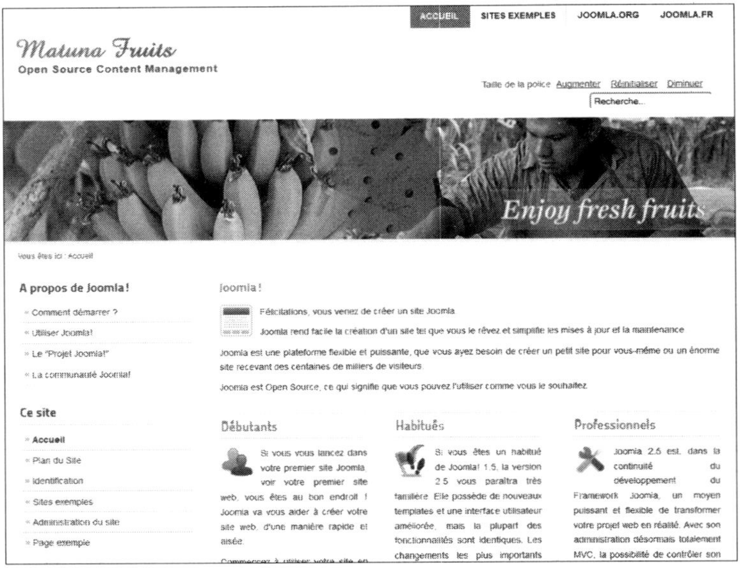

Figure 3.19 : Le frontend après application du template

Le retour au template d'origine se fait aussi facilement.

5 Dans la fenêtre du navigateur affichant l'interface d'administration de Joomla (*Backend*), cliquez sur le menu **Extensions/Gestion des templates.** Dans le gestionnaire de templates, cochez la case placée à gauche du nom de template *Beez2 - Default*, affiché dans la colonne *Styles*.

6 Comme précédemment, cliquez sur le bouton **Définir par défaut**, placé en haut et à droite de la fenêtre du gestionnaire de templates.

7 Ouvrez l'onglet ou la fenêtre du navigateur affichant le frontend puis actualisez la page en cliquant sur le bouton d'actualisation du navigateur (cette action peut également être effectuée par la touche [F5], sur la plupart des navigateurs).

Figure 3.20 : Le bouton Actualiser la page courante de Firefox

REMARQUE

L'actualisation d'une page

Lorsqu'une page web est ouverte dans un navigateur Internet (Firefox, Internet Explorer, Chrome, Opéra, Safari, etc.), elle est stockée dans une zone de mémoire temporaire, nommée cache, du logiciel. Si la page est modifiée sur le serveur web, c'est la page renfermée dans le cache qui continue d'être affichée par le navigateur, jusqu'à actualisation de celle-ci (l'actualisation est l'action qui consiste à demander au serveur web d'adresser une nouvelle fois la page au navigateur).

Le template d'origine est à nouveau utilisé.

3.3. Les menus de Joomla

Si l'on fait abstraction des boutons présentés dans le panneau d'administration (accessible via le menu **Site/Panneau d'administration**) et qui sont des raccourcis vers les fonctions essentielles de Joomla, l'accès aux composants du système s'effectue toujours par les menus de l'interface. Les fonctionnalités qui leurs sont associées sont décrites dans ce qui suit.

Le menu Site/Panneau d'administration

Ce sous-menu permet d'accéder au panneau d'administration, qui pourrait être assimilé à une barre d'outils sur certains logiciels bureautiques, tels que Word, en ce sens qu'il propose différents boutons constituant des raccourcis vers les commandes essentielles des menus, telles que l'accès à la gestion des articles, des catégories, des médias, des menus, des langues, des utilisateurs, ou encore de la configuration globale du système. Ces notions sont abordées plus loin.

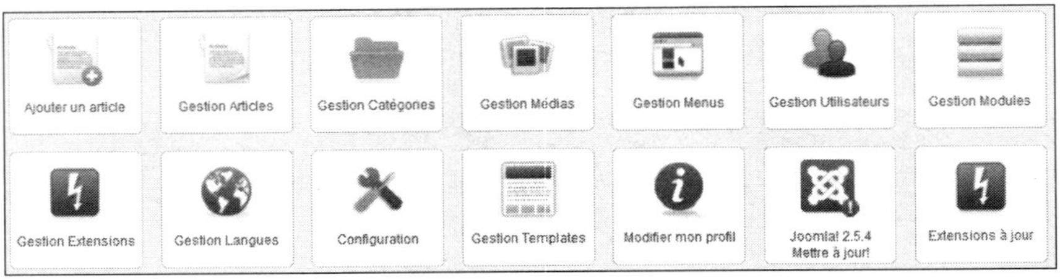

Figure 3.21 : Les boutons composant le panneau d'administration

Le menu Site/Mon profil

Ce menu permet d'accéder aux principaux paramètres du compte de l'utilisateur actuel (c'est-à-dire vous-même) du backend.

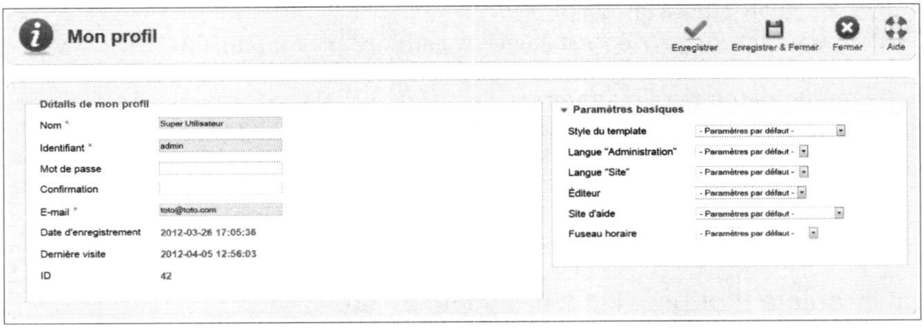

Figure 3.22 : Les paramètres du profil de l'utilisateur

Le menu Site/Configuration

Ce menu vous permet de modifier tous les paramètres globaux du site (nom du site, description dans les moteurs de recherche, durée des sessions, paramètres du serveur, etc.).

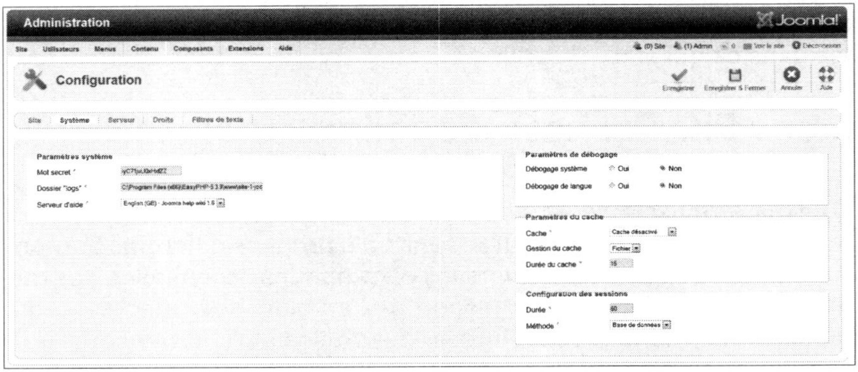

Figure 3.23 : Le gestionnaire de configuration

Le menu Site/Maintenance/Déverrouiller

Cette fonctionnalité vous permet de fermer "proprement" les tables de la base de données, si le système a été quitté anormalement.

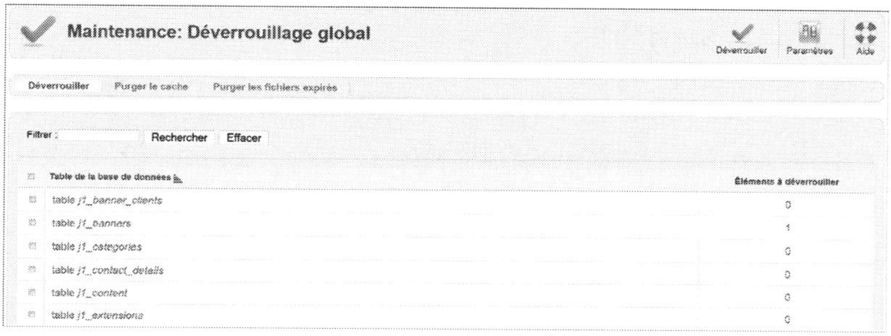

Figure 3.24 : La validation générale du système

Le menu Site/Maintenance/Vider le cache

Cette fonctionnalité vous permet de supprimer les fichiers mis en cache (mémoire intermédiaire du site permettant d'accélérer les traitements). Vous y aurez recours si le site a été modifié et que vous souhaitez voir les mises à jour immédiatement appliquées.

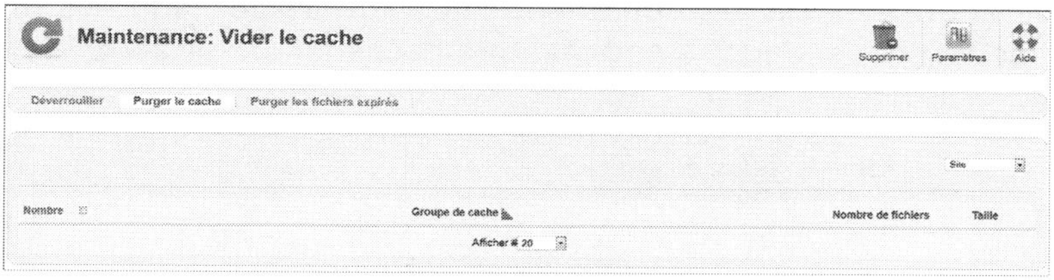

Figure 3.25 : La fonction de vidage du cache

Le menu Site/Maintenance/Purger les fichiers expirés

Cette fonctionnalité permet de supprimer les fichiers expirés du cache.

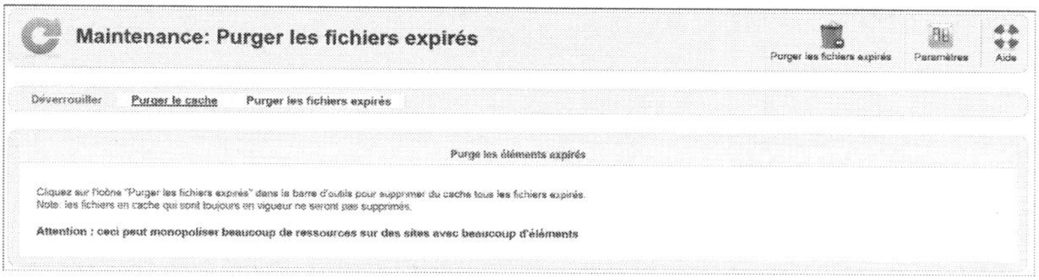

Figure 3.26 : La fonction de vidage des fichiers expirés du cache

Le menu Site/Informations système

Cette fonctionnalité permet d'afficher de nombreuses informations sur le système sur lequel est implémenté Joomla (informations système, paramètres PHP, fichier de configuration, permissions des dossiers, informations PHP).

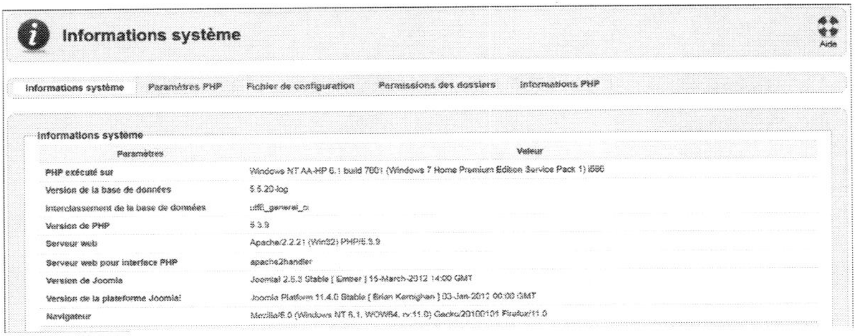

Figure 3.27 : Les informations système

Le menu Site/Déconnexion

Ce menu vous permet de quitter "proprement" Joomla. Entendez par là en fermant correctement les tables de la base de données. À l'issue de l'opération, vous ne serez plus connecté à l'interface d'administration et devrez vous loguer à nouveau pour accéder au backend.

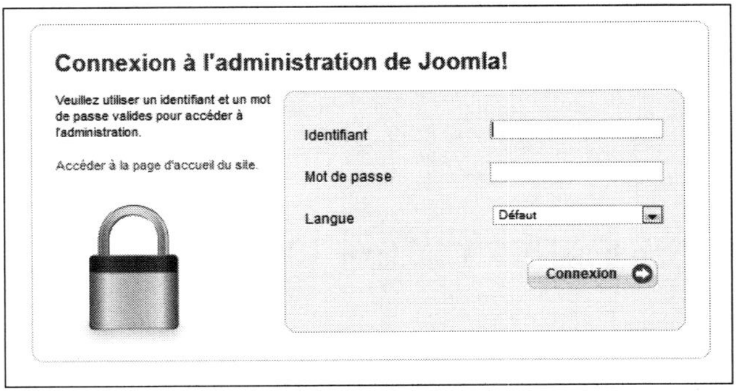

Figure 3.28 : Après déconnexion, il vous faudra vous identifier à nouveau pour accéder à l'interface d'administration de Joomla

REMARQUE

En cas de sortie anormale de Joomla

Lorsque vous quittez le backend, il est nécessaire d'opérer par le menu **Site/Déconnexion** ou par le lien *Déconnexion*, proposé en haut et à droite de la fenêtre de l'interface d'administration de Joomla, afin de clôturer correctement la base de données.

Figure 3.29 : Le lien Déconnexion

REMARQUE

L'erreur, consistant à cliquer sur le bouton **Fermer** de votre navigateur en oubliant de vous déconnecter, est toutefois possible, pour ne pas dire probable, sur une longue période d'utilisation. Pour pallier à ce problème, les concepteurs de Joomla ont prévu une procédure de secours : le menu **Site /Maintenance/Déverrouiller** remet les tables de la base de données en état en cas de problème.

N'hésitez pas à utiliser cette commande si l'accès à un article vous est interdit par un verrouillage de tables dû au fait que l'un des administrateurs du système a quitté le backend sans se déconnecter, laissant les tables de la base de données ouvertes.

Le menu Utilisateurs/Gestion des utilisateurs

Ce menu permet d'ouvrir le gestionnaire des utilisateurs.

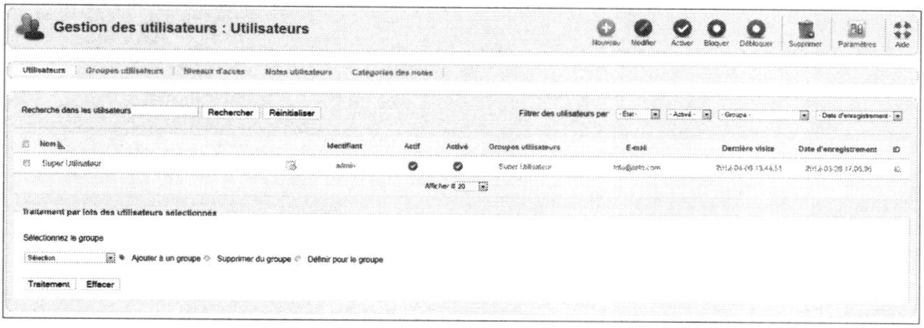

Figure 3.30 : Le gestionnaire des utilisateurs

Le menu Utilisateurs/Groupes

Ce menu permet d'ouvrir le gestionnaire des groupes d'utilisateurs.

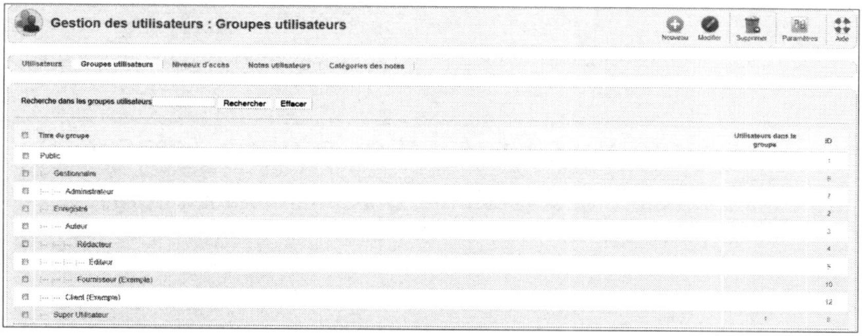

Figure 3.31 : Le gestionnaire des groupes d'utilisateurs

Le menu Utilisateurs/Niveaux d'accès

Ce menu permet d'ouvrir le gestionnaire des niveaux d'accès, affectés aux utilisateurs.

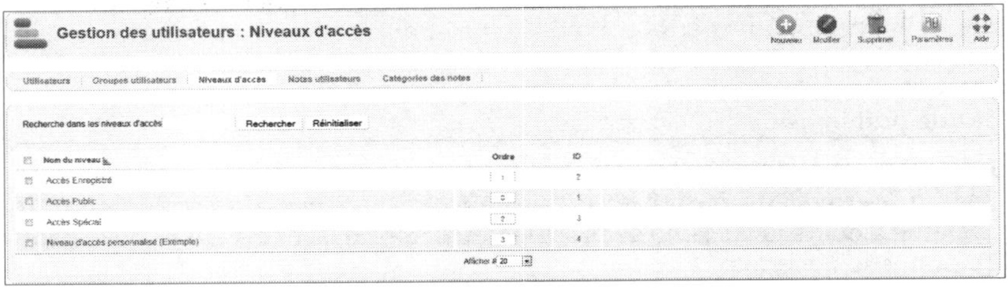

Figure 3.32 : Le gestionnaire des niveaux d'accès

Le menu Utilisateurs/Notes utilisateurs

Ce menu permet d'ouvrir le gestionnaire des notes des utilisateurs.

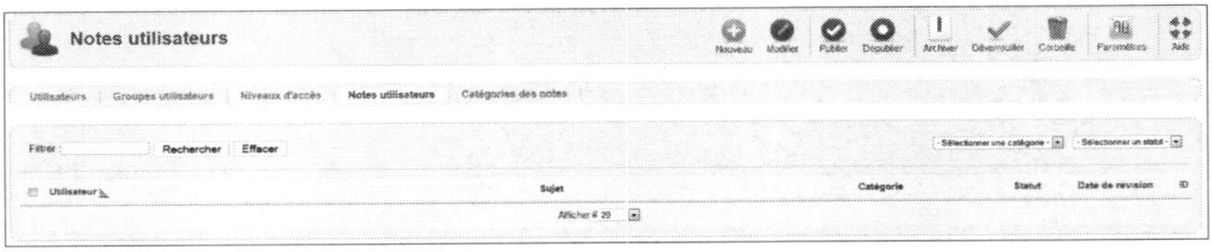

Figure 3.33 : Le gestionnaire des notes des utilisateurs

Le menu Utilisateurs/Catégories des notes

Ce menu permet d'ouvrir le gestionnaire des catégories de notes des utilisateurs.

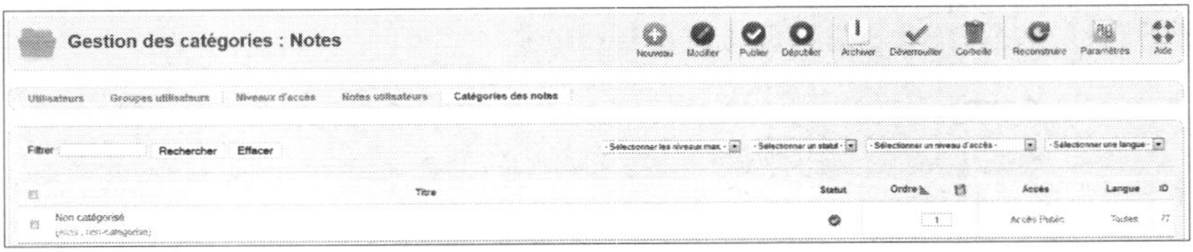

Figure 3.34 : Le gestionnaire des catégories de notes des utilisateurs

Le menu Utilisateurs/Envoi d'e-mails en nombre

Cette fonctionnalité vous sera utile si vous souhaitez adresser une newsletter à un grand nombre d'abonnés.

Figure 3.35 : Le gestionnaire d'envoi de courriers électroniques en nombre

Le menu Menus/Gestion des menus

Les menus sont les éléments essentiels de la navigation dans le site. Ils permettent en effet, via de nombreuses fonctions, l'accès aux pages qui composent le site Joomla.

Ce menu permet d'accéder au gestionnaire de menus du site.

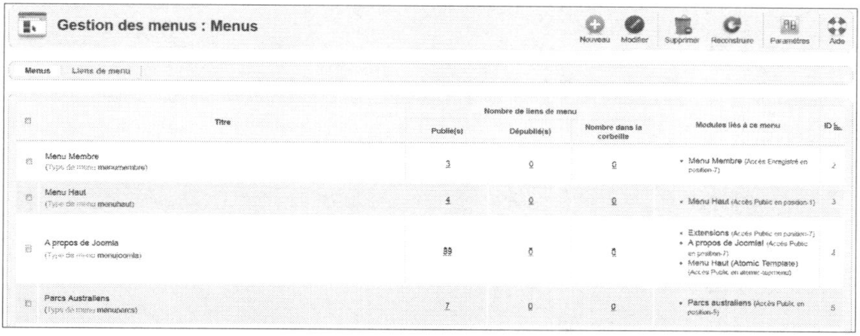

Figure 3.36 : Le gestionnaire de menus

Les liens contenus dans les menus définis sont également accessibles par le menu **Menus**. À l'installation de Joomla, avec les données d'exemple, les menus constitués se nomment : **Menu membre, Menu Haut, A propos de Joomla, Parcs Australiens, Menu principal** et **Boutique de fruits.**

Le menu Contenu/Gestion des articles

Les articles sont les éléments constitutifs de base des pages d'un site Joomla. Le gestionnaire des articles permet d'accéder à ceux-ci afin d'en modifier le contenu rédactionnel. Il offre également de nombreuses fonctions de classement des articles.

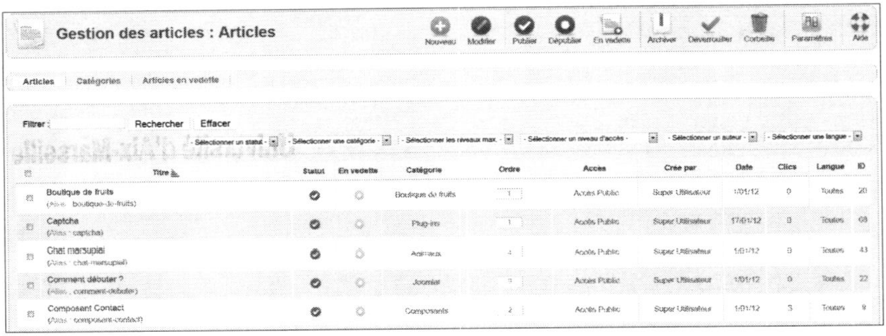

Figure 3.37 : Le gestionnaire d'articles

Le menu Contenu/Gestion des catégories

Le gestionnaire de catégories vous permet d'effectuer les opérations de création, de suppression ou de modification des catégories et des sous-catégories, qui permettent de cataloguer les articles.

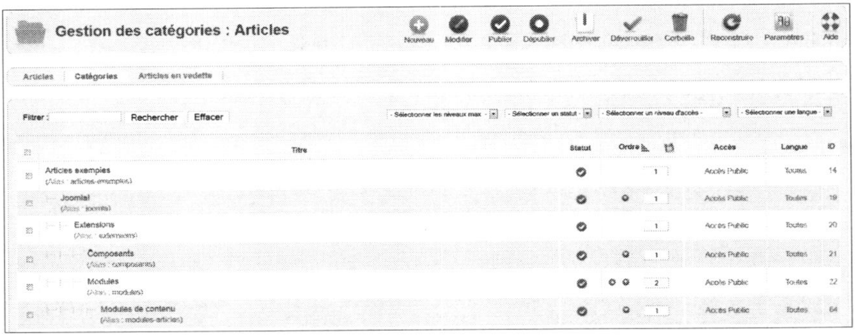

Figure 3.38 : Le gestionnaire de catégories

Le menu Contenu/Articles en vedette

Joomla offre une possibilité très intéressante, consistant à permettre l'accès à certains articles choisis, directement depuis la page d'accueil, en plus des accès traditionnels par les menus ou les liens hypertextes, d'un article vers un autre.

Cette fonctionnalité vous permet, par exemple, de mettre en évidence, pour les lecteurs, vos derniers articles récemment publiés. Elle peut améliorer en outre la vitesse d'indexation d'un nouvel article dans les moteurs de recherche.

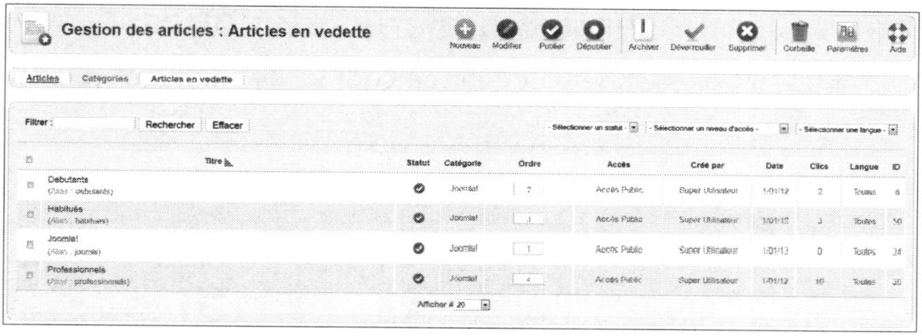

Figure 3.39 : Le gestionnaire de la page d'accueil

Le menu Contenu/Gestion des médias

Ce menu permet d'ouvrir le gestionnaire des médias. Il se compose de dossiers dans lesquels sont déposés les fichiers médias (images notamment) affichés dans les pages du site.

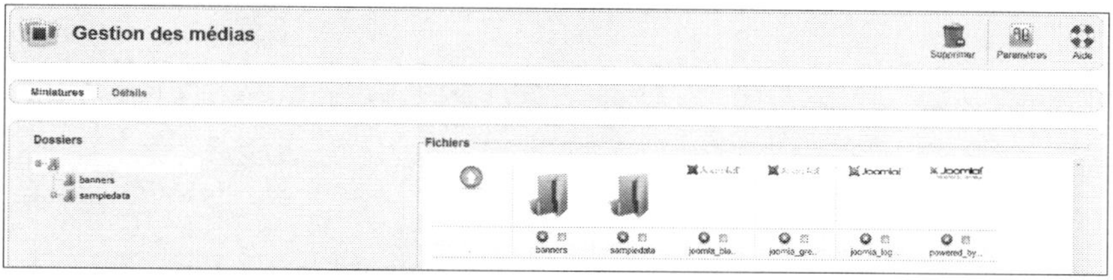

Figure 3.40 : Le gestionnaire de médias

Le menu Composants/Bannière/Bannières

Une autre fonctionnalité intéressante repose sur une gestion sophistiquée de bannières publicitaires. Lorsqu'elles sont cliquées, celles-ci ouvrent alors les sites web des annonceurs.

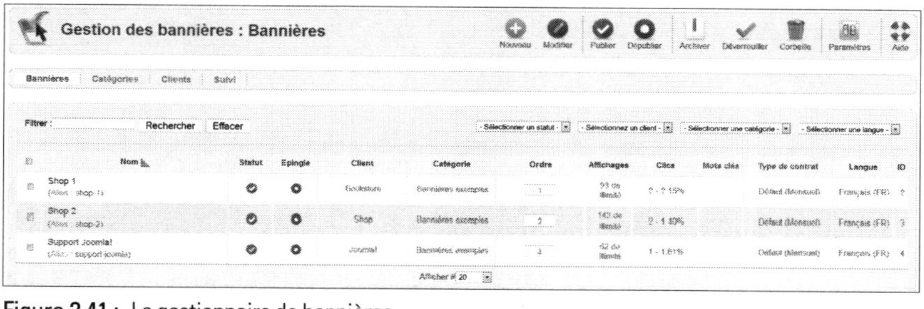

Figure 3.41 : Le gestionnaire de bannières

Le menu Composants/Bannière/Catégories

Ce composant permet de gérer des catégories de bannières publicitaires.

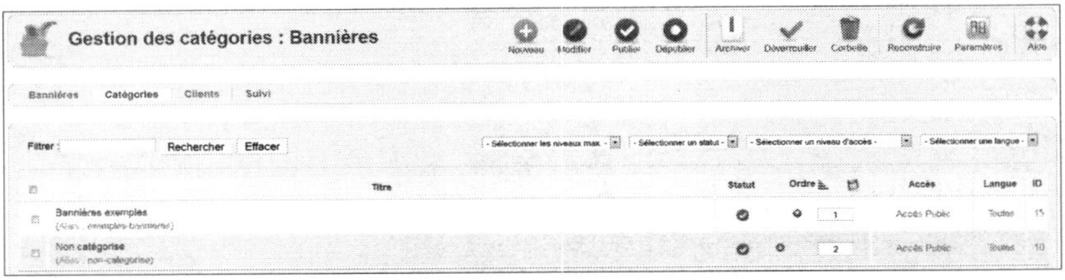

Figure 3.42 : Le gestionnaire des catégories de bannières

Le menu Composants/Bannière/Clients

Ce composant permet d'administrer vos clients (ou simples partenaires) pour lesquels des bannières publicitaires sont affichées sur le site.

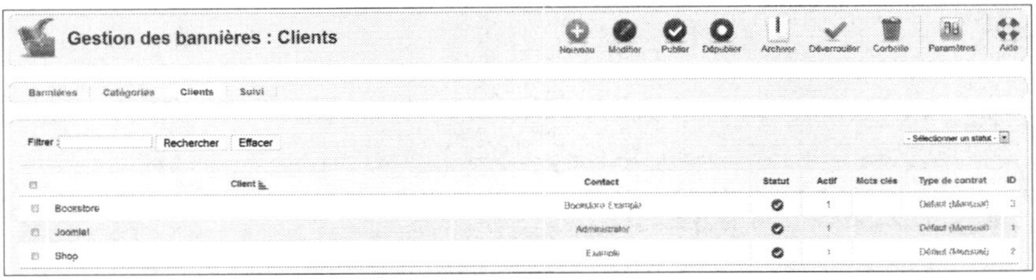

Figure 3.43 : Le gestionnaire des clients de bannières

Le menu Composants/Bannière/Suivi

Ce composant permet d'effectuer le suivi des bannières publicitaires.

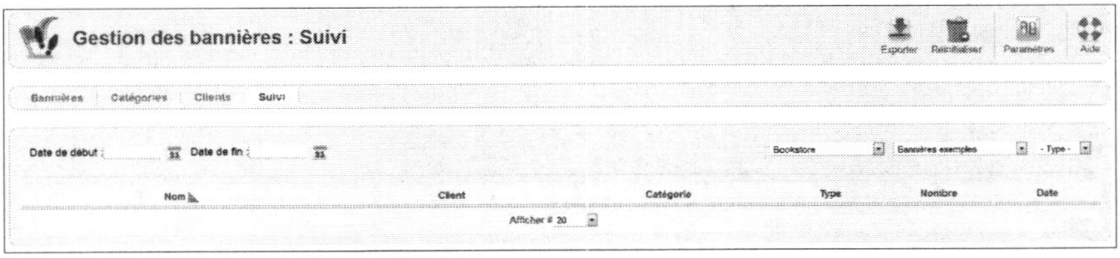

Figure 3.44 : Le gestionnaire des clients de bannières

Le menu Composants/Contacts/Contacts

Ce composant vous permet d'enregistrer les coordonnées des administrateurs du site, afin de proposer aux visiteurs du site d'entrer en contact avec eux, par courrier électronique, par exemple.

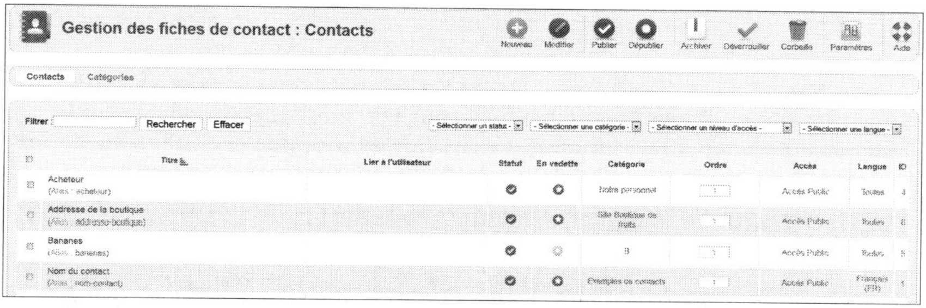

Figure 3.45 : Le gestionnaire de contacts

Le menu Composants/Contacts/Catégories

Ce composant est complémentaire du précédent. Il permet de gérer des catégories de contacts.

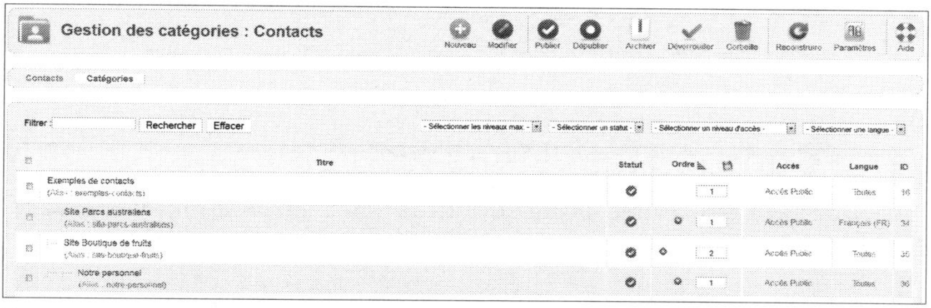

Figure 3.46 : Le gestionnaire des catégories de contacts

Le menu Composants/Fils d'actualité/ Fils d'actualité

Ce composant vous permet de stocker des listes de flux RSS, publiés sur d'autres sites, afin de les afficher sur votre site Joomla.

Figure 3.47 : Le gestionnaire des fils d'actualités

> **Les flux RSS**
>
> Les flux RSS sont des informations publiées par certains sites web, tels que les journaux en ligne. Il est possible, pour les internautes et les administrateurs d'autres sites de s'abonner à ces flux afin de les consulter ou de les afficher dans des pages web (on parle de "syndication de contenus").

Le menu Composants/Fils d'actualité/Catégories

Ce composant permet de gérer des catégories de contacts.

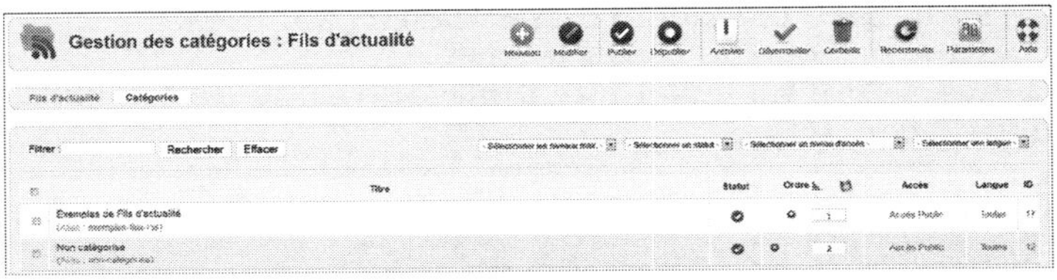

Figure 3.48 : Le gestionnaire des catégories de fils d'actualités

Le menu Composants/Liens web/Liens

Ce composant est utilisé pour constituer des listes de liens vers des sites web. Ces liens pourront être affichés sur le site Joomla.

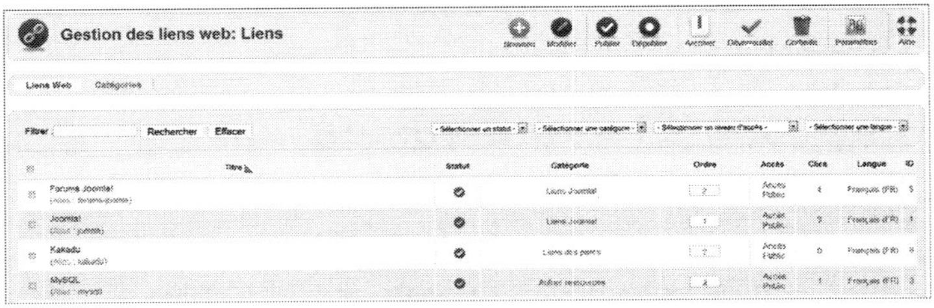

Figure 3.49 : Le composant de gestion des liens web

Le menu Composants/Liens web/Catégories

Ce composant permet de gérer des catégories de liens web.

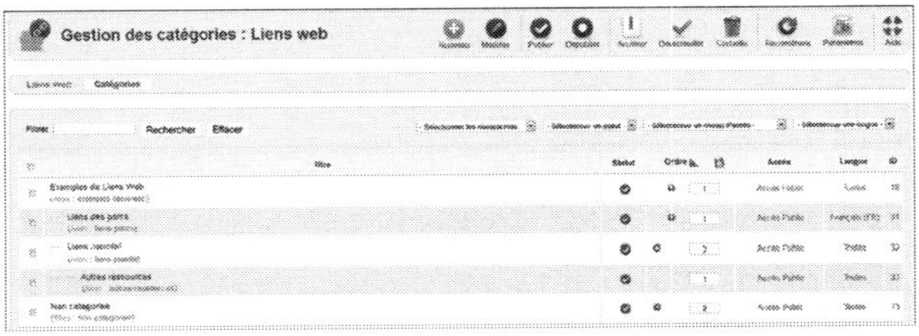

Figure 3.50 : Le composant de gestion des catégories de liens web

Le menu Composant/Messagerie privée/Nouveau message privé

Cette fonctionnalité permet d'adresser un message à un autre administrateur du site.

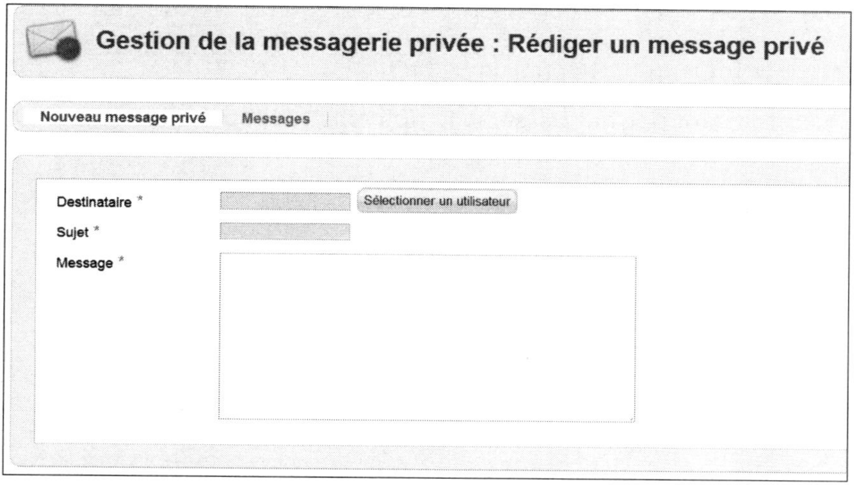

Figure 3.51 : Le gestionnaire d'envoi de messages

Le menu Composant/Messagerie privée/Lire ses messages privés

Cette fonctionnalité vous permet de lire les messages laissés par d'autres administrateurs du site.

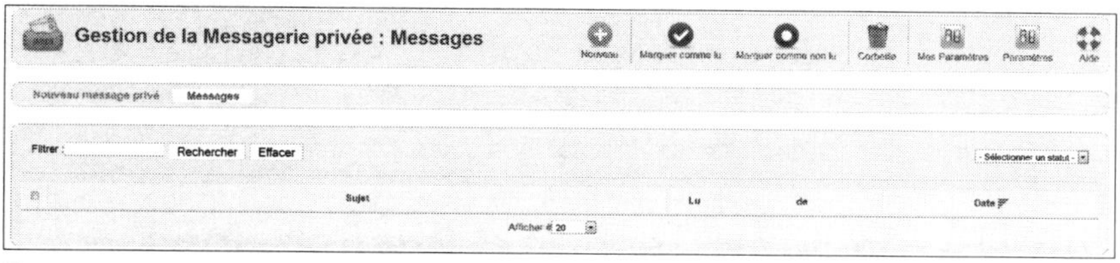

Figure 3.52 : Le gestionnaire de messagerie

Le menu Composants/Recherche

Ce composant permet d'afficher des informations relatives aux recherches effectuées par la fonctionnalité de recherches offerte aux internautes sur le site.

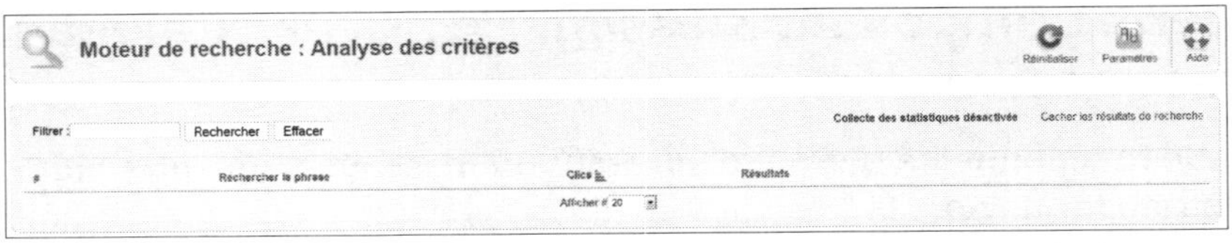

Figure 3.53 : Le composant d'affichage des statistiques de recherches effectuées sur le site

Le menu Composants/Recherche avancée

Ce composant permet de gérer la nouvelle fonctionnalité de recherche avancée, proposée désormais par Joomla 2.5.

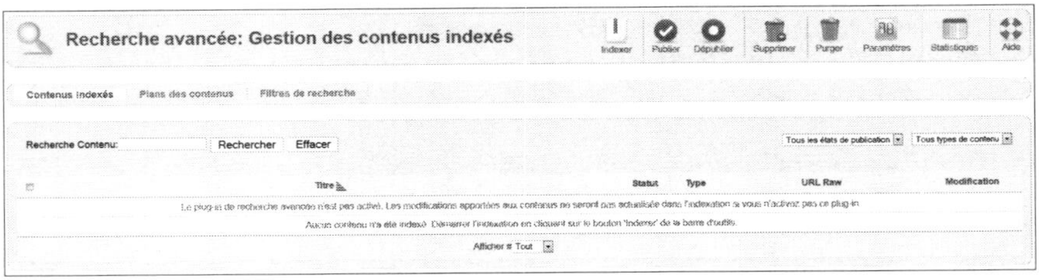

Figure 3.54 : Le gestionnaire d'affichage des recherches avancées

Le menu Composants/Redirection

Ce composant permet de gérer la nouvelle fonctionnalité de redirection de pages, proposée désormais par Joomla 2.5.

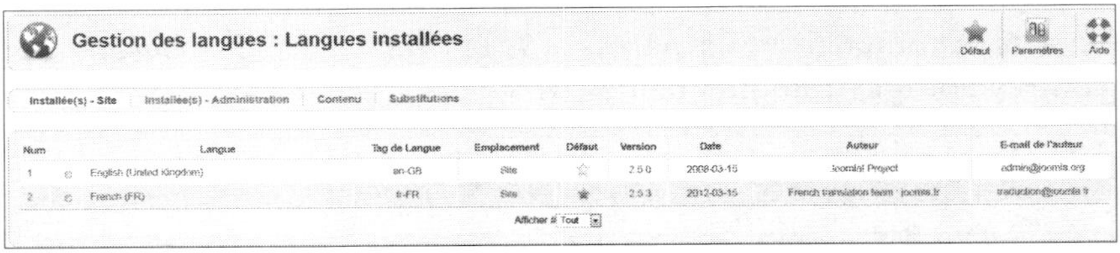

Figure 3.55 : Le gestionnaire de redirection de pages

Le menu Extensions/Gestion des extensions

Cette fonctionnalité vous permet d'installer des extensions aux fonctionnalités natives de Joomla (composants, modules, plugins, templates) qui permettent d'accroître les possibilités du système.

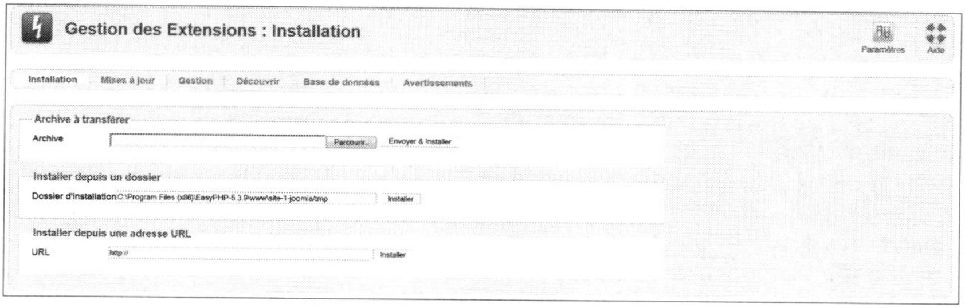

Figure 3.56 : Le gestionnaire d'extensions

Le menu Extensions/Gestion des modules

Cette fonctionnalité vous permet d'administrer les modules installés dans le système.

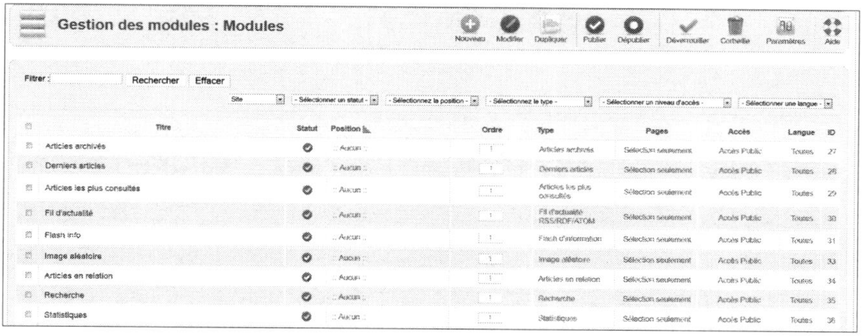

Figure 3.57 : Le gestionnaire de modules

Le menu Extensions/Gestionnaire des plugins

Cette fonctionnalité vous permet d'administrer les plugins installés dans le système.

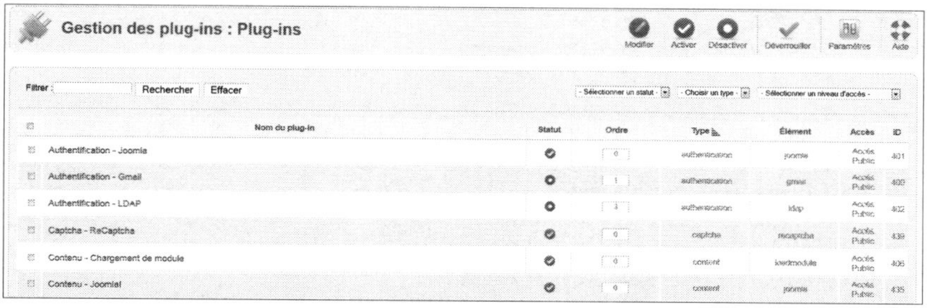

Figure 3.58 : Le gestionnaire de plugins

Composants, modules et plugins

Ces trois termes désignent tous des extensions natives ou pouvant être ajoutées a posteriori dans Joomla. Les composants sont les plus complets et constituent de véritables applications autonomes (commerce électronique, galerie d'images, etc.). Les modules sont des fonctionnalités plus modestes, qui nécessitent une intégration dans les pages pour exister (module d'affichage des articles les plus populaires, par exemple). Les plugins sont des fonctionnalités encore plus spécifiques, qui améliorent généralement un traitement (bouton d'insertion d'une image, par exemple).

Le menu Extensions/Gestion des templates

Cette fonctionnalité vous permet d'administrer les templates (modèles de mise en forme) installés dans le système.

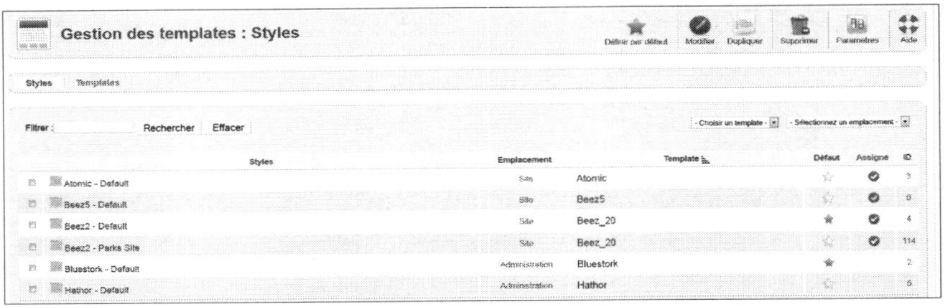

Figure 3.59 : Le gestionnaire de templates

Le menu Extensions/Gestion des langues

Cette fonctionnalité vous permet d'administrer les *templates* (modèles de mise en forme) installés dans le système.

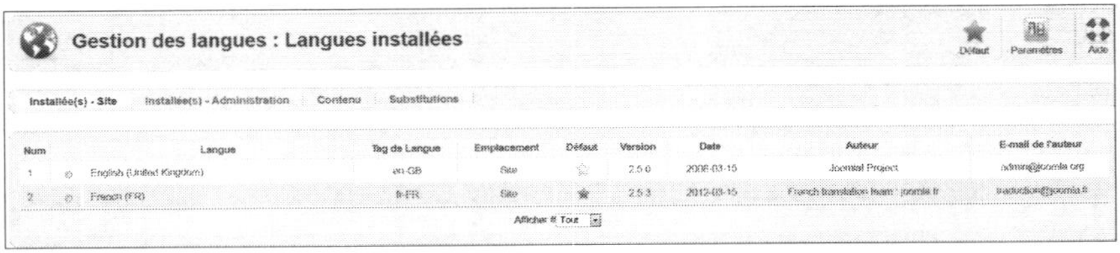

Figure 3.60 : Le gestionnaire des langues

Le menu Aide/Aide Joomla!

Cette fonctionnalité permet d'accéder à l'aide en ligne de Joomla.

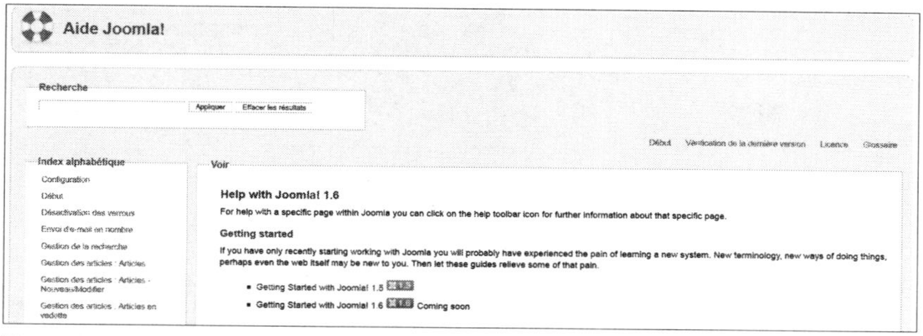

Figure 3.61 : L'aide de Joomla

Le menu **Aide** présente également divers liens vers des sources d'information complémentaires, telles que des forums ou des sites web traitant de Joomla.

3.4. Check-list

- Dès son installation, le site Joomla est opérationnel et le webmestre peut commencer son travail de personnalisation et de rédaction de contenus.
- La partie publique, ou *frontend*, visible des internautes, présente des fonctionnalités et des données d'exemples qui devront être modifiées ou supprimées.
- L'interface d'administration, ou *backend*, donne accès à de très nombreuses fonctionnalités, essentiellement par un système de menus déroulants.

CRÉER DES ARTICLES

Joomla met à votre disposition un ensemble de fonctionnalités web 2.0 qu'il est temps de commencer à découvrir.

La première partie de ce chapitre est dédiée aux fonctions de base du système. Dans la seconde, vous apprendrez à créer des articles.

> DEFINITION
>
> **Web 2.0**
>
> Ce terme récent désigne un ensemble de fonctionnalités actuelles, mises en œuvre sur les sites web : Web dynamique utilisant des bases de données plutôt que des pages HTML statiques, échanges de billets, fils RSS, réseaux sociaux, vidéo, audio, classements de sites confiés aux internautes, réponses aux articles, ...

4.1. Utiliser les commandes de l'interface d'administration

Même si l'aspect de l'interface de Joomla s'apparente à celui des logiciels installés sur votre ordinateur (tels que Word ou Excel), elle est fondamentalement différente en ce qui concerne son mode de fonctionnement.

En effet, le noyau du système n'est pas un programme installé sur votre machine mais un ensemble de codes en PHP et une base de données implémentés chez votre hébergeur ou sur votre serveur web local. Par conséquent, toutes les opérations réalisées se font par l'intermédiaire de votre navigateur Internet. Concrètement, il n'y a pas de différence conceptuelle entre naviguer sur un site Internet quelconque et naviguer sur le backend de Joomla, puisque celui-ci se compose d'un ensemble de pages web dynamiques.

Toutefois, gardez à l'esprit que le rôle de l'interface administrateur de Joomla est essentiellement de permettre la mise à jour de la base de données qu'utilise le CMS et que ce traitement suit des règles d'ouverture et de fermeture de tables notamment.

Figure 4.1 : Les boutons Reculer d'une page et Avancer d'une page du navigateur Firefox

Afin de ne pas transgresser celles-ci, vous ne devez pas utiliser les boutons de navigation des pages récemment visitées proposés par votre navigateur Internet ; vous risqueriez de modifier l'ordre des traitements prévus par les concepteurs du système et créer ainsi des dysfonctionnements.

Votre navigation au sein de l'interface d'administration de Joomla doit donc toujours être réalisée en utilisant les boutons et les menus proposés par le système. Certains de ces éléments sont présents sur tous les gestionnaires, afin de vous permettre de valider ou d'annuler l'action en cours.

Figure 4.2 : Les boutons Précédent et Suivant du navigateur Internet Explorer

Il s'agit des boutons suivants :

- 

Le bouton **Enregistrer**. Utilisez ce bouton pour enregistrer votre action tout en restant dans la page en cours (généralement afin de tester le résultat de l'opération dans un autre onglet affichant la partie publique du site).
- 

Le bouton **Enregistrer & Fermer**. Utilisez ce bouton pour enregistrer votre action (la modification d'un article, par exemple) et pour revenir à la page parente de la page en cours.
- 

Le bouton **Enregistrer & Nouveau**. Utilisez ce bouton pour enregistrer votre action et créer un nouvel élément dans le gestionnaire (un nouvel article, par exemple).
- 

Le bouton **Enregistrer une copie**. Utilisez ce bouton pour dupliquer l'élément en cours d'édition dans le gestionnaire (pour dupliquer un article, par exemple).
- 

Le bouton **Fermer**. Utilisez ce bouton pour annuler votre action, sans l'enregistrer.

Si toutefois, par mégarde, vous avez eu recours aux boutons de navigation de votre navigateur, opérez une validation globale via le menu **Site/Maintenance/Déverrouiller**.

Notez également que les menus ne seront pas accessibles pendant certaines opérations nécessitant d'être clôturées avant toute autre manipulation. Ainsi, par exemple, les menus apparaîtront en grisé et ne seront plus réactifs aux clics pendant la modification d'un article.

4.2. Définir les paramètres généraux

Certains paramètres généraux nécessitent d'être définis à la création du site, depuis le gestionnaire de configuration générale.

1 Cliquez sur le menu **Site/Configuration.**

2 Le gestionnaire de configuration apparaît. Vous allez y effectuer les manipulations suivantes.

Paramétrer le nom du site

Le nom du site est utilisé à différents endroits du site. Vous l'avez défini lors du paramétrage initial. Vous pouvez le modifier a posteriori.

1 Cliquez sur l'onglet **Site.**

À la rubrique *Paramètres du site* est affichée la zone *Nom du site*.

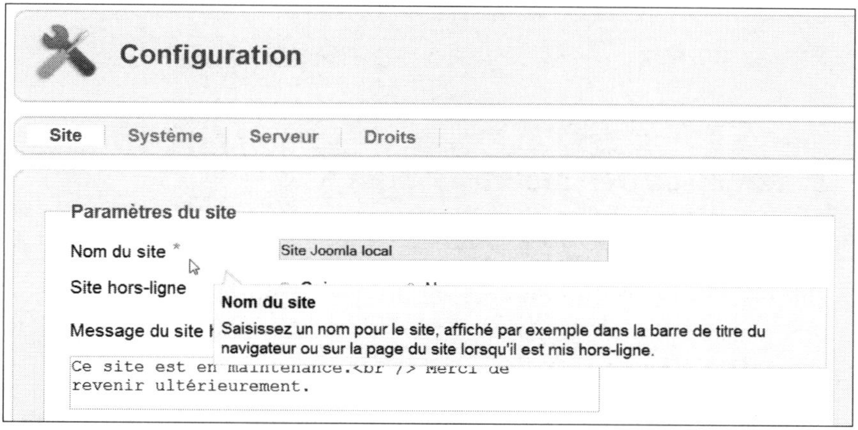

Figure 4.3 : La zone Nom du site

2 Modifiez, le cas échéant, le nom du site.

3 Cliquez sur le bouton **Enregistrer** du gestionnaire.

Paramétrer la longueur des listes

Par défaut, la longueur des listes affichées dans les différents gestionnaires (articles, menus, modules, ...) est de 20 éléments. Cette valeur peut être modifiée dans les composants au moyen de la liste de la zone *Affichage*, proposée en bas des gestionnaires.

Figure 4.4 : La zone Affichage, en bas du gestionnaire d'articles, propose par défaut un affichage de 20 éléments

Toutefois, lorsque la quantité d'éléments des listes augmente, ce nombre se révèle insuffisant, obligeant le webmestre à utiliser les boutons de navigation **Suivant** et **Précédent** pour faire défiler les pages de liens. Nous vous conseillons donc d'augmenter cette valeur à son maximum.

1 Cliquez sur l'onglet **Site**.

2 Dans la liste de la zone *Longueur des listes*, choisissez la valeur `100`.

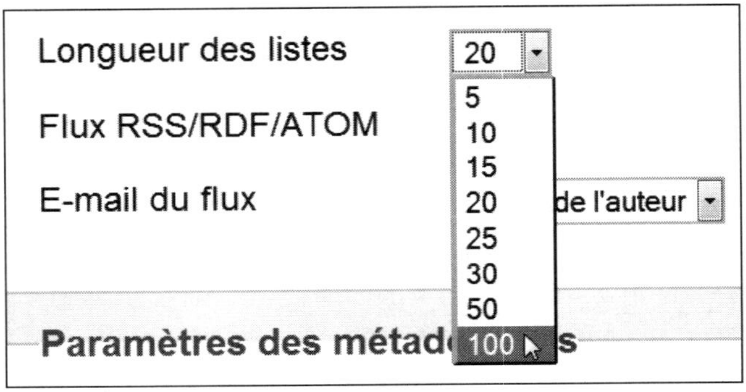

Figure 4.5 : La valeur maximale de la zone est choisie

3 Cliquez sur le bouton **Enregistrer** du gestionnaire.

Augmenter la durée de session

Lorsqu'aucune touche n'est frappée pendant une durée de 15 minutes, la session du webmestre est fermée ; il lui est nécessaire de s'authentifier à nouveau pour accéder au backend.

Cette fonctionnalité est une mesure de sécurité appréciable, empêchant une personne d'utiliser le système, si le webmestre s'absente de son poste de travail en oubliant de clôturer sa session.

Il peut toutefois être plus confortable d'augmenter cette valeur.

1 Cliquez sur l'onglet **Système**.

2 À la rubrique *Configuration des sessions*, dans la zone *Durée de session*, saisissez par exemple `60` minutes.

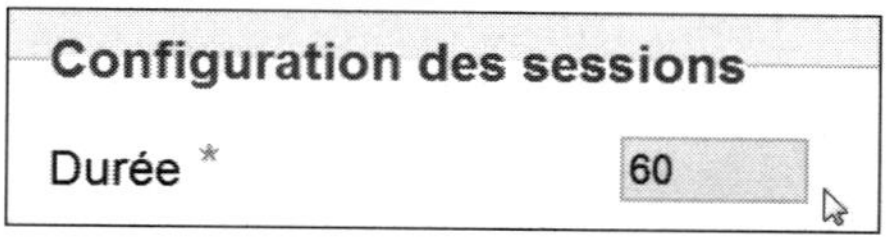

Figure 4.6 : La durée de session est augmentée

3 Cliquez sur le bouton **Enregistrer** du gestionnaire.

Paramétrer le fuseau horaire

Joomla étant un système international, il peut être paramétré pour tous les fuseaux horaires.

1 Cliquez sur l'onglet **Serveur**.

2 À la rubrique *Paramètres de localisation*, dans la liste de la zone *Fuseau horaire*, choisissez, si vous êtes localisé en France, le fuseau horaire de Paris.

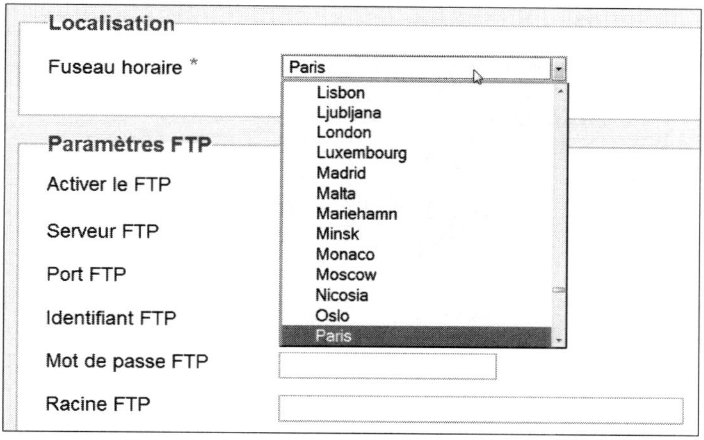

Figure 4.7 : Le choix d'un fuseau horaire

3 Cliquez sur le bouton **Enregistrer et Fermer** du gestionnaire.

4.3. Changer le login et le mot de passe administrateur

Le nom d'utilisateur et le mot de passe de l'administrateur, créés lors de l'installation, peuvent être modifiés, afin d'accroître la sécurité d'un site publié chez un hébergeur.

1 Cliquez sur le menu **Utilisateurs/Gestion des utilisateurs**.

Le gestionnaire des utilisateurs apparaît.

2 Dans la colonne *Nom*, cliquez sur *Super Utilisateur*, nom qui a été créé automatiquement lors de l'installation de Joomla.

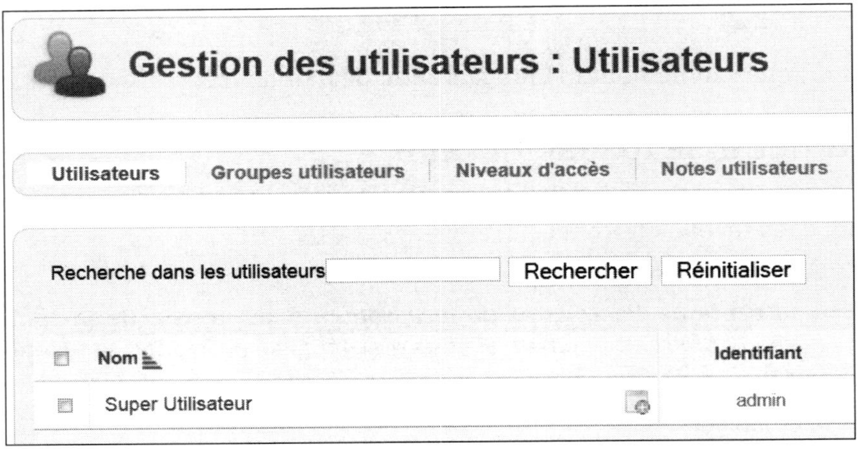

Figure 4.8 : Le nom Super Utilisateur est cliqué

Les paramètres de l'utilisateur sont affichés.

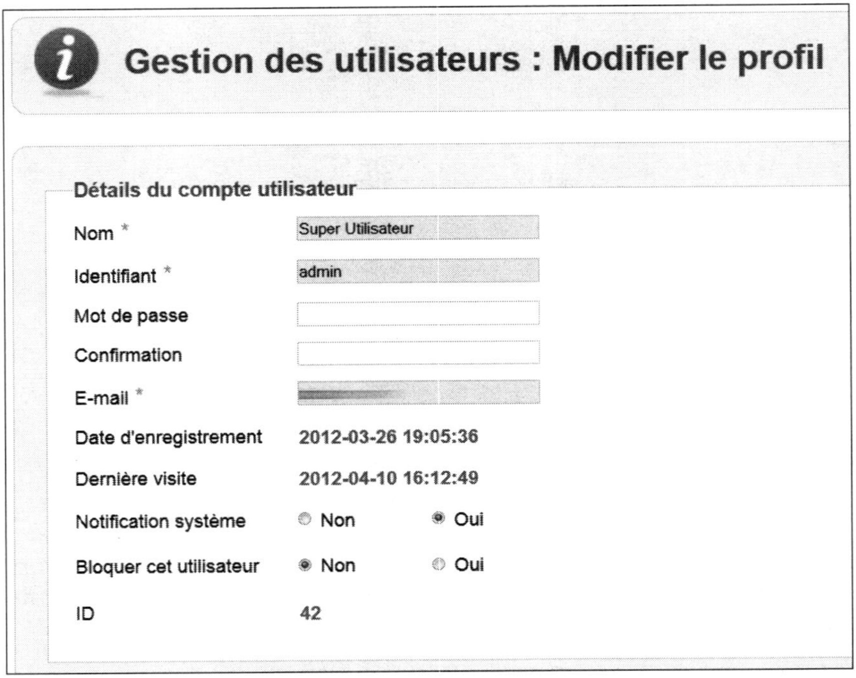

Figure 4.9 : Les paramètres de l'utilisateur

3 À la rubrique *Détails de l'utilisateur*, dans la zone *Identifiant*, saisissez un nouveau login. Modifiez le cas échéant le mot de passe en le saisissant dans les zones *Mot de passe* et *Confirmation*.

4 Cliquez sur le bouton **Enregistrer & Fermer** du gestionnaire.

4.4. Créer des catégories

Le système de gestion de contenu de Joomla 2.5 fait appel à deux notions conceptuelles : les catégories et les articles.

Les articles sont des éléments rédactionnels, principalement composés de textes et d'images.

Pour les publier sur le site, Joomla dispose de plusieurs composants, offrant chacun des spécificités qui seront décrites plus loin. Il est ainsi possible de regrouper des articles traitant de sujets proches et entrant donc dans de mêmes "*familles*" et "*sous-familles*". Celles-ci portent les appellations de *catégories*, de *sous-catégories*, elles-mêmes pouvant se diviser en sous-catégories à volonté.

Ainsi, un article peut appartenir à une sous-catégorie (*les cannes à pêche*, par exemple) appartenant elle-même à une catégorie (*la pêche en eau douce*, par exemple).

Ce classement hiérarchique présente de nombreux avantages (disposer de composants affichant tous les articles d'une catégorie, par exemple) que vous découvrirez bientôt.

REMARQUE

Différence entre article et page web

Puisqu'un article est composé de textes, d'images et éventuellement d'objets multimédia tels que des vidéos, il est tentant de penser qu'article et page web sont des termes synonymes. Cela n'est toutefois pas obligatoirement le cas avec Joomla car le système autorise l'affichage, dans une même page web, de plusieurs articles ou parties d'articles.

REMARQUE

Articles non catégorisés

Si vous ne souhaitez pas rattacher un article à une catégorie spécifique (la page de vos conditions générales de vente, par exemple), il vous suffira de lui affecter la catégorie `non catégorisé` (cette catégorie est créée automatiquement à l'installation).

REMARQUE

Que sont devenues les sections ?

Les utilisateurs de la version 1.5 de Joomla seront peut-être surpris de constater la disparition du concept de sections dans Joomla 2.5. Jusqu'à la version 1.5, Joomla n'autorisait en effet que deux niveaux hiérarchiques de classement des articles : *les sections*, qui constituaient le premier niveau, et *les catégories*, qui constituaient le second. À partir de la version 1.6, les catégories peuvent se subdiviser sans limitation en sous-niveaux hiérarchiques et les sections sont supprimées.

1 Cliquez sur le menu **Contenu/Gestion des catégories.**

Le gestionnaire de catégories apparaît.

2 Cliquez sur le bouton **Nouveau.**

La fenêtre de création de la nouvelle catégorie apparaît.

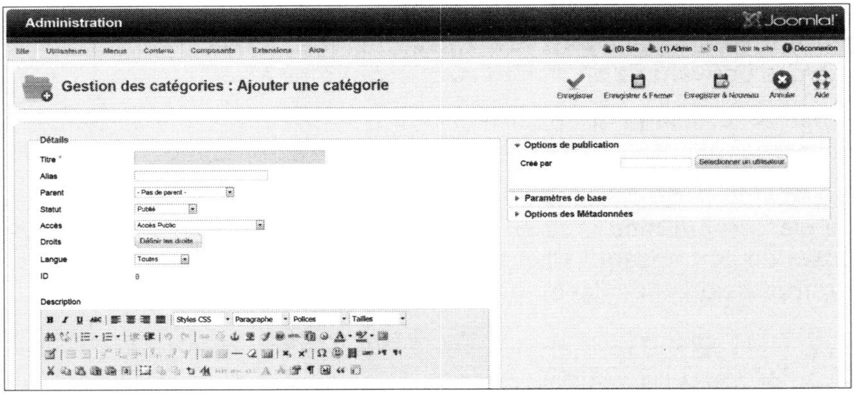

Figure 4.10 : La fenêtre de création de la nouvelle catégorie

3 À la rubrique *Détails*, dans la zone *Titre*, saisissez le nom que vous souhaitez affecter à la catégorie (`La pêche en eau douce`, par exemple).

4 Déroulez la liste de la zone *Parent* et choisissez la catégorie mère (voir Figure 4.11).

Les autres zones de la fenêtre ne seront pas modifiées pour l'instant.

5 Cliquez sur le bouton **Enregistrer & Fermer.**

De retour dans le gestionnaire de catégories, le nom de la nouvelle catégorie a été ajouté à la liste des catégories déjà existantes (voir Figure 4.12).

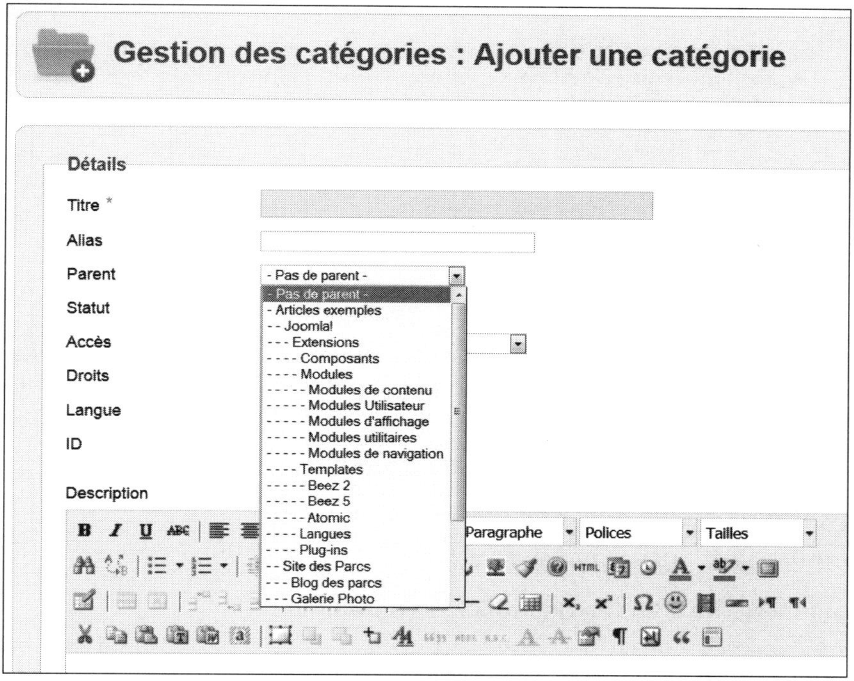

Figure 4.11 : Le choix de la catégorie mère

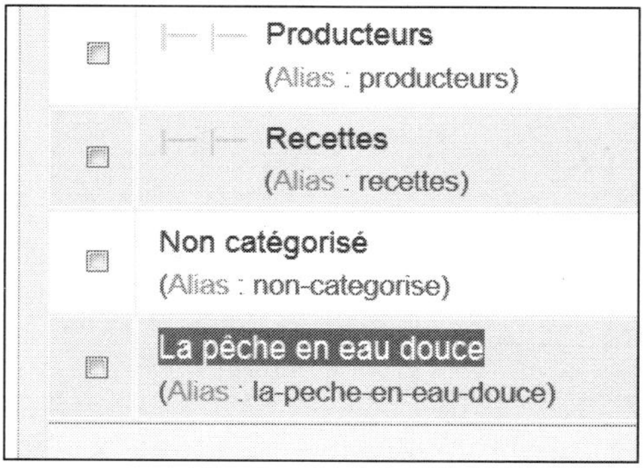

Figure 4.12 : Le nom de la nouvelle catégorie figure désormais dans la liste des catégories

Créez de la même manière quelques autres catégories ou sous-catégories et en rapport avec le thème de votre site web.

REMARQUE

Organiser l'affichage des sections et des catégories

Le gestionnaire de catégories, comme les autres gestionnaires (sections, articles, ...), affiche rapidement un grand nombre d'éléments, au fil de l'avancement de vos travaux. Vous pouvez choisir d'organiser l'affichage en modifiant le critère de classement des éléments. Cliquez pour ce faire sur le titre de la colonne de votre choix (*Titre, Statut, Ordre, Accès, ...*). Vous pouvez également choisir de filtrer les items en saisissant un mot-clé dans la zone *Filtre* ou en choisissant des valeurs dans les listes déroulantes proposées.

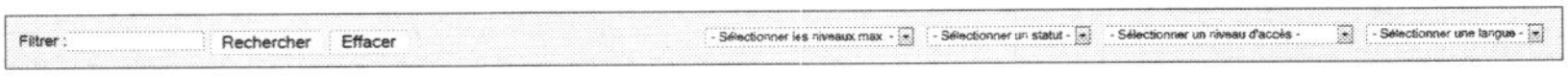

Figure 4.13 : Les filtres proposés dans le gestionnaire

4.5. Créer et modifier des articles

Passées les étapes de création des catégories et des sous-catégories, vous allez maintenant pouvoir créer les premiers articles de votre site web.

1 Cliquez sur le menu **Contenu/Gestion des articles.**

Le gestionnaire d'articles apparaît.

2 Cliquez sur le bouton **Nouveau.**

La fenêtre de création de l'article apparaît.

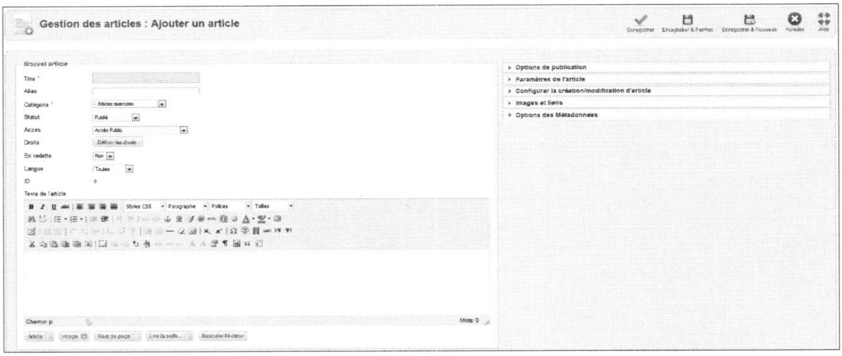

Figure 4.14 : La fenêtre de création de l'article

Cette fenêtre renferme toutes les fonctionnalités nécessaires à la création d'un contenu rédactionnel de qualité, rédigé au format HTML.

REMARQUE

Modification d'un article existant

La procédure de modification d'un article déjà créé est identique. Elle s'effectue également depuis cette fenêtre. Pour modifier un article existant, il vous suffit de cliquer sur son nom, dans la liste présentée par le gestionnaire d'articles.

3 Dans la zone *Titre*, saisissez le titre de l'article. Ne remplissez pas la zone *Alias* pour l'instant.

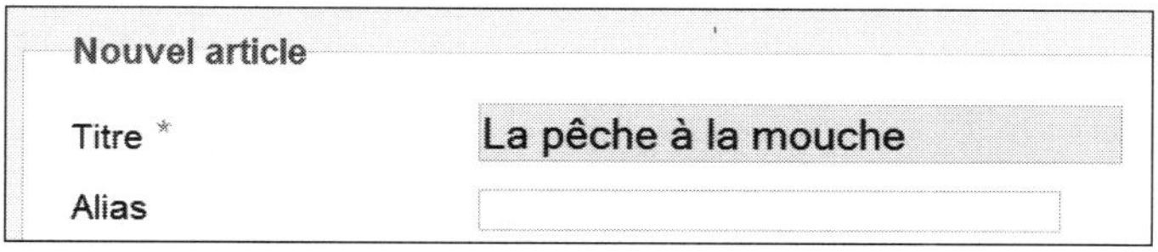

Figure 4.15 : La saisie du titre de l'article

La zone Alias

Cette zone peut être laissée vide pour l'instant. Son rôle est de vous permettre de générer des URL explicites, c'est-à-dire des adresses de pages renfermant des mots-clés significatifs dans le but d'améliorer votre indexation dans les moteurs de recherche.

Si vous ne la saisissez pas, la zone *Alias* est automatiquement renseignée lors de l'enregistrement de l'article. Son libellé est composé du titre de l'article en casse minuscule, épuré des caractères spéciaux, des caractères accentués et des espaces (qui sont remplacés par des traits d'union), afin d'être conforme aux normes d'écriture des URL.

4 Déroulez la liste de la zone *Catégorie* et affectez une catégorie à l'article.

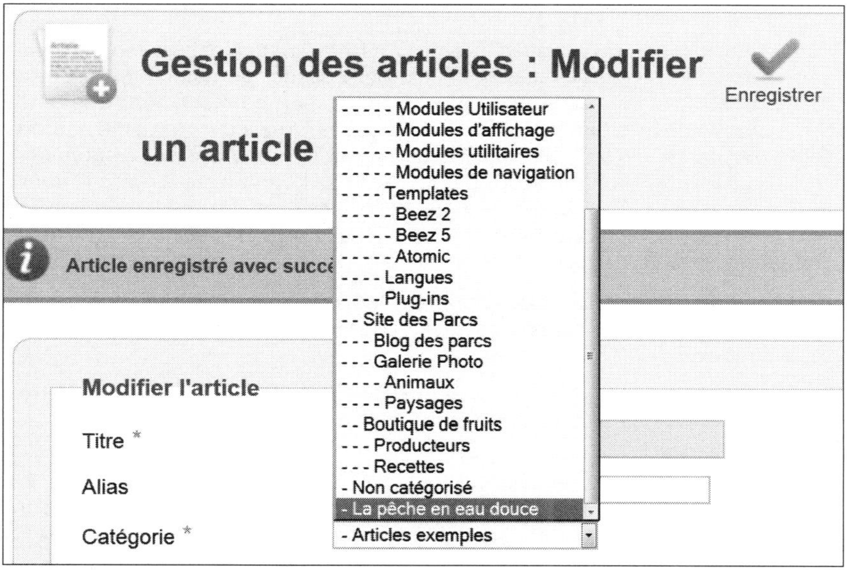

Figure 4.16 : Une catégorie est affectée à l'article

5 Dans la zone principale de la fenêtre, réservée à la saisie de l'article, saisissez le texte de l'article ou copiez-y le texte de votre choix (nous copions ici le texte d'un article de l'encyclopédie Wikipédia).

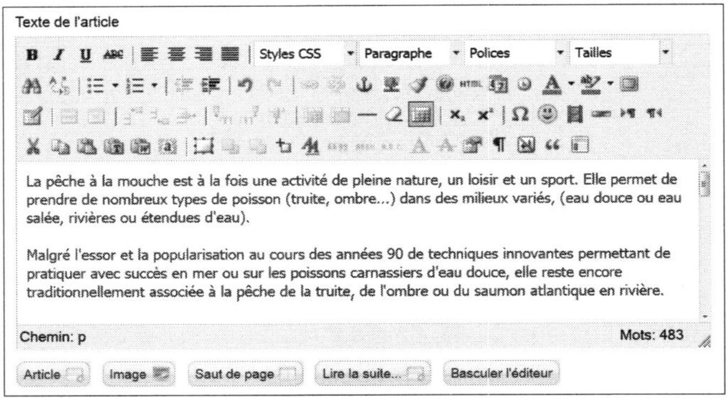

Figure 4.17 : Un texte est copié dans la zone de saisie de l'article (Source : Pêche à la mouche. Contenu soumis à la licence CC-BY-SA 3.0 (http://creativecommons.org/licenses/by-sa/3.0/deed.fr) Source : Article Pêche à la mouche de Wikipédia en français (http://fr.wikipedia.org/wiki/P%C3%AAche_%C3%A0_la_mouche).

REMARQUE

Copier/coller du texte de l'article

Il n'est pas obligatoire de saisir l'intégralité du texte dans la zone de saisie de l'article. Le contenu textuel peut en effet être copié/collé depuis une source externe (page HTML, document Word, etc.).

Pour éviter d'insérer des codes de mise en forme parasites, provenant de la source originelle, nous vous conseillons de procéder en deux étapes. Commencez par sélectionner le texte à copier dans son emplacement d'origine puis collez-le dans le Bloc-notes de Windows (que vous ouvrirez par le bouton **Démarrer** de Windows puis par **Tous les programmes/Accessoires/Bloc-notes**). Dans le Bloc-notes, sélectionnez tout le texte (Ctrl+A) puis copiez-le dans le Presse-papiers (Ctrl+C). Utilisez la Barre des tâches de Windows pour retourner à l'interface de Joomla, cliquez dans la zone de saisie de l'article et collez-y le texte (Ctrl+V).

Cette opération a pour effet de supprimer les éventuels contrôles de mise en forme du texte (le Bloc-notes étant un simple éditeur de texte ne gérant pas la mise en forme).

Vous découvrirez plus loin qu'un bouton de l'interface de l'éditeur d'articles permet d'obtenir un résultat similaire.

Ces quelques étapes sont suffisantes pour permettre la création d'un article de base. Celui-ci pourrait déjà, à ce stade, être enregistré et publié. Bien entendu, vous disposez de nombreuses fonctionnalités vous permettant d'améliorer sa mise en forme. Les principales d'entre elles sont décrites dans ce qui suit.

Mais, avant d'aller plus loin, peut-être souhaitez-vous visualiser l'article, tel qu'il le sera par les visiteurs de votre site.

Prévisualiser l'article dans le frontend

Pour visualiser l'article dans le frontend, vous devez rendre l'article accessible, depuis la partie publique. Dans la plupart des cas, cette opération s'effectue par l'emploi d'un élément de menu, opération que nous n'avons pas encore abordé et que nous allons décrire succinctement ici, l'utilisation des menus étant explicitée en détail plus loin dans cet ouvrage.

1 Fermez et enregistrez l'article en cliquant sur le bouton **Enregistrer & Fermer**.

2 Cliquez sur **Menus/Menu principal**.

Le gestionnaire de menus est affiché.

3 Cliquez sur **Nouveau**.

4 Dans la page *Ajouter un lien au menu* qui est affichée, saisissez un titre, `La pêche à la mouche`, par exemple.

5 À droite de la zone *Type de lien de menu*, cliquez sur le bouton **Sélection**.

6 Dans la fenêtre qui apparaît en surimpression, cliquez sur **Article**, à la rubrique *Articles*.

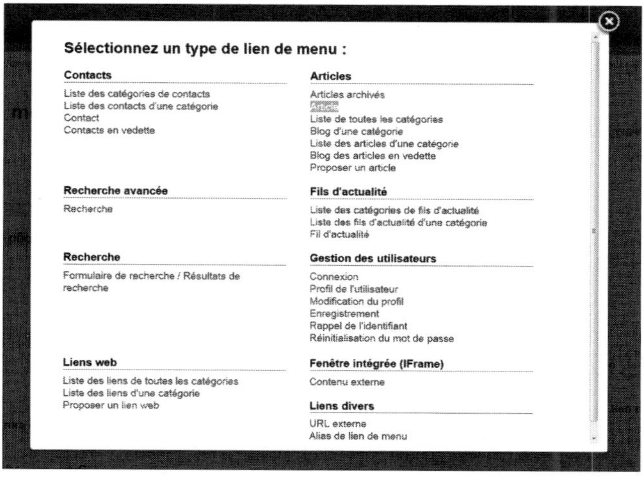

Figure 4.18 : Le choix du type de lien

7 De retour dans la page *Ajouter un lien au menu*, cliquez sur **Sélectionner/Changer** à la rubrique *Paramètres requis* puis cliquez sur le titre de l'article dans la fenêtre qui apparaît en surimpression.

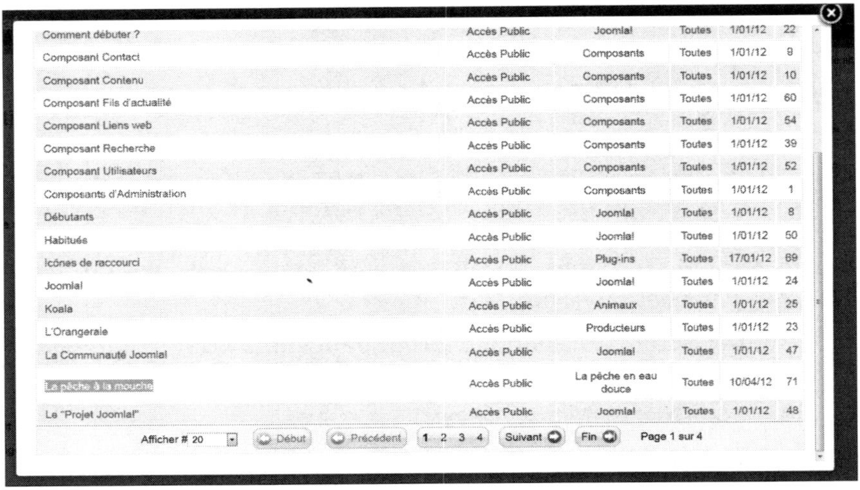

Figure 4.19 : La sélection de l'article

8 Cliquez sur le bouton **Enregistrer & Fermer**.

9 Cliquez sur le lien *Voir le site*, présenté dans la partie supérieure droite de la fenêtre du backend.

La partie publique du site est affichée dans un nouvel onglet.

10 Dans le menu *Ce site*, cliquez sur le dernier lien qui a été ajouté afin d'ouvrir votre nouvel article.

Figure 4.20 : Le lien ajouté dans le menu et pointant vers le nouvel article

L'article est affiché dans son contexte réel, sur le frontend de votre site web.

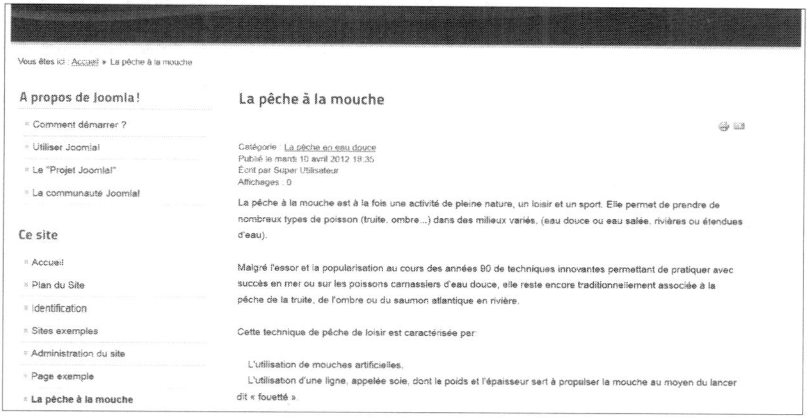

Figure 4.21 : Le nouvel article, affiché sur le site

Mettre en forme le contenu de l'article

Retournez à l'onglet qui affiche le backend et ouvrez à nouveau l'article par **Contenu/Gestion des articles** puis en cliquant sur le titre de l'article.

Dans cette section, vous allez découvrir tous les éléments de l'éditeur d'articles, proposé par défaut lors de l'installation de Joomla.

Figure 4.22 : Les boutons de mise en forme du contenu, proposés dans l'éditeur

REMARQUE

L'éditeur HTML

Les articles de Joomla sont des parties de pages HTML. Le rôle de l'éditeur de Joomla est de vous présenter, sous forme graphique, le contenu de l'article, et de vous permettre d'effectuer sa mise en forme par un ensemble de fonctionnalités (boutons, listes déroulantes, ...), puis, de manière transparente pour l'utilisateur, d'enregistrer ce contenu à la norme HTML.

REMARQUE

Bien que l'éditeur par défaut (TinyMCE) soit doté de fonctionnalités suffisamment évoluées pour vous permettre une mise en forme sophistiquée, vous pourrez, en outre, télécharger sur le site **http://extensions.joomla.fr**, par exemple, des éditeurs encore plus sophistiqués, tels que le célèbre éditeur JCE.

Voici la liste des principaux boutons de l'éditeur, dans l'ordre de leur présentation à l'écran, et leurs fonctions associées :

-  Le bouton **Gras** permet de mettre la sélection en caractères gras.
-  Le bouton **Italique** permet de mettre la sélection en caractères italiques.
-  Le bouton **Souligné** permet de mettre la sélection en caractères soulignés.
-  Le bouton **Barré** permet de mettre la sélection en caractères barrés.
-  Le bouton **Aligner à gauche** permet d'aligner le paragraphe à gauche.
-  Le bouton **Centrer** permet de centrer le paragraphe.
-  Le bouton **Aligner à droite** permet d'aligner le paragraphe à droite.
- 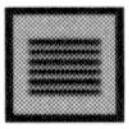 Le bouton **Justifier** permet de justifier le paragraphe.
- La liste *Styles CSS* permet d'affecter un style défini dans le template.

Figure 4.23 : La liste des styles

- La liste *Format* permet d'affecter un format HTML à la sélection (cette fonctionnalité est particulièrement utile pour affecter des niveaux hiérarchiques – titre 1, titre 2...– à des paragraphes).

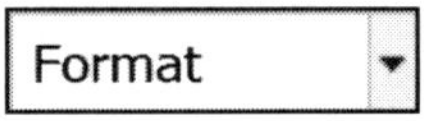

Figure 4.24 : La liste des formats HTML permettant de définir des niveaux hiérarchiques

- La liste *Police* permet d'affecter une famille de polices de caractères à la sélection.

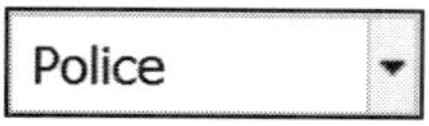

Figure 4.25 : La liste des familles de polices

- La liste *Taille* permet de modifier la taille des caractères sélectionnés.

Figure 4.26 : La liste des tailles de caractères

- Le bouton **Rechercher** permet d'effectuer la recherche d'une chaîne de caractères dans le texte de l'article.
- Le bouton **Rechercher/Remplacer** permet d'effectuer le remplacement d'une chaîne de caractères dans le texte de l'article.
- Le bouton **Liste à puce** permet d'affecter le style *liste à puces* à la ligne sélectionnée.
- Le bouton **Liste numérotée** permet d'affecter le style *liste numérotée* à la ligne sélectionnée.
- Le bouton **Diminuer le retrait** permet de réduire le retrait du paragraphe.
- Le bouton **Augmenter le retrait** permet d'augmenter le retrait du paragraphe.
- Le bouton **Annuler** permet d'annuler la dernière opération effectuée.
- Le bouton **Rétablir** permet de ré-exécuter la dernière opération annulée.
- Le bouton **Insérer/Editer un lien** permet de créer ou d'éditer un lien hypertexte sur la sélection.
- Le bouton **Supprimer le lien** permet de supprimer un lien hypertexte sur la sélection.
- Le bouton **Insérer/Editer une ancre** permet de créer ou d'éditer une ancre de lien hypertexte sur la sélection.
- Le bouton **Insérer/Modifier une image** permet d'insérer une image dans un texte ou d'en éditer les propriétés.

-  Le bouton **Nettoyer/Fermer les balises** permet de supprimer les attributs de mise en forme, lorsque du texte est copié/collé depuis une autre application.
-  Le bouton **Aide** permet d'accéder à l'aide de l'éditeur HTML et de ses plugins.
-  Le bouton **Editer le code HTML** permet d'éditer le code HTML de l'article, afin d'y apporter des spécificités non prises en charge par l'éditeur HTML.
-  Le bouton **Insérer la date** permet d'insérer la date dans le texte de l'article.
-  Le bouton **Insérer l'heure** permet d'insérer l'heure dans le texte de l'article.
- 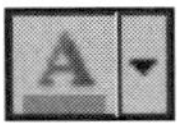 Le bouton **Appliquer une couleur au texte** permet d'affecter une couleur spécifique au texte sélectionné dans l'article.
-  Le bouton **Appliquer une couleur de fond au texte** permet de surligner un texte.
-  Le bouton **Afficher/Réduire Pleine page** permet de basculer en mode Plein écran (seuls les boutons d'édition de l'article sont affichés).
-  Le bouton **Insérer/Editer un tableau** permet l'insertion d'un tableau dans le texte de l'article.
-  Le bouton **Propriété de la ligne** permet de modifier les propriétés de la ligne sélectionnée dans un tableau de l'article.
-  Le bouton **Propriété de la cellule** permet de modifier les propriétés de la cellule sélectionnée dans un tableau de l'article.
-  Le bouton **Insérer une ligne avant** permet d'insérer une ligne avant la ligne sélectionnée dans un tableau de l'article.
-  Le bouton **Insérer une ligne après** permet d'insérer une ligne après la ligne sélectionnée dans un tableau de l'article.
-  Le bouton **Supprimer la ligne** permet de supprimer une ligne sélectionnée dans un tableau de l'article.
-  Le bouton **Insérer une colonne avant** permet d'insérer une colonne avant la colonne sélectionnée dans un tableau de l'article.

- Le bouton **Insérer une colonne après** permet d'insérer une colonne après la colonne sélectionnée dans un tableau de l'article.
- Le bouton **Supprimer la colonne** permet de supprimer une colonne sélectionnée dans un tableau de l'article.
- Le bouton **Diviser la cellule** permet de diviser des cellules précédemment fusionnées dans un tableau de l'article.
- Le bouton **Fusionner les cellules** permet de fusionner des cellules sélectionnées dans un tableau de l'article.
- Le bouton **Insérer une ligne horizontale** permet de tracer une ligne horizontale dans le texte de l'article.
- Le bouton **Supprimer tous les styles** permet de supprimer les attributs de mise en forme sur le texte sélectionné.
- Le bouton **Afficher les cadres-lignes des tableaux** permet d'afficher les contours des tableaux insérés dans le texte de l'article.
- Le bouton **Indice** permet d'affecter au texte sélectionné la position *Indice*.
- Le bouton **Exposant** permet d'affecter au texte sélectionné la position *Exposant*.
- Le bouton **Insérer un caractère spécial** permet l'insertion de caractères spéciaux dans le texte de l'article.
- Le bouton **Emoticônes** permet d'insérer un émoticône dans le texte de l'article.
- Le bouton **Insérer/Editer un média** permet d'insérer un fichier multimédia dans le texte de l'article.
- Le bouton **Insérer une ligne horizontale stylée** permet l'insertion d'une ligne de séparation horizontale de largeur et de hauteur paramétrables dans le texte de l'article.
- Le bouton **Direction d'écritures: Gauche à droite** permet de définir un sens d'écriture de gauche à droite.
- Le bouton **Direction d'écritures: Droite à gauche** permet de définir un sens d'écriture de droite à gauche.
- Le bouton **Couper** permet d'effectuer un *couper* du texte sélectionné.

-  Le bouton **Copier** permet d'effectuer un *copier* du texte sélectionné.
-  Le bouton **Coller** permet d'effectuer un *coller* du texte sélectionné.
-  Le bouton **Coller du texte** permet d'effectuer un collage d'un texte sans sa mise en forme (ce bouton évite l'utilisation du bloc-notes, précédemment décrite).
-  Le bouton **Coller du texte depuis Word** permet un traitement identique au précédent, lorsque le texte collé provient de Word.
-  Le bouton **Tout sélectionner** permet de sélectionner l'intégralité du texte de l'article.
-  Le bouton **Insérer un calque** permet d'insérer un calque dans le texte de l'article.
-  Le bouton **Placer le calque devant** permet de déplacer un calque devant un autre.
-  Le bouton **Placer le calque derrière** permet de déplacer un calque derrière un autre.
-  Le bouton **Position absolue** permet de définir la position d'un calque en position absolue.
-  Le bouton **Insérer/Modifier un style XHTML** permet d'éditer un style CSS.
-  Le bouton **Insérer/Modifier 'Citation'** permet d'insérer et de personnaliser le style *Citation*.
-  Le bouton **Insérer/Modifier 'Abréviation'** permet d'insérer et de personnaliser le style *Abréviation*.
-  Le bouton **Insérer/Modifier 'Acronyme'** permet d'insérer et de personnaliser le style *Acronyme*.
-  Le bouton **Insérer/Modifier 'Souligné'** permet d'insérer et de personnaliser le style *Souligné*.
-  Le bouton **Insérer/Modifier 'Barré'** permet d'insérer et de personnaliser le style *Barré*.
-  Le bouton **Insérer/Modifier 'Attributs'** permet d'insérer et de personnaliser le style *Attributs*.

- 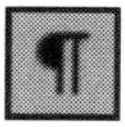 Le bouton **Afficher les balises des blocs** permet notamment de visualiser les espaces insécables (qui sont alors symbolisés par un point, centré horizontalement sur la ligne de texte).
-  Le bouton **Insérer un espace insécable (sans coupure)** permet d'ajouter un espace insécable dans le texte.

> REMARQUE
>
> **Raccourcis clavier**
>
> Des raccourcis clavier sont associés à la plupart des boutons de l'éditeur. Leur fonction est de permettre de lancer une action par combinaisons de touches, action généralement plus rapide que celle de la souris (Ctrl+B, par exemple, pour mettre le texte sélectionné en gras). Pour connaître ces combinaisons de touches, survolez quelques instants les boutons de l'éditeur ; elles apparaissent dans de petites info-bulles.

Insérer une image dans le texte de l'article

Bien qu'il vous soit possible d'insérer une image dans le texte de l'article grâce au bouton **Insérer/Modifier une image** cité précédemment, la fenêtre de création de l'article vous offre une seconde opportunité, plus évoluée.

1 Placez le curseur dans le texte de l'article, à l'endroit où l'insertion doit avoir lieu.

2 

Cliquez sur le bouton **Image**, placé sous la zone d'édition du texte de l'article.

Une fenêtre apparaît en surimpression devant l'article. Celui-ci n'est plus accessible jusqu'à la fermeture de la fenêtre.

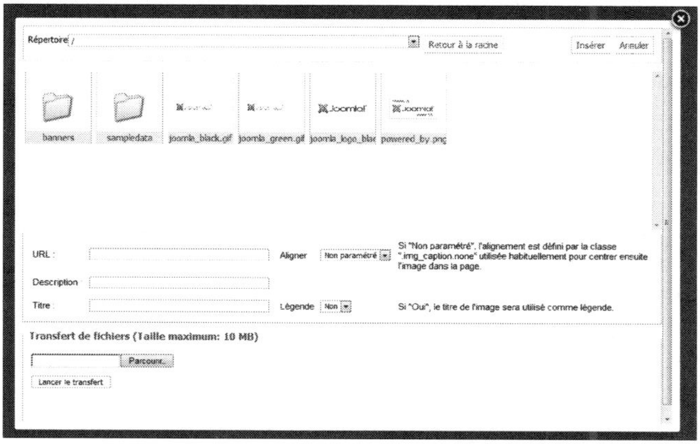

Figure 4.27 : La fenêtre d'insertion d'images

Les principales fonctionnalités proposées dans cette fenêtre sont les suivantes :

- Les vignettes des images. Lorsque l'une d'entre elles est cliquée, le nom de l'image, précédé de son chemin d'accès, est inséré dans la zone *URL de l'image*, vous évitant ainsi la saisie de cette dernière.
- Les vignettes des dossiers. Lorsque l'une d'entre elles est cliquée, le dossier correspondant est ouvert (vous pouvez avoir recours à la création de dossiers afin d'améliorer le classement de vos images, lorsque le nombre de celles-ci est important). Le dossier de stockage des images par défaut est *images*.
- La liste déroulante de la zone *Aligner* permet de choisir le type d'alignement de l'image (gauche ou droite).
- La zone *Description de l'image* vous permet de saisir une description de l'image. La saisie de cette information est importante pour le référencement des images dans les moteurs de recherche.
- La zone *Titre de l'image* vous permet de saisir le titre de l'image, qui sera affiché dans le frontend lorsque le pointeur de la souris survolera l'image. Cette information est notamment utile aux personnes malvoyantes, dont les logiciels d'assistance à la lecture sont capables de lire cette zone.
- La case *Légende*. Lorsque la valeur `Oui` est choisie, cette case génère l'affichage du titre sous la forme d'une légende, à côté de l'image.
- La rubrique *Transfert de fichier*. Cette fonctionnalité a pour conséquence un gain appréciable de temps, lorsque le webmestre constate que l'image qu'il souhaite insérer n'a pas été transférée sur le site depuis le gestionnaire de médias. Il peut en effet, grâce aux boutons **Parcourir** puis **Lancer le transfert**, transférer l'image directement depuis la fenêtre d'insertion de l'image.
- Le bouton **Insérer** valide l'insertion de l'image dans le texte de l'article.
- Le bouton **Annuler** annule l'action d'insertion de l'image.

Créer un lien hypertexte

Toute aussi utile que l'insertion d'image, la fonctionnalité de création de liens hypertextes est indispensable. Elle vous permet, depuis une portion de texte ou une image, de créer un lien menant à une autre page de votre site (on parle alors de "lien interne") ou à une page quelconque, placée sur un autre site (on parle ici de "lien externe").

Voici le mode opératoire pour créer un lien hypertexte, depuis l'éditeur d'articles :

1 Sélectionnez le texte ou l'image sur lequel vous souhaitez créer le lien hypertexte.

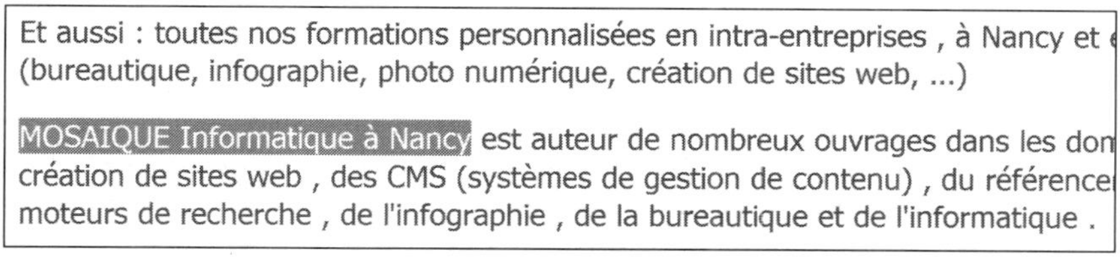

Figure 4.28 : Une partie du texte est sélectionnée

2 Cliquez sur le bouton **Insérer/Editer un lien**, précédemment décrit.

La fenêtre **Insérer/Editer un lien** apparaît. L'onglet **Général** y est activé.

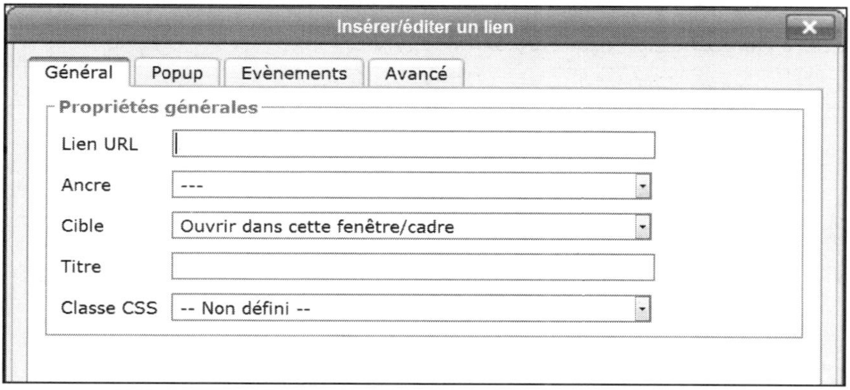

Figure 4.29 : La fenêtre Insérer/Editer un lien

3 Dans la zone *Lien URL*, saisissez ou collez l'adresse Internet de la page vers laquelle vous souhaitez faire pointer le lien hypertexte (l'adresse sera du type **http://www.mosaiqueinformatique.com**).

4 Si le lien pointe vers la même page que celle dans laquelle vous êtes en train de créer le lien hypertexte et si vous y avez placé des marques au moyen du bouton **Insérer/Editer une ancre**, vous pouvez indiquer le nom de l'ancre dans la zone *Ancre*.

5 La zone *Cible* propose, par défaut, le choix `Ouvrir dans cette fenêtre/cadre`. Cela signifie que le lien, une fois cliqué, ouvrira la page cible dans la fenêtre actuelle. Si le lien pointe vers un autre site que le vôtre, vous perdrez l'internaute puisqu'il quittera votre site. Vous pouvez, dans ce cas, préférer ouvrir la nouvelle page

dans une nouvelle fenêtre. Choisissez, pour ce faire, l'option *Ouvrir dans une nouvelle fenêtre (_blank)* dans la liste déroulante de la zone *Cible*.

6 La zone *Titre* est très importante, même s'il n'est pas obligatoire pour vous de la remplir. En effet, le contenu textuel saisi dans cette zone s'affiche, lorsque le lien hypertexte est survolé, sous la forme d'une info-bulle. Celle-ci améliore l'accessibilité, pour les personnes handicapées disposant de logiciels spécifiques, ainsi que l'indexation dans certains moteurs de recherche, qui utilisent cet attribut. Saisissez-y un court texte, en rapport avec le sujet de la page vers laquelle pointe le lien, sous la forme d'une courte phrase, par exemple.

REMARQUE

Créer un lien vers une adresse e-mail

Si vous souhaitez que le lien pointe non vers une page web mais vers une adresse e-mail, faites précéder cette adresse de la mention `mailto:` dans la zone *Lien URL*. L'adresse sera alors du type : `mailto:georges@lesitedegeorges.fr`.

7 Cliquez sur le bouton **Insérer** de la fenêtre **Insérer/éditer un lien**.

REMARQUE

Le bouton Article

Ce bouton, à gauche du bouton **Image**, permet, après sélection d'un texte ou d'une image dans le texte, de créer un lien hypertexte directement vers un article du site en le sélectionnant dans une liste.

Figure 4.30 : Le bouton Article

Créer un saut de page dans le texte de l'article

Si l'article est de taille importante, vous pouvez choisir de le fractionner en plusieurs pages, qui seront accessibles par une table des matières constituant une"mininavigation", composée de liens hypertextes, affichés sur chacune d'entre elles.

1 Cliquez dans le texte de l'article, à l'endroit où vous souhaitez créer le saut de page.

2 

Cliquez sur le bouton **Saut de page**, placé en bas de la zone d'édition du texte de l'article.

Une fenêtre apparaît en surimpression devant l'article. Celui-ci n'est plus accessible jusqu'à la fermeture de la fenêtre.

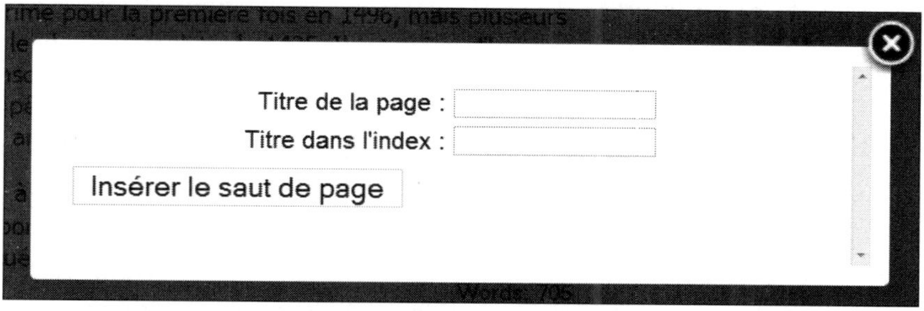

Figure 4.31 : La fenêtre d'insertion du saut de page

3 Dans la zone *Titre de la page*, saisissez le titre qui sera affiché dans la barre de titre du navigateur, lorsque la portion de page sera affichée. Comme nous l'avons fait précédemment pour le titre d'une image, nous vous conseillons de toujours renseigner cette zone avec un contenu pertinent, en rapport direct avec la page ; cette information est utilisée notamment par les moteurs de recherche lorsqu'ils effectuent le référencement du site.

4 Dans la zone *Titre de l'index*, saisissez le texte qui sera affiché dans la table des matières. Si cette zone est laissée vide, le texte constituant le titre sera utilisé par Joomla.

5 Cliquez sur le bouton **Insérer un saut de page**.

Dans l'éditeur, le saut de page est figuré dans le texte par une ligne pointillée.

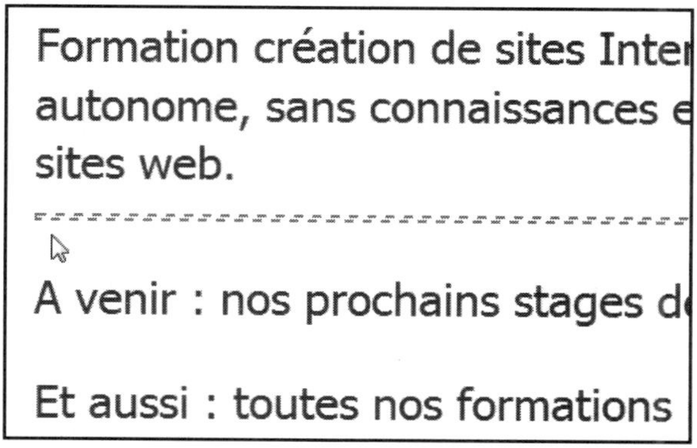

Figure 4.32 : Le symbole du saut de page

> **REMARQUE**
>
> **Modification et suppression d'un saut de page**
>
> Un saut de page ne peut pas être modifié. Si vous souhaitez le modifier, vous devez le supprimer puis le recréer. Pour le supprimer, placez le curseur sur la ligne suivant le symbole du saut de page puis appuyez sur la touche [⇤].

6 Enregistrez les modifications et retournez à la gestion des articles en cliquant sur le bouton **Enregistrer & Fermer**.

7 Ouvrez l'onglet de votre navigateur dans lequel est affichée la partie publique du site puis ouvrez la page affichant l'article.

La table des matières apparaît dans la partie droite de l'article.

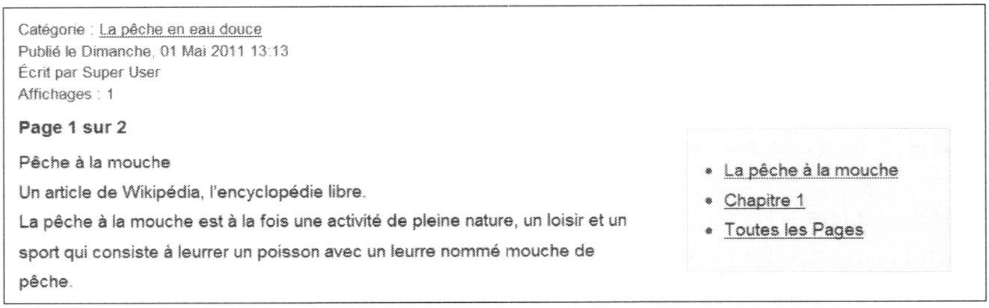

Figure 4.33 : La table des matières

En fin d'article, sont désormais affichés des liens de navigation vers les pages constituant l'article.

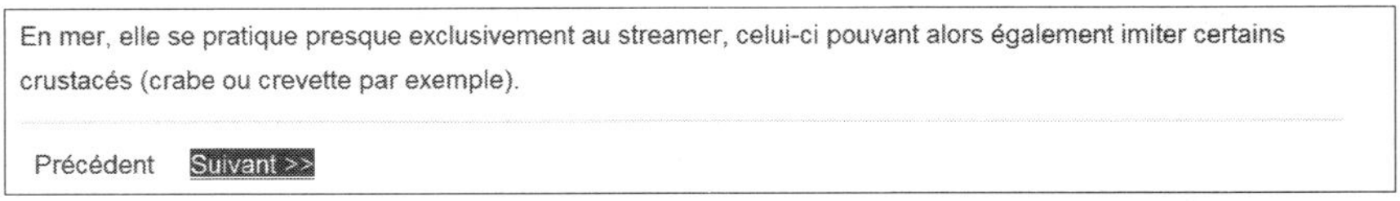

Figure 4.34 : Les liens de navigation

Dans la barre de titre du navigateur est affiché le titre de l'article.

8 Dans la table des matières, cliquez, sur le lien pointant vers la seconde page de l'article et portant le libellé saisi précédemment dans la zone *Tableau des alias d'articles*.

La seconde page apparaît, avec la mention "*Page 2 de 2*" (voir Figure 4.35).

Dans la barre de titre du navigateur est affiché le titre saisi précédemment dans la zone *Titre de la page*.

9 Répétez l'opération autant de fois que nécessaire pour créer d'autres sauts de page.

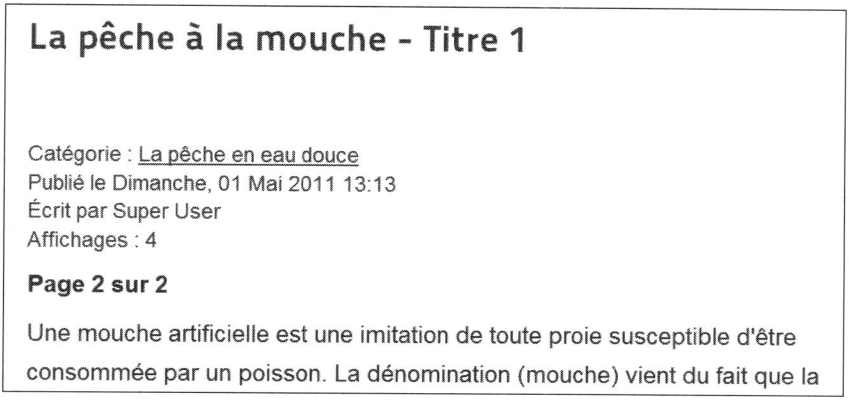

Figure 4.35 : La seconde page

Vous allez maintenant découvrir les principaux paramètres de personnalisation de l'article.

Définir les paramètres de l'article

Les paramètres par défaut

Afin de vous éviter de redéfinir les paramètres liés aux articles dans chacun d'entre eux, Joomla autorise la définition d'un ensemble de paramètres généraux qui sont appliqués par défaut aux articles. Vous conservez toutefois la possibilité de modifier ponctuellement ces paramètres dans chacun des articles.

1 Cliquez sur le menu **Contenu/Gestion des articles**.

La page de gestion des articles apparaît.

2 Depuis la page de gestion des articles, cliquez sur le bouton **Paramètres**.

Figure 4.36 : Le bouton Paramètres, affiché dans la partie supérieure droite du gestionnaire d'articles

Une fenêtre apparaît en surimpression devant le gestionnaire d'articles.

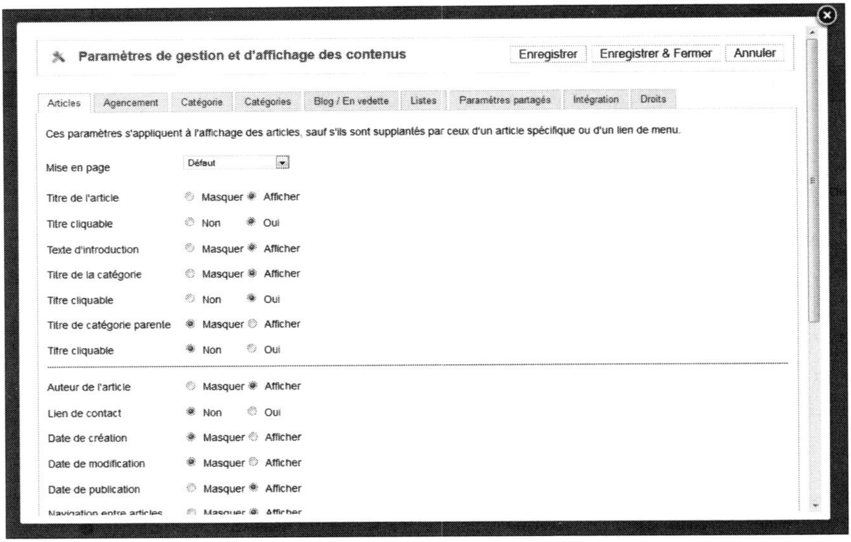

Figure 4.37 : La fenêtre de gestion des paramètres par défaut

3 Modifiez, le cas échéant, les paramètres que vous souhaitez appliquer par défaut aux articles (les principaux paramètres de cette liste sont expliqués dans la section qui suit).

4 Cliquez sur le bouton **Enregistrer & Fermer** afin de quitter la fenêtre en sauvegardant les modifications ou sur le bouton **Annuler** pour quitter sans sauvegarder.

Les paramètres spécifiques de l'article

Les paramètres définis par défaut peuvent être modifiés ponctuellement pour chacun des articles.

1 Cliquez sur le menu **Contenu/Gestion des articles.**

La page de gestion des articles apparaît.

2 Utilisez, le cas échéant, les listes de filtrage pour filtrer les titres d'articles affichés.

Figure 4.38 : Les listes de filtrage

3 Cliquez sur le lien pointant vers l'article précédemment créé et portant le nom de l'article.

L'article est de nouveau affiché dans l'éditeur d'articles.

Les options de publication

Cliquez sur *Options de publication*. Des informations, non modifiables pour certaines d'entre elles, sont alors affichées.

Figure 4.39 : Les options de publication

Ces informations sont les suivantes :

- Le nom de l'auteur et son nom de remplacement.
- La date de création de l'article, qui peut être aisément modifiée par un clic sur un calendrier interactif, affiché lorsque le bouton placé à droite de la zone de date est cliqué.
- La date de publication. Ce paramètre est utile si vous souhaitez, par exemple, préparer un certain nombre d'articles destinés à être diffusés pendant vos vacances, donnant ainsi l'illusion aux internautes (et aux moteurs de recherche) d'une mise à jour régulière. L'article est publié dès que la date de publication est atteinte. Par défaut, la date de publication est identique à la date de création.
- La date de fin de publication. Ce paramètre vous sera utile si vous souhaitez publier un article pendant une période déterminée, puis mettre fin à sa mise en ligne à une date donnée.
- La date et l'auteur de la dernière modification de l'article.
- Le nombre de révisions. Il indique le nombre de modifications enregistrées depuis que l'article a été affiché, modifications effectuées par vous-même ou d'autres administrateurs du site, dans l'éditeur d'articles du backend.

- Le nombre de clics. C'est le nombre de fois où l'article a été affiché dans le frontend.

Les paramètres de l'article

Cliquez maintenant sur la zone *Paramètres de l'article* afin de faire apparaître les paramètres de cette rubrique. Pour la plupart d'entre eux, c'est la valeur par défaut (correspondant au choix des paramètres globaux) qui est proposée (mais une autre valeur peut être choisie afin d'être appliquée ponctuellement à l'article).

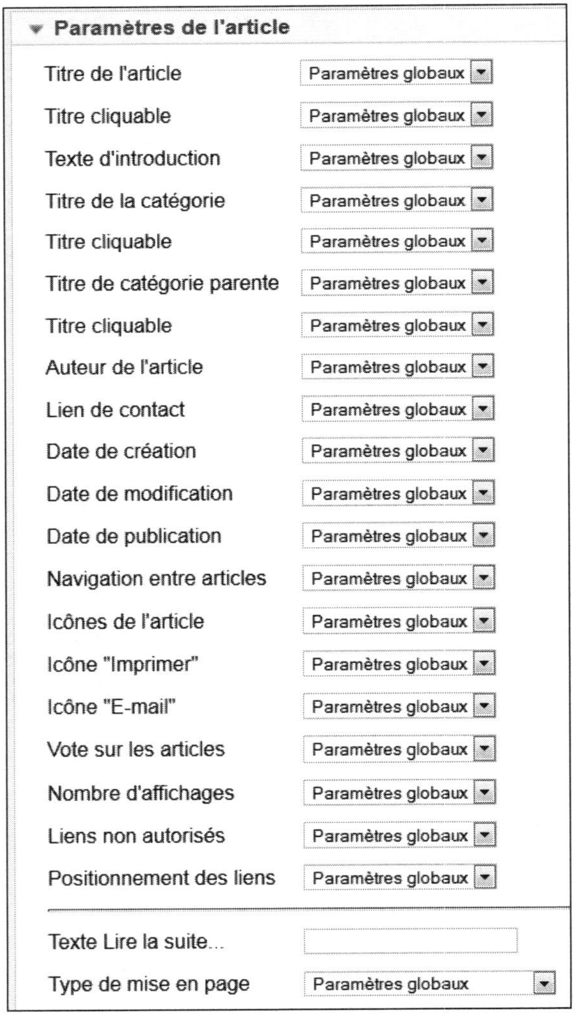

Figure 4.40 : Les paramètres de l'article

Les paramètres accessibles dans cette rubrique sont les suivants :

- Le choix d'affichage ou de masquage du titre de l'article.
- L'activation/désactivation de la fonctionnalité "*titres cliquables*".
- Le choix d'affichage ou de masquage du texte d'introduction. Cette fonctionnalité est utile lorsque, par exemple, le titre d'un nouvel article est affiché en page d'accueil, suivi d'un court texte d'introduction, composant le début de l'article. Il est alors possible de choisir si ce texte introductif est ou non répété lorsque l'article est consulté dans son intégralité. La fin du texte d'introduction est indiquée, dans le texte de l'article, depuis l'éditeur d'articles, au moyen du bouton **Lire la suite**.
- Le choix d'affichage ou de masquage du nom de la catégorie à laquelle l'article est rattaché, lorsque celui-ci est consulté (outre l'information supplémentaire qu'il apporte à l'internaute, ce libellé peut améliorer le positionnement de la page dans les moteurs de recherche, en apportant un élément textuel en rapport direct avec le sujet de l'article).
- L'activation/désactivation de la fonctionnalité "*titre de catégorie cliquable*".
- Le choix d'affichage ou de masquage du nom de la catégorie parente.
- L'activation/désactivation de la fonctionnalité "*titre de catégorie parente cliquable*".
- Le choix d'affichage ou de masquage du nom de l'auteur.
- Le choix d'affichage vers la page de l'auteur, si celui-ci en possède une.
- Le choix d'affichage ou de masquage de la date et de l'heure de création de l'article.
- Le choix d'affichage ou de masquage de la date et de l'heure de dernière modification de l'article.
- Le choix d'affichage ou de masquage de la date et de l'heure de publication de l'article.
- Le choix d'affichage ou de masquage des boutons de navigation entre les articles d'une même catégorie.
- Le choix d'affichage ou de masquage des icônes *Imprimer* et *Suggérer par e-mail*, permettant respectivement à l'internaute d'imprimer l'article et d'adresser son URL à un ami par e-mail. Les icônes sont alors affichés en remplacement des textes correspondants.
- Le choix d'affichage de l'icône *Imprimer*.

- Le choix d'affichage ou de l'icône *Suggérer par e-mail.*
- Le choix d'affichage du vote pour l'article.
- Le choix d'affichage du nombre d'affichages de l'article.
- Le choix d'affichage des liens réservés aux utilisateurs autorisés.
- La possibilité d'indiquer une expression autre que le texte "*lire la suite*", lorsque le début de l'article est, par exemple, affiché en page d'accueil. Cette fonctionnalité améliore l'accessibilité du site aux personnes malvoyantes ainsi que l'indexation de l'article dans les moteurs de recherche, si l'expression utilisée renferme des mots-clés en rapport avec le sujet traité dans l'article.
- Le choix du type de mise en page (celle du template ou celle du composant).

Les options des métadonnées

La structure d'une page HTML intègre une zone d'en-tête, destinée à être affichée dans la page et à renfermer tous les éléments n'étant pas destinés à être affichés dans la fenêtre du navigateur de l'internaute visitant le site.

Certains de ces éléments, nommés *métadonnées*, sont principalement utilisés par les moteurs de recherche.

L'éditeur d'article permet de renseigner certains d'entre eux.

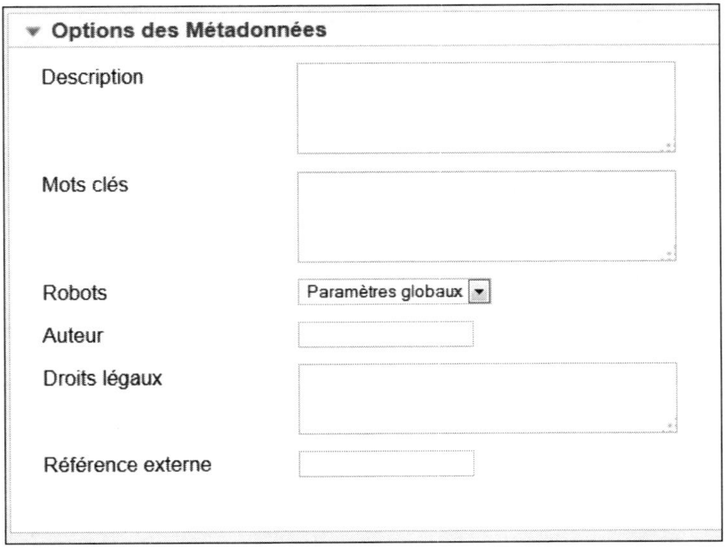

Figure 4.41 : Les paramètres de la zone Options des métadonnées

Les paramètres accessibles dans cette rubrique sont les suivants :

- La zone *Description*, qui sera affichée par les moteurs de recherche, en tant que description de la page. Même si cette zone n'a pas d'incidence sur l'indexation dans les moteurs, il est utile de la renseigner avec précision car elle sera visible des internautes dans les pages de recherche ; c'est donc elle qui déclenchera (ou non) les clics sur le lien menant à la page.
- La zone *Mots-clés*. La finalité de cette métadonnée est de recevoir des mots-clés, en rapport avec le sujet traité dans l'article, et séparés par des virgules. De nombreux webmestres en ayant fait un usage intempestif, en y plaçant un nombre excessif et inadapté de mots-clés, la quasi-totalité des grands moteurs de recherche, dont Google, ne lui accordent plus aucun crédit. La zone *Mots-clés* peut toutefois être utile si le module *Articles en relation* est activé.

REMARQUE

Le module Articles en relation

Ce module de Joomla a pour fonction, lorsqu'il est activé, d'afficher des liens de navigation entre des articles ayant des mots-clés communs. Outre la fluidité de navigation sur le site qu'elle apporte, cette fonctionnalité améliore le référencement des articles car ils constituent des *liens profonds* entre des pages dont le contenu rédactionnel est similaire ou très proche.

- La zone *Robots* peut renfermer des informations facultatives composées d'instructions spécifiques aux programmes de certains moteurs de recherche.
- La zone *Auteur* est également une information facultative : le nom de l'auteur, utilisé par certains moteurs de recherche.
- La zone *Droits légaux* permet d'indexer les droits légaux des contenus.
- La possibilité d'indiquer une clé de référence à l'article, dans certaines configurations.

Définir les droits sur les articles

La dernière partie de l'éditeur, affichée en bas de ce dernier, permet de définir les droits des groupes utilisateurs sur l'article (cette notion est développée plus loin dans cet ouvrage).

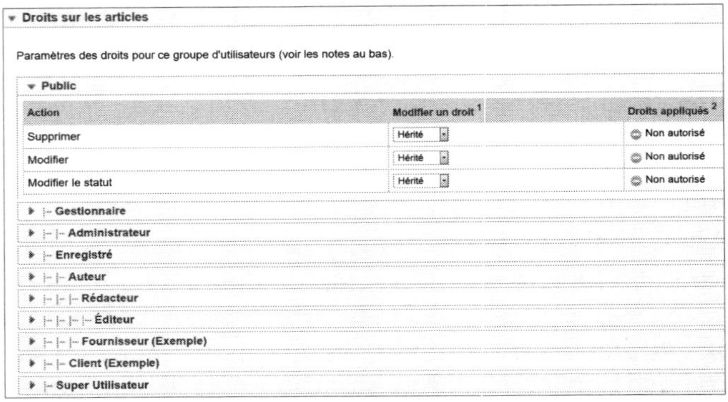

Figure 4.42 : La zone de définition des droits des groupes utilisateurs sur l'article

Lorsqu'un nom de groupe est cliqué, les actions autorisées et interdites sont affichées.

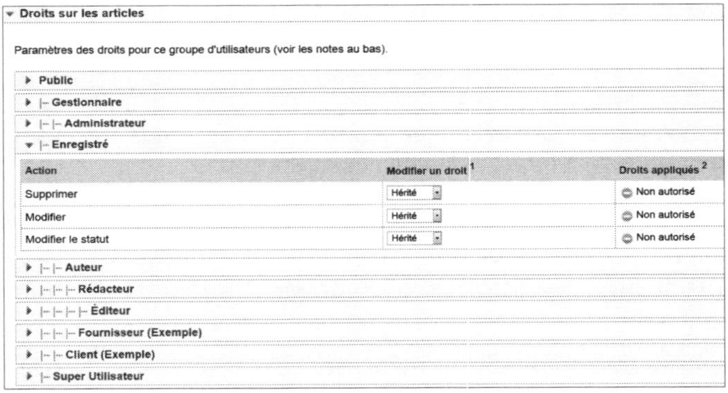

Figure 4.43 : Les droits appliqués pour le groupe Enregistré

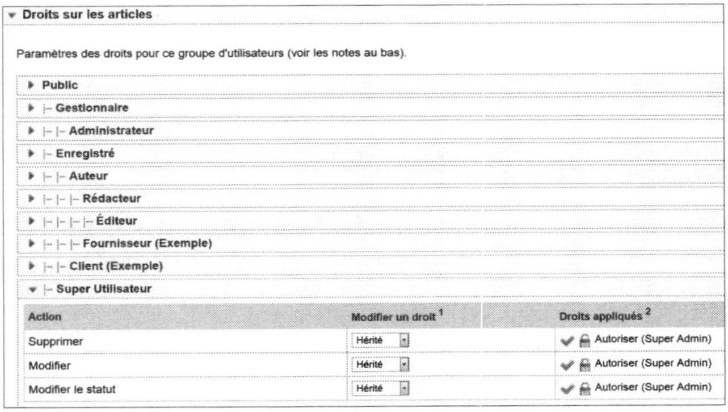

Figure 4.44 : Les droits appliqués pour le groupe Administrateur

La signification des droits

La colonne *Modifier les droits* autorise l'affectation des droits suivants sur l'article :

- `Hérité`, qui indique que les droits appliqués au groupe parent et à la catégorie sont appliqués ;
- `Refusé`, qui indique que l'action est impossible, même si les droits assignés au groupe ou à la catégorie l'autorisent ;
- `Autorisé`, qui indique que le groupe peut effectuer l'action ;

Les droits du groupe `Super Utilisateur` sont verrouillés (un petit cadenas l'indique sur chaque ligne d'action) puisqu'il n'est pas possible de supprimer des droits aux membres de ce groupe.

Si vous décidez de modifier un droit, pensez à cliquer sur le bouton **Enregistrer** afin d'actualiser le contenu de la colonne *Droits appliqués*.

Publier l'article en page d'accueil

Par défaut, à sa création, l'article a le statut "publié", c'est-à-dire qu'il sera visible dans le frontend, s'il est accessible depuis un menu, par exemple.

Vous pouvez, en outre, le rendre visible sur la page d'accueil (pour annoncer aux visiteurs une récente parution ou parce que l'article est très important).

1 Pour publier ou "dépublier" l'article, choisissez l'option appropriée dans la zone *Statut* de l'éditeur d'articles.

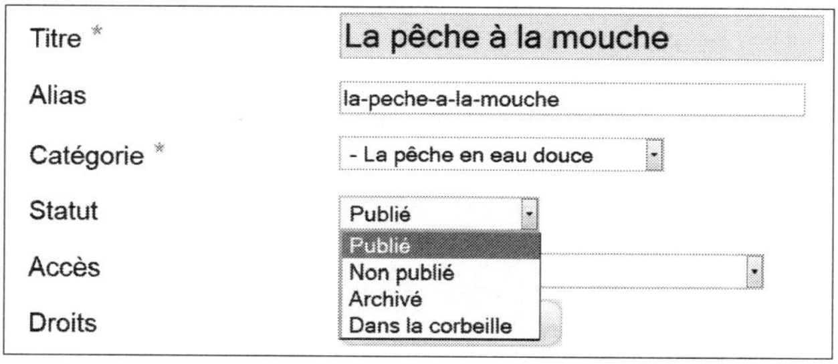

Figure 4.45 : La zone Statut

2 Pour rendre visible ou non l'article sur la page d'accueil, choisissez l'option appropriée dans la zone *En vedette* de l'éditeur d'articles.

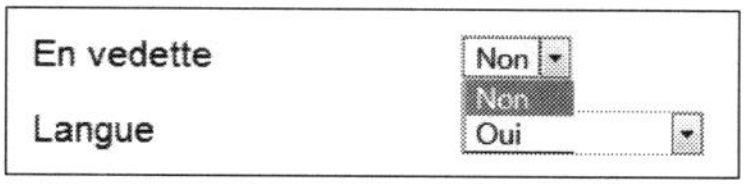

Figure 4.46 : La zone En vedette

ASTUCE

Publier l'article ou l'afficher en page d'accueil depuis le gestionnaire d'articles

Les colonnes *Statut* et *En vedette* du gestionnaire d'articles permettent également, par un simple clic sur l'icône correspondant, de modifier l'état de publication de l'article ou son affichage en page d'accueil.

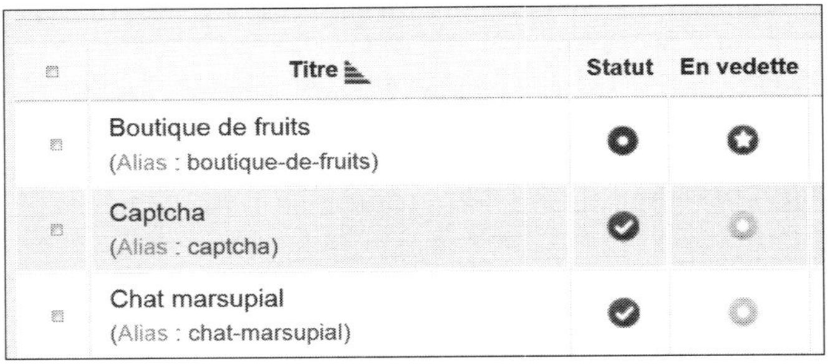

Figure 4.47 : Les colonnes Statut et En vedette du gestionnaire d'articles

Le bouton Lire la suite

L'éditeur d'articles présente, dans sa partie inférieure, un bouton **Lire la suite.** Lorsqu'il est cliqué, il génère l'insertion d'une ligne pointillée rouge dans le texte de l'article.

Figure 4.48 : Le bouton Lire la suite

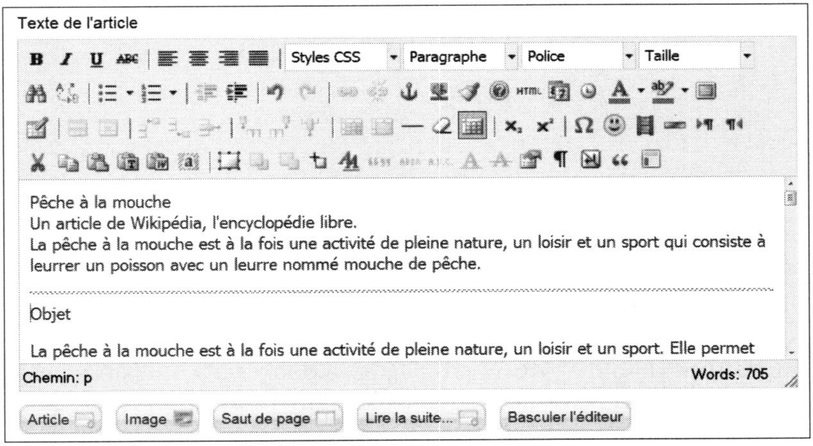

Figure 4.49 : Dans le texte de l'article, la fonctionnalité Lire la suite est symbolisée par une double ligne pointillée rouge

La fonctionnalité se matérialise, dans le frontend, par un lien mentionnant le texte "*Lire la suite*", à l'endroit où a été placé le symbole dans le texte.

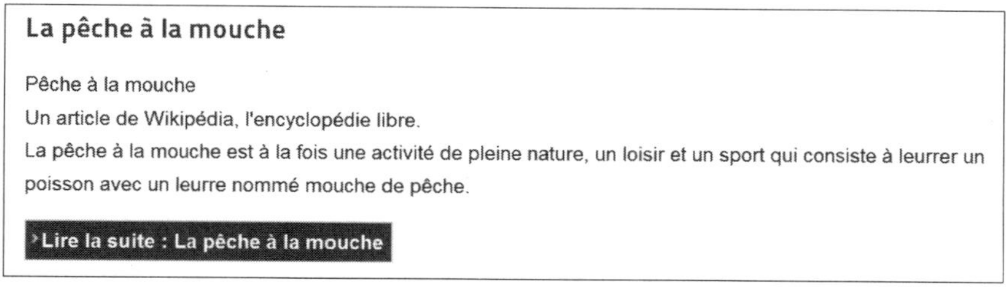

Figure 4.50 : Le lien Lire la suite, affiché dans le frontend

Vous savez désormais comment créer des articles et les affecter à des sections et à des catégories. Vous allez maintenant découvrir les différentes méthodes qui s'offrent à vous pour les afficher dans le site.

4.6. Check-list

- Le système utilise des paramètres généraux qu'il convient de définir lors de la mise en œuvre.
- Joomla utilise un classement hiérarchisé des articles, répartis en sections et en catégories.
- Un éditeur WYSIWYG de code HTML permet d'effectuer une mise en forme avancée des textes, des images et objets qui constituent les articles.
- Un module spécial permet de placer les articles de votre choix en page d'accueil, afin d'en accroître la visibilité.

ADMINISTRER LES MENUS

Lors de son installation, avec les données d'exemple, le *frontend* de Joomla présente différents menus, de types horizontaux et verticaux.

Les menus renferment des liens (encore nommés items ou éléments de menu), menant soit directement à des articles, soit à des composants d'affichage des articles.

À titre d'exemple, vous allez découvrir les liens du menu principal de Joomla. Cliquez pour cela sur **Menus/Menu principal.**

Le Gestionnaire d'éléments de menu apparaît, affichant les différents liens implémentés par défaut lors de l'installation des données d'exemple de Joomla (*Accueil, Plan du site*, etc.).

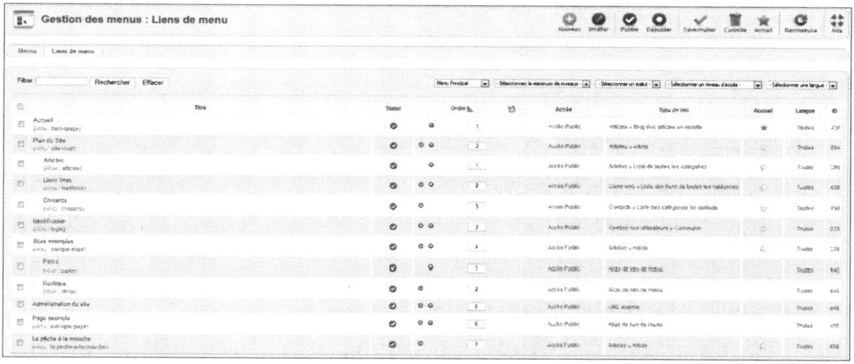

Figure 5.1 : Les différents items du menu Main Menu

5.1. Désactiver un menu

Pour appréhender aisément le mode de fonctionnement des menus de Joomla, nous vous proposons de commencer par désactiver ceux que vous n'utiliserez pas, pendant votre phase de découverte du CMS, en tous cas.

L'objectif de la manipulation qui va suivre est donc le suivant : conserver uniquement le menu horizontal, affiché en haut de la fenêtre du frontend, et le second menu vertical, nommé *Ce site,* affiché à gauche de la fenêtre du frontend.

1 Cliquez sur **Extensions/Gestion des modules.**

Le gestionnaire d'éléments de modules apparaît.

2 Dans la colonne *Statut* du gestionnaire, cliquez sur le symbole d'activation de la ligne du module *À propos de Joomla!* afin de désactiver ce module.

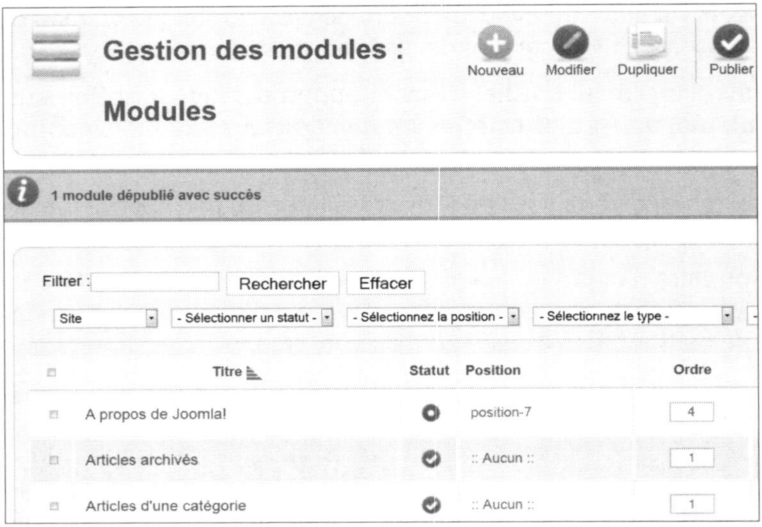

Figure 5.2 : Les modules peuvent être activés ou désactivés par de simples clics dans la colonne Statut

3 Retournez dans l'onglet de votre navigateur dans lequel est affichée la partie publique du site et actualisez la page en cliquant sur le bouton d'actualisation du navigateur.

Seuls le menu horizontal (en haut) et le menu principal (à gauche) restent affichés.

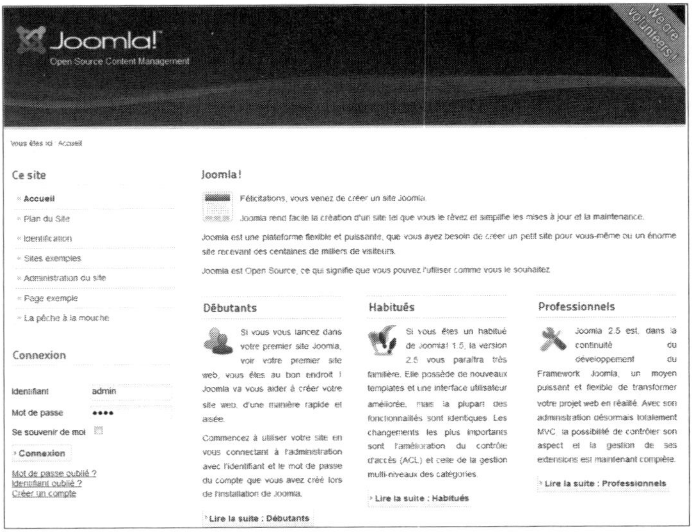

Figure 5.3 : Les menus désactivés n'apparaissent plus dans le frontend

5.2. Désactiver un élément de menu

Vous allez apprendre ici à désactiver un élément de menu inutile. À titre d'exemple, vous allez désactiver le lien *Administration du site*.

1 Cliquez sur **Menus/Menu principal**.

Le gestionnaire des liens de menu est affiché.

2 Dans la colonne placée à gauche de la colonne *Titre*, cochez la ligne *Administration du site*.

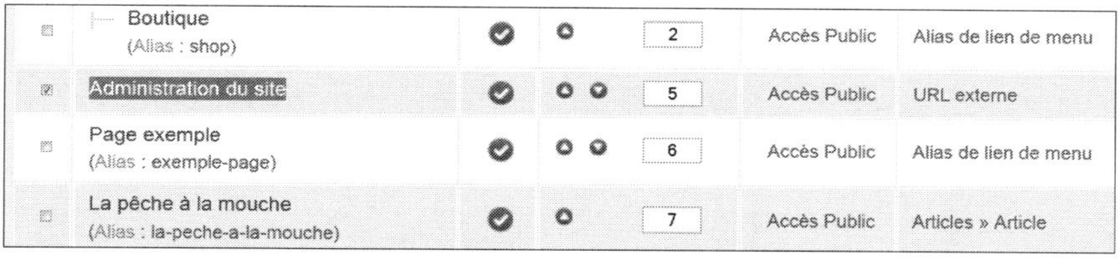

Figure 5.4 : L'élément à désactiver est coché

3 

Cliquez sur le bouton **Dépublier**.

4 Retournez dans l'onglet de votre navigateur dans lequel la partie publique du site est affichée et actualisez la page en cliquant sur le bouton d'actualisation du navigateur.

Le menu principal n'affiche plus le lien *Administration du site*.

Figure 5.5 : L'élément dépublié n'apparaît plus dans le menu

5.3. Exploiter les différents types d'éléments de menu

L'une des particularités remarquables de Joomla est le nombre impressionnant de fonctionnalités que le système permet d'attacher aux liens de menus. Vous allez les découvrir dans ce qui suit.

1 Cliquez sur **Menus/Menu principal**.

Le gestionnaire des liens de menu est affiché.

2 Cliquez sur le bouton **Nouveau**.

La page *Gestion des menus : Ajouter un lien de menu* est affichée.

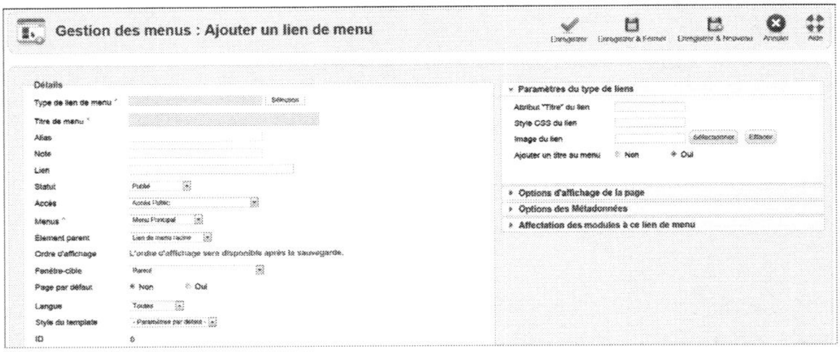

Figure 5.6 : La page Gestion des menus : Ajouter un lien de menu

La zone *Type de lien de menu* va vous permettre d'accéder à de très nombreuses fonctionnalités d'affichage de contenus, qui peuvent être appelées depuis les liens du menu.

3 Cliquez sur le bouton **Sélection**.

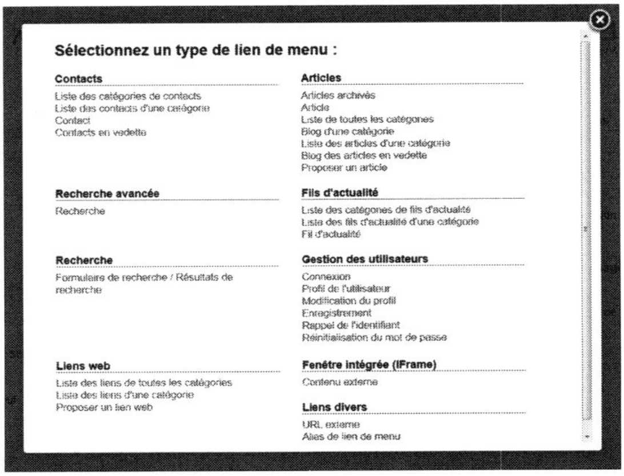

Figure 5.7 : Lorsqu'il est cliqué, le bouton Sélection permet la création de nombreux types de liens de menus

Ces routines offrent de nombreuses méthodes différentes de présentation des contenus du site, accessibles par un lien de menu.

Les liens proposés sont décrits ci-après.

Rubrique Contacts

- *Liste des catégories de contacts* : permet d'afficher une liste de contacts (afin de permettre aux internautes de communiquer avec les administrateurs du site), classés par catégories de contacts.
- *Liste des contacts d'une catégorie* : permet d'afficher les contacts d'une catégorie de contacts.
- *Contact* : permet d'ouvrir la page d'un contact spécifique.
- *Contacts en vedette* : permet d'ouvrir la page des contacts favoris.

Rubrique Articles

- *Articles archivés* : permet d'afficher les articles archivés et classés par dates.
- *Article* : permet d'afficher un article unique.
- *Liste de toutes les catégories* : permet de lister toutes les catégories d'une catégorie parente.
- *Blog d'une catégorie* : permet d'afficher les articles appartenant à une catégorie dans une forme rappelant celle utilisée sur les blogs.
- *Liste des articles d'une catégorie* : permet d'afficher les articles appartenant à une catégorie sous la forme d'une liste, renfermant des liens cliquables, menant aux articles.
- *Blog des articles en vedette* : permet d'afficher certains articles sélectionnés dans une forme rappelant celle utilisée sur les blogs.
- *Proposer un article* : permet d'afficher un formulaire pour permettre aux internautes de soumettre un article.

Rubrique Recherche avancée

- *Recherche* : permet d'activer la nouvelle fonction de recherche avancée, proposée dans cette version de Joomla.

Rubrique Fils d'actualités (RSS)

- *Liste des catégories de fils d'actualités* : permet d'afficher une liste de catégories de fils d'actualité.

- *Liste des fils d'actualités d'une catégorie* : permet d'afficher une liste de fils d'actualité appartenant à une catégorie de fils.
- *Fil d'actualité* : permet d'afficher un fil d'actualité unique.

Rubrique Recherche/Résultats de recherche

- *Formulaire de recherche* : permet d'afficher un formulaire de recherche et l'affichage des résultats associé.

Rubrique Gestion des utilisateurs

- *Connexion* : permet d'afficher une page d'identification, à l'attention des visiteurs du site.
- *Profil de l'utilisateur* : permet à un utilisateur de consulter les paramètres de son compte.
- *Modification du profil* : permet à un utilisateur d'éditer les paramètres de son compte.
- *Enregistrement* : permet d'afficher une page d'inscription, à l'attention des visiteurs du site.
- *Rappel de l'identifiant* : permet d'afficher une page dans laquelle l'identifiant d'un utilisateur peut lui être rappelé, s'il l'a oublié.
- *Réinitialisation du mot de passe* : permet d'afficher une page dans laquelle un utilisateur peut changer de mot de passe.

Rubrique Liens web

- *Liste des liens de toutes les catégories* : permet d'afficher une liste des catégories de liens web.
- *Liste des liens d'une catégorie* : permet d'afficher une liste de liens web appartenant à une catégorie de liens.
- *Proposer un lien web* : permet aux utilisateurs enregistrés de soumettre un lien web.

Rubrique Fenêtre intégrée (IFrame)

- *Contenu externe* : permet d'afficher une fenêtre d'encapsulation (correspondant à la balise HTML `<iframe>`) dans laquelle peut être affichée une page d'un site quelconque.

Rubrique Liens divers

- *URL externe* : cette fonctionnalité vous est utile lorsque vous désirez ouvrir une page externe depuis un lien dans l'un des menus de votre site Joomla.
- *Alias de lien de menu* : permet de créer un lien de menu pointant vers un autre lien de menu déjà constitué, tout en lui conservant ses paramètres. Cette technique est utile pour optimiser l'indexation dans les moteurs de recherche car une adresse unique est utilisée pour accéder à une page donnée, évitant ainsi aux moteurs d'y voir un "*contenu dupliqué*".

REMARQUE

Contenu dupliqué

Ce terme désigne, dans la terminologie des moteurs de recherche, la répétition d'un même contenu dans des pages différentes. Dans un tel cas, les moteurs de recherche, Google notamment, décident, selon les paramètres en leur possession, quelle est la page originelle, et l'indexent dans leurs banques de données alors que les autres pages sont, elles, ignorées.

5.4. Ajouter un lien au menu

À titre d'exemple, vous allez ajouter un lien dans le menu principal, menant directement à un article que vous avez créé précédemment. Vous pourrez facilement reproduire ce mode opératoire pour l'adapter à d'autres types de liens de menu.

1 Cliquez sur Menus/Menu principal/Ajouter un lien de menu.

ASTUCE

Créer rapidement un élément de menu

Vous pouvez créer directement un nouvel élément de menu, sans devoir utiliser le bouton **Nouveau** du gestionnaire de liens de menu, en choisissant l'option *Ajouter un lien de menu*, proposée après le nom du menu, dans le menu **Menus**.

Ce raccourci est présenté dans de nombreux menus.

La page *Gestion des menus : Ajouter un lien de menu* est affichée.

2 Cliquez sur le bouton **Sélection** de la zone *Type de lien de menu* de la rubrique *Détails*.

La fenêtre **Sélectionner un type de lien de menu** est affichée.

3 À la rubrique *Articles*, cliquez sur **Articles.**

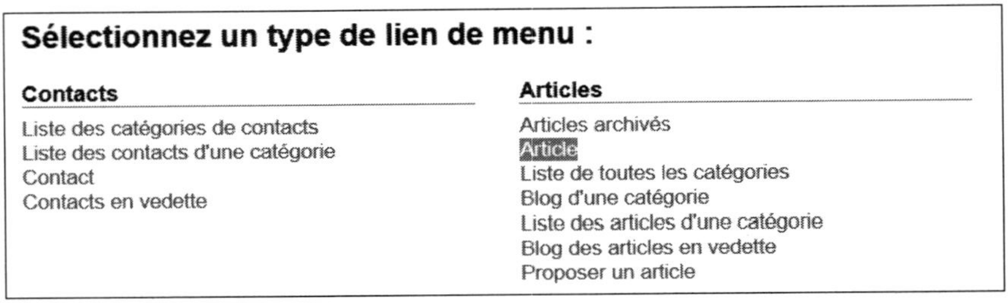

Figure 5.8 : Le lien à cliquer

Le gestionnaire des liens de menu affiche les paramètres spécifiques au type de lien de menu choisi.

4 Dans la zone *Titre de menu*, saisissez un court texte, qui constituera le libellé devant être affiché dans le menu.

5 Cliquez sur le bouton **Sélectionner/Changer**, à droite de la zone *Sélectionner un article* de la rubrique *Paramètres requis*.

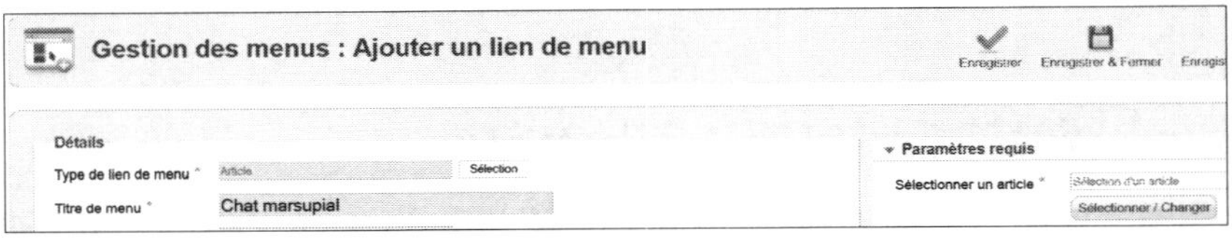

Figure 5.9 : Le titre de l'article et la sélection de l'article

Une fenêtre apparaît en surimpression de la page. Vous allez pouvoir y effectuer la sélection de l'article.

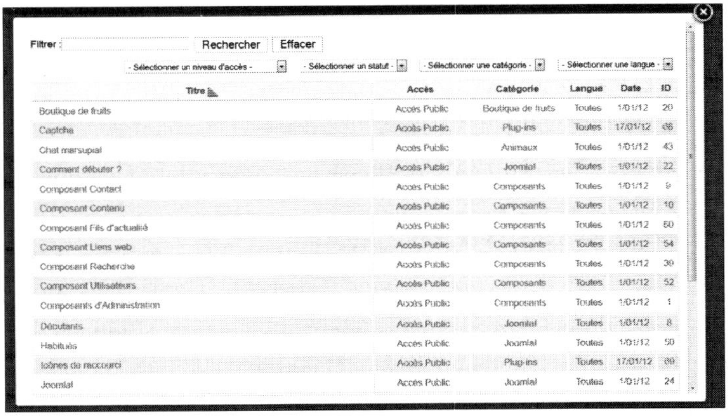

Figure 5.10 : La fenêtre autorisant la sélection de l'article est affichée en surimpression de la fenêtre principale

6 Effectuez éventuellement un filtrage des articles, si le nombre de ces derniers est important, au moyen de la zone *Filtrer* ou des listes de choix, puis cliquez sur le titre de l'article vers lequel vous souhaitez faire pointer le lien.

La fenêtre en surimpression disparaît.

7 De retour dans le gestionnaire des liens de menu, cliquez sur le bouton **Enregistrer & Fermer**.

8 Retournez dans l'onglet de votre navigateur dans lequel est affichée la partie publique du site et actualisez la page en cliquant sur le bouton d'actualisation du navigateur.

Le lien ajouté apparaît désormais dans le menu. Un clic sur le lien affiche la page correspondante.

Figure 5.11 : Le nouveau lien est maintenant proposé dans le menu

5.5. Créer un nouveau menu

Après avoir appris à ajouter un lien dans un menu, vous allez maintenant découvrir comment créer un menu complet et comment le paramétrer afin de modifier son apparence.

Votre objectif sera ici de créer un second menu vertical, affiché en dessous du menu principal.

1 Cliquez sur **Menus/Gestion des menus** puis sur **Nouveau**.

La page *Gestion des menus : Ajouter un menu* est affichée.

2 Dans la zone *Titre*, saisissez, par exemple, `Mon menu` (ce nom apparaîtra dans la partie publique du site, si vous le désirez).

3 Dans la zone *Type de menu*, saisissez par exemple `monmenu` (ce nom est utilisé dans le code de Joomla pour identifier le menu. N'utilisez pas d'espace ni de caractères spéciaux ou accentués dans ce nom).

4 Dans la zone *Description*, saisissez une éventuelle description du menu.

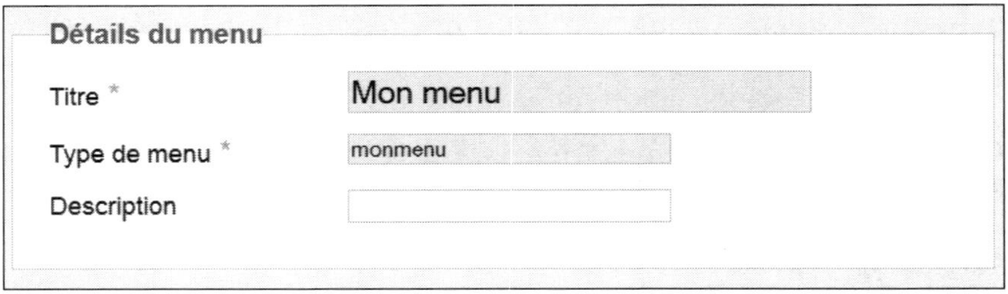

Figure 5.12 : La création d'un nouveau menu

5 Cliquez sur le bouton **Enregistrer & Fermer**.

Bien que créé, votre menu n'est pas encore visible dans le frontend. Vérifiez-le...

6 Retournez dans l'onglet de votre navigateur dans lequel est affichée la partie publique du site. Actualisez la page en cliquant sur le bouton d'actualisation du navigateur.

Le nouveau menu n'est pas visible. Vous devez en effet ajouter au moins un lien dans le menu (ce dernier ne doit pas être vide) et créer le module correspondant au menu.

Ajouter un lien au nouveau menu

7 Dans le gestionnaire de menus du backend (si vous avez quitté le gestionnaire, retrouvez-le par **Menus/Gestion des menus**), cliquez, dans la colonne *Titre*, sur le titre du menu qui vient d'être créé, *Mon menu* dans cet exemple (voir Figure 5.13).

La page *Gestion des menus : Liens de menu* s'affiche.

8 Cliquez sur le bouton **Nouveau**.

9 Comme vu précédemment à la section "*Ajouter un lien au menu*", créez un lien dans le menu. Nous choisissons ici un lien de type `URL externe`, qui pointe vers une page web externe au site (voir Figure 5.14).

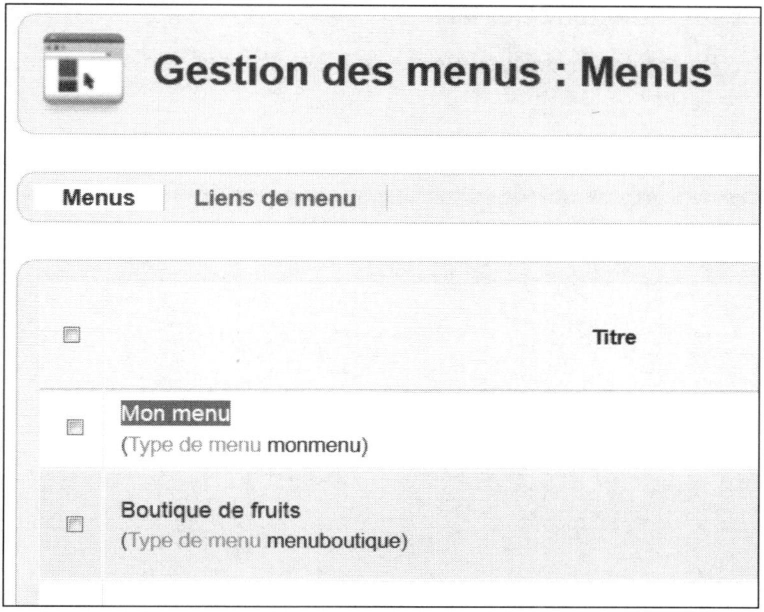

Figure 5.13 : Le titre du menu

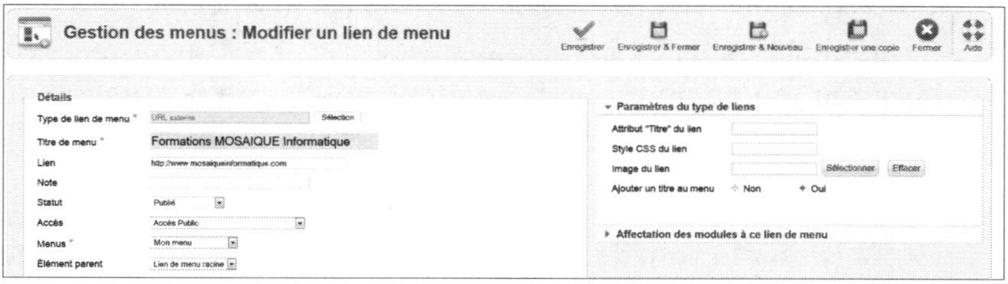

Figure 5.14 : La création d'un lien vers une URL externe

10 Cliquez sur le bouton **Enregistrer & Fermer**.

De retour dans le gestionnaire de menus, le lien de menu est désormais ajouté.

Créer le module associé au nouveau menu

Deuxième étape nécessaire pour rendre le menu visible : la création d'un module associé.

11 Cliquez sur **Extensions/Gestion des modules**.

Le gestionnaire de modules apparaît.

12 Cliquez sur le bouton **Nouveau**.

La fenêtre **Sélectionner un type de module** est affichée, en surimpression.

13 Cliquez sur le lien *Menu*.

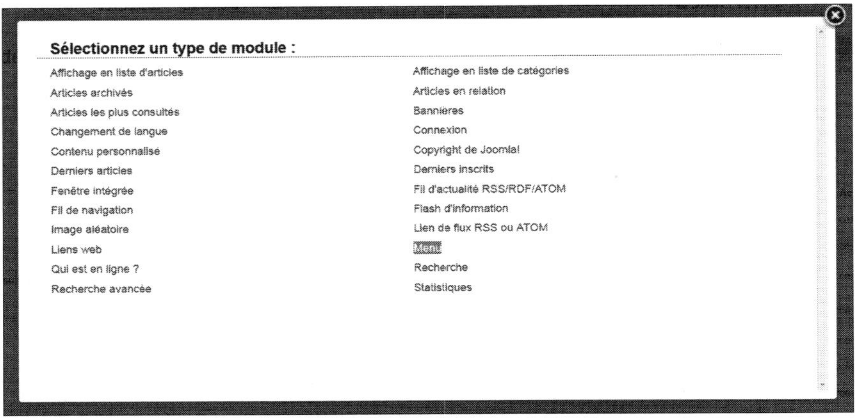

Figure 5.15 : La création d'un nouveau module

La page *Gestion des modules : Module Menu* est affichée.

14 Dans la zone *Titre*, saisissez, par exemple, `Mon menu` (il est préférable d'utiliser le même nom que celui employé lors de la création du menu, afin d'identifier plus facilement le menu et son module associé).

15 Dans la liste de la zone *Menu à afficher* de la rubrique *Options de base*, choisissez le nom du menu associé au module (ici, il s'agit du menu `Mon menu`).

Vous allez devoir assigner une position au module. Celle-ci correspond à un emplacement dans la page, qui est défini dans le template (chaque template définit ses propres positions). Cette notion étant explicitée plus loin dans ce chapitre, nous utilisons ici une position arbitraire que vous pourrez modifier à votre guise dans peu de temps.

16 Cliquez sur le bouton **Sélectionner la position**.

Une fenêtre apparaît en surimpression. Elle indique les positions disponibles.

17 Dans la liste *Sélectionner un template*, choisissez `beez_20` (le template appliqué par défaut).

18 Dans la colonne *Titre*, cliquez sur `position-7` (cette position correspond à l'emplacement supérieur gauche de la page).

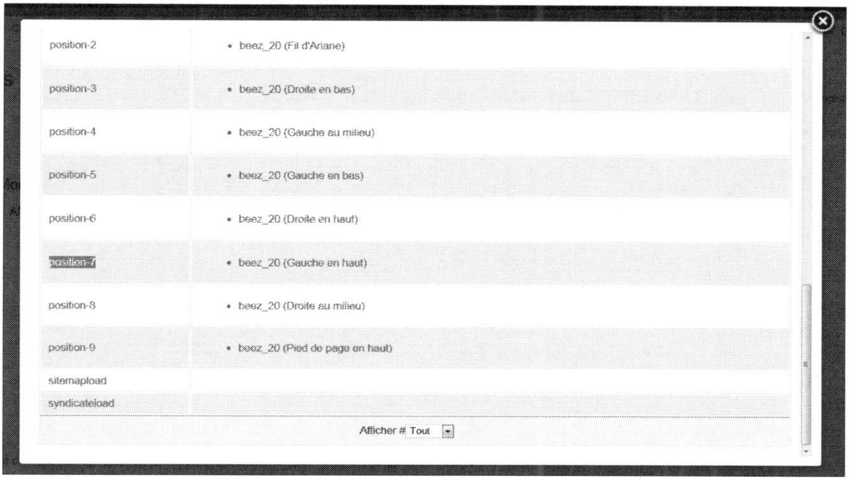

Figure 5.16 : Le choix de la position

19 De retour dans la page *Gestion des modules : Module Menu*, cliquez sur le bouton **Enregistrer**.

20 Affichez le frontend dans un autre onglet de votre navigateur.

Cette fois, le nouveau menu est affiché.

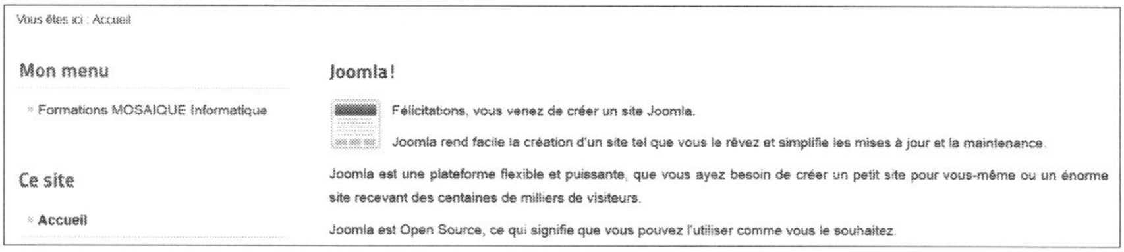

Figure 5.17 : Le nouveau menu est maintenant visible dans le frontend

ASTUCE

Désactiver un module, une solution simple pour ne plus afficher le menu

Si vous souhaitez temporairement ne plus afficher le menu (parce qu'il est en construction, par exemple), dans le gestionnaire de modules, à l'intersection de la ligne affichant le nom du module de menu et de la colonne *Statut*, cliquez sur le symbole d'activation du module afin de le désactiver (le symbole passe de la couleur verte à la couleur rouge).

ASTUCE

Raccourci de création du module du menu

Joomla 2.5 dispose d'une fonctionnalité nouvelle, permettant de créer le module associé au menu, directement depuis le gestionnaire de menus.

Pour ce faire, après avoir créé le menu (étape 5), affichez le gestionnaire de menus par **Menus/Gestion des menus**, puis cliquez sur le lien *Ajouter un module pour ce type de menu*, proposé à droite du titre du menu si le module rattaché au menu n'a pas encore été créé.

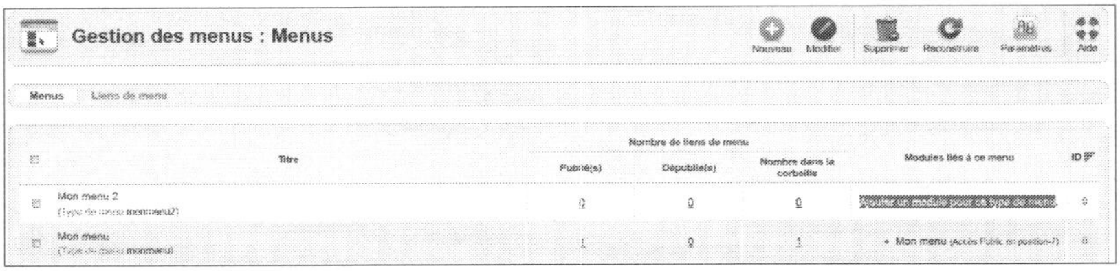

Figure 5.18 : Le raccourci vers le gestionnaire de modules

Le gestionnaire de modules est alors ouvert en mode de création d'un nouveau module de type menu (étape 13).

5.6. Modifier les paramètres d'affichage d'un menu

Vous allez découvrir quelques paramètres significatifs affectant la présentation des menus.

Modifier l'ordre des menus

L'ordre des menus présentés dans le frontend peut ne pas vous convenir. Il est facilement modifiable en changeant l'ordre des modules.

1 Dans l'onglet de votre navigateur dans lequel est affiché le backend, cliquez sur **Extensions/Gestion des modules**.

2 Depuis le gestionnaire de modules, cliquez sur le nom du module correspondant au menu (`Mon menu`, dans cet exemple).

3 Dans la page de gestion des paramètres du module qui est affichée, déroulez la liste de la zone *Ordre d'affichage* et choisissez le numéro d'ordre dans la liste des modules affichés dans la position.

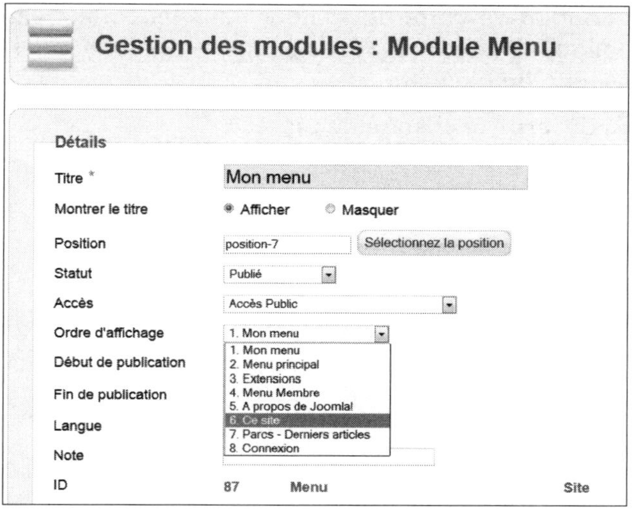

Figure 5.19 : La modification de l'ordre d'affichage du module dans la position

ASTUCE

Autre méthode de modification de l'ordre des modules au sein d'une position

Cliquez sur **Extensions/Gestion des modules**. Sélectionnez la position dans la colonne *Position*. Cliquez ensuite sur **Ordre**. Dans la colonne *Ordre* du gestionnaire de modules, sur la ligne correspondant au module à déplacer, cliquez sur le bouton **Vers le bas** ou le bouton **Vers le haut**, symbolisés par de petites flèches bleues.

Vous pouvez également saisir les numéros d'ordre à droite de ces flèches et les mémoriser en cliquant sur l'icône **Enregistrer l'ordre**, représentant une disquette.

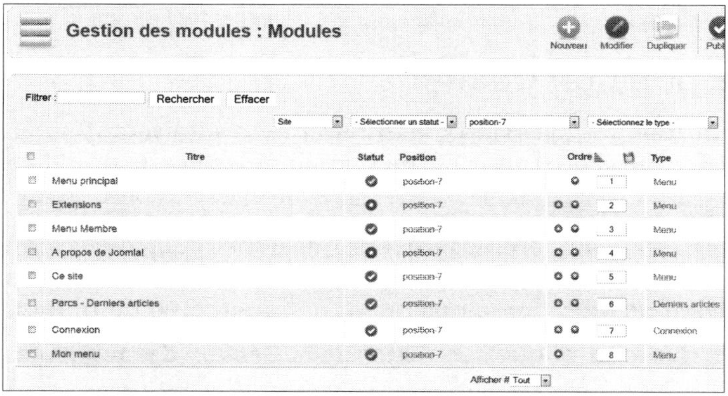

Figure 5.20 : Les boutons de déplacement

4 Retournez dans l'onglet de votre navigateur dans lequel est affichée la partie publique du site. Actualisez la page en cliquant sur le bouton d'actualisation du navigateur.

Le nouveau menu a désormais changé de place.

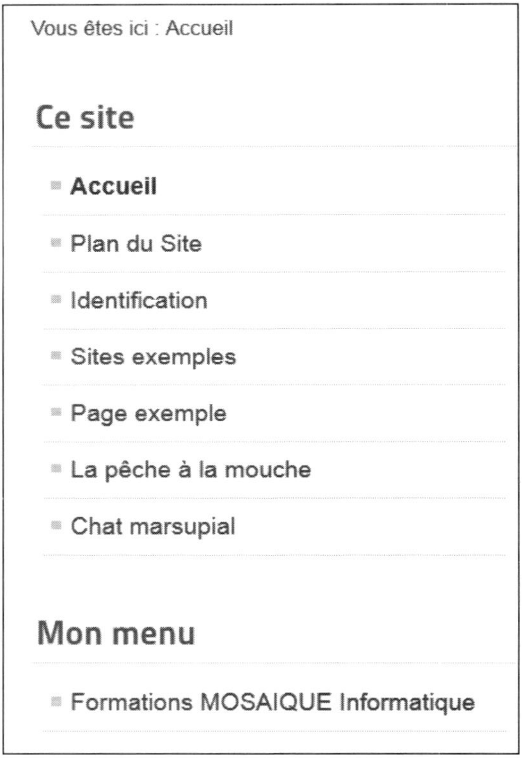

Figure 5.21 : La modification de l'ordre des menus dans le frontend

Modifier la position du menu

L'ordre d'un menu n'est pas le seul paramètre interférant sur son placement dans le site : il vous est également possible de modifier sa position.

Les positions sont des emplacements qui dépendent du template utilisé. Il est donc utile de consulter les positions disponibles dans le template avant de modifier la position d'un menu ou d'un module.

1 Depuis le backend, cliquez sur **Extensions/Gestion des templates**.

2 Cliquez sur l'onglet **Templates** pour afficher la liste des templates installés.

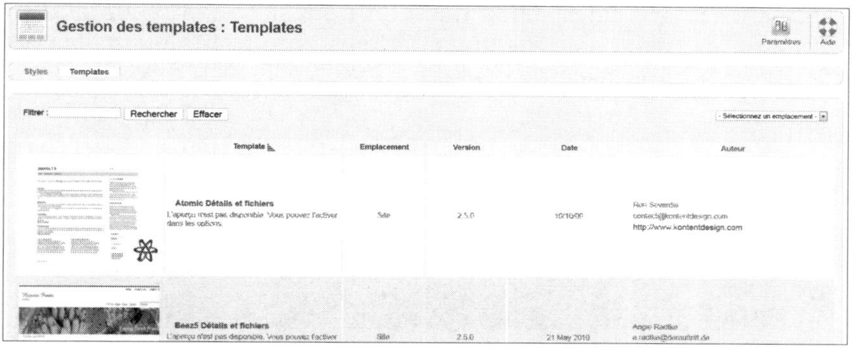

Figure 5.22 : L'onglet Templates

Le gestionnaire de templates est affiché. Il permet de visualiser les templates utilisés à la fois dans le frontend et dans le backend. Le choix s'effectue au moyen de la liste *Sélectionner un emplacement*.

Par défaut, l'aperçu des positions n'est pas affiché. Vous allez remédier à cela.

3 Cliquez sur le bouton **Paramètres**, positionné en haut et à droite du gestionnaire de templates.

4 Dans la fenêtre **Paramètres pour la gestion des templates** qui s'affiche en surimpression, cochez l'option *Activé*, de la zone *Prévisualiser la position des modules* de l'onglet **Templates**.

5 Cliquez sur le bouton **Enregistrer & Fermer**.

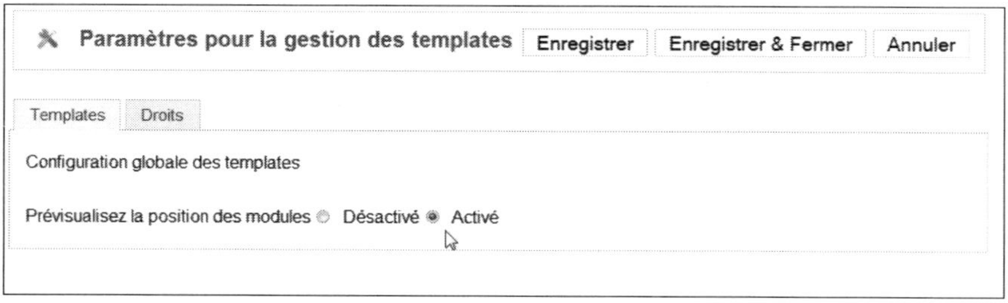

Figure 5.23 : La fenêtre Paramètres pour la gestion des templates

6 Dans la liste *Sélectionner un emplacement*, choisissez `Site`, afin de limiter l'affichage aux templates appliqués dans le frontend.

7 Dans la colonne *Template* du gestionnaire de templates, cliquez sur le lien *Prévisualisation*, proposé sous le nom du template *beez_20 Détails*, utilisé par défaut.

Dans la page qui est affichée dans un nouvel onglet, vous pouvez consulter les noms des positions définies pour le template. Ils sont affichés en surimpression sur la page.

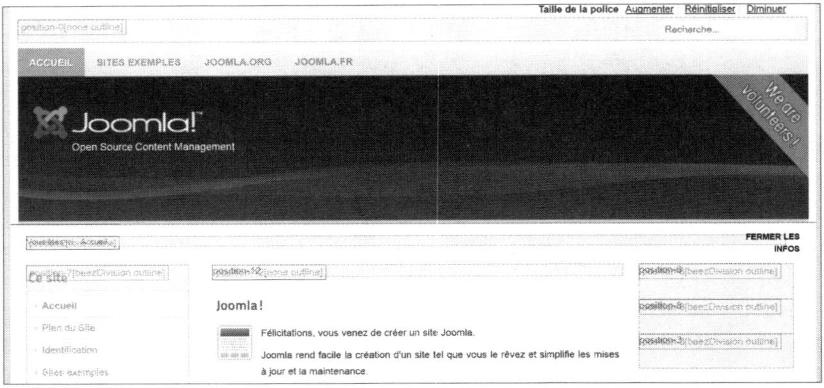

Figure 5.24 : L'affichage des noms des positions

À titre d'exemple, vous allez placer votre menu en position *position-6*, afin qu'il apparaisse à droite de la page.

8 Retournez dans l'onglet du backend, affichant le gestionnaire de templates.

9 Cliquez sur **Extensions/Gestion des modules**.

10 Dans la colonne *Titre* du gestionnaire de modules, cliquez sur le nom du nouveau menu (`Mon menu` dans cet exemple).

La page *Gestion des modules : Module Menu* est affichée.

11 À la rubrique *Détails*, cliquez sur le bouton **Sélectionner la position** pour choisir cette dernière ou saisissez directement `position-6` dans la zone *Position*.

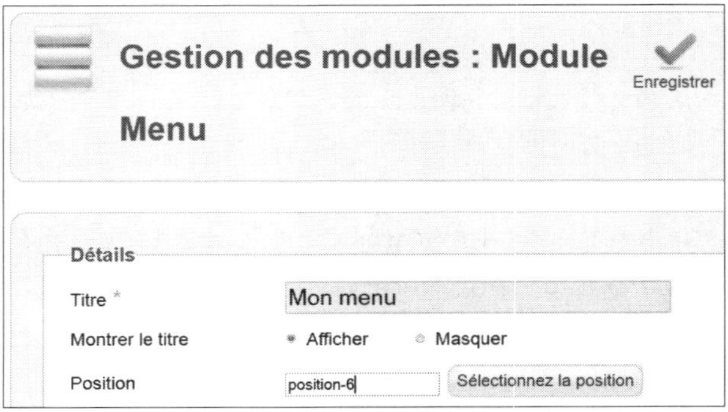

Figure 5.25 : La modification de la position

12 Cliquez sur le bouton **Enregistrer**.

13 Basculez dans l'onglet de votre navigateur dans lequel est affichée la partie publique du site. Actualisez la page en cliquant sur le bouton d'actualisation du navigateur.

Le menu est désormais affiché dans la partie droite du site.

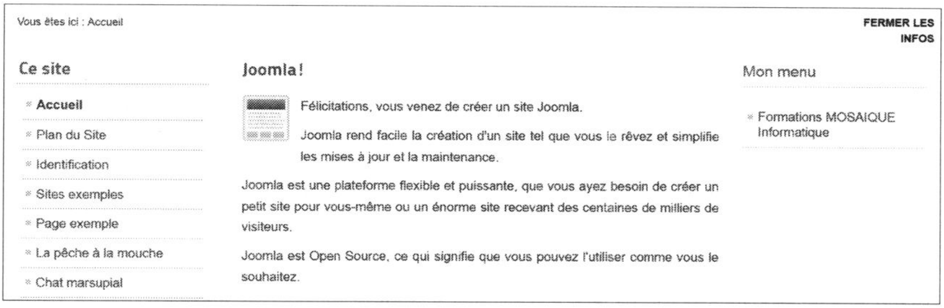

Figure 5.26 : L'affichage du menu en position 6

Limiter l'affichage du menu à certaines parties du site

Il n'est pas obligatoire d'afficher le menu dans toutes les pages du site. Vous pouvez ainsi choisir de faire apparaître uniquement un menu spécifique sur certaines parties de votre site.

1 Dans le gestionnaire du module du menu, à la rubrique *Menu d'assignement*, choisissez *Seulement sur les pages sélectionnées* dans la liste de la zone *Assignement du module*.

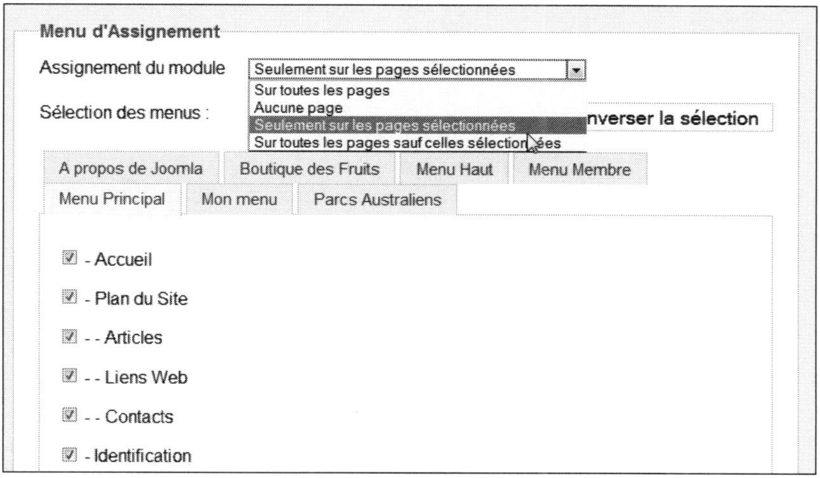

Figure 5.27 : La sélection des pages sur lesquelles le module est affiché

2 Parcourez les onglets portant les noms des menus de la zone *Sélection des menus* et, pour chaque lien des menus, cochez la case correspondante afin d'indiquer si votre nouveau menu doit être ou non affiché lors de l'affichage des pages appelées par les liens des menus.

5.7. Check-list

- Il est possible de créer facilement des menus de navigation personnalisables afin d'afficher les articles du site.
- Un lien de menu peut pointer vers de très nombreux modules d'affichage de contenus ou lancer des fonctionnalités avancées.
- La position et l'aspect des menus peuvent être modulés à volonté.

CHAPITRE 6

UTILISER LES FONCTIONNALITÉS NATIVES DE JOOMLA

Dans cette section, vous découvrirez en détail l'utilisation des autres fonctionnalités principales de Joomla.

6.1. Gérer les médias

Sous Joomla, le terme média désigne essentiellement les images, bien qu'il vous soit possible d'utiliser des fichiers d'autres types, tels que les fichiers PDF.

Voici donc quelques consignes utiles concernant la création des images et leur utilisation.

Les formats d'images

Vous trouverez ci-après une description succincte des principaux formats d'images destinés à être utilisés sur Internet.

Le format GIF

Les principales caractéristiques de ce format sont les suivantes :

- Il utilise 256 nuances de couleurs au maximum (il est possible de travailler en couleurs sécurisées pour le Web).
- C'est le format le plus utilisé pour les éléments graphiques de navigation sur les sites web (boutons, puces, etc.).
- Il autorise la gestion de la transparence. Il est alors possible de conférer à l'image un aspect autre que rectangulaire, puisque le fond de la page (couleur ou image) apparaît dans les zones de transparence, ce qui n'est pas le cas avec une image représentant un sujet sur un fond blanc ou d'une autre couleur (le sujet est affiché dans un rectangle d'une couleur différente de celle du fond de la page, ce qui donne une connotation de travail inachevé et amateur au site).
- Il permet la gestion d'animations (*gifs* animés) par un enchaînement de plusieurs images dans un même fichier. Le poids de ce dernier peut alors être considérablement augmenté. Bien qu'encore couramment employé, les webmestres lui préfèrent de plus en plus souvent la technologie Flash (qui offre des possibilités d'animations supérieures).

DEFINITION

Origine du mot GIF

GIF signifie *Graphics Interchange Format*.

Le format JPG (ou JPEG)

Les principales caractéristiques de ce format sont les suivantes :

- Il utilise 16 millions de couleurs environ.
- C'est le format le plus souvent employé pour l'affichage des photographies.
- Il utilise un algorithme de compression destructive, c'est-à-dire que la diminution du poids du fichier se fait au détriment de la qualité de l'image (une diminution du poids du fichier entraîne une diminution de la qualité).

DEFINITION

Origine du mot JPEG

JPEG signifie *Joint Photographic Experts Group.*

Le format PNG

Les principales caractéristiques de ce format sont les suivantes :

- Il est compressé mais non destructeur.
- Il gère la transparence et la translucidité.
- Il est utile pour l'enregistrement des images renfermant des aplats de couleurs (boutons, icônes, graphiques, etc.).
- Concernant les photographies, en revanche, le poids des fichiers est supérieur à celui des fichiers *JPG*, en 16 millions de couleurs.

DEFINITION

Origine du mot PNG

PNG signifie *Portable Network Graphics.*

Technologie Flash

Les principales caractéristiques de ce format sont les suivantes :

- C'est un format propriétaire (Flash a été initialement développé par Macromedia, société créatrice de Dreamweaver, aujourd'hui rachetée par Adobe).
- Les fichiers Flash utilisent l'extension *.SWF* ; le format des animations prêtes à l'emploi.
- Les fichiers sources portent l'extension *.FLA*, non utilisable sur le Web.

- Pour décoder un fichier SWF, le navigateur doit être équipé de Flash Player (module complémentaire, téléchargeable gratuitement sur le Web).
- À degrés d'animations égaux, les fichiers Flash sont beaucoup plus légers que les fichiers GIF et permettent de créer de l'interactivité.

Optimiser et retoucher les images pour Internet

Utiliser des images directement sorties de l'appareil numérique n'est pas une solution envisageable : recadrage, diminution du poids, améliorations des couleurs, des contrastes et des niveaux sont quelques exemples significatifs des traitements indispensables, si vous souhaitez donner de la valeur ajoutée aux textes qui composent vos pages.

Les logiciels de retouches photographiques vous permettent tous ces traitements.

Choisir le logiciel de traitement d'image

Il existe de nombreux logiciels de ce type ; la plupart sont téléchargeables sur le Web. Certains sont gratuits.

Photoshop

Photoshop est le logiciel de référence en matière de retouches photographiques. Il est produit par la société Adobe. Il est employé par tous les professionnels de l'image et les amateurs avertis.

Paint Shop Pro

Paint Shop Pro est un logiciel presque aussi puissant que Photoshop. Il convient parfaitement dans les domaines de la création graphique et de la réalisation d'animations web.

Gimp

GIMP est un logiciel libre et gratuit de traitement d'images très complet, offrant des outils proches de ceux de Photoshop.

Vous pouvez le télécharger à l'adresse suivante : **http://www.gimpfr.org**.

REMARQUE

Joomla et les images

Afin d'économiser votre bande passante et de rendre la navigation la plus rapide possible sur votre site, trouvez le meilleur compromis entre le poids du fichier image (en octets) et sa qualité d'affichage à l'écran. Pour ce faire,

REMARQUE

effectuez plusieurs enregistrement de votre image (le plus souvent au format JPG) en zoomant sur celle-ci (la perte de qualité sera alors visible) puis en revenant à un facteur de zoom de 100 %. Si la dégradation n'est pas visible, refaites un nouvel essai en zoomant et en appliquant un taux de compression supérieur, afin de diminuer encore la taille du fichier.

Certains logiciels permettent d'effectuer une simulation entre l'image d'origine et celle qui sera enregistrée, après compression. La visualisation des deux images côte à côte vous permet alors d'apprécier avec précision la dégradation liée à la compression.

Figure 6.1 : L'image de droite, en mode Prévisualisation depuis Photoshop, présente une très forte dégradation, due à une compression excessive de l'image, au format JPG, par rapport à l'image originelle, à gauche

Évitez également les largeurs d'images excessives, sous peine de problèmes d'affichage avec certains templates (testez toujours le résultat obtenu dans le frontend, après l'insertion d'une image de taille importante dans un article).

Le gestionnaire de médias

Vous avez déjà découvert, lors de la création d'un article, qu'il vous était possible de télécharger sur l'espace d'hébergement du site une image manquante et devant être insérée dans l'article (au moyen de la fenêtre ouverte lorsque le bouton **Image** est cliqué). Joomla vous offre une seconde méthode de téléchargement des images et, d'une manière générale, de tous les médias : le gestionnaire de médias.

Procédez ainsi :

1 Cliquez sur **Contenu/Gestion des médias**.

Le gestionnaire de médias est affiché.

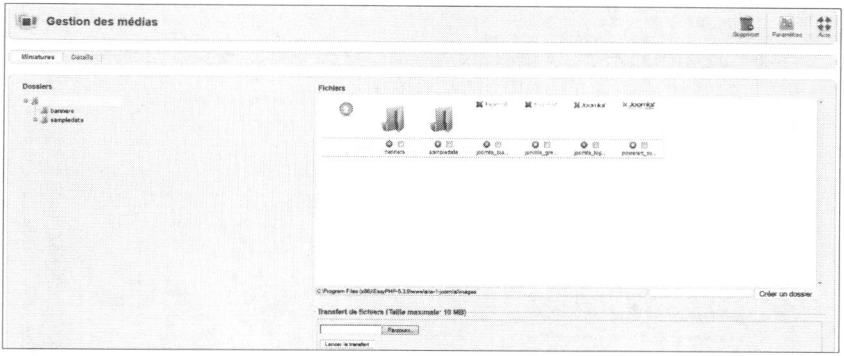

Figure 6.2 : Le gestionnaire de médias

Il présente de nombreuses fonctionnalités d'administration des fichiers téléchargés et des dossiers qui les renferment, sur le serveur hébergeant Joomla.

L'onglet **Miniatures**, activé par défaut, permet d'effectuer les opérations courantes sur les fichiers :

- Les déplacements dans les dossiers sont réalisés par de simples clics sur les icônes de la rubrique *Dossiers* ou sur celles de la rubrique *Fichiers*.
- La création de dossiers est effectuée au moyen du bouton **Créer un dossier** (après avoir saisi le nom du dossier à créer dans la zone placée à proximité du bouton).
- Le transfert d'un fichier s'effectue avec le bouton **Parcourir**, qui permet d'indiquer au CMS l'emplacement du fichier sur votre ordinateur. Cliquez ensuite sur le bouton **Lancer le transfert** à la rubrique *Transfert de fichiers*.

REMARQUE

Transfert simultané de plusieurs fichiers

Nativement, Joomla ne permet le transfert que d'un fichier à la fois. Si un grand nombre de fichiers doivent être importés sur le site, l'opération peut alors se révéler longue.

Vous pouvez toutefois activer le transfert de plusieurs fichiers simultanément, si les paramètres de votre serveur web l'autorisent, en cliquant sur le bouton **Paramètres** du gestionnaire de médias. Dans la fenêtre qui apparaît alors en surimpression, choisissez l'option *Oui* de la zone *Activation de l'interface de transfert en flash* de l'onglet **Composant**. Cliquez ensuite sur le bouton **Enregistrer & Fermer**.

REMARQUE

Figure 6.3 : L'activation de l'interface de transfert en Flash

De retour dans le gestionnaire de médias, il vous est désormais possible, après avoir cliqué sur le bouton **Parcourir les fichiers**, de sélectionner plusieurs fichiers (en cliquant sur leurs noms tout en maintenant la touche Ctrl enfoncée) et de lancer un transfert global de ceux-ci.

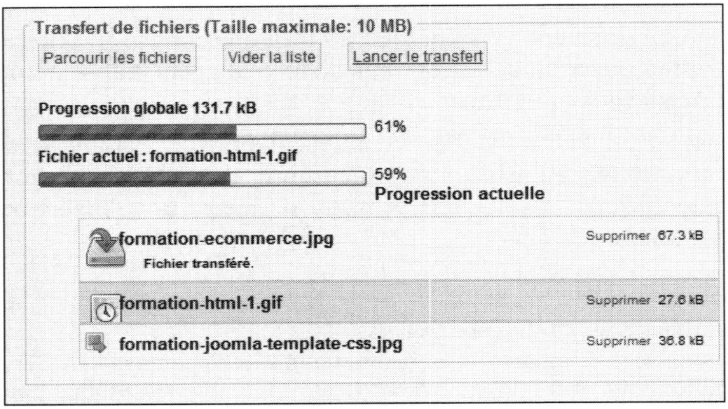

Figure 6.4 : Le transfert des fichiers

- La visualisation d'une image en taille réelle s'effectue par un clic sur la miniature, dans l'onglet **Miniatures**. L'image apparaît alors dans une fenêtre en surimpression (vous pouvez fermer cette dernière par un clic sur la croix affichée en haut et à droite de la fenêtre).

Figure 6.5 : La visualisation d'une image en taille réelle s'effectue dans une fenêtre affichée en surimpression

- La suppression d'une image est réalisée par un clic sur le bouton de suppression, symbolisé par une croix blanche sur rond rouge, placé à côté de la miniature de l'image.

REMARQUE

Dossier racine de stockage des images

En parcourant les dossiers d'installation du système, sur votre serveur web local, vous découvrirez que le dossier renfermant les médias et se trouvant à la racine du site se nomme *Images*.

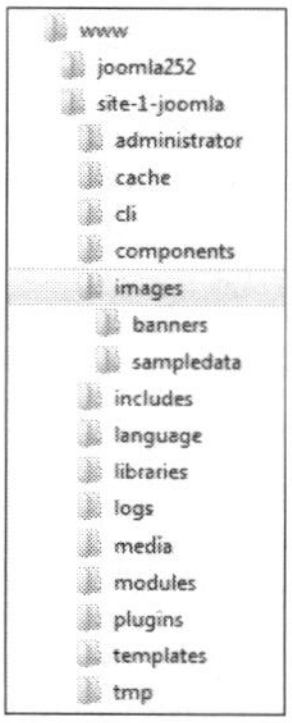

Figure 6.6 : Les sous-dossiers du dossier Images

Il renferme nativement les sous-dossiers *banners* et *sampledata*. Si le nombre d'images est important, il est conseillé de créer des sous-dossiers, sous le répertoire *Images*, afin d'optimiser le classement des fichiers.

2 Cliquez sur l'onglet **Détails** du gestionnaire de médias.

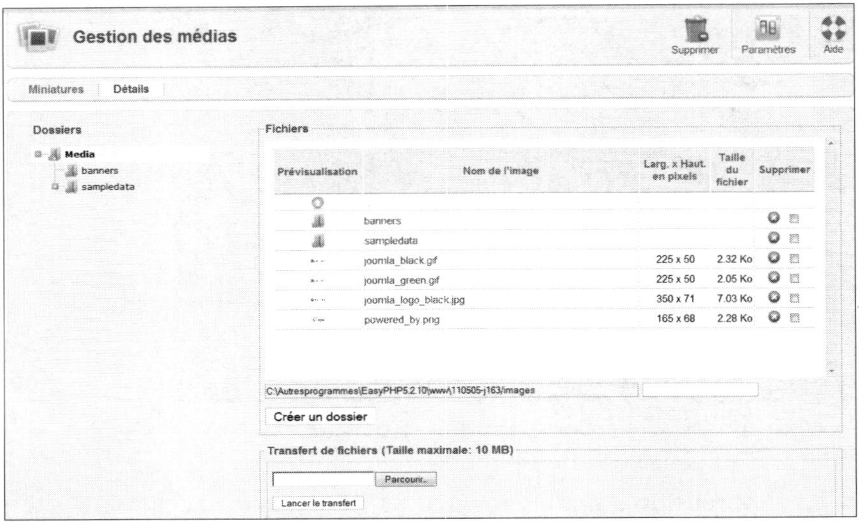

Figure 6.7 : L'onglet Détails du gestionnaire de médias

Cet onglet permet d'effectuer les mêmes opérations sur les fichiers et les dossiers que le précédent en affichant des informations complémentaires, telles que les dimensions des fichiers, exprimées en pixels, ou leur poids en octets.

REMARQUE

Transfert des fichiers médias en FTP

Si le nombre de fichiers à transférer est important, vous pouvez également placer tous les fichiers préparés sur votre ordinateur en une seule opération dans le bon dossier en utilisant votre logiciel de transfert FTP, si le site est placé chez un hébergeur distant, ou l'Explorateur de fichiers de Windows, si le site est en place sur votre serveur local.

REMARQUE

Ouverture d'un fichier au format PDF

Pour ouvrir un fichier au format *PDF* (ou d'un autre format, non affichable directement dans une page HTML), depuis un article, placez le fichier dans le dossier de votre choix, depuis le gestionnaire de médias, puis créez un lien hypertexte relatif (du type *images/nomdufichier.pdf*) dans l'article, pointant vers le fichier.

6.2. Gérer les niveaux d'accès, les droits et les utilisateurs

Joomla permet de gérer des niveaux hiérarchiques, définissant des droits d'accès et d'actions pour les utilisateurs du site.

Cette fonctionnalité fait de Joomla un puissant outil collaboratif, permettant, par exemple, de construire un véritable journal en ligne dans lequel les tâches éditoriales sont réparties et hiérarchisées entre de nombreux participants, ou encore un réseau intranet permettant aux collaborateurs d'une entreprise de partager différentes ressources.

La gestion des droits a été considérablement améliorée depuis la version 1.5 de Joomla, que nous explicitons dans ce qui suit, avant d'aborder les particularités des droits de la version 2.5. Comprendre la gestion des droits sur Joomla 1.5 vous permettra de mieux appréhender celle de Joomla 2.5, qui, pour sa base, est construite sur le modèle de la version précédente.

Comprendre les niveaux d'accès de Joomla 1.5

REMARQUE

Droits d'accès et référencement dans les moteurs de recherche

Si la fonctionnalité permettant de limiter l'accès à certaines pages du site peut se révéler une technique de collecte d'adresses e-mail, afin d'envoyer régulièrement votre newsletter aux visiteurs enregistrés, elle peut également être un obstacle à votre indexation dans les moteurs de recherche. Ceux-ci ne disposant pas de droit d'accès aux pages réservées, ils ne pourront pas en effectuer l'indexation dans leurs bases de données. Choisissez donc avec soin les pages publiques et les pages privées.

Les niveaux d'accès proposés par Joomla 1.5 sont les suivants :

- *Public*. Ce niveau d'accès, affecté par défaut aux composants du site, donne accès à tous les visiteurs, qu'ils soient enregistrés ou non.
- *Enregistré*. Ce niveau, lorsqu'il est affecté à certaines parties du site, donne accès aux visiteurs enregistrés.

REMARQUE

Utilisateurs enregistrés

Les visiteurs du site peuvent accéder au statut *Enregistré* au moyen du formulaire d'identification et d'inscription, activé par défaut lors de l'implémentation du système.

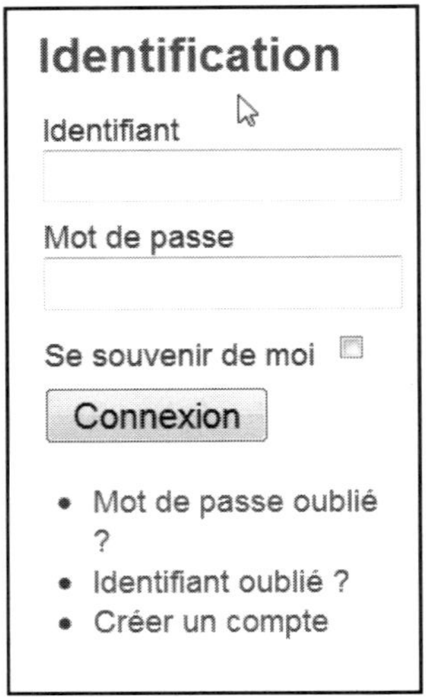

Figure 6.8 : Le formulaire d'identification

- *Spécial*. Ce niveau donne accès aux parties du site concernées uniquement aux administrateurs du site.

REMARQUE

Les groupes d'utilisateurs

Les groupes d'utilisateurs du site qu'il vous est possible d'affecter aux collaborateurs de votre équipe rédactionnelle sont les suivants :

- *Public*. Ce niveau est celui des simples visiteurs du site. Il ne donne aucun droit d'administration sur le contenu rédactionnel et l'accès aux parties réservées aux utilisateurs enregistrés lui est fermé.
- *Enregistré*. Ce niveau ne donne aucun droit d'administration sur le contenu rédactionnel mais l'accès aux parties réservées aux utilisateurs enregistrés lui est ouvert.
- *Auteur*. Ce niveau permet à l'utilisateur du système de proposer des articles et, le cas échéant, de les modifier.
- *Editeur*. Ce niveau dispose des mêmes droits que le précédent. Il permet, en outre, la modification d'un article d'un autre auteur.
- *Rédacteur*. Ce niveau dispose des mêmes droits que le précédent. Il permet, en outre, la validation de la publication d'un article.
- *Gestionnaire*. Ce niveau dispose des mêmes droits que le précédent. Il permet, en outre, la modification des menus de navigation sur le site. À la différence des utilisateurs disposant des niveaux hiérarchiques précédents, les membres de ce niveau (et ceux appartenant aux niveaux hiérarchiques supérieurs) accèdent à l'interface d'administration par la même URL que celle employée par le super administrateur (adresse du type : **http://www.lenomdusite.fr/administrator**).

REMARQUE

- *Administrateur*. Ce niveau dispose des mêmes droits que le précédent. Il permet, en outre, la modification des extensions et la gestion des comptes sur le site.
- *Super Administrateur*. Ce niveau dispose de tous les droits d'administration sur le site.

Gérer les niveaux d'accès de Joomla 1.5

Le mode opératoire qui suit est, pour les besoins de l'exemple, spécifique à la version 1.5 de Joomla. Cliquez sur **Site/Gestion des utilisateurs**.

Le gestionnaire des utilisateurs est affiché. Les paramètres d'un utilisateur sont affichés en ligne. Sur chacun d'entre eux sont présentés :

- le nom de l'utilisateur ;
- l'identifiant de l'utilisateur ;
- l'état de connexion de l'utilisateur (indiquant s'il est actuellement connecté ou non) ;
- l'état d'activation du compte (indiquant si le compte est activé ou non) ;
- le groupe auquel appartient l'utilisateur (indiquant son niveau d'accès) ;
- l'adresse e-mail de l'utilisateur ;
- la date de dernière visite de l'utilisateur ;
- l'identifiant unique de l'utilisateur, dans la base de données utilisée par le CMS.

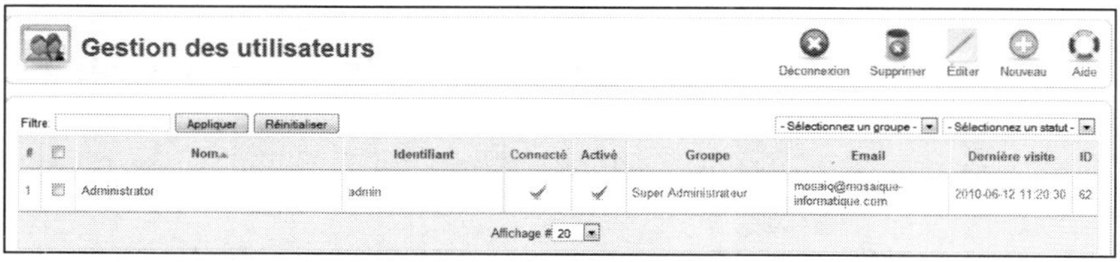

Figure 6.9 : Le gestionnaire des utilisateurs

Exercice pratique : création d'un compte de niveau Auteur avec Joomla 1.5

À titre d'exemple, vous allez créer, dans ce qui suit, un nouveau compte pour un utilisateur imaginaire disposant du statut d'auteur. Vous découvririez alors l'interface de soumission d'articles mise à sa disposition.

Bien que vous puissiez effectuer sans souci cette opération sur le serveur local de votre ordinateur, nous vous conseillons, si votre site est également publié chez un hébergeur, d'effectuer cet exercice chez ce dernier ; vous disposerez alors d'un serveur d'adressage d'e-mails. Vous éviterez ainsi un message de Joomla indiquant qu'il ne peut implémenter la fonction de routage d'e-mails (sauf si vous avez installé un serveur d'e-mails sur votre ordinateur, opération techniquement assez complexe). Vous pourrez en outre, dans la section suivante, tester la fonctionnalité d'adressage de newsletters avec le compte qui va être maintenant créé.

1 Dans le gestionnaire des utilisateurs, cliquez sur le bouton **Nouveau**.

La page *Utilisateur: [Nouveau]* apparaît.

2 À la rubrique *Détails de l'utilisateur*, dans la zone *Nom*, saisissez le nom de l'utilisateur.

3 Dans la zone *Identifiant*, saisissez l'identifiant qu'il devra utiliser pour se connecter.

4 Dans la zone *Email*, saisissez l'adresse de courrier électronique de l'utilisateur.

5 Dans la zone *Nouveau mot de passe*, saisissez le mot de passe de l'utilisateur.

6 Dans la zone *Confirmer le mot de passe*, saisissez une nouvelle fois le mot de passe de l'utilisateur.

7 Dans la liste de la zone *Groupe*, affectez à l'utilisateur le niveau `Auteur`.

8 Dans zone d'options *Recevoir les emails système*, cochez l'option `Oui` (ce paramètre vous permettra d'effectuer un test de bon fonctionnement de la messagerie de Joomla, décrite dans la section suivante de ce livre).

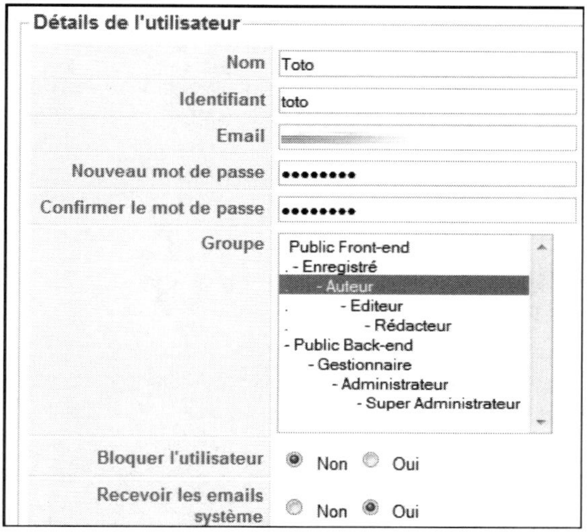

Figure 6.10 : La rubrique Détails de l'utilisateur

9 À la rubrique *Paramètres*, dans la zone *Langue de l'interface d'administration*, choisissez `French (FR)`.

10 Dans la zone *Langue de l'interface publique*, choisissez `French (Fr)`.

11 Dans la zone *Éditeur de l'utilisateur*, choisissez `Editor - TinyMCE`.

12 Dans la zone *Fuseau horaire*, choisissez `(UTC +01:00) Heure d'Europe Centrale, Amsterdam, Berlin, Bruxelles, Copenhague, Madrid, Paris` (ou le fuseau horaire correspondant au lieu géographique de l'utilisateur, si ce dernier ne réside pas en France).

13 Cliquez sur le bouton **Sauver**.

De retour dans le gestionnaire des utilisateurs, le nouvel utilisateur est maintenant ajouté à la liste des utilisateurs.

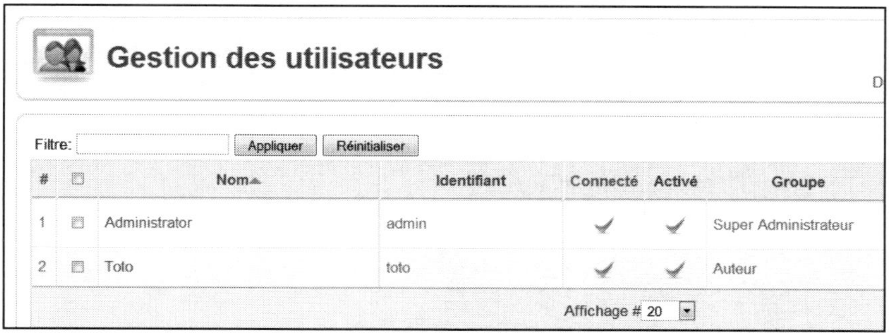

Figure 6.11 : Le nouvel utilisateur apparaît désormais dans la liste des utilisateurs du gestionnaire des utilisateurs

REMARQUE

Confirmation de l'inscription par e-mail

Lors de la création du compte, le nouvel utilisateur reçoit un courrier électronique qui lui est automatiquement adressé par Joomla. Cet e-mail présente la forme suivante :

```
Bonjour XXX,
Vous avez été inscrit comme utilisateur de XXX par un administrateur.
Cet email contient votre identifiant ainsi que votre mot de passe pour vous connecter à http://www.nomdedomaine.fr/
 - Identifiant : XXX
 - Mot de passe : XXX
Ce message est généré automatiquement pour votre information. Merci de ne pas y répondre.
```

Vous allez tester l'interface mise à la disposition de votre nouvel auteur, depuis le frontend. Avant cela, vous devrez ajouter un accès à cette interface, depuis l'un des menus du site.

14 Cliquez sur **Menu/Main Menu**.

La page *Gestionnaire d'élément de menu: [mainmenu]* apparaît.

15 Cliquez sur le bouton **Nouveau**.

La page *Elément de menu: [Nouveau]* apparaît.

16 Cliquez sur **Articles** puis sur **Proposition d'article**.

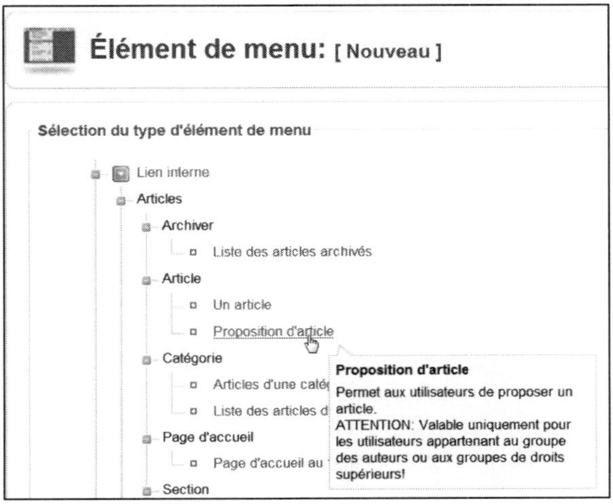

Figure 6.12 : Un nouvel item, permettant l'accès à l'éditeur d'articles, va être ajouté au menu principal

La page *Alias de menu: [Nouveau]* apparaît.

17 Dans la zone *Titre*, saisissez par exemple `Soumettre un article`.

18 Cliquez sur le bouton **Sauver**.

> REMARQUE
>
> **Changer le titre du menu principal**
>
> Si vous souhaitez franciser le titre du menu principal (pour l'instant, *Main Menu*), effectuez l'opération suivante : cliquez sur **Extensions/Gestion des modules** puis sur **Main Menu**, dans la liste des modules qui apparaît dans le gestionnaire de modules. Changez le libellé `Main Menu` de la zone *Titre* en `Menu principal`. Cliquez sur le bouton **Sauver**.

Vous allez, dans un premier essai, vérifier que l'accès à l'éditeur d'articles ne sera pas autorisé à un utilisateur non authentifié.

19 Activez l'onglet de votre navigateur dans lequel est affiché le frontend puis actualisez la page en cliquant sur le bouton d'actualisation du navigateur.

Le nouvel item (lien) est affiché dans le menu.

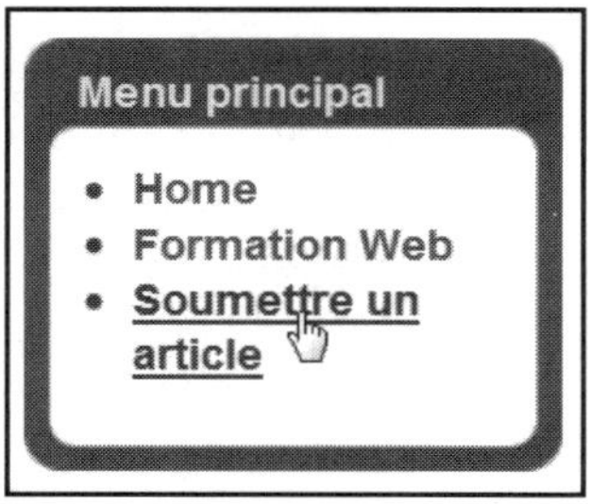

Figure 6.13 : Le nouvel item apparaît dans le menu du frontend

20 Cliquez sur le nouvel item du menu principal, affichant **Soumettre un article**.

Vous essuyez alors un refus sévère de la part de Joomla : la mention *Vous n'êtes pas autorisé à accéder à cette ressource* est en effet affichée dans la page qui apparaît (voir Figure 6.14).

Vous allez maintenant effectuer la même tentative, après identification.

> REMARQUE
>
> **Changer le nom du lien menant à la page d'accueil**
>
> Si vous souhaitez franciser le lien ramenant à la page d'accueil de votre site, depuis le menu principal (portant jusqu'ici le nom *Home*), effectuez l'opération suivante, depuis le backend : cliquez sur **Menus/Main Menu** puis

REMARQUE

sur **Home**, dans la liste des items de menu qui apparaît dans le gestionnaire d'éléments de menu. Changez le libellé `Home` de la zone *Titre*, par exemple, en `Accueil`. Cliquez sur le bouton **Sauver**.

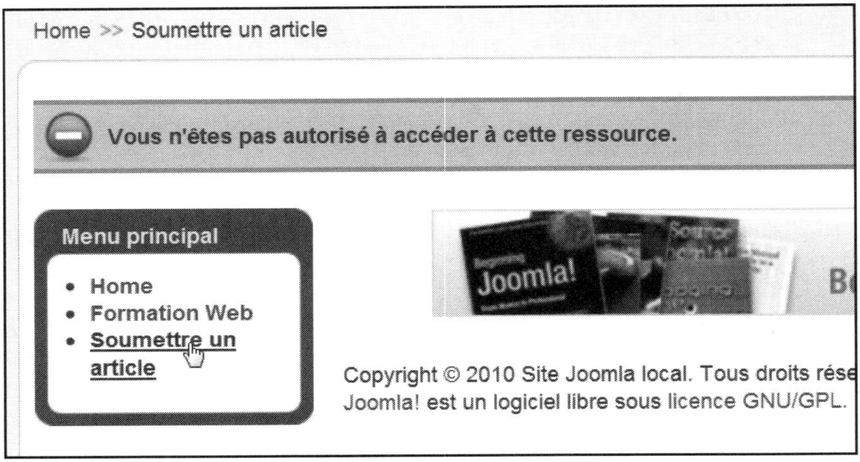

Figure 6.14 : L'accès à la page vous est interdit

21 Cliquez sur l'item du menu principal affichant **Accueil** (ou **Home**, selon que vous avez ou non renommé cet item de menu).

REMARQUE

Changer le titre du formulaire d'identification

Si vous souhaitez modifier le titre du formulaire d'identification (portant, pour l'instant, le titre *Identification*), effectuez l'opération suivante : cliquez sur **Extensions/Gestion des modules** puis sur **Identification**, dans la liste des modules qui apparaît dans le gestionnaire de modules. Changez alors le libellé de la zone *Titre*. Cliquez sur le bouton **Sauver**.

22 Sur la page d'accueil, sous le menu principal, est affiché le formulaire d'identification, dans la partie gauche de la page. Saisissez-y l'identifiant de l'auteur précédemment créé dans la zone *Identifiant* et tapez son mot de passe dans la zone *Mot de passe*. Cliquez sur le bouton **Connexion**.

Figure 6.15 : L'identification d'un utilisateur depuis le frontend

Les zones *Identifiant, Mot de passe* ainsi que le bouton **Connexion** sont masqués et un message de bienvenue est affiché à l'intention de l'utilisateur. En outre, un bouton de déconnexion apparaît. Il permet à l'utilisateur de se déconnecter, s'il le souhaite.

Figure 6.16 : Un message de bienvenue indique à l'utilisateur qu'il est désormais connecté

23 Réitérez votre clic sur le lien *Soumettre un article*.

La page *Soumettre un article* est affichée. Elle renferme les composants suivants :

- un éditeur d'article, nécessaire à la rédaction de ce dernier, et identique à celui que vous avez déjà utilisé dans le backend ;

Figure 6.17 : L'éditeur d'article, mis à la disposition du rédacteur, depuis le frontend

- une rubrique *Publication*, permettant à l'auteur de définir les paramètres suivants : section, catégorie, affichage sur la page d'accueil, pseudo de l'auteur, date de début de publication, date de fin de publication, niveau d'accès ;

Figure 6.18 : La rubrique Publication

- une rubrique *Métadonnées* permettant à l'auteur de définir les paramètres suivants : description et mots-clés.

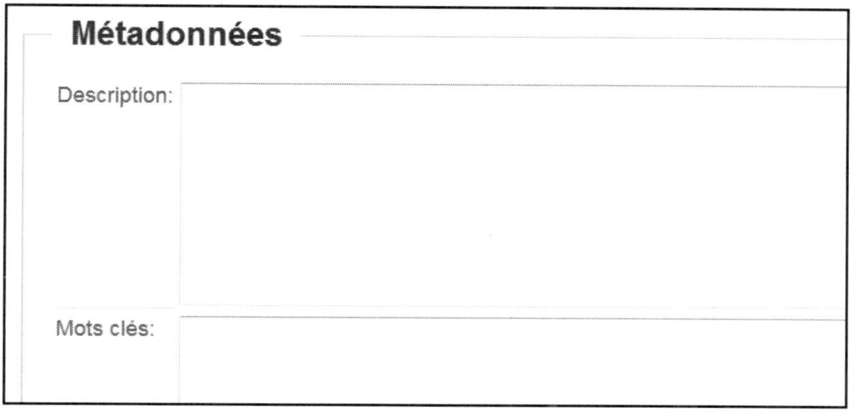

Figure 6.19 : La rubrique Métadonnées

24 Saisissez un court article d'essai puis cliquez sur le bouton **Sauvegarder**.

La page d'accueil est de nouveau affichée, avec la mention *Merci de votre soumission. Votre proposition sera maintenant examinée avant d'être publiée sur le site*, à l'attention de l'auteur.

Vous allez maintenant découvrir comment un administrateur du site va pouvoir accepter ou refuser l'article.

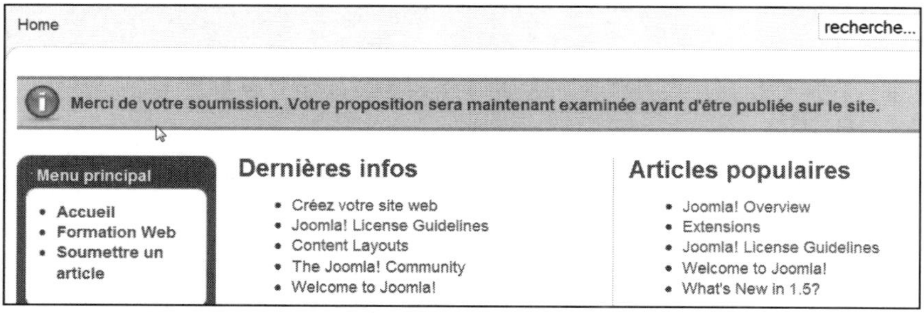

Figure 6.20 : La mention affichée sur la page d'accueil

25 Activez l'onglet de votre navigateur dans lequel est affiché le backend puis cliquez sur **Contenu/Gestion des articles**.

Le gestionnaire d'articles est affiché.

26 Cliquez sur l'en-tête de colonne *Date*, afin de classer les articles selon ce critère.

Les articles sont désormais classés par dates de création et le nouvel article est affiché en premier. Il n'est pas publié car cette tâche vous incombe, après vérification du contenu rédactionnel de l'article proposé par l'auteur.

Comprendre les droits de Joomla 2.5

Comme vous l'avez constaté dans ce qui précède, dans Joomla 1.5 les droits rattachés à un groupe d'utilisateurs ne sont pas modifiables. À partir de Joomla 1.6, la gestion des droits d'accès a été considérablement améliorée :

- L'accès aux pages du site et aux modules n'est plus régi par les trois seuls niveaux d'accès de Joomla 1.5 (*Public, Enregistré* et *Spécial*), mais il est possible d'ajouter autant de niveaux que désiré.
- Il est également désormais possible de créer des groupes utilisateurs en nombre illimité.
- Les droits d'accès sur les objets sont définis selon des règles de priorité construites autour d'éléments hiérarchisés : la configuration générale, les composants, les catégories et les objets finaux.
- La notion d'héritage des propriétés facilite la gestion des droits : chaque niveau hiérarchique hérite des droits du niveau hiérarchique parent. Cette structure n'est toutefois pas figée : il est possible de modifier ponctuellement les propriétés d'un niveau.

Utilisateurs, groupes et droits sur les objets sous Joomla 2.5

Il est essentiel de bien comprendre l'imbrication des composants du concept de gestion des droits d'accès : les utilisateurs, qui appartiennent à des groupes, et les niveaux d'accès, qui sont des regroupements de groupes.

Les utilisateurs

Quand vous créez un nouvel utilisateur, par le menu **Utilisateurs/Gestion des utilisateurs/Ajouter un utilisateur**, vous l'affectez à un ou à plusieurs groupes d'utilisateurs.

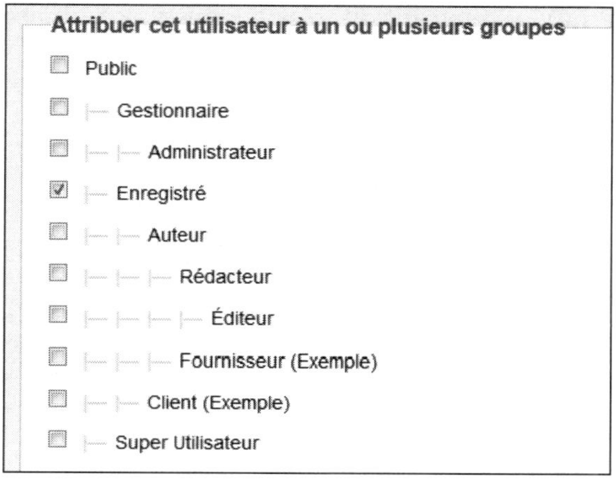

Figure 6.21 : L'affectation d'un utilisateur à un ou à plusieurs groupes d'utilisateurs

Les groupes

À la création d'un groupe d'utilisateurs, par le menu **Utilisateurs/Groupes/Ajouter un groupe**, vous lui attribuez un groupe parent.

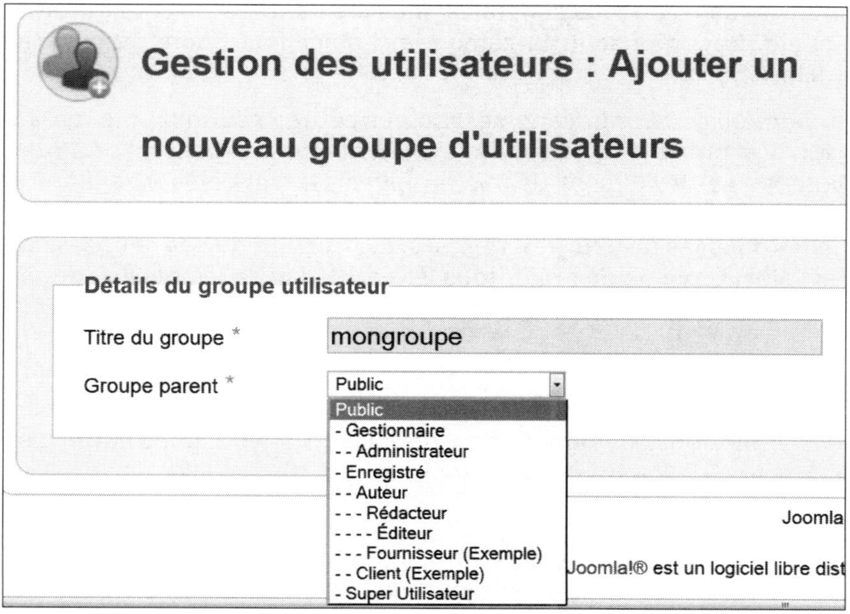

Figure 6.22 : La création d'un groupe d'utilisateurs

Le groupe enfant hérite des droits d'accès de son groupe parent.

Le groupe `Public`, quant à lui, est parent de tous les autres groupes. Donc, sauf modification de votre part, ses propriétés sont affectées à tous les groupes.

REMARQUE

Les groupes natifs dépendent du type d'installation effectué

Si vous avez installé les données d'exemples lors de l'installation de Joomla 2.5, deux groupes ont été ajoutés, à titre d'exemples, pour illustrer les droits sur la navigation dans le site, dans les pages de "*La boutique des fruits*" notamment : le groupe *Client* et le groupe *Fournisseur*.

Le premier est enfant du groupe *Enregistré* et le second est enfant du groupe *Auteur*.

Si vous installez Joomla 2.5 sans les données d'exemples, les mêmes groupes que ceux utilisés dans Joomla 1.5 sont implémentés : *Public, Enregistré, Auteur, Editeur, Rédacteur, Gestionnaire, Administrateur, Super Utilisateur*.

Les droits sur les objets

Les objets de Joomla 1.6 sont imbriqués hiérarchiquement en plusieurs niveaux, du plus général au plus élémentaire : la configuration globale, le composant, la catégorie, l'objet final (dans le cas des articles).

L'intérêt de cette imbrication est de permettre la définition de droits, pour des groupes utilisateurs, en un minimum d'opérations (une seule, si les droits sont définis au niveau le plus élevé, celui de la configuration globale), tout en autorisant des modifications ponctuelles dans les niveaux inférieurs, si la structure du site le nécessite. Il est ainsi possible de traiter tous les cas de figure relatifs aux droits, ce qui n'était pas le cas dans la version 1.5 de Joomla.

Le niveau de la configuration globale

Ce niveau est accessible par le menu **Site/Configuration**/onglet **Droits**. Les permissions par défaut y sont définies pour les actions autorisées en fonction de l'appartenance à un groupe.

REMARQUE

Les actions autorisées

Les actions qu'il vous est possible d'autoriser ou d'interdire sont les suivantes :

- *Connexion au site*. Il s'agit de la possibilité, pour l'utilisateur, de s'identifier.
- *Connexion à l'administration*. L'accès à l'interface d'administration est autorisé.

- *Accès hors ligne*. L'accès à l'interface d'administration est autorisé.
- *Super administrer*. Tous les droits d'administration sont donnés.
- *Accéder à l'administration*. L'accès à la gestion des composants de Joomla est autorisé.
- *Créer*. La création d'un élément est autorisée.
- *Supprimer*. La suppression d'un élément est autorisée.
- *Modifier*. La modification d'un élément est autorisée.
- *Modifier le statut*. La modification du statut d'un élément (*Publié, Non publié, Archivé*) est permise.
- *Modifier ses éléments*. La modification des éléments dont l'utilisateur est l'auteur est permise.

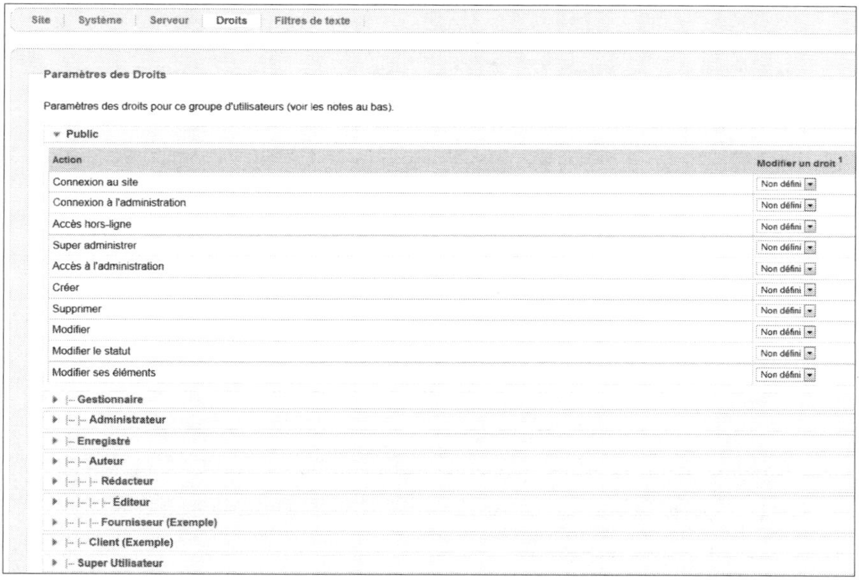

Figure 6.23 : La gestion des droits des groupes d'utilisateurs, effectuée depuis la configuration globale

REMARQUE

Les droits

La nomenclature des droits est la suivante : *Hérité* (du niveau parent), *Autorisé, Refusé*. À ces trois états s'ajoute l'état *Non défini*, appliqué au groupe *Public*, qui est parent de tous les autres groupes et ne peut donc hériter d'aucun droit.

REMARQUE

Un niveau inférieur hérite de l'état du niveau parent. Si ce dernier est à l'état *Refusé*, il n'est pas possible d'affecter l'état *Autorisé* aux groupes enfants.

Le niveau Composant

Ce niveau est accessible par le menu **Composant**, suivi du nom du composant, puis par le bouton **Paramètres** et enfin l'onglet **Droits.** Les permissions par groupes d'utilisateurs y sont définies pour ce composant spécifique.

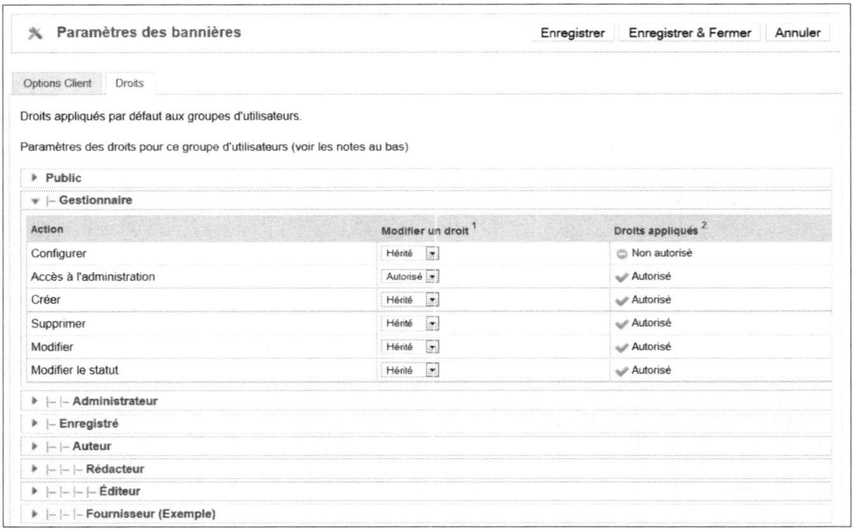

Figure 6.24 : Les droits du groupe Gestionnaire pour le composant de gestion des bannières

Le niveau catégorie

Ce niveau est accessible en accédant à la gestion de la catégorie d'un composant, si ce dernier gère des catégories (ce qui est le cas des articles ou des liens web, par exemple) puis en cliquant sur une catégorie et enfin sur le bouton **Définir les droits**, depuis le gestionnaire de la catégorie.

Ainsi, par exemple, pour modifier les droits sur une catégorie de liens web, cliquez sur le menu **Composants/Liens web/Catégories** puis, dans le gestionnaire des catégories des liens, cliquez sur l'un d'entre eux et enfin sur le bouton **Définir les droits**, à la rubrique *Détails*.

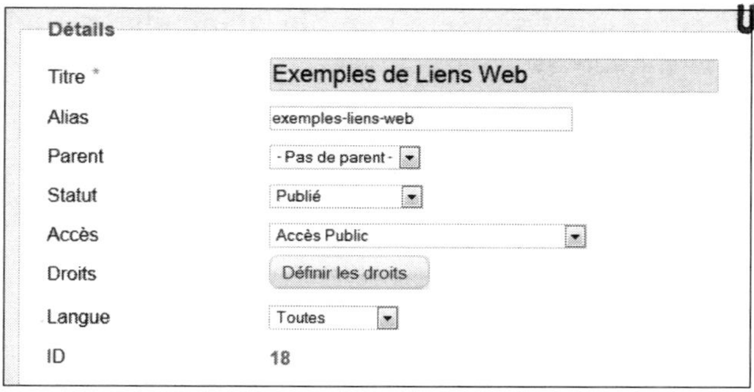

Figure 6.25 : La rubrique Détails de la catégorie

Le niveau article

L'article étant l'élément constitutif de base d'un site réalisé avec Joomla, il dispose de sa propre gestion de droits.

Ainsi, un article hérite en cascade des droits définis dans la configuration générale, puis dans le gestionnaire d'articles et enfin dans sa catégorie (ou dans sa sous-catégorie). Mais, si vous souhaitez modifier les droits des utilisateurs sur un article particulier, cette possibilité vous est offerte à la rubrique *Droits sur les articles*, présentée en bas de l'éditeur d'articles.

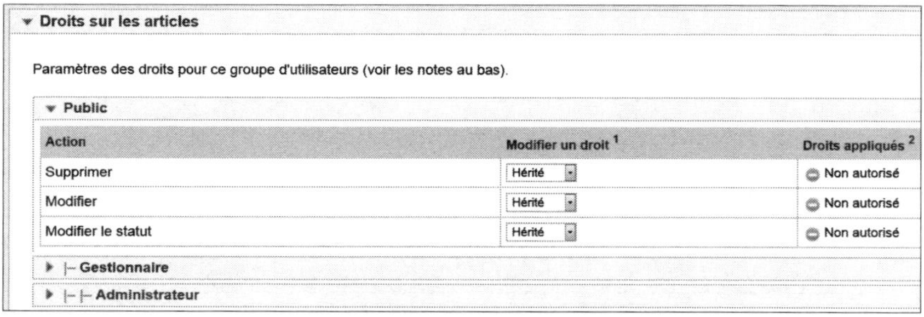

Figure 6.26 : La rubrique Droits sur les articles, en bas de l'éditeur d'articles

6.3. Utiliser la messagerie

Si plusieurs personnes collaborent à la rédaction du site, la fonctionnalité de messagerie interne de Joomla peut se révéler un outil de communication très utile, évitant aux collaborateurs l'adressage traditionnel d'e-mails et délivrant à chacun ses messages dès son arrivée sur le backend (par défaut, la messagerie est sous Joomla 1.6 réservée aux administrateurs et aux superutilisateurs).

Vous allez découvrir cette fonctionnalité dans la manipulation qui suit. Cliquez sur **Composants/Messagerie privée.**

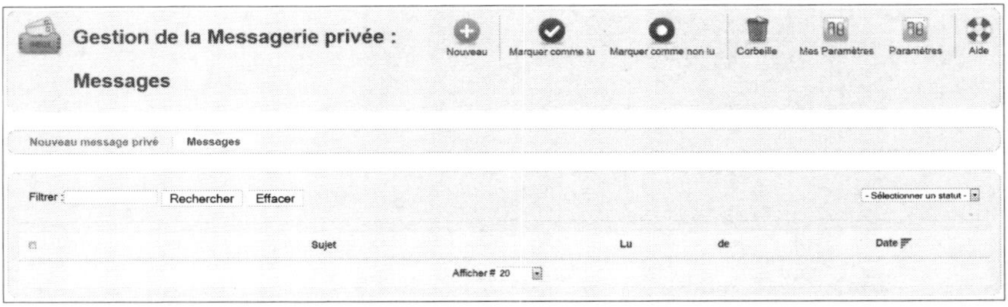

Figure 6.27 : Le gestionnaire de messagerie

Consulter les messages

1 Activez le menu **Composants/Messagerie privée/Lire ses messages privés.**

La page *Gestion de la messagerie privée : Messages*, qui est alors affichée, présente la liste des messages reçus.

La colonne *Lu* permet de visualiser les messages lus (indiqués en vert) et ceux qui ne l'ont pas été (indiqués en rouge). Un clic sur l'en-tête de cette colonne vous permet de trier les messages.

La liste *Sélectionner un statut* permet de filtrer les messages lus et non lus. Un message est considéré comme lu après qu'il ait été ouvert par un clic sur le libellé de son sujet.

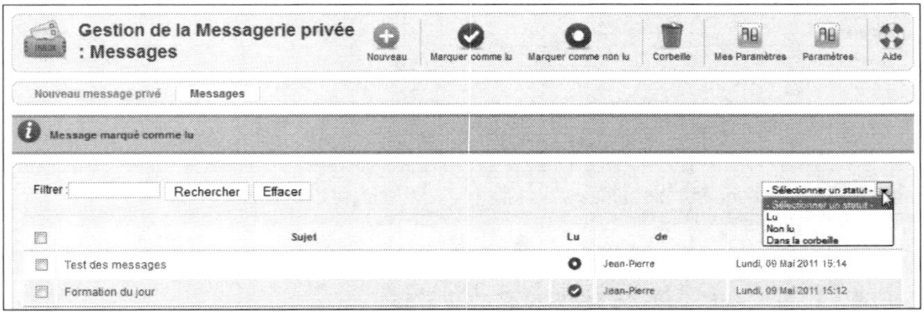

Figure 6.28 : La liste des messages reçus

2 Cliquez sur le libellé de l'un des sujets des messages pour consulter le contenu du message concerné.

Le détail du message s'affiche dans la page *Voir les messages*. Il est possible d'y répondre en utilisant le bouton **Réponse**.

La configuration des paramètres privés

REMARQUE

Dans la page *Gestion de la messagerie privée : Messages*, cliquez sur le bouton **Mes paramètres** pour accéder à la configuration des messages privés. Dans la fenêtre **Mes paramètres** qui s'affiche en surimpression, il vous est possible de verrouiller la boîte de réception (si l'option *Oui* est choisie, la boîte ne reçoit plus de messages), d'opter pour la réception d'e-mails d'avertissement lorsque de nouveaux messages sont reçus, de définir le nombre de jours au-delà duquel les messages sont supprimés.

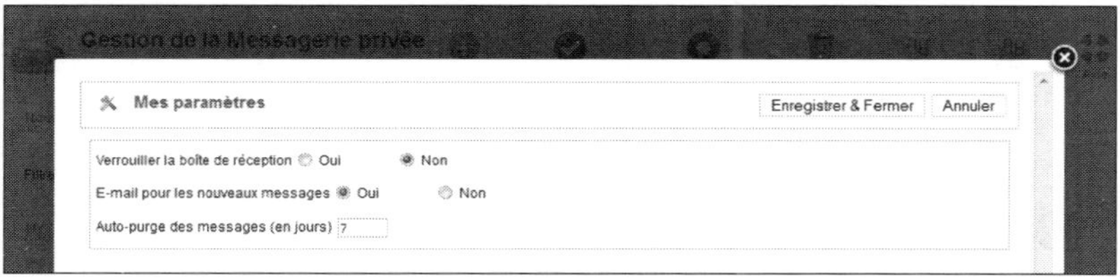

Figure 6.29 : La configuration de la réception des messages

Supprimer un message

Depuis la page *Gestion de la messagerie privée : Messages*, cochez la case à gauche du sujet du message puis cliquez sur le bouton **Corbeille**.

Écrire un message

1 Activez le menu **Composants/Messagerie privée/Nouveau message privé** ou cliquez sur le bouton **Nouveau** de la page *Gestion de la messagerie privée : Messages*.

2 Dans la zone *Destinataire*, cliquez sur le bouton **Sélectionner un utilisateur**. Dans la fenêtre qui s'affiche en surimpression, cliquez sur un destinataire dans la colonne *Nom*.

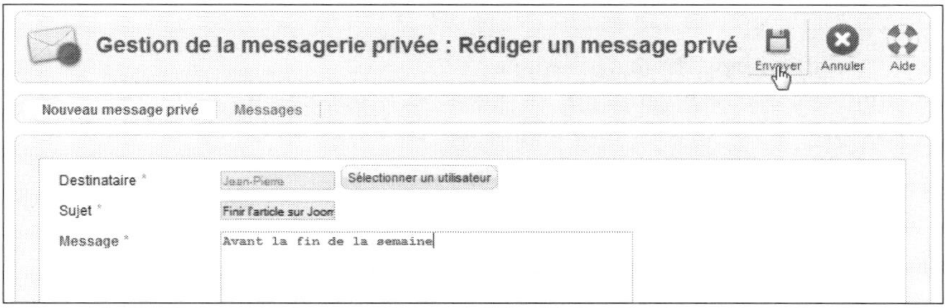

Figure 6.30 : La saisie d'un message

3 Saisissez l'objet du message dans la zone *Sujet* puis le contenu du message dans la zone *Message*. Cliquez sur le bouton **Envoyer**.

Depuis l'interface d'administration, l'utilisateur, à qui est envoyé le message, visualise un pictogramme ainsi que le nombre de messages non lus, en haut à droite de sa fenêtre. Un clic sur cette enveloppe permet d'accéder automatiquement à la liste des messages dans la page *Gestion de la messagerie privée : Messages*.

Figure 6.31 : La réception de nouveaux messages

6.4. Utiliser la newsletter

La fonctionnalité vous permet d'adresser en nombre un même courrier électronique à des utilisateurs.

1 Activez le menu **Utilisateurs/Envoi d'e-mails en nombre**.

La page *Envoi d'e-mails en nombre* est affichée.

2 Dans la liste *Groupe*, cliquez sur le groupe d'utilisateurs auquel est destiné l'e-mail.

3 La case à cocher *Envoyer aux groupes utilisateurs enfants* permet de préciser si les sous-groupes du groupe d'utilisateurs choisi précédemment recevront également l'e-mail.

4 La case *Envoyer en HTML* permet d'insérer des balises HTML dans le corps du message.

5 La case *Destinataires en copie cachée (BCC)* permet de masquer au destinataire l'ensemble des destinataires du message (le destinataire voit uniquement sa propre adresse e-mail).

REMARQUE

Les filtres antispam des hébergeurs

Afin d'éviter le spamming, de nombreux hébergeurs n'autorisent pas l'envoi d'un nombre illimité de courriers électroniques. Ceci peut donc empêcher le déroulement du traitement si le nombre de destinataires est trop important.

REMARQUE

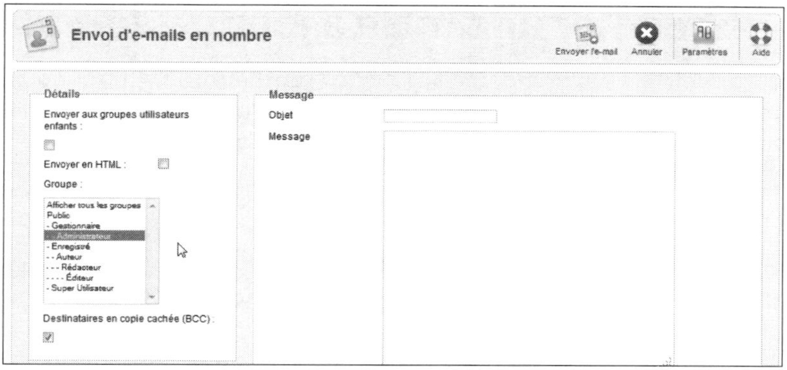

Figure 6.32 : La page Envoi d'e-mails en nombre

REMARQUE

Ajouter un en-tête et une signature

Il est possible d'ajouter un texte d'en-tête et un autre de signature à tous les messages. Depuis la page *Envoi d'e-mails en nombre*, cliquez pour ce faire sur le bouton **Paramètres**. Dans la fenêtre **Paramètres des utilisateurs** qui apparaît en surimpression, cliquez sur l'onglet **Envoi d'e-mails en nombre** puis renseignez la zone *Préfixe de l'objet* (elle apparaîtra avant le contenu du message) et la zone *Suffixe du message* (elle apparaîtra après le texte du message).

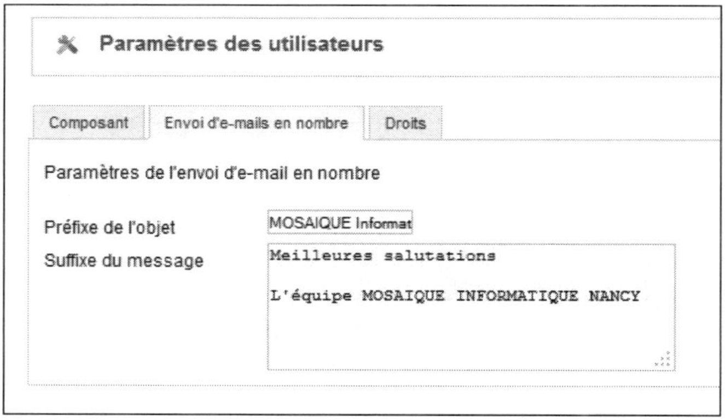

Figure 6.33 : La fenêtre de rédaction du préfixe et du suffixe

6.5. Effectuer une mise à jour de Joomla

De nouvelles versions de Joomla sont régulièrement publiées. Il est conseillé d'effectuer souvent la mise à jour du système, les nouvelles versions apportant notamment des correctifs de sécurité.

La version de Joomla que vous utilisez est affichée en pied de page de la fenêtre du backend.

Par prudence, il est conseillé de toujours effectuer une sauvegarde (cette opération est décrite plus loin) avant d'effectuer une mise à jour.

1 Pour tester l'existence d'une mise à jour, cliquez sur le menu **Extensions/Gestion des extensions** puis sur l'onglet **Mises à jour** et enfin sur le bouton **Rechercher des mises à jour**.

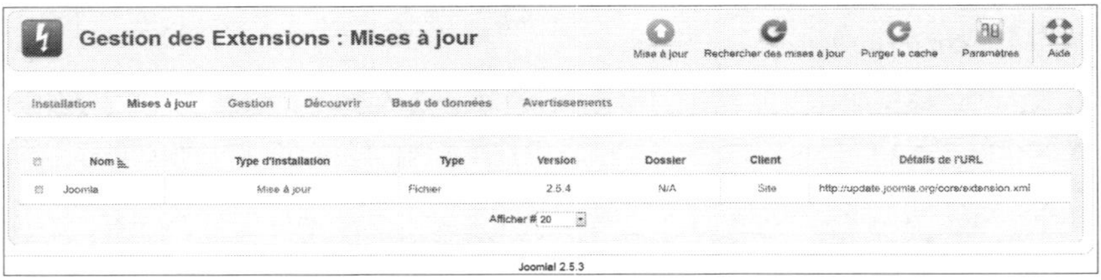

Figure 6.34 : Le gestionnaire d'extensions

Les éventuelles mises à jour de Joomla et celles des extensions implémentées sur le système sont affichées.

2 Cochez la ou les lignes correspondant aux mises à jour que vous souhaitez effectuer.

3 Cliquez sur le bouton **Mise à jour**.

REMARQUE

Mise à jour manuelle

Si vous rencontrez des problèmes avec la procédure de mise à jour, rendez-vous sur le site www.joomla.fr, cliquez sur le lien de téléchargement de la nouvelle version puis, dans la page qui est affichée, cliquez sur le lien de téléchargement du patch de mise à jour correspondant à votre version du CMS et suivez les instructions relatives à l'installation.

REMARQUE

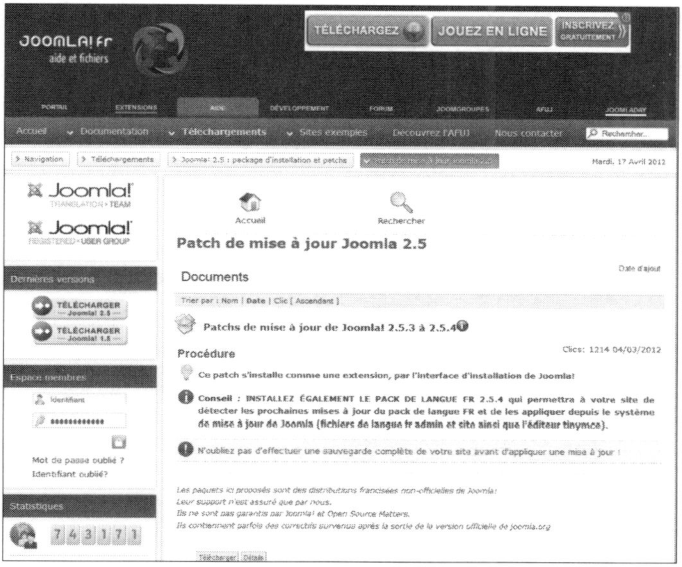

Figure 6.35 : La page de téléchargement

REMARQUE

Mise à jour depuis le panneau d'administration

Notez que le panneau d'administration, accessible par le menu **Site /Panneau d'administration**, présente un bouton nommé **Joomla! 2.5.x Mettre à jour**. Ce bouton déclenche l'affichage de l'onglet **Mises à jour** du gestionnaire d'extensions.

Un bouton similaire du panneau d'administration est dédié à la mise à jour des extensions (l'installation des extensions est décrite plus loin dans cet ouvrage).

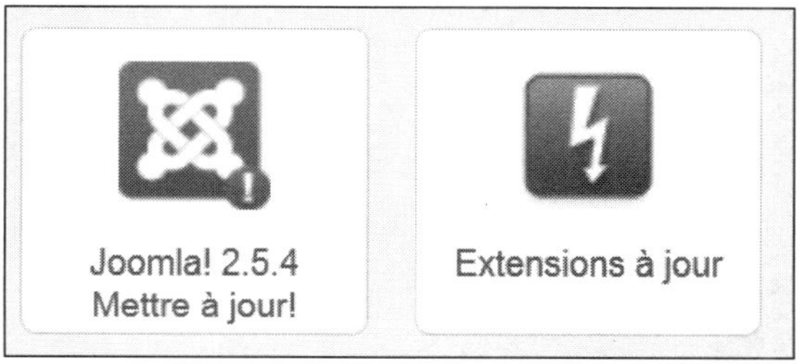

Figure 6.36 : Les boutons de mise à jour, proposés dans le panneau d'administration

6.6. Check-list

- Les images doivent être préparées avant leur utilisation. De nombreux logiciels, gratuits ou payants, permettent d'effectuer ce traitement.
- Joomla permet de définir des droits d'accès, pour un travail collaboratif hiérarchisé.
- Le système dispose d'une messagerie interne, facilitant les échanges entre les collaborateurs travaillant à la mise à jour du site.
- Joomla dispose également d'une fonction d'adressage de mailing list, autorisant l'envoi en nombre de courriers électroniques.
- Des mises à jour du système sont régulièrement mises en ligne. Après téléchargement, elles sont rapides à mettre en œuvre.

ADAPTER LE SITE À TOUS LES USAGES

Vous avez découvert dans ce qui précède quelques possibilités de Joomla. Le CMS est capable de bien d'autres traitements complémentaires qu'il vous est possible d'effectuer au moyen de fonctionnalités, natives ou non. L'un des atouts majeurs de Joomla est, en effet, la possibilité qu'il offre de télécharger et d'implémenter facilement des extensions spécifiques. Vous allez découvrir dans ce qui suit quelques exemples de ces fonctionnalités.

REMARQUE

Où trouver des extensions ?

De nombreux développeurs proposent leurs extensions sur le Web. Toutefois, nous vous conseillons de commencer votre exploration depuis le site officiel francophone de Joomla, à l'adresse http://www.joomla.fr puis de cliquer sur l'onglet **Extensions** ou d'accéder directement à l'adresse http://extensions.joomla.fr. Les extensions pour Joomla 1.5, 1.6, 1.7 et 2.5 sont présentées par catégories.

Figure 7.1 : Les extensions sont classées par catégories

En outre, de nombreuses extensions sont proposées sur le site officiel de Joomla, à l'adresse http://extensions.joomla.org, ou encore sur le site du concepteur de l'extension.

7.1. Installer une extension

Voici la méthode générique d'installation d'une extension sous Joomla 2.5, après que cette dernière ait été téléchargée sur le disque dur de votre ordinateur.

1 Depuis l'administration de Joomla, cliquez sur le menu administrateur **Extensions/Gestion des extensions**.

2 Dans la page *Gestion des extensions : Installation*, cliquez sur le bouton **Parcourir** de la rubrique *Archive à transférer*.

3 Depuis la boîte de dialogue **Envoi du fichier**, sélectionnez l'archive du composant puis cliquez sur le bouton **Ouvrir**.

4 De retour dans la page *Gestion des extensions : Installation*, cliquez sur le bouton **Envoyer & Installer**.

REMARQUE

Désinstaller une extension

Dans la page *Gestion des extensions*, cliquez sur l'onglet **Gestion**, cochez la case à gauche du nom de l'extension puis cliquez sur le bouton **Désinstaller**.

7.2. Gérer un site multilingue avec Joomla

Il vous est nativement possible (sans ajout d'extensions complémentaires) de transformer votre site Joomla en un site multilingue. Le concept est le suivant : le contenu du site est dupliqué (articles, menus, catégories, modules, template, ...) en un nombre égal au nombre de langues que vous avez déterminé. Vous effectuez ensuite la traduction de chacun de ces éléments (les pages d'origine ne sont pas automatiquement traduites).

Ajouter une langue à l'interface

Indépendamment du contenu rédactionnel dans les articles, le frontend et le backend peuvent être traduits dans les langues de votre choix. Il convient donc de commencer par installer les packs de langues correspondant à celles que vous souhaitez employer sur le site. Ces packs de langues téléchargeables correspondent à la traduction de l'interface d'administration et à celle des messages adressés par le CMS, dans la section publique. Chaque élément constitutif du contenu rédactionnel du site (articles et menus notamment) devra, lui, être traduit par vos soins.

1 Téléchargez le fichier archive de la langue souhaitée en vous connectant, depuis votre navigateur Internet, à l'adresse **http://community.joomla.org/translations.html.**

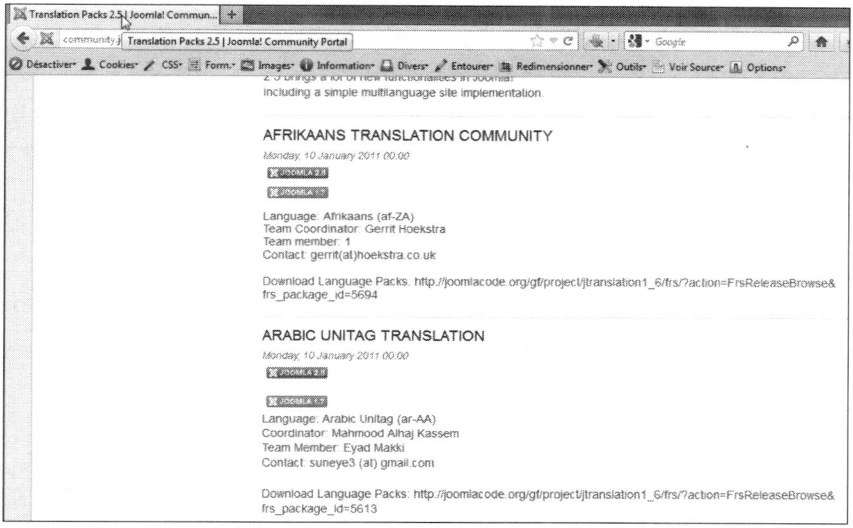

Figure 7.2 : Le téléchargement de packs de langues

2 Depuis l'administration de Joomla, cliquez sur le menu administrateur **Extensions/Gestion des extensions.**

3 Dans la page *Gestion des extensions*, cliquez sur le bouton **Parcourir** de la rubrique *Archive à transférer*.

4 Depuis la boîte de dialogue **Envoi du fichier**, sélectionnez l'archive que vous venez de télécharger puis cliquez sur le bouton **Ouvrir**.

5 De retour dans la page *Gestion des extensions*, cliquez sur le bouton **Envoyer & Installer**.

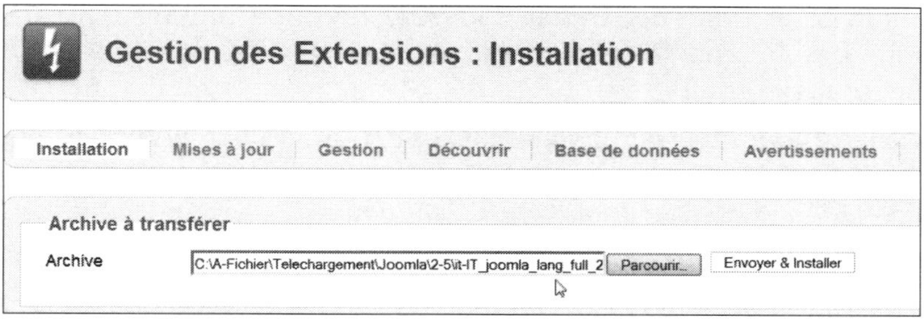

Figure 7.3 : L'installation d'une nouvelle langue

6 Pour vérifier que la langue est installée, activez le menu **Extensions/ Gestion des langues**.

La page *Gestion des langues* récapitule les langues installées. Les trois premiers onglets qui y sont présentés permettent de lister les langues utilisables pour l'affichage des messages visibles dans le frontend, dans l'interface d'administration du backend et dans les articles et les autres éléments composant le contenu rédactionnel, tels que les menus.

7 Si vous souhaitez modifier la langue par défaut, cliquez sur le premier onglet et cochez l'option à gauche de la langue souhaitée puis cliquez sur le bouton **Défaut**. Répétez l'opération pour le second onglet. Dans cet exemple, nous ajoutons l'italien aux deux langues déjà installées nativement (l'anglais et le français).

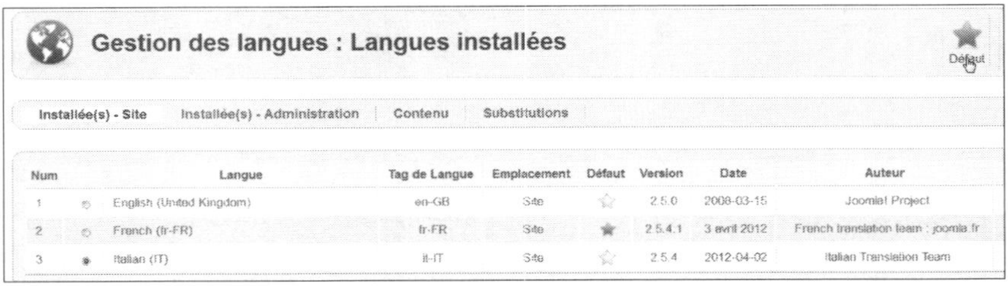

Figure 7.4 : Le choix de la langue par défaut dans le frontend

8 Cliquez maintenant sur le troisième onglet, nommé **Contenu**.

La langue que vous souhaitez utiliser n'apparaît pas dans la liste. Vous allez l'ajouter.

9 Cliquez sur le bouton **Nouveau**.

10 Dans la zone *Titre*, saisissez un libellé vous permettant d'identifier la langue. Nous saisissons ici *Italien (IT)*.

11 Dans la zone *Titre natif*, saisissez un libellé correspondant à la langue native. Nous saisissons ici *Italian (IT)*.

12 Dans la zone *Code de langue*, saisissez un code unique qui sera ajouté à l'URL de la page (http://www.votresite.com/it, par exemple). Nous saisissons ici *it*.

13 Dans la zone *Préfixe d'image*, saisissez le nom du fichier de l'image symbolisant la langue. Nous saisissons ici *it*. Vous trouverez ce fichier dans le dossier *media/mod_languages/*.

14 Dans la zone *Tag de langue*, saisissez un libellé qui sera utilisé dans différentes circonstances pour identifier la langue. Nous saisissons ici *it-IT*.

15 Renseignez également les zones présentées aux rubriques *Options des Métadonnées* et *Nom du site*, afin d'améliorer le référencement du site dans les moteurs de recherche.

16 Cliquez sur le bouton **Enregistrer & Fermer**.

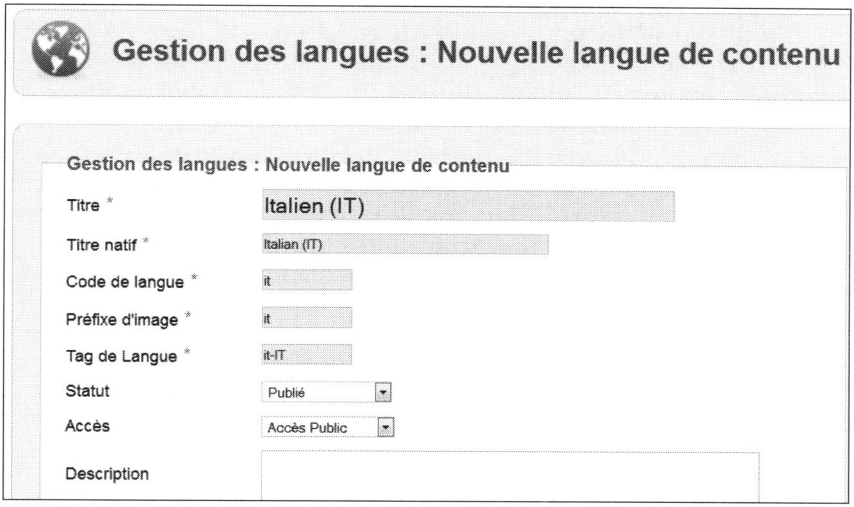

Figure 7.5 : L'ajout d'une langue utilisée pour la rédaction du contenu

Activer l'utilisation de plusieurs langues

La fonctionnalité d'affichage multilingue doit maintenant être mise en œuvre. Cette action nécessite l'activation d'un module et d'un plugin spécifiques.

1 Depuis la page d'administration de Joomla, cliquez sur le menu **Extensions/Gestion des modules.**

2 Dans la page *Gestion des modules*, cliquez sur le libellé *Sélecteur de langue* situé dans le tableau (si plusieurs modules de ce type vous sont présentés, utilisez celui de votre choix).

REMARQUE

Création du module de sélection de la langue

N'oubliez pas que vous pouvez créer autant d'itérations d'un module que vous le souhaitez. Ainsi, si le module a été désinstallé, il vous est possible d'en créer un nouveau par **Extensions/Gestion des modules** puis en cliquant sur le bouton **Nouveau** et enfin en choisissant **Changement de langue** dans la liste des types de modules proposée.

3 Dans la zone *Statut*, choisissez *Publié*.

4 Affectez une position au module (nous utilisons ici *Position-7* du template par défaut).

5 En bas de page, à la rubrique *Assignement du module*, choisissez *Sur toutes les pages* dans la liste proposée pour la zone *Assignement du module*.

6 À droite de la fenêtre, la rubrique *Options de base* vous offre quelques paramètres complémentaires pouvant se révéler utiles à l'amélioration de la lisibilité du site et à son référencement dans les moteurs de recherche. Vous pourrez ainsi, si vous le souhaitez, faire précéder ou suivre le module de textes, lors de son affichage dans le frontend, ou encore disposer de plusieurs options relatives à la présentation du module (utilisation d'images de drapeaux ou de listes déroulantes, orientation, affichage de la langue active, ...).

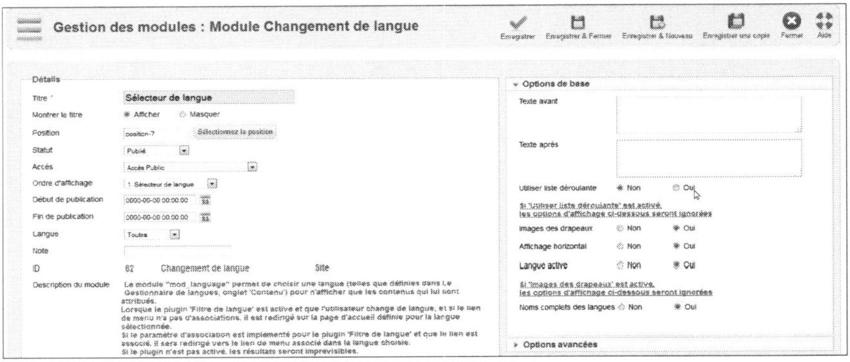

Figure 7.6 : L'activation du module Sélecteur de langue

7 Cliquez sur le bouton **Enregistrer & Fermer**.

8 Depuis la page d'administration de Joomla, cliquez sur le menu **Extensions/Gestion des plug-ins**.

9 Dans la page *Gestion des plug-ins*, cliquez sur le libellé *Système - Filtre de langue* dans le tableau, afin d'éditer les paramètres du plugin.

10 Dans la zone *Statut*, choisissez *Activé*.

11 À la rubrique *Paramètres de base*, cochez l'option *Oui*, dans la zone *Association de menus*.

REMARQUE

La zone Association de menus

Lorsque l'activation de l'association de menus n'est pas activée et que l'internaute change de langue, la page d'accueil de la langue est affichée.

REMARQUE

À l'inverse, lorsque l'activation de l'association de menus est activée, le système affiche le lien de menu correspondant au lien de menu actif, dans la langue choisie.

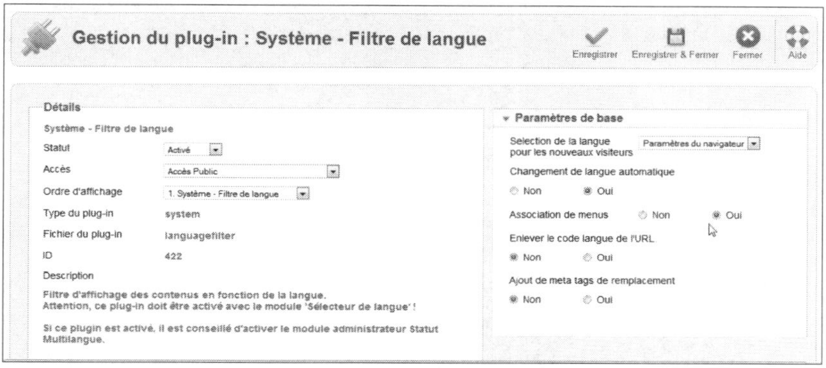

Figure 7.7 : L'activation du plugin Système - Filtre de langue

12 Cliquez sur le bouton **Enregistrer & Fermer.**

Créer des catégories pour chaque langue

L'étape suivante consiste à créer les catégories qui seront employées pour organiser vos articles dans chacune des langues utilisées. Dans cet exemple, nous commencerons par créer des catégories de plus haut niveau, correspondant chacune à la langue utilisée. Il sera ensuite nécessaire de constituer des catégories identiques dans chacune des langues.

1 Depuis l'administration de Joomla, cliquez sur le menu **Contenu/Gestion des catégories.**

2 Dans la page *Gestion des catégories*, cliquez sur le bouton **Nouveau**.

3 Dans la page *Ajouter une catégorie*, saisissez, par exemple, *Français* comme titre de la catégorie.

4 Dans la zone *Langue*, choisissez *Français (FR)*.

5 Cliquez sur le bouton **Enregistrer & Fermer**.

6 Créez de même, par exemple, les catégories *English* et *Italiano* en utilisant les langues respectives *English (UK)* et *Italien (IT)*.

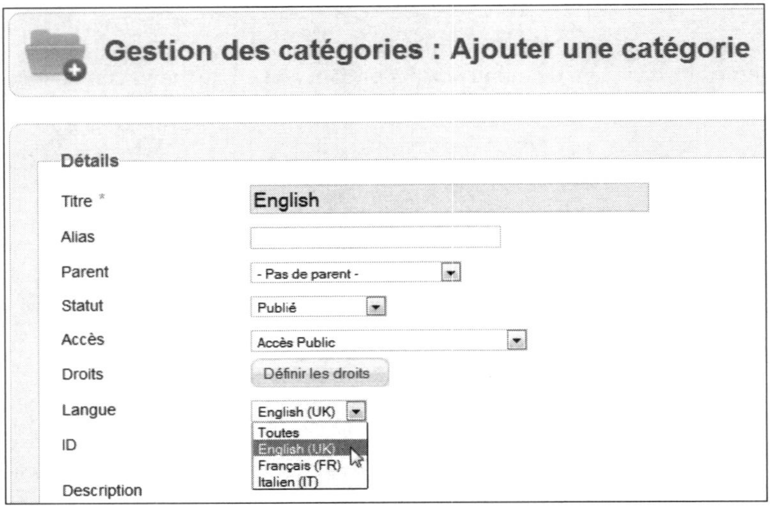

Figure 7.8 : La création d'une catégorie parente pour une langue

Sur le même schéma, il vous faut désormais créer les catégories enfants pour chacune des langues.

7 Créez ainsi, par exemple, la catégorie *Livres*, en lui affectant la catégorie parent *Français* et la langue *Français (FR)*.

8 Créez de même les catégories *Books* et *Libri*, enfants des catégories respectives *English* et *Italiano* et rattachées aux langues respectives *English (UK)* et *Italien (IT)*.

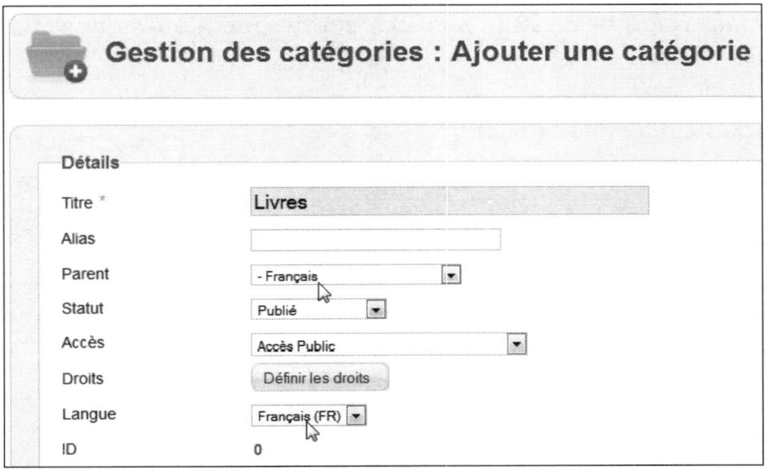

Figure 7.9 : La création d'une catégorie enfant pour une langue

Figure 7.10 : La hiérarchie des catégories constituées

Créer des articles pour chaque langue

Vous allez maintenant créer des déclinaisons de vos articles dans chacune des langues.

1 Depuis l'administration de Joomla, cliquez sur le menu **Contenu/ Gestion des articles.**

2 Dans la page *Gestion des articles*, cliquez sur le bouton **Nouveau.**

3 Créez un article de votre choix en choisissant la catégorie *Livres* précédemment créée.

4 Affectez à l'article la langue *Français (FR)*.

5 Cliquez sur le bouton **Enregistrer & Fermer**.

6 De la même façon, créez deux nouveaux articles, renfermant les traductions du précédent et affectés aux catégories *Books* et *Libri* en utilisant les langues respectives *English (UK)* et *Italien (IT)*.

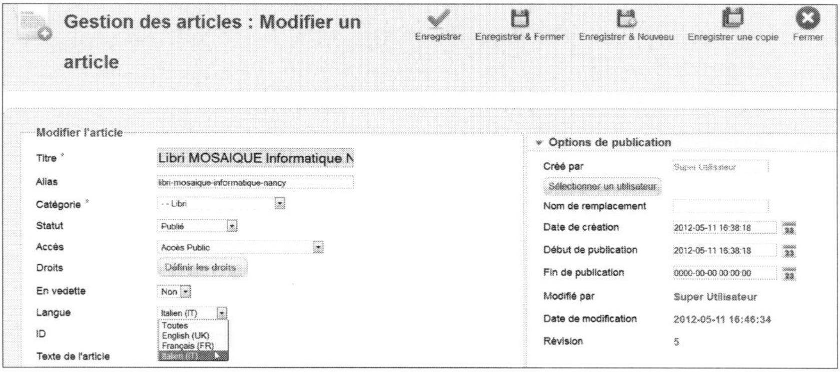

Figure 7.11 : La création d'un article, ici en italien

Dupliquer rapidement les articles

REMARQUE

Si, dans la langue d'origine, le nombre d'articles à traduire est important, il vous est possible de créer les articles correspondants dans les autres langues plus rapidement en utilisant l'une des deux méthodes suivantes :

- ouvrir un article dans l'éditeur d'articles et utiliser le bouton **Enregistrer une copie**, afin de dupliquer l'article. Vous devrez, dans ce cas, éditer les articles générés pour personnaliser leurs titres, catégories, langues et contenus ;
- sélectionner les articles dans la langue d'origine depuis le gestionnaire d'articles (au moyen des cases à cocher présentées à gauche des noms des articles) puis, à la rubrique *Traitement*, figurant en bas du gestionnaire, choisir une langue et une catégorie de destination et cliquer sur **Copier** puis sur **Traitement**. Il vous faudra ensuite éditer les articles générés pour en traduire leurs titres et contenus.

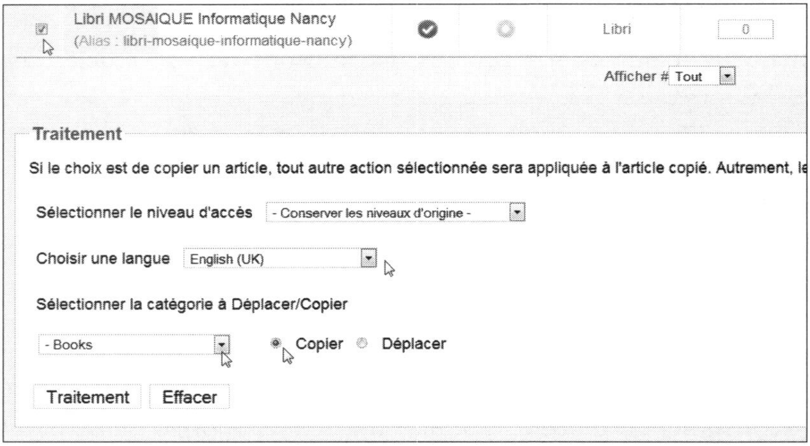

Figure 7.12 : La duplication d'articles par le traitement par lots

De retour dans le gestionnaire d'articles, et si le nombre d'entre eux est important, il vous est désormais possible d'effectuer un filtrage supplémentaire au moyen de la zone *Sélectionner une langue*.

Figure 7.13 : L'utilisation du filtre sur la langue

Créer des menus pour chaque langue

La création des menus constitue l'étape suivante de la gestion d'un site multilingue.

1 Depuis l'administration de Joomla, cliquez sur le menu **Menus/ Gestion des menus.**

2 Dans la page *Gestion des menus*, cliquez sur le bouton **Nouveau.**

3 Saisissez le titre affecté au menu en français ainsi que le nom système du menu, dans les zones respectives *Titre* et *Type de menu*.

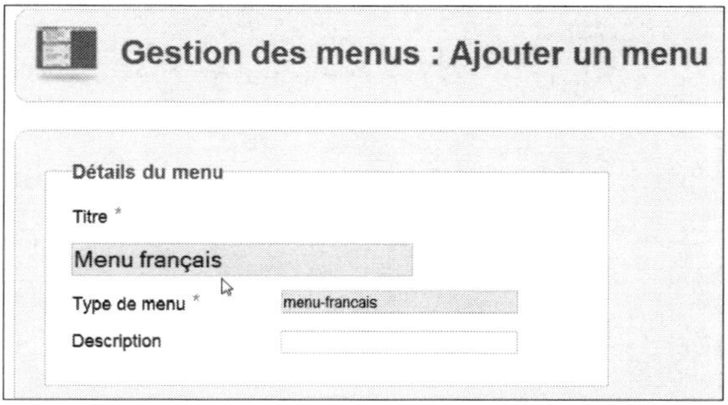

Figure 7.14 : La création du menu en français

4 Cliquez sur le bouton **Enregistrer & Fermer.**

5 De la même façon, créez deux nouveaux menus, correspondants aux langues anglais et italien.

Vous allez maintenant créer le module lié à chaque menu précédemment constitué.

6 Dans la page *Gestion des menus* (menu **Menus/Gestion des menus**), cliquez sur le lien **Ajouter un module pour ce type de menu** de la ligne du menu français.

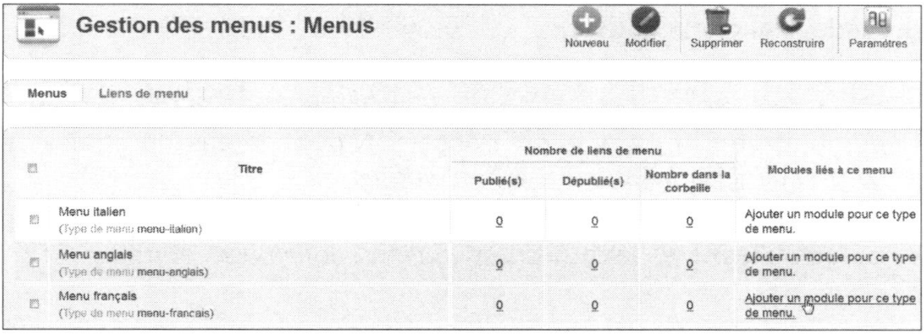

Figure 7.15 : L'ajout d'un module de menu

La page du nouveau module est affichée.

7 Renseignez les zones *Titre, Position* et choisissez *Français (FR)* dans la zone *Langue* du module.

8 Vérifiez que la zone *Menu à afficher* correspond au menu français.

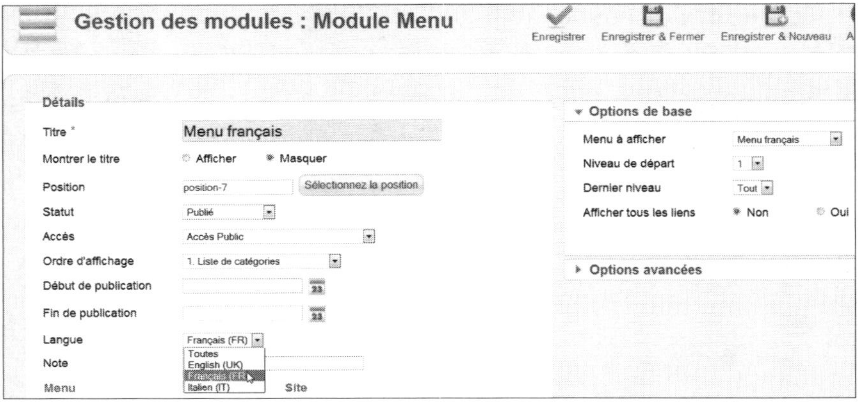

Figure 7.16 : Les paramètres du module

9 Cliquez sur le bouton **Enregistrer & Fermer**.

10 De la même façon, activez à nouveau le menu **Menus/Gestion des menus**, afin de créer le module à associer au menu anglais et celui associé au menu italien (avec les langues respectives *English (UK)* et *Italien (IT)*).

REMARQUE

Créer des modules pour chaque langue

Si votre site utilise d'autres modules, vous devez créer autant de déclinaisons de chaque module que de langues utilisées.

Vous allez maintenant créer les liens renfermés dans les menus précédemment constitués.

11 Activez le menu **Menus/Menu français/Ajouter un lien de menu** et créez, comme vu dans les sections précédentes, un lien de menu pointant vers un article en français. N'oubliez pas de choisir la langue concernée, dans la zone *Langue*.

12 De la même façon, créez les liens des menus *Menu anglais* et *Menu italien* utilisant les langues respectives *English (UK)* et *Italien (IT)*.

Figure 7.17 : L'ajout d'un lien de menu au menu en français

Pour chaque menu, un lien de menu doit maintenant être défini comme page d'accueil, pour chaque langue. À titre d'exemple, vous allez découvrir comment opérer pour la langue française. Il vous appartiendra de reproduire le schéma pour chacune des langues utilisées.

13 Activez le menu **Menus/Menu français** afin d'afficher les liens de menus en français.

14 Cochez la case présentée à gauche du lien de menu choisi comme page d'accueil puis cliquez sur le bouton **Accueil**.

Un drapeau est alors affiché dans la colonne *Accueil* du lien de menu.

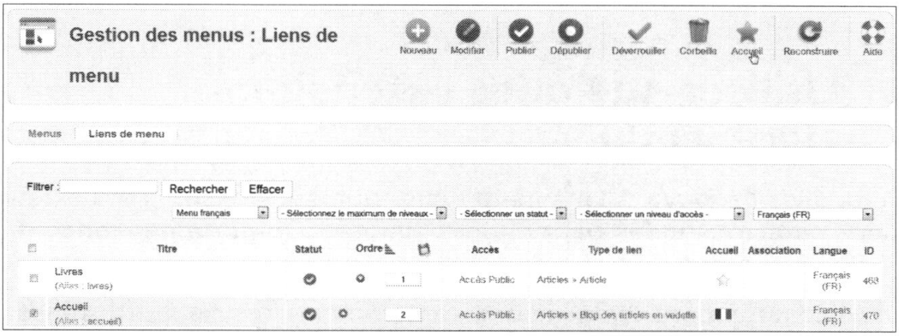

Figure 7.18 : Un lien de menu est défini comme page d'accueil pour la langue française

Opérez de même pour les langues anglais et italien.

Créer les associations de liens de menus

Vous avez précédemment activé le plugin *Système - Filtre de langue* dans lequel la fonctionnalité d'association de menus a été mise en œuvre. Cette dernière a pour conséquence de faire apparaître la rubrique *Associations de liens de menu*, dans la fenêtre de paramètres du gestionnaire de menus.

Il vous faudra, dans cette rubrique, associer le lien de menu à ses équivalents dans les autres langues.

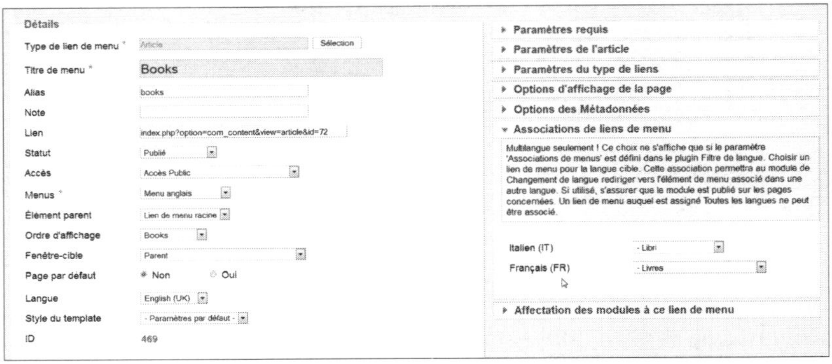

Figure 7.19 : L'association d'un lien de menu à ses équivalents dans les autres langues

Créer des templates pour chaque langue

Si votre template renferme des textes (nom du site, slogan, ...), vous devez dupliquer le template (par le bouton **Dupliquer** proposé dans le gestionnaire de templates) en un nombre égal au nombre de langues utilisées. Chaque template doit ensuite être affecté aux menus utilisant la langue qui lui est dédiée.

7.3. Utiliser quelques extensions significatives

Vous allez découvrir, dans ce qui suit, quelques exemples d'extensions caractéristiques permettant d'ajouter d'importantes fonctionnalités à Joomla.

Le téléchargement d'extensions complémentaires peut être réalisé depuis de nombreux sites, tels que **http://extensions.joomla.fr** et **http://extensions.joomla.org**.

Faciliter la rédaction des pages avec JCE

TinyMCE est l'éditeur d'articles implémenté par défaut avec Joomla. C'est avec lui que vous avez, jusqu'alors, écrit vos articles ou d'autres contenus rédactionnels, au format HTML.

JCE est un éditeur alternatif largement plébiscité par de nombreux utilisateurs de Joomla. Nous vous proposons de parcourir les possibilités de mise en page qu'il offre, afin de le comparer à celles de TinyMCE.

Télécharger JCE

1 Depuis votre navigateur Internet, connectez-vous à l'adresse http://www.joomla.fr. Cliquez sur **Extensions** puis sur la catégorie **création /modification de contenu** et enfin sur **Editeurs.**

Figure 7.20 : Le choix de la catégorie d'extension

2 Cliquez alors sur **CE 2 Pack complet** et enfin sur le bouton **Télécharger sur site externe.**

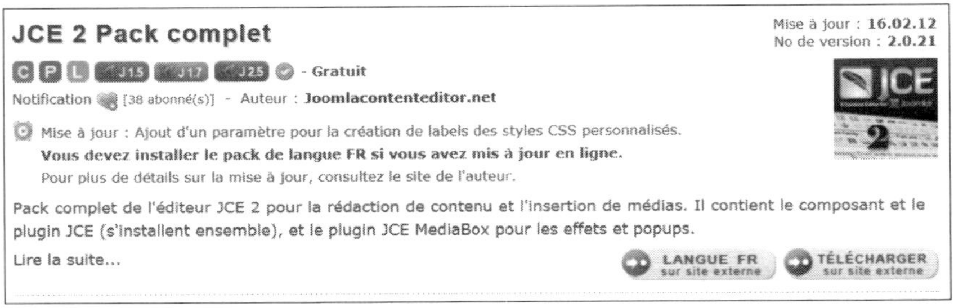

Figure 7.21 : La page de description de l'extension

La page de téléchargement est affichée.

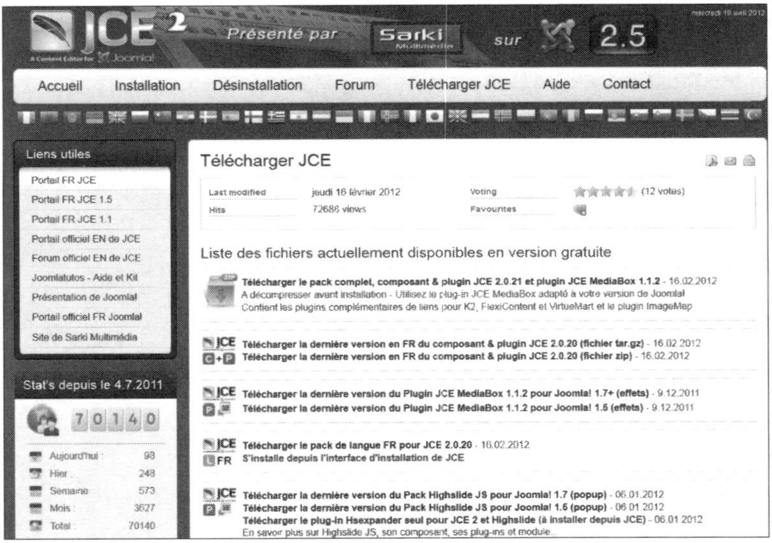

Figure 7.22 : La page de téléchargement

3 Cliquez sur le lien *Télécharger la dernière version en FR du composant & plugin JCE 2.0.20 (fichier zip)* et téléchargez le fichier compressé.

4 Depuis la backend de Joomla, cliquez sur **Extensions/Gestion des extensions** puis sur le bouton **Parcourir**. Sélectionnez le fichier téléchargé (*com_jce_2021_FR-EN.zip*) puis cliquez sur **Ouvrir**. Cliquez enfin sur **Envoyer & Installer**.

Après quelques instants, le message *Composant : installation effectuée avec succès* est affiché.

Figure 7.23 : Le message indiquant la bonne installation du composant

L'éditeur JCE est maintenant installé, comme vous pouvez le vérifier par le menu **Composants/JCE Administration/Control Panel** afin d'afficher le panneau de contrôle de JCE.

Figure 7.24 : Le panneau de contrôle de JCE

Vous allez maintenant franciser l'interface de JCE.

5 Retournez sur la page de téléchargement et téléchargez cette fois le fichier de langue (*JCE_2021_langue_FR.zip*) en cliquant sur le lien **Télécharger le pack de langue FR pour JCE 2.0.20**.

6 Depuis la backend de Joomla, cliquez sur **Composants/JCE Administration/Control Panel/Install Add-ons**.

La page *JCE Administration Install Add-ons est affichée*.

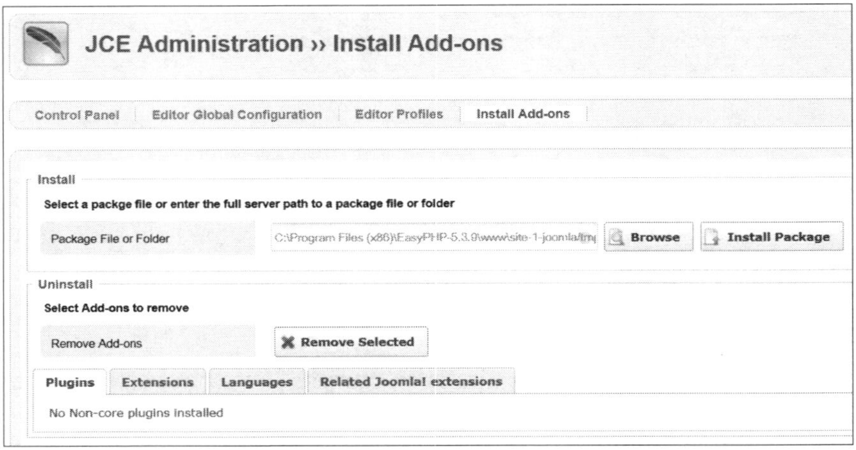

Figure 7.25 : La page JCE Administration Install Add-ons

7 Cliquez sur le bouton **Browse** puis sélectionnez le fichier de langue précédemment téléchargé (*JCE_2021_langue_FR.zip*). Cliquez ensuite sur le bouton **Install Package**.

La page alors affichée vous confirme la bonne installation du package de la langue.

Figure 7.26 : Le package de langue a été correctement installé

L'interface de l'éditeur JCE est désormais en français.

Paramétrer JCE

L'accès aux paramètres de l'éditeur JCE s'effectue désormais en français par le menu **Composants/JCE Administration/Panneau de contrôle**.

L'affectation de l'éditeur aux utilisateurs est, quant à elle, réalisée par le menu **Utilisateurs/Gestion des utilisateurs** puis en cliquant sur le nom de l'utilisateur concerné. La zone *Éditeur de contenu* permet alors d'affecter l'éditeur JCE à l'utilisateur.

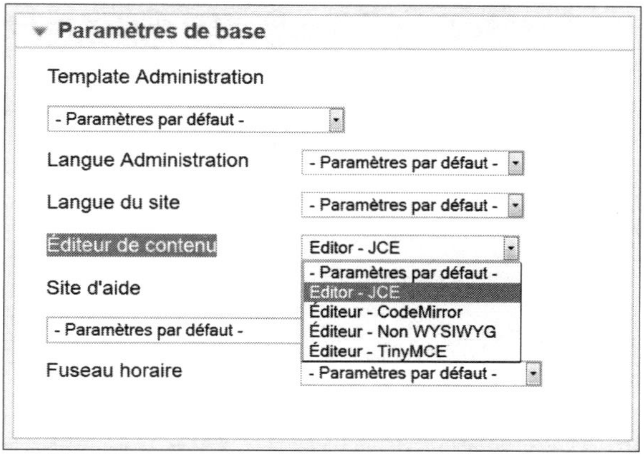

Figure 7.27 : L'affectation de l'éditeur JCE à un utilisateur

JCE peut également être défini comme éditeur par défaut. Il sera alors affecté à tous les utilisateurs dont la zone *Éditeur de contenu* indique *Paramètres par défaut*. Pour ce faire, activez le menu **Site /Configuration** et renseignez la zone *Editeur par défaut* de la rubrique *Paramètres du site* de l'onglet **Site**.

Figure 7.28 : L'éditeur JCE est défini par défaut

Utiliser JCE

Pour tester et utiliser JCE, il vous suffit d'éditer, par exemple, un article ou d'en créer un nouveau, par le menu **Contenu/Gestion des articles/Ajouter un article**.

Vous constatez que les boutons proposés par l'éditeur ne sont plus ceux de l'éditeur TinyMCE mais ceux de l'éditeur JCE.

Figure 7.29 : L'interface de l'éditeur JCE

Testez le nouvel éditeur en essayant les actions déclenchées par les boutons qu'il propose. De nouvelles possibilités de mise en forme vous sont offertes, comme vous le découvrirez en cliquant, par exemple, sur le bouton **Insérer/Editer une image**.

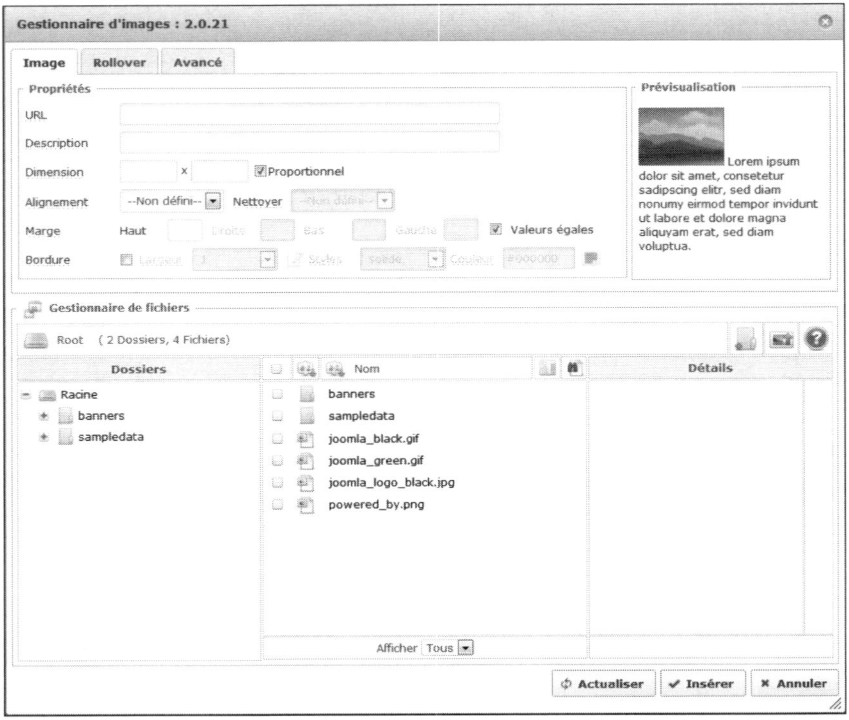

Figure 7.30 : Le gestionnaire d'images de l'éditeur JCE offre un panel d'options très complet

Gérer des documents avec DOCman

DOCman est un composant permettant de grouper des fichiers et des descriptifs, d'y associer des licences d'utilisation et de rendre leur accès réservé au téléchargement à des groupes d'utilisateurs choisis. Le système fournit également une fonction de recherche dans les documents et des statistiques relatives aux téléchargements effectués.

Cette extension, désormais payante pour la version 2.5 de Joomla, peut être téléchargée depuis l'adresse **http://www.joomlatools.eu/products/docman.**

Figure 7.31 : Le site de l'éditeur du composant DOCman

Gérer des utilisateurs avec Community Builder

Le rôle de cette extension est d'ajouter des fonctionnalités relatives à la gestion des utilisateurs, telles que :

- l'ajout de champs dans de nombreux types (listes de choix, cases à cocher, e-mails, mots de passe, boutons d'options, etc.), caractérisant les utilisateurs ;
- l'ajout possible d'avatars (icônes représentant les utilisateurs) ;
- l'envoi d'un courrier électronique après qu'un formulaire a été utilisé pour adresser un message à un utilisateur ;
- la recherche des utilisateurs ;
- des statistiques ;
- ...

La dernière version est téléchargeable sur le site de l'équipe de développement du composant : **http://www.joomlapolis.com.**

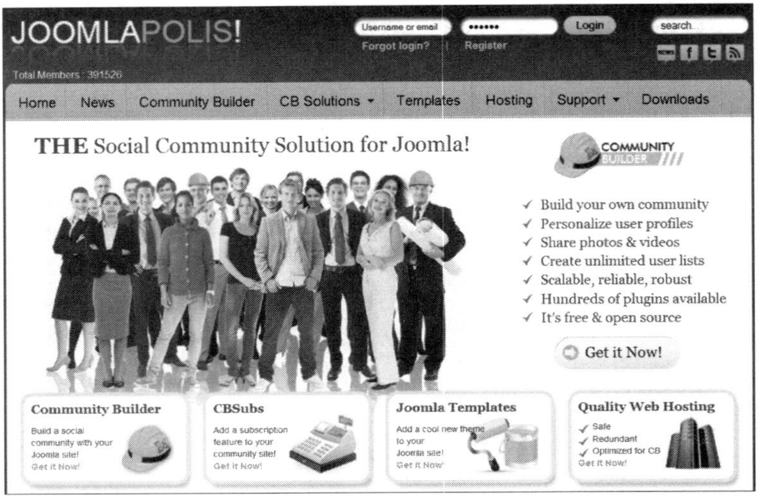

Figure 7.32 : Le site joomlapolis.com

Gérer une galerie de photos avec Phoca Gallery

Cette extension a pour fonction de gérer des galeries d'images avec diaporamas. Il est possible de les lier avec les fichiers vidéo en ligne sur le site de YouTube.

Vous pouvez télécharger les fichiers des archives du composant Phoca Gallery depuis l'adresse **http://www.phoca.cz.**

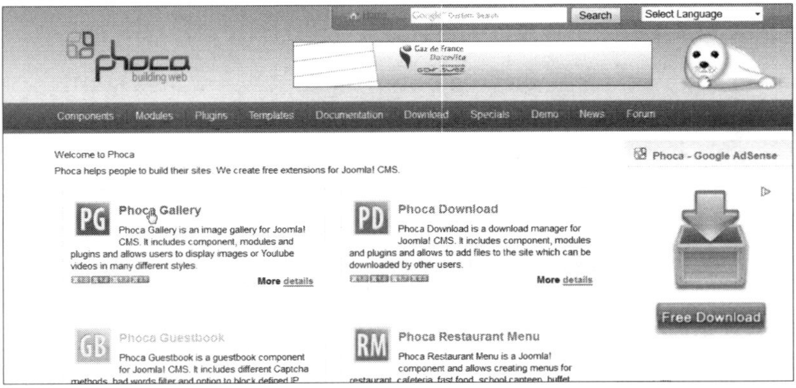

Figure 7.33 : Le site phoca.cz

Gérer des newsletters avec AcyMailing

Cette extension, intégralement traduite en français, repose sur une fonctionnalité de gestion de newsletters. Elle intègre notamment une fonction de désabonnement, une fonction de recherche, une gestion de listes d'abonnés (avec importation et exportation), l'utilisation de l'éditeur WYSIWYG, l'enregistrement aux formats texte brut et HTML (avec utilisation des feuilles de style), la liaison avec les articles du site, etc.

Cette extension peut être téléchargée à l'adresse **http://www.acyba.com**.

Figure 7.34 : Le site de téléchargement de l'extension AcyMailing

Effectuer la sauvegarde du site avec Akeeba BackUp

Cette extension permet d'automatiser la sauvegarde des fichiers du site et de sa base de données.

Vous pouvez télécharger les fichiers des archives du composant Akeeba depuis l'adresse de l'éditeur **http://www.akeebabackup.com**.

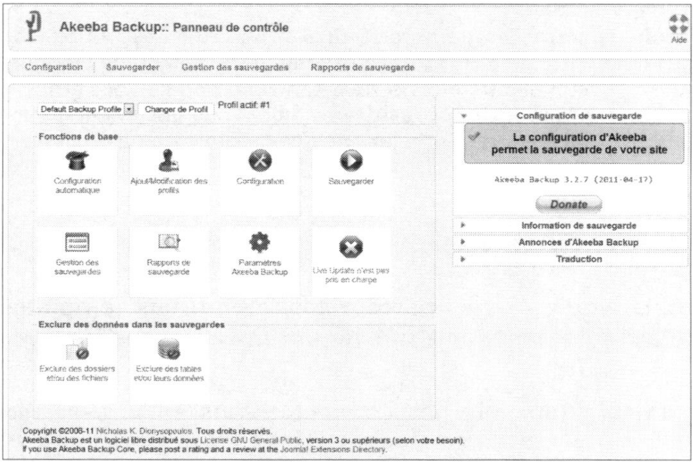

Figure 7.35 : Le panneau d'administration de l'extension Akeeba BackUp

7.4. Installer de nouveaux templates

Modifier l'apparence du site est une opération très aisée, comme vous l'avez déjà découvert, par la simple application d'un template, sans que le contenu rédactionnel en soit affecté.

Le nombre de templates livré avec Joomla est toutefois restreint. Aussi apprécierez-vous certainement de découvrir que de nombreux développeurs, doublés d'infographistes doués, pour certains, mettent à votre disposition un très grand nombre de templates gratuits en ligne sur le Web.

REMARQUE

Gratuité des templates

Vous trouverez sur Internet un nombre incalculable de templates, gratuits pour la plupart. Certains concepteurs proposent également des templates payants, à des prix attractifs, dotés de fonctionnalités et d'habillages graphiques indéniablement attrayants. Si l'un d'entre eux vous convient, la solution consistant à en faire l'acquisition se révélera généralement un bien meilleur calcul que de passer beaucoup de temps à l'adaptation d'un template gratuit ou à la création de votre propre template, si vous ne disposez pas d'une certaine expérience en matière de codage PHP et de techniques d'utilisation des feuilles de style (fichiers CSS), rouages sur lesquels sont basés les templates.

L'achat d'un template constitue en outre un encouragement, pour ses développeurs, qui participent à l'essor du CMS.

REMARQUE

Créer son propre template

Si, après avoir parcouru les nombreux sites proposant des templates Joomla (saisissez `"template joomla"` dans la zone de recherche de Google pour les découvrir), aucun d'entre eux ne vous convient, rien ne vous empêche de créer votre propre template. Vous devrez alors vous documenter sur cette technique car il vous faudra respecter quelques règles de construction.

Rechercher des templates

À titre d'exemple, vous allez ici parcourir les nombreux templates proposés en téléchargement sur le très réputé site allemand **http://www.joomlaos.de**.

1 Depuis votre navigateur Internet, connectez-vous à l'adresse **http://www.joomlaos.de**.

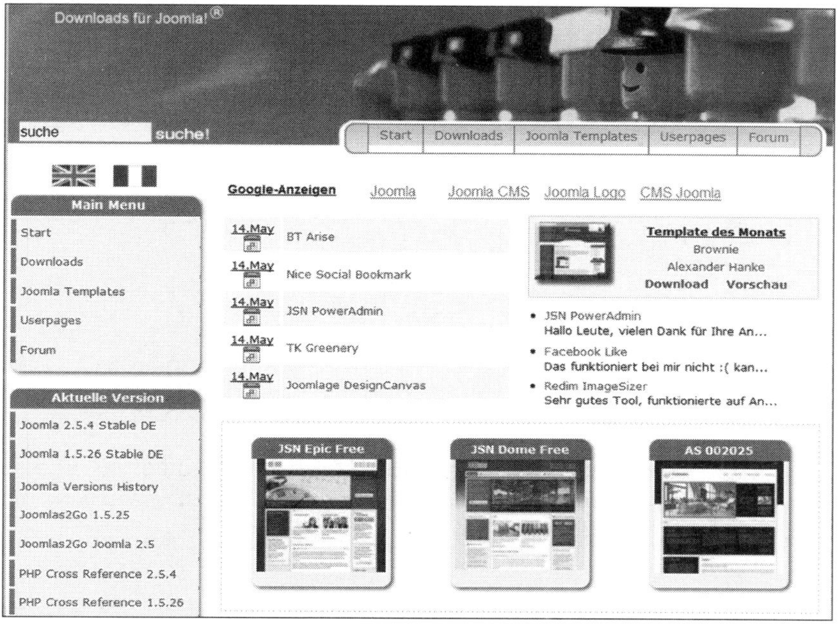

Figure 7.36 : La page d'accueil du site http://www.joomlaos.de

2 Dans le menu **Main Menu**, cliquez sur **Joomla Templates**.

3 Dans la page qui apparaît, cliquez sur **Templates für Joomla 2.5 / 1.7**.

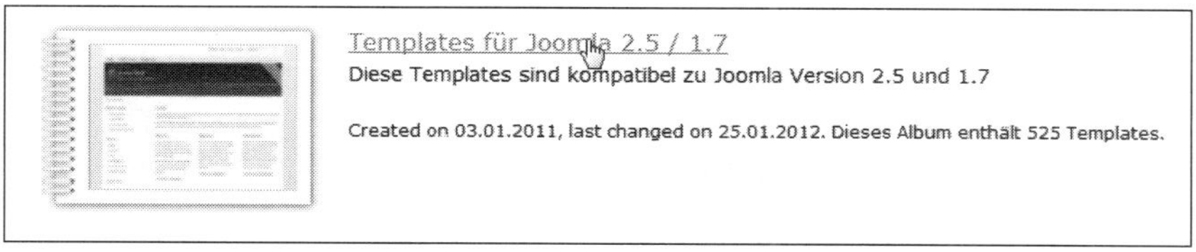

Figure 7.37 : Le lien menant aux templates

La page affichée vous propose trois types de templates :

- les templates à largeur fixe ;
- les templates à largeur variable (en fonction de la taille et de la résolution dans lesquelles le site est vu) ;
- les templates à largeur paramétrable.

Télécharger des templates à largeur fixe

1 Cliquez sur la première vignette, légendée *Album: Statische J2.5/ J1.7 Templates.*

Figure 7.38 : La vignette symbolisant la galerie de templates statiques

La zone de présentation des templates statiques est affichée. Elle se compose de nombreuses pages, que vous pouvez parcourir au moyen de boutons de navigation.

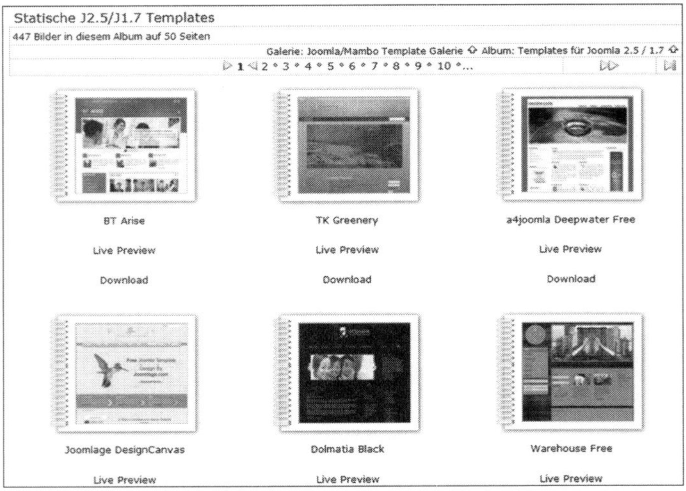

Figure 7.39 : La première page de présentation des templates statiques

2 Parcourez les pages proposées au moyen des boutons de navigation. Lorsqu'une vignette présente une mise en forme qui semble vous convenir, cliquez sur le lien *Live Preview* affiché sous la vignette.

Un site Joomla de démonstration sur lequel est appliqué le template est alors affiché dans un nouvel onglet, vous permettant ainsi d'apprécier le rendu du template.

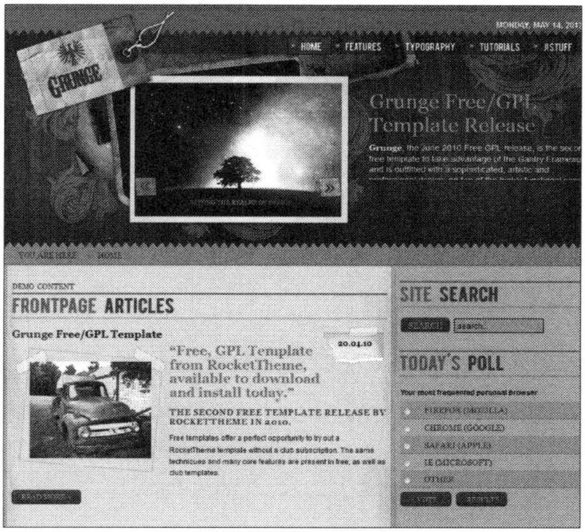

Figure 7.40 : Le site de démonstration présentant le template "RT Grunge Bundle"

3 Lorsque votre choix est fait, cliquez sur le lien *Download*, affiché sous la vignette du template, dans l'une des pages de présentation des templates à largeur fixe.

Une page de description du template apparaît, affichant notamment les paramètres spécifiques au template, qu'il vous sera possible de modifier depuis le backend, après installation.

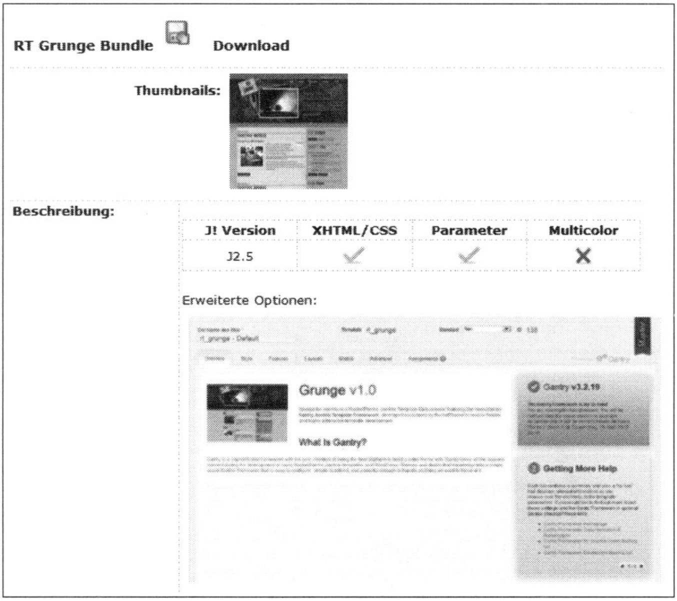

Figure 7.41 : La page de description du template

4 Cliquez sur le lien *Download*.

5 Dans la page qui apparaît, cochez la case indiquant que vous acceptez les conditions d'utilisation et cliquez sur le bouton **Download**.

La boîte de dialogue de téléchargement est affichée.

6 Enregistrez le fichier compressé, au format zip, sur votre ordinateur.

Télécharger des templates à largeur variable

La procédure de téléchargement est identique à la précédente, à cette nuance près qu'il vous faut cliquer sur la seconde vignette, dans la page proposant les trois types de templates pour Joomla 2.5.

Figure 7.42 : La vignette symbolisant la galerie de templates dynamiques

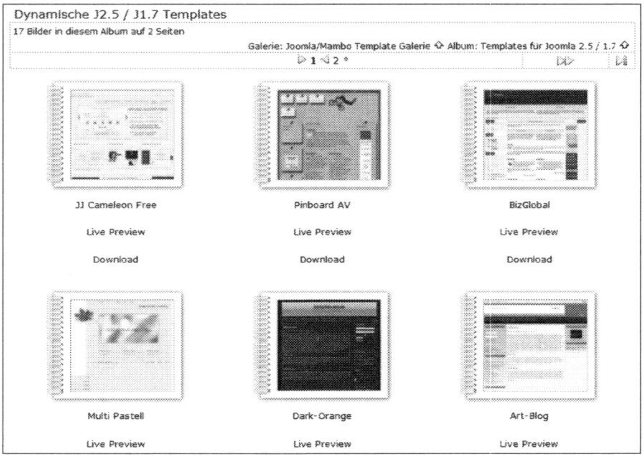

Figure 7.43 : La première page de présentation des templates à largeur variable

Télécharger des templates à largeur paramétrable

La procédure de téléchargement est identique à la précédente mais il vous faut cliquer sur la troisième vignette, dans la page proposant les trois types de templates pour Joomla 2.5.

Figure 7.44 : La vignette symbolisant la galerie de templates à largeur paramétrable

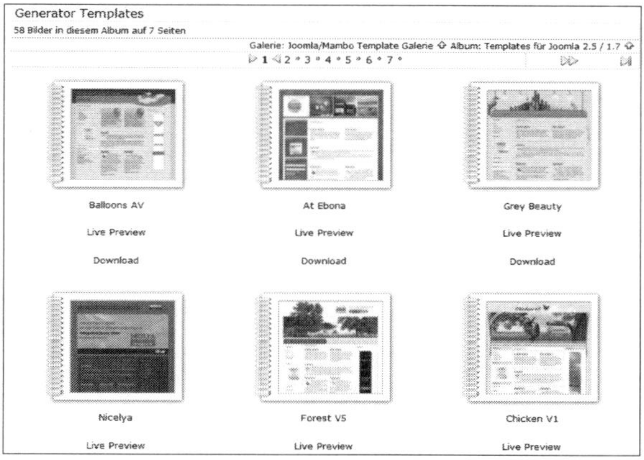

Figure 7.45 : La première page de présentation des templates à largeur paramétrable

Installer un template téléchargé

Les modes opératoires d'installation et de désinstallation d'un template sont identiques à ceux des extensions (voir Figure 7.46).

Pour définir un template par défaut, opérez comme suit :

1 Cliquez sur **Extensions/Gestion des templates.**

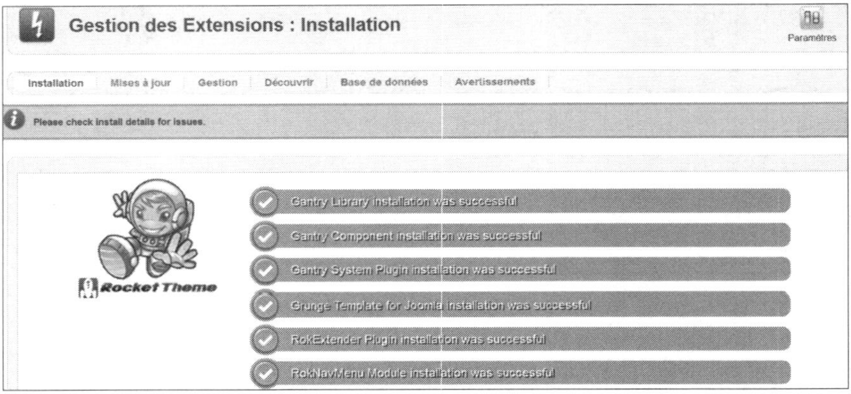

Figure 7.46 : L'installation d'un template sous Joomla 2.5

La page *Gestion des templates* est affichée.

2 Cochez l'option à gauche du nom du template puis, cliquez sur le bouton **Définir par défaut.**

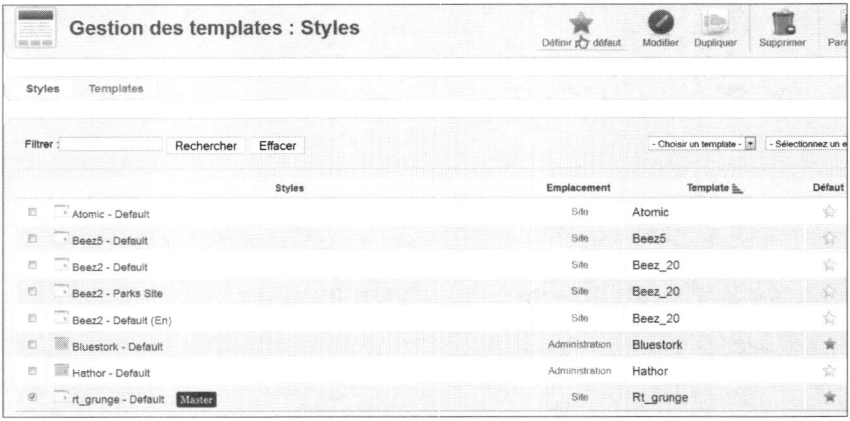

Figure 7.47 : Un template est défini comme template par défaut

3 Affichez la partie publique du site dans un autre onglet et cliquez sur le bouton d'actualisation de votre navigateur pour visualiser le site après application du nouveau template.

REMARQUE

Editer les paramètres d'un template.

Pour accéder aux éventuels paramètres d'un template (la présence et le nombre de paramètres d'un template dépendent de la méthode utilisée par son créateur), dans le gestionnaire de templates, cochez la case placée à gauche du nom du template puis cliquez sur le bouton **Modifier**.

REMARQUE

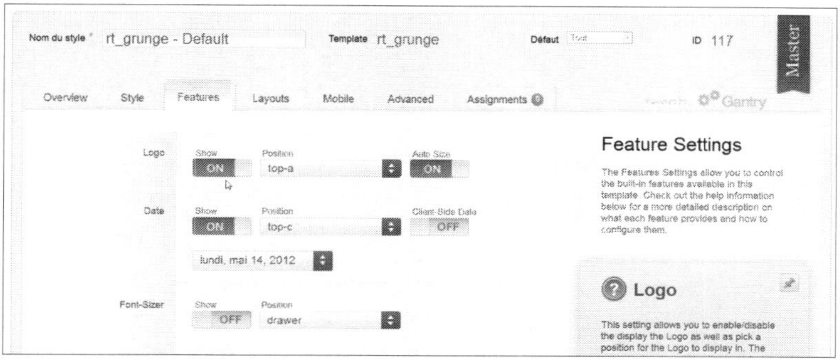

Figure 7.48 : Les paramètres d'un template

7.5. Check-list

- Joomla autorise l'installation de très nombreux composants complémentaires, facilement téléchargeables sur le Web.
- Joomla est désormais nativement capable de gérer des sites multilingues.
- Le composant *JCE* est très employé par les utilisateurs de Joomla pour améliorer les fonctionnalités natives de l'éditeur WYSIWYG.
- Le composant *DOCman* permet la gestion et le téléchargement de documents.
- Le composant *Community Builder* permet d'améliorer la gestion des utilisateurs.
- Le composant *Phoca Gallery* permet la gestion avancée de l'affichage des images.
- Le composant *AcyMailing* permet une gestion améliorée des newsletters.
- Le composant *Akeeba BackUp* permet d'automatiser la sauvegarde et la restauration du site.
- Des centaines de templates, le plus souvent gratuits, sont téléchargeables sur Internet. Leur mode d'installation est identique à celui des composants. Ils permettent de modifier radicalement la mise en forme sans affecter le contenu rédactionnel du site.

TRANSFORMER VOTRE SITE EN BOUTIQUE EN LIGNE

Une des grandes originalités de Joomla est sa possibilité d'implémentation du composant VirtueMart, l'un des systèmes OpenSource les plus efficaces en matière de gestion de commerce électronique.

Cette section lui est dédiée. Vous y apprendrez comment transformer votre site vitrine en une véritable boutique en ligne qui n'aura rien à envier, en termes de fonctionnalités, aux grands sites de vente en ligne, jusqu'alors réservés aux grosses structures logistiques et financières. Vous découvrirez également, en conclusion de ce chapitre, comment sauvegarder manuellement le système et le mettre à jour.

8.1. Comprendre le concept de VirtueMart

VirtueMart est une solution OpenSource de E-Commerce utilisée avec Joomla, également développée en PHP et utilisant la base de données MySQL.

Les points forts de VirtueMart

Simple à utiliser (la prise en main de l'interface de VirtueMart requiert quelques heures) et à implémenter, le composant n'en est pas moins un formidable outil complet, disposant, en outre, de nombreuses extensions téléchargeables sur le Net.

VirtueMart dispose de sa propre interface de gestion, qui s'intègre dans celle de Joomla, et depuis laquelle vous gérerez la totalité de vos produits (matériels ou immatériels) et services vendus en ligne, classés par catégories et par sous-catégories (ce classement hiérarchique peut être étendu sans limites).

Les fonctionnalités du système vont bien au-delà de celles d'une petite boutique en ligne. Citons, à titre d'exemple :

- la gestion des caractéristiques des produits ;
- la gestion des promotions et des soldes (paramétrables en fonction de l'appartenance des clients à certains groupes) ;
- un module d'affichage aléatoire des produits ;
- des tarifs affichables hors taxes ou toutes taxes comprises ;
- un moteur de recherche ;
- une gestion des stocks ;
- des importations et exportations de fichiers ;
- une gestion des groupes (utilisateurs et clients) ;
- de nombreux types de paiements sécurisés ;

- des statistiques des ventes ;
- une gestion de devises différentes ;
- une gestion de pays différents ;
- une gestion des expéditions et des frais inhérents ;
- une gestion des taxes, etc.

Le site officiel de VirtueMart

L'adresse du site officiel de l'équipe de développement de VirtueMart est **http://www.virtuemart.net**. Vous y trouverez de nombreux tutoriels, démonstrations, exemples, extensions, forums, ainsi que divers compléments proposés en téléchargement.

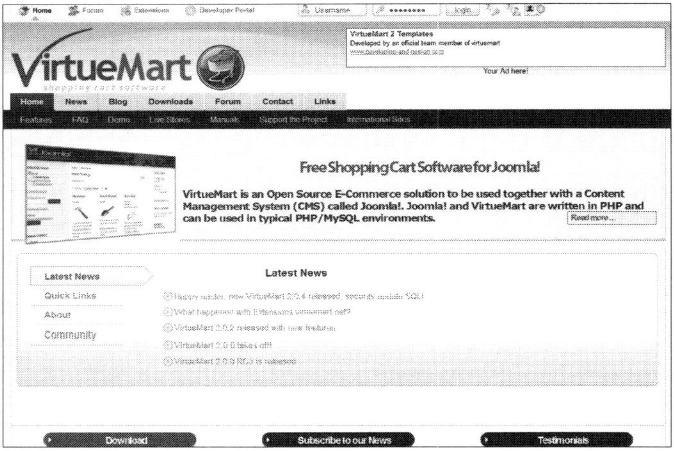

Figure 8.1 : Le site officiel de VirtueMart

Le menu **Home/Demo** du site propose, depuis le lien *Live Shops*, des exemples de boutique utilisant la solution VirtueMart.

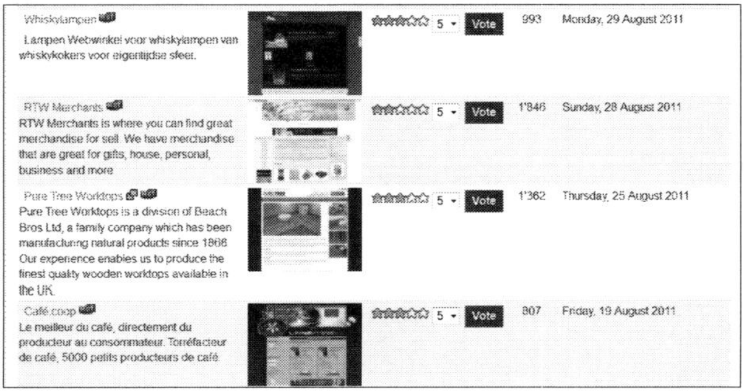

Figure 8.2 : Des exemples de boutiques

Depuis la page *VirtueMart Demo*, le lien *Demo Shop (Frontend)* permet de tester VirtueMart en tant qu'acheteur pour obtenir un aperçu des principales fonctionnalités de VirtueMart et passer des commandes. Le site de test est **http://demo.virtuemart.net**.

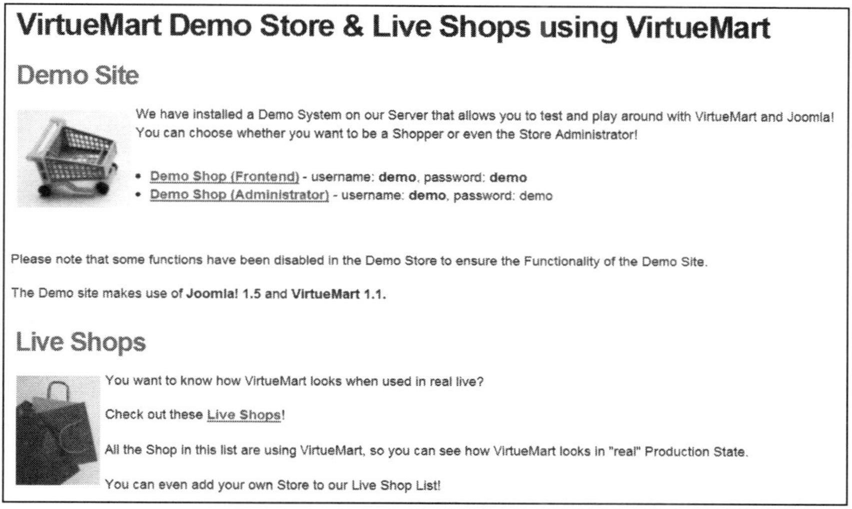

Figure 8.3 : La page VirtueMart Demo depuis le site virtuemart.net

Le lien *Demo Shop (Administrator)* de la page *VirtueMart Demo* permet de tester la partie administration de VirtueMart.

8.2. Installer VirtueMart

L'installation de VirtueMart s'effectue, comme celle de n'importe quel composant.

REMARQUE

VirtueMart et PHP

En fonction de la version de l'interpréteur PHP installée chez votre hébergeur, un message indiquant une incompatibilité avec les extensions des fichiers PHP peut apparaître pendant certaines méthodes d'installation décrites ci-après.

Ce problème se produit rarement. Toutefois, si vous le rencontrez, appliquez la solution déjà décrite à la section "*Publier les fichiers de Joomla chez l'hébergeur*", décrite au chapitre 2 de cet ouvrage et résumée ici :

— au moyen de Filezilla, transférez le fichier *htaccess.txt*, depuis le dossier d'installation de Joomla, chez l'hébergeur, vers l'un de vos dossiers, sur votre ordinateur ;

REMARQUE

sur votre ordinateur, ouvrez ce fichier avec un éditeur de texte, tel que le Bloc-notes ;

— insérez, en début de fichier, la ligne suivante :

```
AddType x-mapp-php5 .php
```

— fermez le fichier en l'enregistrant ;
— transférez le fichier modifié chez l'hébergeur, en remplacement du fichier d'origine ;
— depuis Filezilla, renommez le fichier en *.htaccess*, chez l'hébergeur (par un clic droit puis en choisissant **Renommer** dans le menu contextuel qui apparaît).

Ajouter le composant VirtueMart à Joomla

Après avoir implémenté Joomla, il est possible d'installer le composant VirtueMart ainsi que ses modules et ses plugins afin de mieux comprendre le fonctionnement du système. Vous allez donc ajouter VirtueMart à un système Joomla déjà en place sur votre serveur.

Téléchargement du composant VirtueMart

1 Téléchargez le fichier zip du composant de la dernière version de VirtueMart. Pour cela, connectez-vous au site **http://www.virtuemart.net**, cliquez sur l'onglet **Downloads** puis sur le lien **Download VirtueMart 2.0.X**. Enregistrez l'archive sur votre ordinateur.

L'archive téléchargée à ce jour est *com_virtuemart.2.0.4_extract_first.zip*.

Figure 8.4 : Le téléchargement du composant VirtueMart depuis le site http://www.virtuemart.net

2 Décompressez le fichier téléchargé.

Vous obtenez un dossier *com_virtuemart.2.0.x_extract_first* contenant deux fichiers compressés.

- Le premier fichier, nommé *com_virtuemart.2.0.x.zip*, constitue le composant à proprement parler.
- Le second fichier, nommé *com_virtuemart.2.0.x_ext_aio.zip*, renferme les modules, les plugins et les fichiers de langues nécessaires à la traduction de l'interface d'administration de VirtueMart.

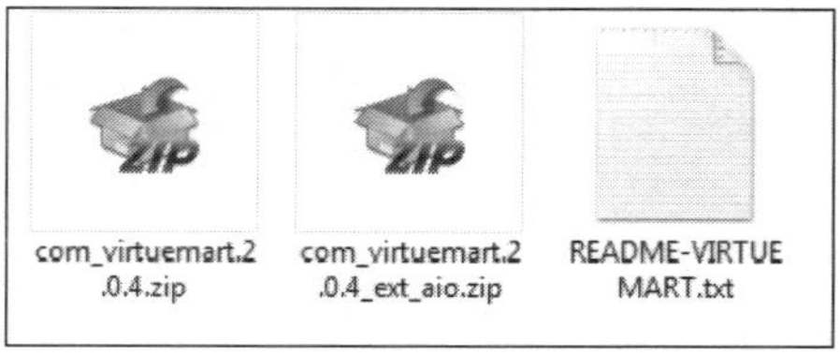

Figure 8.5 : Le contenu de l'archive com_virtuemart.2.0.4_extract_first

REMARQUE

Le téléchargement de VirtueMart depuis le site www.joomla.fr

Il est possible de télécharger la solution VirtueMart depuis le site officiel français de Joomla mais sans certitude qu'il s'agisse de la dernière version. C'est pourquoi il est préférable de télécharger depuis le site officiel de VirtueMart.

REMARQUE

Autre espace de téléchargement

Il vous est également offert de télécharger VirtueMart depuis l'espace de développement du système, à l'adresse http://dev.virtuemart.net/projects/virtuemart/files.

Comme vous le constaterez, les noms des fichiers proposés en téléchargement finissent par un numéro. Les numéros pairs indiquent des versions stables alors que les numéros impairs sont réservés aux versions de test.

L'installation du composant VirtueMart

1 Depuis l'administration de Joomla, cliquez sur le menu administrateur **Extensions/Gestion des extensions.**

2 Dans la page *Gestion des extensions : Installation*, cliquez sur le bouton **Parcourir** de la rubrique *Archive à transférer*.

3 Depuis la boîte de dialogue **Envoi du fichier**, sélectionnez l'archive du composant, *com_virtuemart.2.0.x.zip* qui se trouve dans le dossier *com_virtuemart.2.0.x _extract_first*, puis cliquez sur le bouton **Ouvrir**.

4 De retour dans la page *Gestion des extensions : Installation*, cliquez sur le bouton **Envoyer & Installer**.

La page de bienvenue de *VirtueMart* s'affiche. Elle indique la bonne installation du composant et présente un message listant notamment les tables créées à l'implémentation du composant ainsi que deux boutons, permettant respectivement un accès direct à la boutique et l'installation de données d'exemple.

5 Cliquez sur le bouton **Install SAMPLE DATA**.

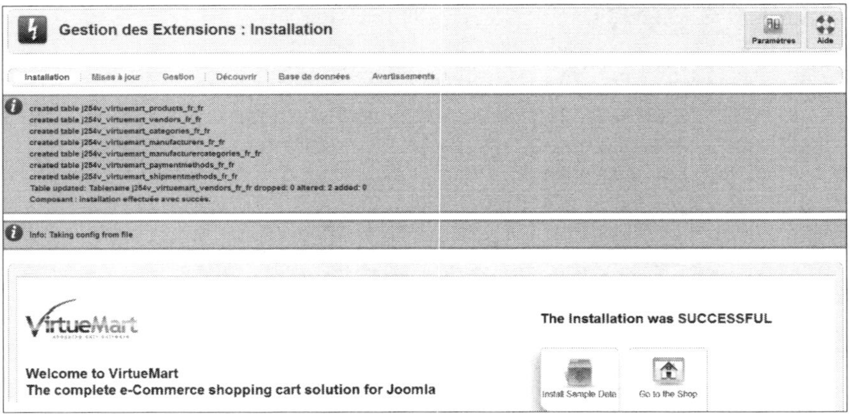

Figure 8.6 : L'ajout d'exemple de données

Une page de l'interface d'administration de VirtueMart s'affiche.

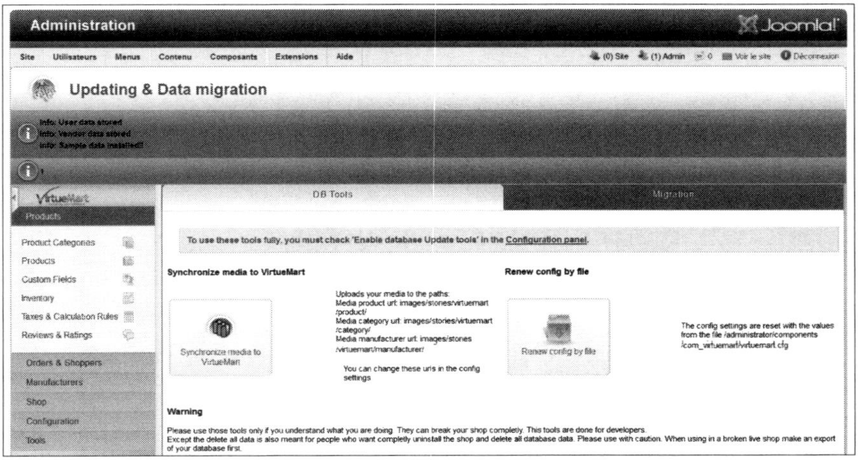

Figure 8.7 : La page de l'interface d'administration de VirtueMart

Il vous reste maintenant à installer le fichier complémentaire, renfermant différents modules, plugins et fichiers de langues.

6 Depuis la page d'administration de Joomla, cliquez sur le menu administrateur **Extensions/Gestion des extensions**.

7 Dans la page *Gestion des extensions : Installation*, cliquez sur le bouton **Parcourir** de la rubrique *Archive à transférer*.

8 Depuis la boîte de dialogue **Envoi du fichier**, sélectionnez l'archive du composant, *com_virtuemart.2.0.x_ext_aio.zip* qui se trouve dans le dossier *com_virtuemart.2.0.x_extract_first*, puis cliquez sur le bouton **Ouvrir**.

9 De retour dans la page *Gestion des extensions : Installation*, cliquez sur le bouton **Envoyer & Installer**.

Une page indique la liste des éléments ayant été ajoutés. Les modules installés et activés sont les suivants (il vous est possible de vérifier leur existence et de les renommer par le menu **Extensions/Gestion des modules**) :

- *VM - Category* : affichage des catégories de produits ;
- *VM - Shopping cart* : affichage du panier ;
- *VM - Manufacturer* : affichage des fournisseurs ;
- *VM - Search in Shop* : affichage d'une fonctionnalité de recherche ;
- *VM - Currencies Selector* : affichage de la liste de choix de la devise ;
- *VM - Best Sales* : affichage des meilleures ventes ;
- *VM - Featured products* : affichage des produits en promotion.

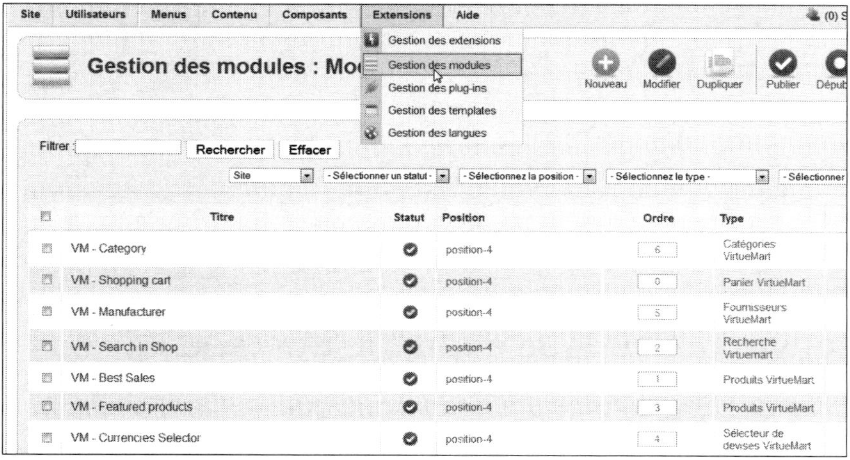

Figure 8.8 : La liste des modules installés, affichée dans le gestionnaire de modules

De même, plusieurs plugins sont ajoutés et activés par VirtueMart. Vous pouvez vérifier leur existence et les renommer par le menu **Extensions/Gestion des plug-ins**.

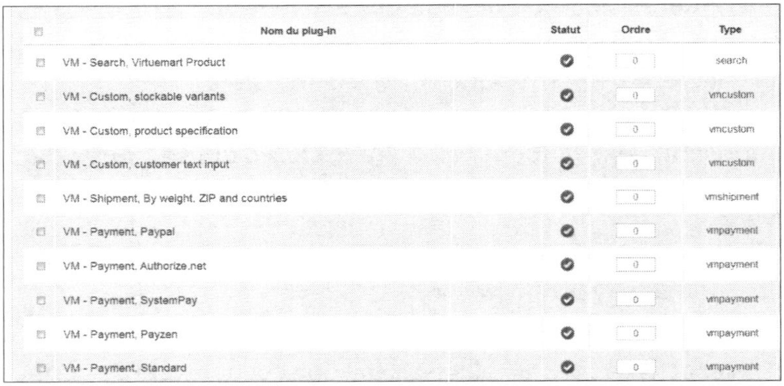

Figure 8.9 : La liste des plugins installés, affichée dans le gestionnaire de plugins

REMARQUE

Effectuer la mise à jour de VirtueMart

VirtueMart est régulièrement mis à jour par son équipe de développement. Pour effectuer une recherche de nouvelle version et son installation, ayez recours au bouton proposé en-dessous du menu d'administration de VirtueMart (ce bouton est également accessible par le menu **Outils/Panneau de configuration**).

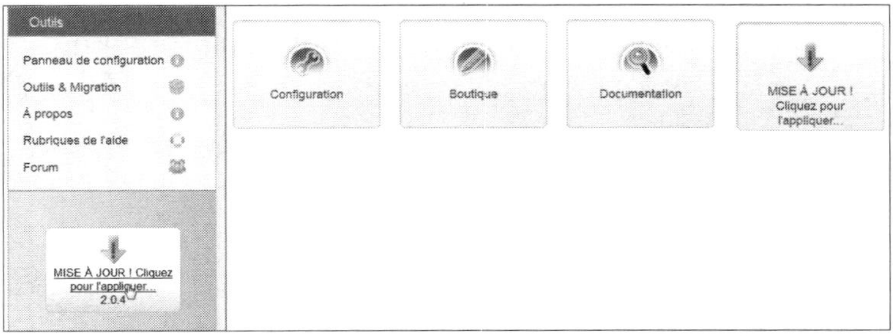

Figure 8.10 : Le bouton de mise à jour de VirtueMart

Découvrir la boutique depuis le frontend

Créer un lien de menu vers la boutique

Après l'installation de VirtueMart, un message apparait dans le frontend. Il indique qu'un menu vers la boutique doit être créé.

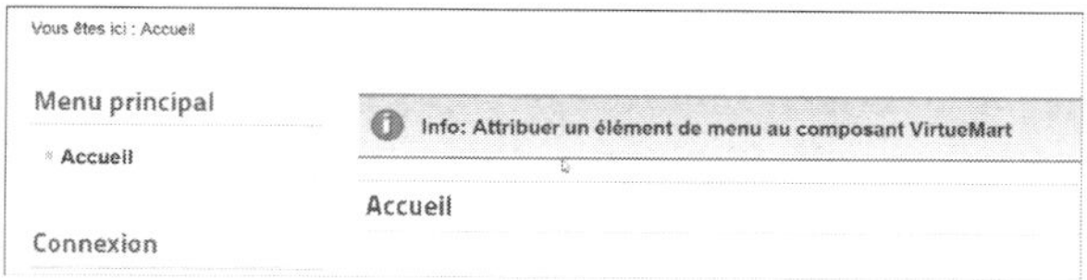

Figure 8.11 : Le message généré à l'installation de VirtueMart

Pour faire disparaître ce message, il vous suffit d'ajouter un lien dans l'un des menus (le menu principal, par exemple), comme décrit ci-après.

1 Activez le menu **Menus/Menu principal/Ajouter un lien de menu.**

La page *Ajouter un lien de menu* est affichée.

2 À la rubrique *Détails*, cliquez sur le bouton **Sélection**, placé à droite de la zone *Type de lien de menu*.

3 Dans la fenêtre **Sélectionnez un type de lien de menu**, qui apparaît en surimpression, choisissez *Page d'accueil*, à la rubrique *VirtueMart*.

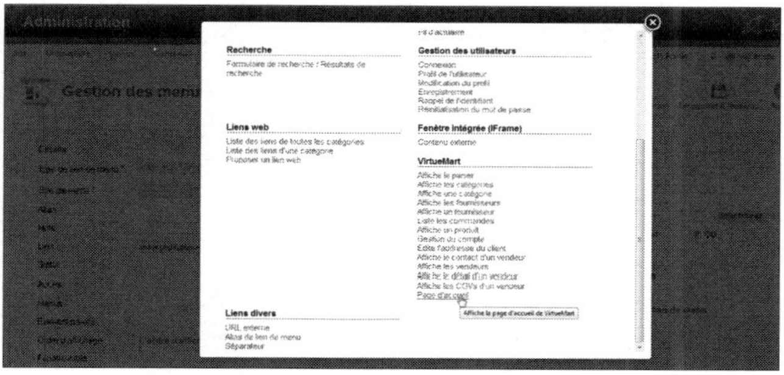

Figure 8.12 : Le choix du type de lien de menu

4 De retour dans la page *Ajouter un lien de menu*, saisissez le libellé du lien de menu dans la zone *Titre de menu*.

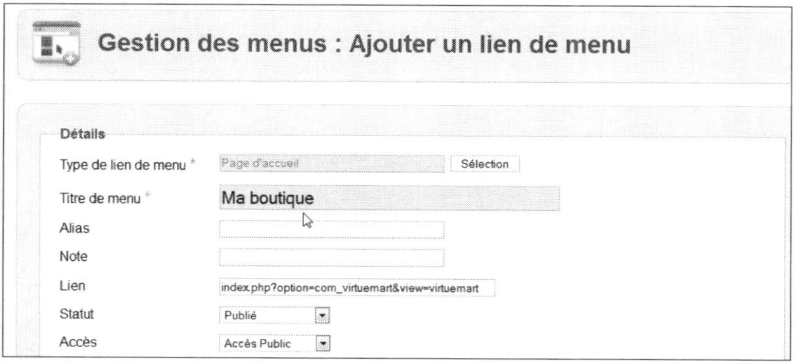

Figure 8.13 : La création du lien de menu

5 Cliquez sur le bouton **Enregistrer & Fermer**.

6 Dans l'onglet affichant le frontend, actualisez la page d'accueil du site et constatez la disparition du message ainsi que la présence du lien de menu pointant vers la page d'accueil de la boutique.

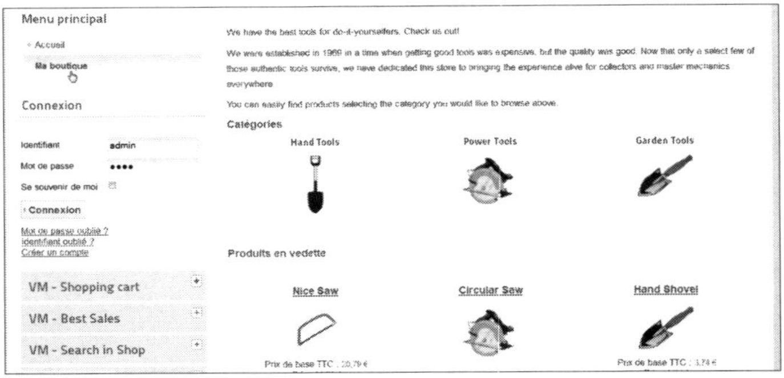

Figure 8.14 : La page d'accueil de la boutique

Utiliser les modules de VirtueMart

Les modules de VirtueMart, précédemment implémentés lors de l'installation, sont visibles sur toutes les pages, depuis le frontend. Ils apparaissent dans l'une des positions du template (la position 4, lorsque le template par défaut est utilisé). Leur aspect dépend du template appliqué.

Les titres des modules sont en anglais. Nous vous conseillons de franciser leurs titres, depuis le backend, par le menu **Extensions /Gestion des modules**.

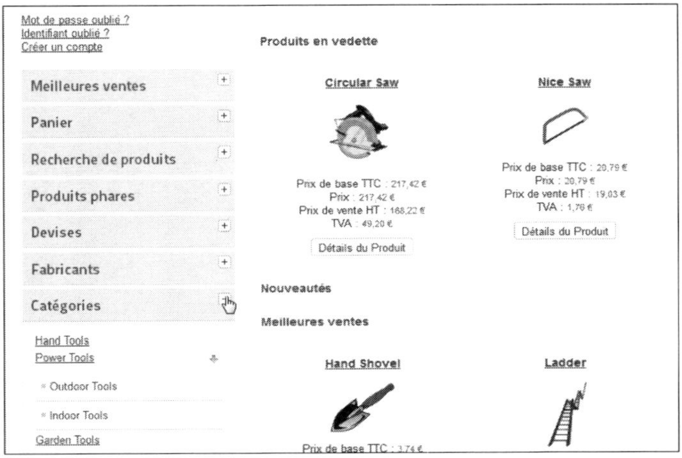

Figure 8.15 : Les modules ont été renommés

REMARQUE

Création d'un module VirtueMart

Des modules complémentaires peuvent être ajoutés par le menu **Extensions/Gestion des modules** puis le bouton **Nouveau**. Dans la fenêtre **Sélectionnez un type de module** qui apparaît alors en surimpression, choisissez un type de module VirtueMart :

- *Catégories VirtueMart* : listes des catégories de produits ;
- *Panier VirtueMart* : affichage du panier de l'internaute ;
- *Recherche VirtueMart* : recherche de produits ;
- *Fournisseurs VirtueMart* : affichage des fournisseurs ;
- *Produits VirtueMart* : affichage de produits selon un critère ; produits en vedette, derniers produits, affichage aléatoire, meilleures ventes ;
- *Sélecteur de devises VirtueMart* : choix d'une devise.

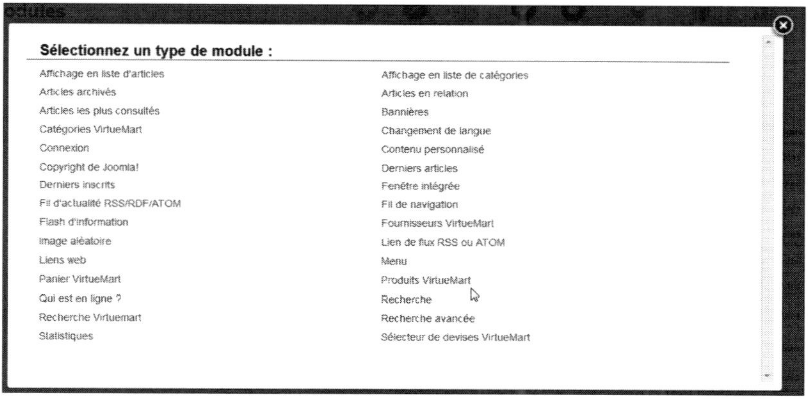

Figure 8.16 : Le choix d'un type de module

Personnalisez alors le module, en utilisant ses paramètres.

8.3. L'interface d'administration

VirtueMart est installé. Vous pouvez désormais utiliser le composant.

Activez le menu **Composants/VirtueMart** pour afficher l'interface d'administration de VirtueMart. L'interface se compose :

- d'un menu vertical, dans la partie gauche de la fenêtre. Il permet d'accéder aux familles de paramètres gérées par VirtueMart (produits, commandes et clients, fournisseurs, boutique, configuration, outils). Ce menu peut être masqué par un clic sur la flèche situé en haut à gauche du menu.

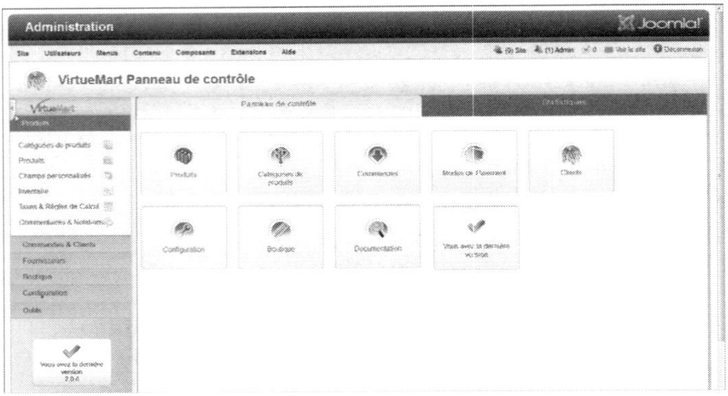

Figure 8.17 : Afficher ou masquer le menu d'administration de VirtueMart

- d'un panneau de contrôle, affiché par défaut et présentant des boutons constituant des raccourcis vers les principales fonctionnalités de VirtueMart ;
- d'un tableau de statistiques de l'activité de la boutique.

Ces deux dernières fonctionnalités sont accessibles par deux onglets.

8.4. Découvrir les paramètres de configuration générale

Pour cette prise en main, vous allez survoler les nombreux paramètres dont les valeurs vous permettront de personnaliser VirtueMart en fonction de votre activité économique. Certains de ces points sont détaillés plus loin dans ce livre.

1 Depuis l'interface d'administration de VirtueMart, cliquez sur le menu **Configuration** puis sur **Configuration**.

La page *Configuration* qui est affichée présente de nombreux paramètres de configuration, accessibles depuis plusieurs onglets (**Boutique, Boutique frontale, Templates, Prix, Commande, Tri des produits, SEO**).

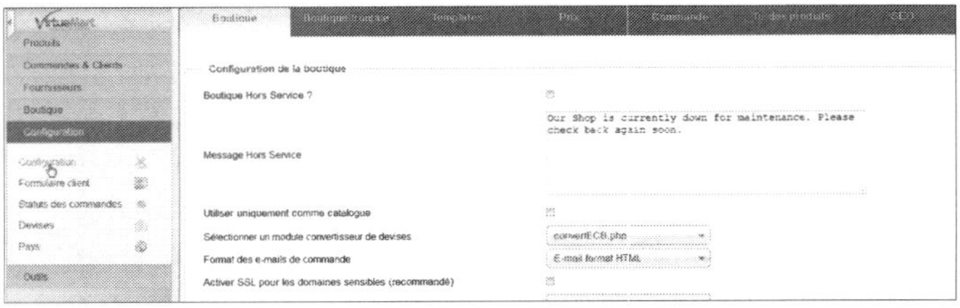

Figure 8.18 : La page Configuration

Utiliser VirtueMart pour afficher un simple catalogue

La boutique en ligne peut être utilisée afin de présenter votre catalogue de produits. Vous ne souhaiterez plus alors afficher les prix ni permettre l'achat en ligne.

Depuis l'interface de VirtueMart, activez le menu **Configuration/Configuration**. Dans l'onglet **Boutique**, cochez la case *Utiliser uniquement comme catalogue*. Décochez éventuellement la case *Afficher les prix* de la rubrique *Afficher les prix suivants* de l'onglet **Prix**.

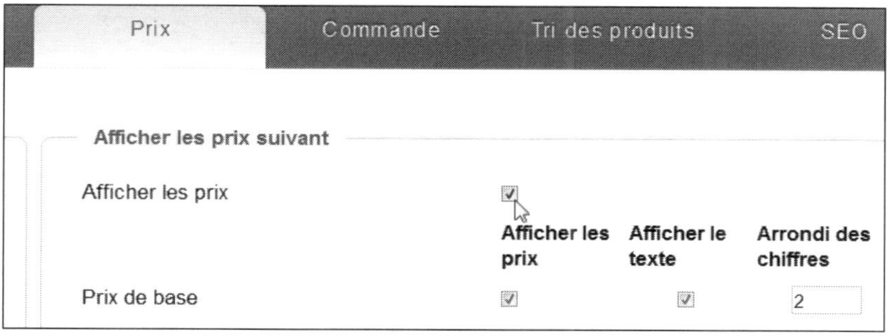

Figure 8.19 : La désactivation de l'affichage des prix dans la boutique

En outre, le menu **Configuration**, lorsqu'il est cliqué, permet l'ouverture d'autres sous-menus autorisant l'accès à divers paramètres. Certains d'entre eux seront expliqués plus loin.

2 Depuis l'interface d'administration de VirtueMart, cliquez sur le menu **Configuration** puis sur chacun de ses items pour découvrir les paramètres rattachés (gestion du formulaire client, du statut des commandes, des devises et des pays).

8.5. Configurer les paramètres de la boutique

Pour débuter, il vous faut définir quelques paramètres de base, spécifiques à votre activité.

Depuis l'interface d'administration de VirtueMart, cliquez sur **Boutique** puis sur **Boutique**.

La page *Boutique* s'affiche.

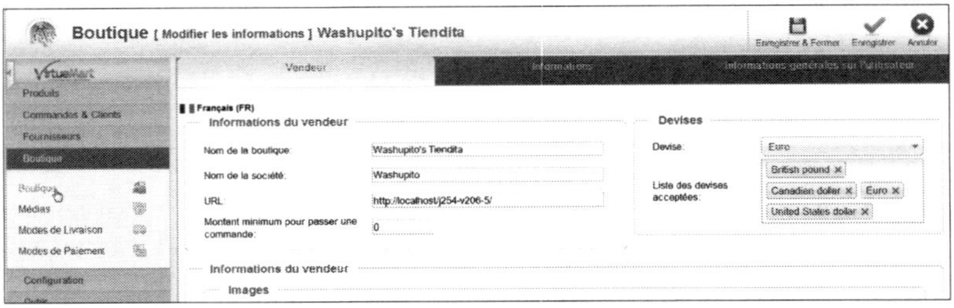

Figure 8.20 : L'accès aux paramètres de la boutique

Définir l'identité de la boutique

Les informations renfermées dans les zones de la rubrique *Boutique* sont spécifiques à votre boutique. Il convient de les renseigner avec soin car elles sont utilisées, notamment, lors de l'adressage des courriels à la clientèle.

1 Cliquez sur l'onglet **Vendeur**.

Les données qu'il vous faut personnaliser dans cette rubrique sont les suivantes :

- le nom de la boutique ;
- le nom de la société ;
- l'URL de la boutique (conservez l'adresse proposée par VirtueMart) ;
- l'éventuel montant minimal d'une commande ;
- la devise principale ;
- les autres devises acceptées (cliquez dans la zone *Liste des devises acceptées* pour faire apparaître la liste des devises) ;

Figure 8.21 : Le choix des devises utilisées

La zone *Liste des devises acceptées* présente une liste permettant de choisir les devises autorisées sur le site, dans le module *Devises*.

REMARQUE

Liste des devises

Pour ajouter ou supprimer une devise à la liste, cliquez sur le menu d'administration **Configuration** puis sur **Devises**. La liste des devises est affichée. Utilisez le bouton **Nouveau** pour ajouter une nouvelle devise ou le bouton **Supprimer** pour supprimer les devises sélectionnées.

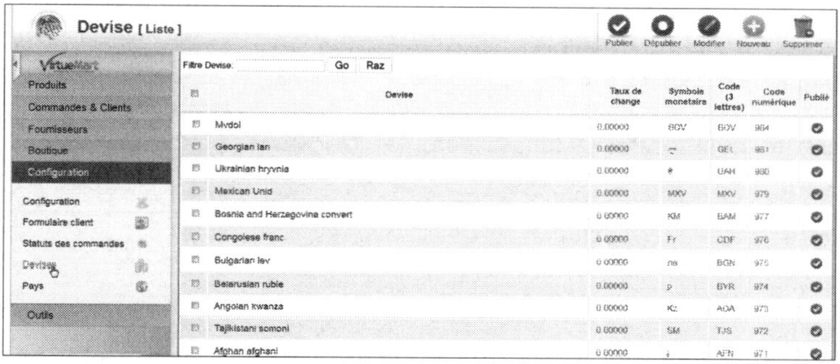

Figure 8.22 : La liste des devises

■ le logo utilisé notamment dans les courriels adressés aux internautes, lors des commandes ;

REMARQUE

Modifier l'image du logo

L'image du logo étant fournie à titre d'exemple, il vous faut la personnaliser. Pour ce faire, depuis l'onglet **Vendeur**, cliquez dans la zone *Téléchargement du fichier* puis choisissez le fichier image de votre choix. Choisissez l'option *Remplacer* dans la zone *Attacher une image* puis cliquez sur le bouton **Enregistrer**.

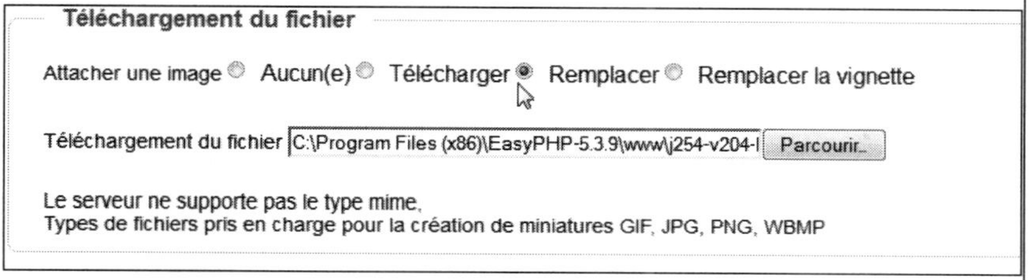

Figure 8.23 : Le remplacement de l'image du logo

Renseignez enfin les zones *Nom du fichier unique, Description affichée, Texte alternatif image,* proposées à la rubrique *Informations sur l'image*.

2 Cliquez sur l'onglet **Informations** et renseignez les zones proposées à la rubrique *Informations complémentaires* (adresse de la boutique, coordonnées du responsable, ...).

L'adresse électronique du responsable a une double utilité : elle est communiquée à l'internaute lors du courriel de confirmation de la commande et avertit le responsable, lorsqu'une nouvelle commande est passée ; une copie du courriel est également envoyée à cette adresse.

> REMARQUE
>
> **Modifier la liste des pays**
>
> Pour ajouter ou désactiver des pays à la liste proposée, cliquez sur **Configuration** puis sur **Pays**. Utilisez le bouton **Nouveau** pour ajouter un pays et le bouton **Dépublier** pour désactiver les pays sélectionnés.

Saisir la description de la boutique

Depuis l'interface d'administration de VirtueMart, cliquez sur le menu **Boutique/Boutique** puis sur l'onglet **Vendeur**.

La rubrique *Description* de l'onglet **Vendeur** est dédiée à la saisie, au moyen d'un éditeur WYSIWYG, du texte de présentation de la boutique (vous pouvez, bien entendu, également y placer des images).

Ces informations, dans lesquelles il est évidemment conseillé de placer des mots-clés à l'attention des moteurs de recherche, seront affichées sur le frontend si, dans un menu, est créé un lien menant à la boutique (c'est-à-dire vers le composant VirtueMart).

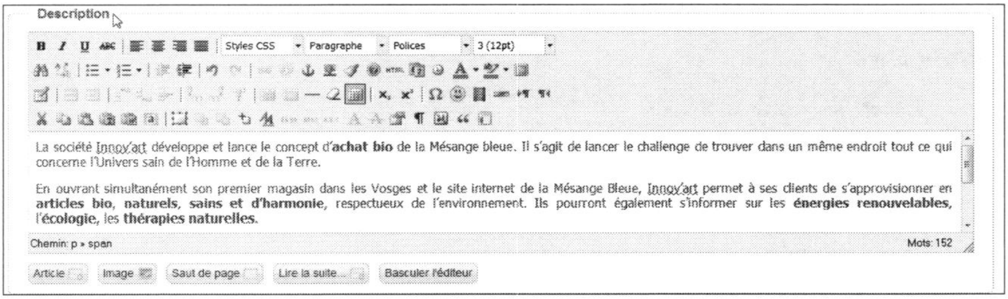

Figure 8.24 : La saisie de la description de la boutique

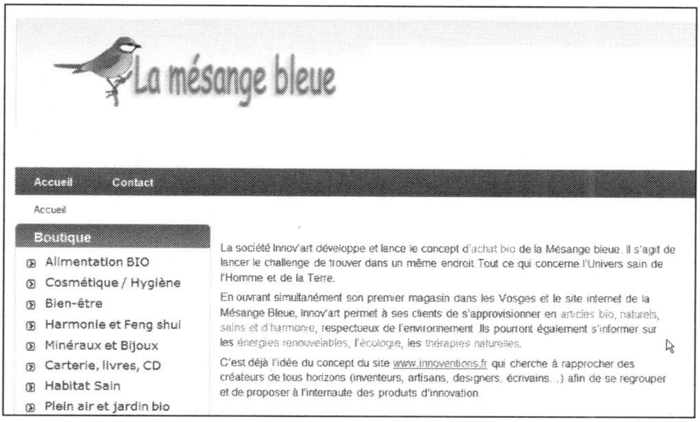

Figure 8.25 : L'affichage de la description de la boutique du site http://www.la-mesange-bleue.fr dans le frontend

REMARQUE

VirtueMart et les vendeurs multiples

La version actuelle de VirtueMart, 2.0.6, n'est pas multivendeurs. Cette option est toutefois annoncée pour les prochaines versions par l'équipe de développement du composant.

Saisir les conditions générales de vente et les informations légales

1 Depuis l'interface d'administration de VirtueMart, cliquez sur le menu **Boutique/Boutique** puis sur l'onglet **Vendeur**.

Présentée dans le même éditeur WYSIWYG, la rubrique *Conditions générales de vente* de l'onglet **Vendeur** est dédiée à la saisie du texte des conditions générales de vente de la boutique.

2 Saisissez le texte de vos conditions générales de vente.

Figure 8.26 : La saisie des conditions générales de vente dans les paramètres de la boutique

Accéder aux conditions générales de vente depuis un menu

REMARQUE

Après l'installation de VirtueMart, de nouveaux types de liens de menus, spécifiques à VirtueMart, ont été ajoutés. Ainsi, pour créer un lien de menu pointant vers vos conditions générales de vente, vous suffira-t-il, après avoir cliqué sur **Menus** puis sur le nom du menu concerné et enfin sur **Ajouter un lien de menu**, de choisir **Affiche les CGVs d'un vendeur**, parmi les options proposées pour la zone *Type de lien de menu*.

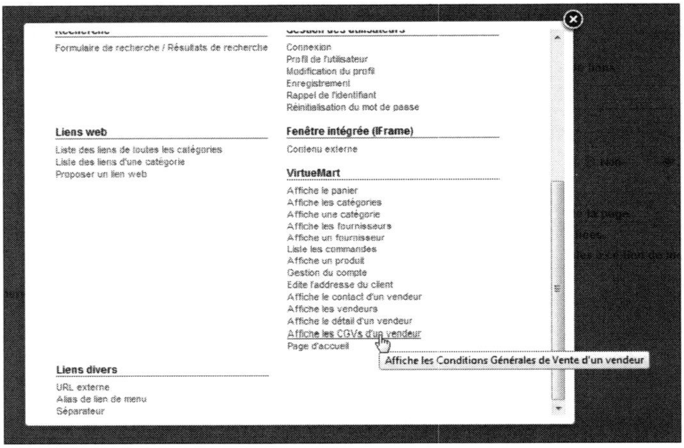

Figure 8.27 : Le choix du type de lien de menu

Acceptation des conditions générales de vente

REMARQUE

Il est préférable de toujours demander à l'internaute d'accepter vos conditions générales de vente à chaque commande. Pour ce faire, cliquez sur le menu **Configuration/Configuration** puis sur l'onglet **Commande** et cochez la case *Le client doit-il accepter les Conditions Générales de Vente pour CHAQUE COMMANDE ?*.

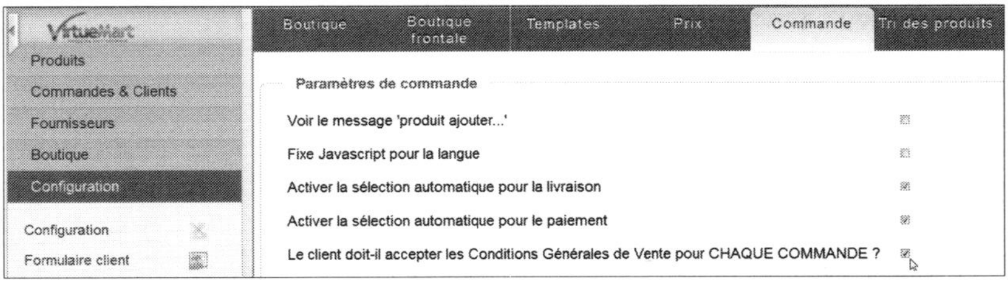

Figure 8.28 : Les conditions générales de ventes devront être acceptées à chaque commande

3 Saisissez enfin le texte de vos informations légales (adresse, raison sociale, numéro d'activité, ...) dans la zone *Informations légales*.

REMARQUE

Afficher les informations sur le vendeur depuis un lien de menu

Comme pour les conditions générales de vente, il est possible de créer un lien de menu pour afficher la description de la boutique, les informations relatives au vendeur, les informations légales et un lien vers les conditions générales de ventes en utilisant le type de lien de menu **Affiche le détail d'un vendeur**.

8.6. Gérer la TVA

Pour affecter à chacun de vos produits le code TVA qui lui correspond, vous devez au préalable créer les taux de TVA.

1 Depuis l'interface de VirtueMart, activez le menu **Produits/Taxes & Règles de Calcul**.

La page *Taxes & Règles de Calcul* est affichée.

2 Supprimez les définitions de taxes inutiles en les cochant puis en cliquant sur le bouton **Supprimer**.

3 Pour créer un nouveau taux, cliquez sur le bouton **Nouveau**.

4 Saisissez le libellé de la taxe dans la zone *Nom de la règle de calcul*.

5 Cochez l'option *Oui* de la zone *Publié*.

6 Saisissez éventuellement une description.

7 Choisissez un type de calcul (nous choisissons ici le type *Taxe par produit*).

8 Choisissez une d'opération mathématique (nous choisissons ici le type *+%*).

9 Saisissez la valeur du taux de TVA dans la zone *Valeur*.

10 Conservez l'Euro comme Devise par défaut.

11 Choisissez l'option *Oui* dans les zones *Visible pour le client* et *Visible pour le vendeur*.

12 Indiquez, par exemple, la date du jour comme date de début d'application du taux de TVA.

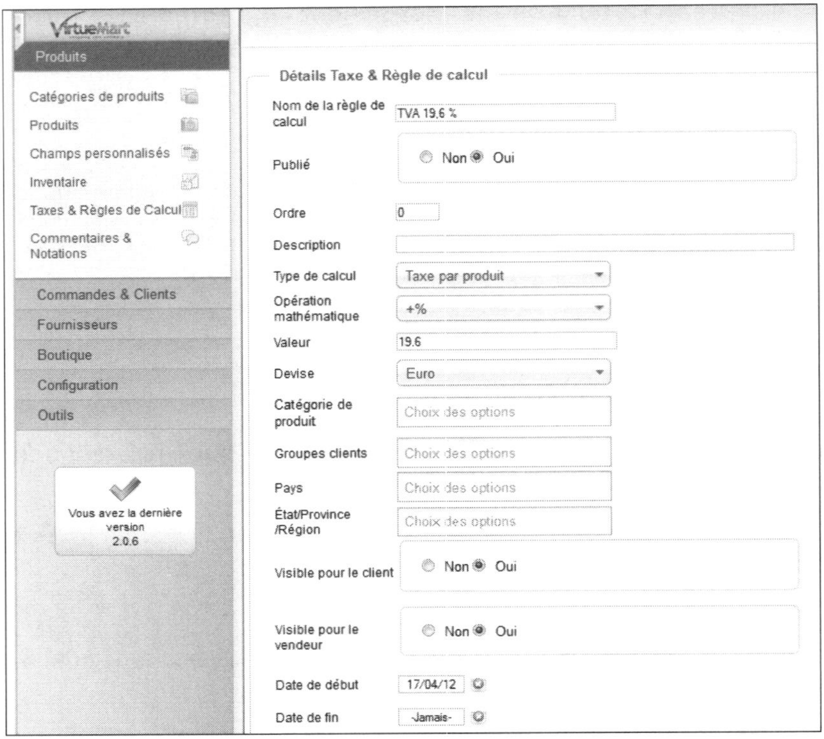

Figure 8.29 : La saisie d'un taux de TVA

8.7. Créer le catalogue de produits

Vous allez désormais saisir vos produits et leurs caractéristiques.

Créer les fournisseurs de produits

Avant de créer les produits, vous allez constituer la liste des fournisseurs (ou des marques) auxquels sont rattachés les produits.

Si le nombre de fournisseurs est important, il est préférable de créer des catégories de fournisseurs. Cela facilitera votre classement. Sinon la catégorie qui sera utilisée par défaut se nomme *default*.

1 Depuis l'interface d'administration de VirtueMart, activez le menu **Fournisseurs/Catégorie de fournisseurs** puis cliquez sur le bouton **Nouveau**.

La page *Catégorie de fournisseur* est affichée.

2 Saisissez le nom de la catégorie du fournisseur dans le champ *Nom de la catégorie de fournisseurs*.

3 Saisissez un descriptif éventuel dans la zone *Description de la catégorie de fournisseurs*.

4 Cliquez sur le bouton **Enregistrer**.

REMARQUE

Suppression d'une catégorie

Pour supprimer une catégorie, affichez la liste des fournisseurs par le menu **Fournisseurs/Catégorie de fournisseur**. Dans la page *Catégorie de fournisseur [Liste]*, cochez le nom de la catégorie, puis cliquez sur le bouton **Supprimer**.

Vous allez maintenant créer un fournisseur.

5 Depuis l'interface d'administration de VirtueMart, activez le menu **Fournisseurs/Fournisseurs** puis cliquez sur le bouton **Nouveau.**

La page *Fournisseur [Nouveau]* est affichée.

6 Dans l'onglet **Description**, saisissez le nom du fournisseur dans le champ *Nom du fournisseur*.

7 Conservez l'option *Publié* à *Oui*, afin que le fournisseur continue d'apparaître dans le module affichant les fournisseurs.

8 Choisissez la catégorie de fournisseur dans la liste déroulante *Nom de la catégorie de fournisseurs*.

9 Saisissez l'URL éventuelle du site Internet du fabricant dans la zone *URL du fournisseur*.

10 Saisissez l'adresse électronique du fabricant dans la zone *E-mail du fournisseur*.

11 Saisissez un descriptif éventuel dans la zone *Description du fournisseur*.

12 Affectez une éventuelle image du fournisseur depuis l'onglet **Image**.

12 Cliquez sur le bouton **Enregistrer & Fermer**.

REMARQUE

Suppression d'un fournisseur

Affichez la liste des fournisseurs par le menu **Fournisseurs/Fournisseurs**. Dans la page *Fournisseur [Liste]*, cochez le nom du fournisseur puis cliquez sur le bouton **Supprimer**.

Créer des catégories de produits

Un produit doit être rattaché à une catégorie. Aussi, avant de créer des produits, est-il nécessaire de créer des catégories de produits. En outre, la création d'une hiérarchie de catégories permet de structurer le catalogue.

1 Depuis l'interface d'administration de VirtueMart, activez le menu **Produits/Catégories de produits** puis cliquez sur le bouton **Nouveau**.

La page *Catégories de produits* s'affiche.

2 Depuis l'onglet **Information sur la catégorie**, saisissez le nom de la catégorie du produit dans le champ *Nom de la catégorie*.

3 Saisissez un descriptif éventuel dans la zone *Description*.

La rubrique *Détails*, présentée en bas de page, vous permet de spécifier des paramètres complémentaires, tels que :

- le choix de l'ordre d'affichage de la catégorie dans la liste *Ordre* ;
- le niveau hiérarchique affecté à la catégorie dans la liste *Classement des catégories* (le premier niveau est nommé *Catégorie principale*) ;
- le nombre de produits affichés par ligne lorsque la catégorie est cliquée dans la zone *Affiche x produits par ligne* ;
- les modèles de mise en forme utilisés pour la page de la catégorie et pour la page de détail des produits de la catégorie, au moyen des listes déroulantes *Mise en page de la catégorie* et *Mise en page des produits* ;
- l'affectation d'un template spécifique à une catégorie ;
- le titre de la page affichant la catégorie ;
- le contenu des balises `Meta Description` (court texte de description de la page, affiché dans les pages de résultats des moteurs de recherche) et `Meta Keywords` (mots clés à l'intention des moteurs de recherche) (voir fig. 8.30).

Il est possible d'associer une image à une catégorie.

4 Cliquez sur l'onglet **Images**, puis exécutez l'une des manipulations suivantes :

- Pour associer une image au format d'une vignette à partir d'une image de grande taille, cliquez dans la zone *Téléchargement du fichier*, puis choisissez, depuis la boîte de dialogue **Envoi du fichier**, le fichier de l'image de la catégorie et cliquez sur le bouton **Ouvrir**. Choisissez l'option **Télécharger** dans la zone *Attacher une image* puis cliquez sur le bouton **Enregistrer**.

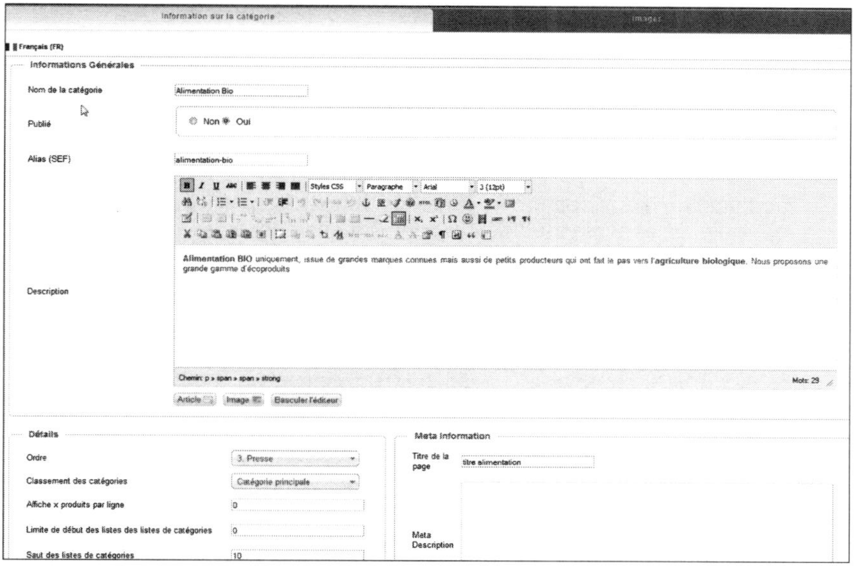

Figure 8.30 : La saisie d'une catégorie

Vous constatez que la vignette associée à la catégorie est alors générée. Cette dernière est visible sous la rubrique *Image*.

Renseignez les zones *Description affichée* et *Texte alternatif image*, proposées à la rubrique *Informations sur l'image*.

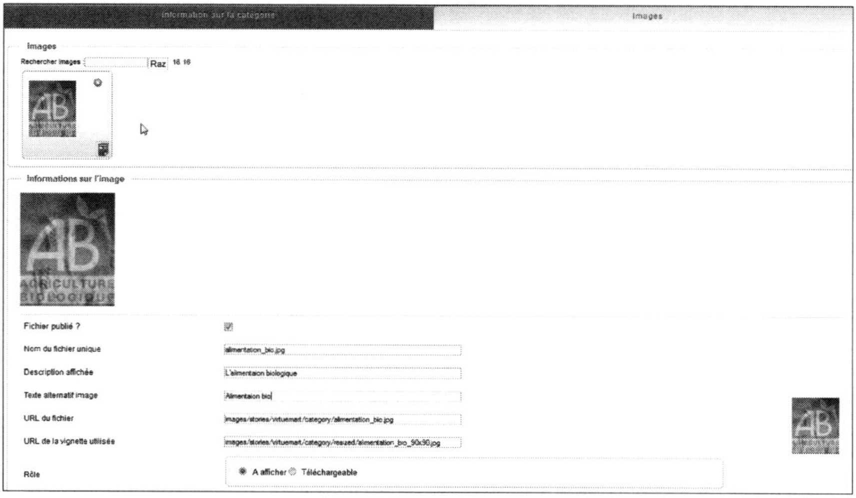

Figure 8.31 : La création de l'image de la catégorie dans le format d'une vignette

Modification des dimensions des vignettes

REMARQUE

La largeur et la hauteur des vignettes sont modifiables depuis les zones *Largeur de la vignette* et *Hauteur de la vignette*, accessibles depuis le menu **Configuration/Configuration**, sous l'onglet **Templates** et la rubrique *Paramètres des médias*.

La modification sera appliquée pour les futures vignettes générées. Les vignettes créées avant la modification des dimensions restent dans leur taille initiale.

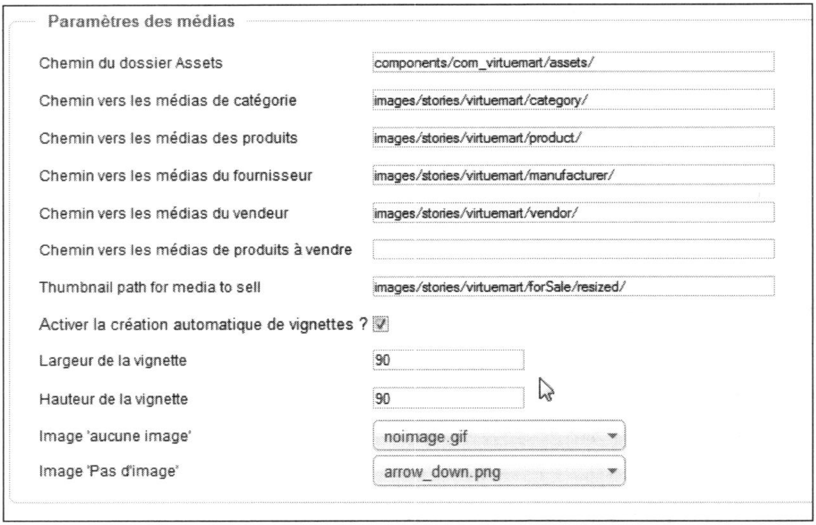

Figure 8.32 : La modification des dimensions des futures vignettes

- Pour remplacer la vignette créée et associer une image de taille personnalisée à la catégorie, cliquez dans la zone *Téléchargement du fichier*, puis choisissez, depuis la boîte de dialogue **Envoi du fichier**, le fichier de l'image de la catégorie et cliquez sur le bouton **Ouvrir**. Choisissez l'option **Remplacer la vignette** dans la zone *Attacher une image* puis cliquez sur le bouton **Enregistrer**.

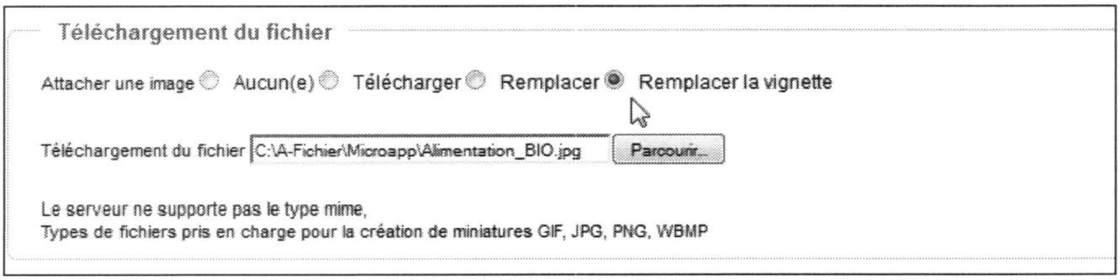

Figure 8.33 : La création de l'image de la catégorie dans un format personnalisé

- Saisissez dans la zone *URL de la vignette utilisée* de la rubrique *Vignette*, l'URL de l'image de la vignette.

5 Cliquez sur le bouton **Enregistrer & Fermer**.

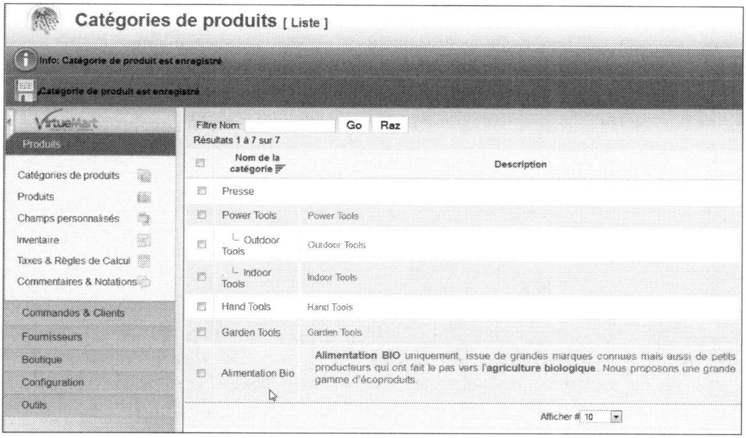

Figure 8.34 : La liste des catégories hiérarchisées

La catégorie de produit créée apparaît dans la liste des catégories hiérarchisées de la page *Catégories de produits*.

REMARQUE

Supprimer l'image d'une catégorie

Pour ce faire, éditez la catégorie depuis la page *Catégories de produits* accessible depuis le menu **Produits/Catégories de produits**. Cliquez sur l'onglet **Images** puis cochez l'option *Aucun(e)* de la rubrique *Téléchargement de fichier* et cliquez sur le bouton **Enregistrer**.

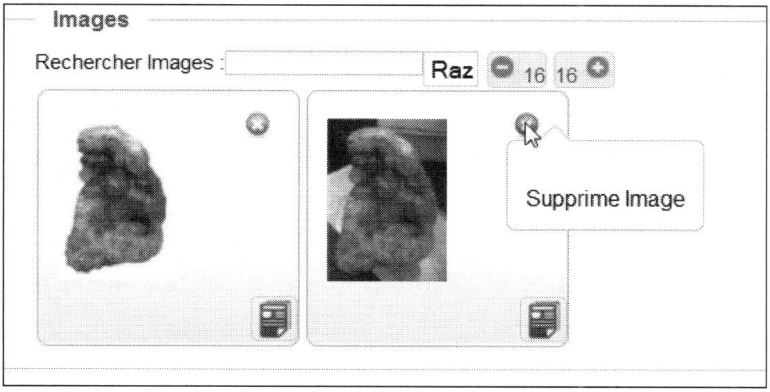

Figure 8.35 : La suppression de l'image d'une catégorie

REMARQUE

Ne pas publier une catégorie

Une catégorie est, par défaut, publiée. Pour ne pas la publier, affichez la page *Catégories de produits*, accessible depuis le menu **Produits/Catégories de produits**, puis cliquez dans la colonne *Publié* de la ligne correspondant à la catégorie à retirer de la publication.

Une autre méthode consiste à éditer la catégorie, puis à décocher la case *Publié* sous l'onglet **Information sur la catégorie**.

Attention, une catégorie qui n'est pas publiée n'annule pas la publication des produits qui lui sont associés ! Il faut également annuler la publication de ces produits.

REMARQUE

Supprimer une catégorie

Pour supprimer une catégorie, affichez la page *Arborescence des catégories* par le menu **Produits/Lister les catégories**, puis cochez le nom de la catégorie et cliquez sur le bouton **Supprimer**. La suppression d'une catégorie ne provoque pas la suppression des produits qui lui sont rattachés.

Saisir les produits

Après avoir créé les différentes classifications de produits, vous allez procéder à la saisie des produits. Plusieurs méthodes s'offrent à vous.

Saisir les caractéristiques de base d'un produit

1 Pour ajouter un produit, activez le menu **Produits/Produits** puis cliquez sur le bouton **Nouveau**.

La page *Produit* s'affiche. Elle renferme plusieurs onglets qui vous permettent de saisir les différentes caractéristiques du produit.

L'onglet **Informations produit** est ouvert par défaut (voir fig. 8.36).

2 Saisissez la référence du produit qui doit être unique dans la zone *Ref*.

3 Saisissez le nom du produit dans le champ *Nom*.

4 Choisissez le fournisseur, créé auparavant, dans la liste *Fournisseur*.

5 Cliquez dans la liste *Catégories de produits* puis sélectionnez une catégorie dans la liste proposée. Plusieurs catégories peuvent être associées au produit en répétant l'opération (voir fig. 8.37).

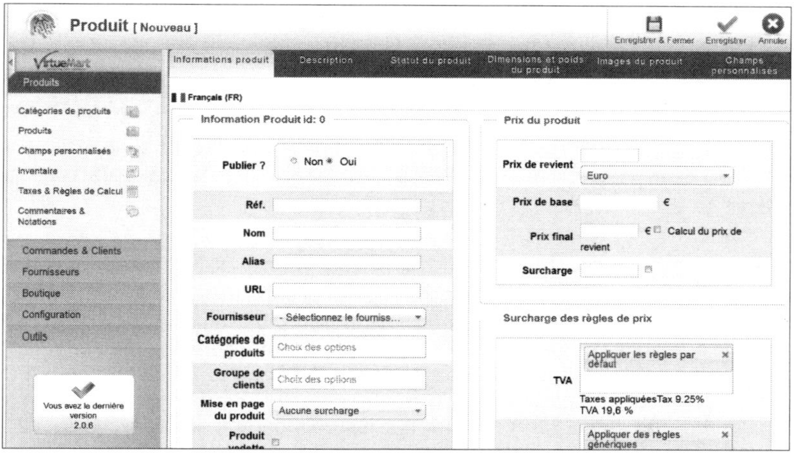

Figure 8.36 : La page d'ajout d'un nouveau produit

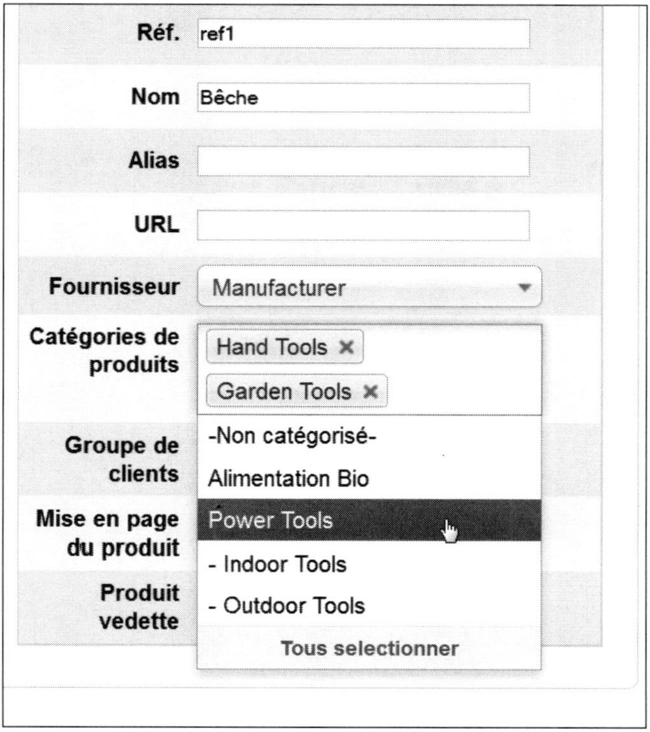

Figure 8.37 : L'affectation d'une ou de plusieurs catégories

6 Cochez éventuellement la case *Produit vedette* si le produit doit apparaître dans le module affichant les produits vedettes.

7 Saisissez le prix HT du produit dans la zone *Prix de revient*. La devise proposée est celle paramétrée depuis l'onglet *Vendeur* par le menu **Boutique/Boutique**. Notez qu'il ne vous est pas nécessaire de saisir le prix TTC car ce dernier sera calculé, si vous avez renseigné les zones notifiant le prix HT et la TVA, au moment de l'enregistrement des informations par les boutons **Enregistrer** ou **Enregistrer & Fermer**.

REMARQUE

Personnaliser l'affichage des prix

Il vous est possible de choisir les informations tarifaires affichées dans le frontend. Pour cela, activez le menu **Configuration/Configuration** puis cliquez sur l'onglet **Prix**. Cochez ou décochez les cases *Afficher les prix* et *Afficher le texte*. Il vous est également possible de spécifier le nombre de décimales appliquées lors de calcul d'un arrondi sur les prix dans la zone *Arrondi des chiffres*.

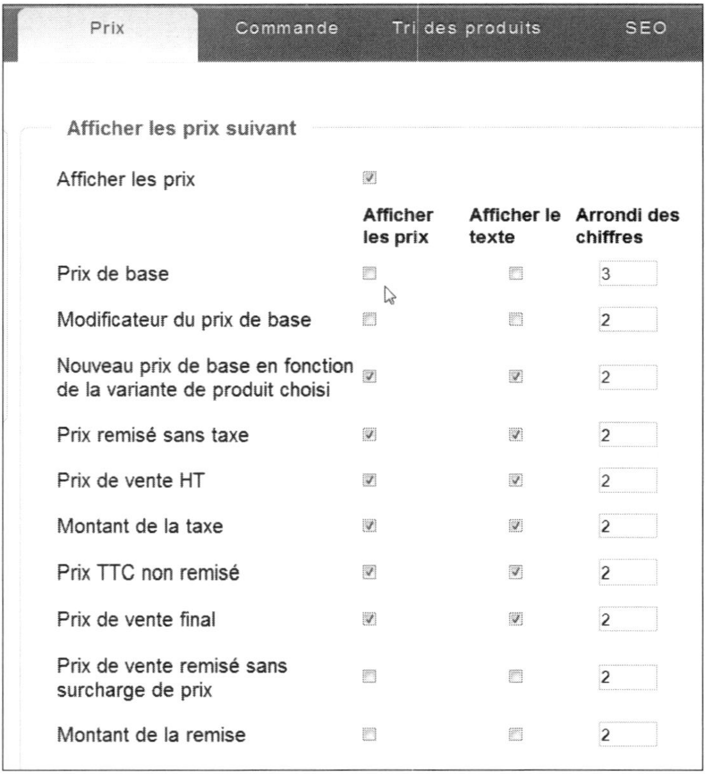

Figure 8.38 : Le choix des valeurs tarifaires affichées et du nombre de décimales appliquées aux arrondis

8 Cliquez dans la zone *TVA* afin de choisir un taux de TVA pour le produit. Supprimez les éventuels taux ou règles inutiles en utilisant les croix apposées à droite de leurs libellés.

REMARQUE

Ne pas appliquer de taux de TVA à un produit

Pour ne pas appliquer de taux de TVA, cliquez sur *Aucune Règle* dans la liste des taxes affichée dans la zone *TVA*.

9 Cliquez dans la zone *Type de remise* et choisissez *Aucune Règle* dans la liste proposée. Si une autre règle est proposée dans la zone, supprimez-la en cliquant sur la croix présentée sur le bouton de la règle.

10 Cliquez maintenant sur l'onglet **Description**.

11 Saisissez le résumé et la description. Ces informations seront utilisées respectivement dans la page de la catégorie du produit et dans la page de détails du produit.

12 Renseignez avec soin les zones *Titre de la page* (libellé apparaissant dans la barre de titre du navigateur et dont le contenu textuel est essentiel pour un bon référencement de la page du produit dans les moteurs de recherche) et *Meta Description du produit* (texte de description succincte, affiché dans les pages de résultats des moteurs de recherche). Renseignez également la zone *Meta Keywords* en y saisissant des mots clés séparés par des virgules (cette instruction est encore utilisée par les petits moteurs de recherche) ;

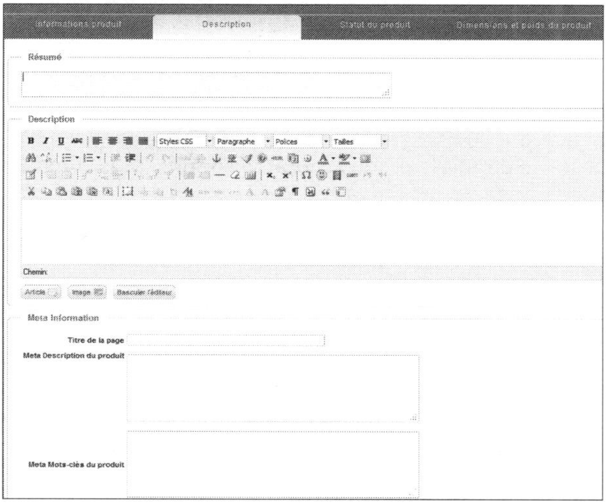

Figure 8.39 : L'onglet Description

13 Cliquez sur le bouton **Enregistrer & Fermer.**

Éditer un produit

1 Activez le menu **Produits/Produits.**

La page *Produits* affiche les produits dans un tableau avec certaines caractéristiques.

2 Pour rechercher un produit, utilisez les zones de recherche, situées en haut de la page, ou la liste *Filtre* pour afficher les produits d'une catégorie.

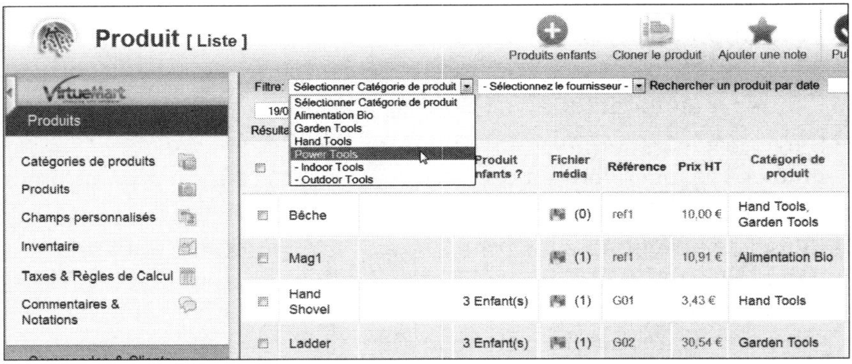

Figure 8.40 : Le filtre sur les catégories

3 Pour éditer le produit, cliquez sur le nom du produit.

La page qui apparaît permet d'éditer les caractéristiques du produit dans différents onglets.

REMARQUE

Ne pas publier un produit

Un produit est, par défaut, publié. Pour ne pas le publier, affichez la page de la liste des produits, accessible depuis le menu **Produits/Produits**, puis cliquez dans la colonne *Publié* de la ligne du produit à retirer.

Une autre méthode consiste à éditer le produit, puis à cocher l'option *Non* de la zone *Publier ?* sous l'onglet **Informations produit**.

REMARQUE

Supprimer un produit

Affichez la liste des produits par le menu **Produits/Produits.** Dans la page de la liste des produits, cochez la case à gauche du produit, puis cliquez sur le bouton **Supprimer.**

REMARQUE

Cloner des produits

Cette opération est utile si vous disposez de produits similaires. Affichez la liste des produits par le menu **Produits/Produits**, puis cochez les produits à cloner. Cliquez alors sur le bouton **Cloner le produit**.

Les produits créés s'ajoutent à la liste. Éditez ces derniers et modifiez notamment leurs références qui doivent être uniques.

Associer des images au produit

La première étape consiste à associer l'image principale du produit.

1 Éditez le produit depuis la page de la liste des produits, accessible depuis le menu **Produits/Produits**.

2 Cliquez sur l'onglet **Images du produit**.

Cet onglet permet d'associer au produit une image agrandie et de générer la vignette de l'image, sans avoir à le faire depuis votre logiciel de retouche d'image. Il n'est pas utile de transférer l'image *via* un système tel que FileZilla.

3 Pour associer une image au format d'une vignette à partir d'une image de grande taille, cliquez dans la zone *Téléchargement du fichier*, puis choisissez, depuis la boîte de dialogue **Envoi du fichier**, le fichier de l'image du produit et cliquez sur le bouton **Ouvrir**. Choisissez l'option **Télécharger** dans la zone *Attacher une image* puis cliquez sur le bouton **Enregistrer**.

Vous constatez que la vignette associée au produit est alors générée. Cette dernière est visible sous la rubrique *Images*.

Renseignez les zones *Description affichée* et *Texte alternatif image*, proposées à la rubrique *Informations sur l'image* (voir fig. 8.41).

Il est également possible d'afficher plusieurs images pour un produit

4 Pour associer une autre image au produit, cliquez à nouveau dans la zone *Téléchargement du fichier*, puis choisissez, depuis la boîte de dialogue **Envoi du fichier**, le fichier de l'image du produit et cliquez sur le bouton **Ouvrir**. Choisissez l'option **Télécharger** dans la zone *Attacher une image* puis cliquez sur le bouton **Enregistrer**.

Vous constatez qu'une seconde vignette associée au produit est alors générée, visible sous la rubrique *Images*. Notez qu'il vous est possible de modifier l'ordre des images en les glissant-déposant. La première vignette constitue toujours l'image principale (voir fig. 8.42).

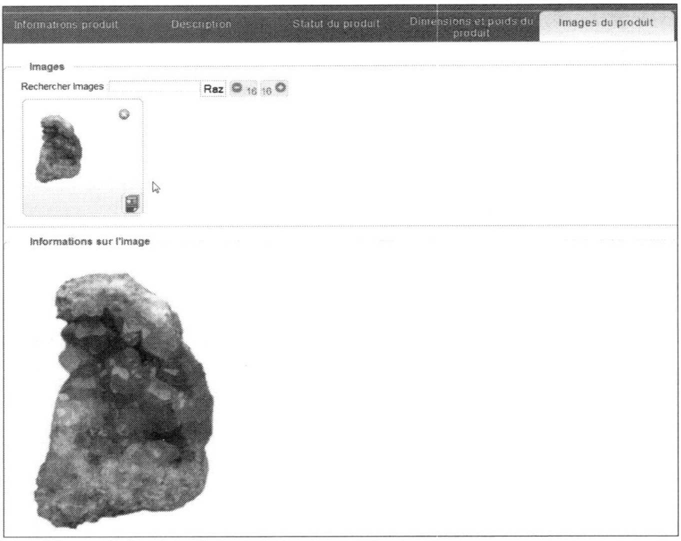

Figure 8.41 : L'image du produit et sa vignette

Figure 8.42 : Une seconde image est ajoutée

Depuis le frontend, l'image agrandie est visible lorsque la vignette du produit est cliquée depuis la page de détails du produit.

REMARQUE

Supprimer une image d'un produit

Pour ce faire, éditez le produit depuis la page de la liste des produits, accessible depuis le menu **Produits/Produits**. Cliquez sur l'onglet **Images du produit** puis sur le bouton **Supprime image**, symbolisé par une croix blanche sur fond rouge, placée en haut et à droite de la vignette. Cliquez enfin sur le bouton **Enregistrer**.

REMARQUE

Figure 8.43 : La suppression de l'image d'une catégorie

REMARQUE

Modifier les informations attachées à une image depuis la page de modification du produit

Les informations attachées aux images (nom du fichier unique, description, texte alternatif, ...) peuvent être modifiées depuis l'onglet **Images du produit** par un clic sur le bouton **Modifier les informations de l'image**, présenté en bas à droite de la vignette.

Figure 8.44 : La modification des informations attachées à l'image

Le gestionnaire de médias de VirtueMart

VirtueMart dispose de son propre gestionnaire de médias, indépendant de celui de Joomla. Voici donc une seconde méthode d'affectation d'une image à un produit.

1 Activez le menu **Boutique/Médias.**

La page *Média* affiche l'ensemble des médias utilisés dans VirtueMart. Vous allez y ajouter l'image d'un produit.

2 Cliquez sur le bouton **Nouveau** et répétez l'opération de téléchargement d'une image, décrite à la section qui précède.

Après enregistrement, l'image apparaît dans le gestionnaire de médias.

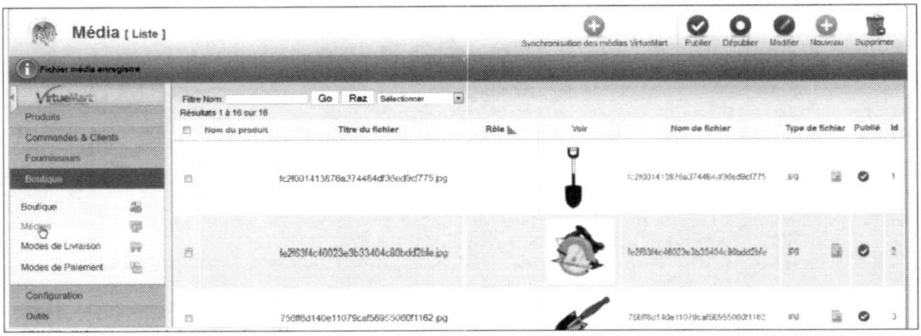

Figure 8.45 : Le gestionnaire de médias

Pour associer l'une des images du gestionnaire de médias à un produit, procédez comme suit.

3 Editez le produit comme vu dans la section précédente puis, depuis l'onglet **Images du produit**, cliquez sur le symbole **+**, présenté à droite de la zone *Rechercher Images*.

Les images sont affichées dans le gestionnaire, sous la forme de vignettes.

4 Cliquez sur l'image de votre choix afin de l'ajouter, sous forme de vignette, à la liste des images attachées au produit.

5 Cliquez sur le bouton **Enregistrer**.

Ajouter des caractéristiques à un produit

Des caractéristiques peuvent être ajoutées à un produit par la création de champs personnalisés.

Par exemple, la couleur et la taille sont des caractéristiques pour un pull-over, la puissance est une caractéristique pour une voiture. Chaque caractéristique est composée de valeurs. Ainsi, *rouge, vert* et *bleu* sont des valeurs de la caractéristique *couleur*.

Dans le frontend, le produit affiche une liste de choix et l'internaute sélectionne une option pour le produit avant de l'ajouter au panier. Par exemple, l'internaute va choisir rouge pour un pull-over.

Vous allez définir un champ personnalisé et ses valeurs.

La première étape est la création d'un champ personnalisé de type "*Variante panier*".

1 Activez le menu **Produits/Champs personnalisés**. La page **Champ personnalisé** s'affiche.

2 Cliquez sur le bouton **Nouveau.**

3 Choisissez *Variante panier* dans la liste *Type de champ personnalisé*.

4 Saisissez le nom du champ personnalisé dans la zone *Titre* (*Couleur*, par exemple)

5 Conservez l'option *Oui* de la zone *Publié*.

6 Cochez l'option *Oui* de la zone *Attribut panier*.

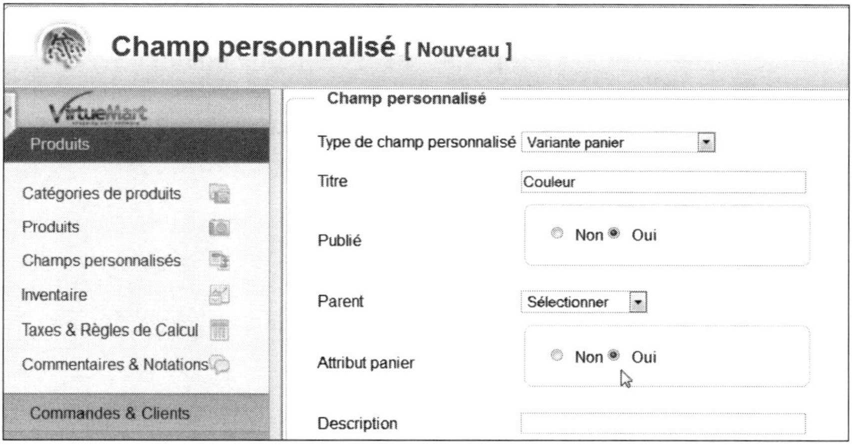

Figure 8.46 : La création d'un champ personnalisé

7 Cliquez sur le bouton **Enregistrer & Fermer**.

La seconde étape est l'association du champ personnalisé au produit.

8 Éditez le produit depuis la page de la liste des produits, accessible depuis le menu **Produits/Produits** puis cliquez sur l'onglet **Champs personnalisés.**

9 Dans la rubrique *Type de champ personnalisé*, développez la liste déroulante et choisissez le champ personnalisé précédemment créé. Une ligne correspondante au champ personnalisé s'affiche.

10 Saisissez ensuite le nom de la première valeur du champ personnalisé dans la zone *Valeur* (par exemple `Rouge`).

11 La zone *Prix* permet de définir le prix du produit en fonction de la valeur du champ personnalisé. Utilisez l'une des options suivantes :

— Pour conserver le prix initial HT du produit (saisi dans la zone *Prix* de l'onglet *Informations produit*) laissez la zone *Prix* vide.

— Pour augmenter le prix initial HT du produit de *X*, saisissez `X` dans la zone *Prix*.

— Pour diminuer le prix initial HT du produit de *X*, saisissez `-X` dans la zone *Prix*.

12 Pour ajouter une nouvelle valeur à un champ personnalisé, développez à nouveau la liste déroulante et choisissez le même champ personnalisé. Répétez l'action en fonction du nombre de valeur du champ personnalisé.

13 Pour ajouter une nouvelle caractéristique proposée au moment de l'ajout du produit dans le panier, créez un nouveau champ personnalisé et ses valeurs en répétant les étapes précédentes.

Figure 8.47 : L'ajout de caractéristiques à un produit

REMARQUE

Supprimer la valeur d'un champ personnalisé

Pour supprimer une valeur d'un champ personnalisé, cliquez sur le bouton de la colonne *Effacer*, la ligne correspondant à la valeur est supprimée.

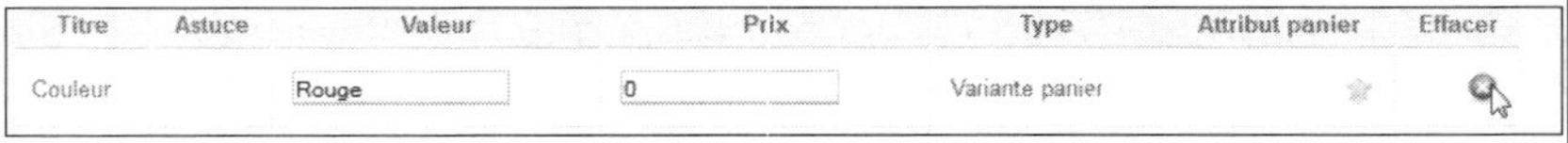

Figure 8.48 : La suppression d'une valeur d'un champ personnalisé

14 Cliquez sur le bouton **Enregistrer & Fermer**.

Dans le frontend de la boutique, une liste déroulante est affichée dans la page de détails du produit, à proximité du bouton **Ajouter au panier**.

Cette liste renferme les valeurs du champ personnalisé créé précédemment. La valeur, affichée à droite de certaines valeurs dans la liste déroulante, indique l'augmentation TTC ou la diminution TTC par rapport au prix du produit.

Figure 8.49 : L'affichage dans le frontend

> **Gestion des stocks**
> Cette méthode ne permet pas de gérer les stocks du produit par attribut car le système considère qu'il n'existe qu'un produit, quel que soit le nombre d'attributs créés.

Ajouter des déclinaisons à un produit

Un produit peut être créé avec des conditionnements différents (un savon distribué en pains de poids différent ou liquide, par exemple). Il vous faut alors constituer le produit principal (produit parent), puis les variantes (produits enfants). Les produits parents et enfants ayant des références distinctes, il est donc possible de définir les stocks de chaque produit afin de pouvoir les gérer.

La première étape consiste à créer un champ personnalisé de type "*Type enfant générique*".

1 Pour cela, utilisez le menu **Produits/Champs personnalisés** puis cliquez sur le bouton **Nouveau**.

2 Choisissez *Variante enfant générique* dans la liste *Type de champ personnalisé*.

3 Saisissez le nom du champ personnalisé dans la zone *Titre*.

4 Conservez les autres paramètres par défaut et cliquez sur le bouton **Enregistrer & fermer** (voir fig. 8.50).

La deuxième étape consiste à créer le produit principal appelé *produit parent*.

5 Pour cela, utilisez le menu **Produits/Produit** puis cliquez sur le bouton **Nouveau**. Renseignez les caractéristiques de base du produit.

6 Cliquez sur l'onglet **Champs personnalisés**, développez la liste déroulante de la rubrique *Type de champ personnalisé* et choisissez le champ personnalisé précédemment créé (de type *Variante enfant générique*). Une ligne correspondante au champ personnalisé s'affiche dans la rubrique *Type de champ personnalisé*.

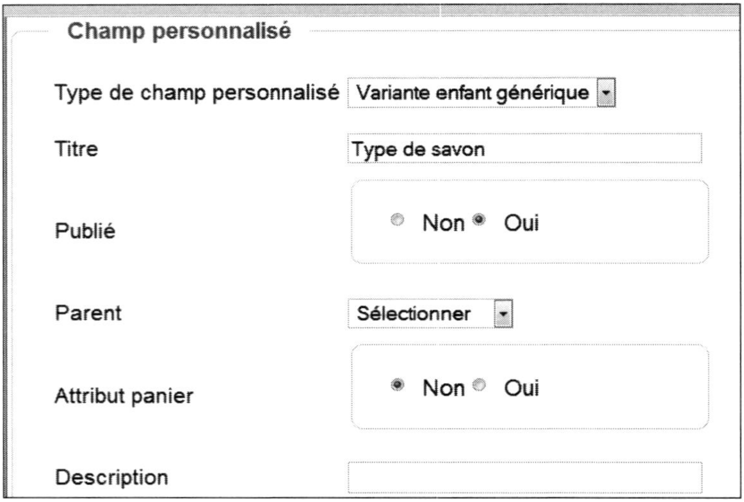

Figure 8.50 : La création d'un champ personnalisé de type variante enfant générique

7 Choisissez dans la liste déroulante de la colonne *Valeur* le champ pour lequel vont être créées les variantes des déclinaisons.

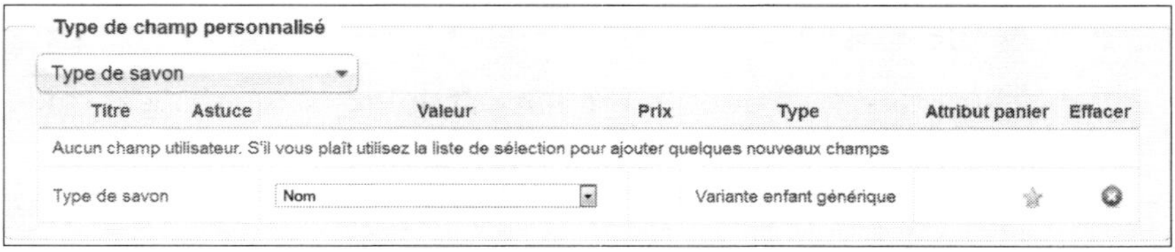

Figure 8.51 : L'affectation du champ personnalisé au produit parent

8 Cliquez sur le bouton **Enregistrer** pour enregistrer les données du produit parent.

L'étape suivante consiste à créer des déclinaisons du produit principal c'est-à-dire les produits enfants.

9 Depuis l'onglet **Informations produit** du produit parent créé, cliquez sur le bouton **Ajouter un produit enfant** de la rubrique *Produits Parent & Enfants* pour créer la première déclinaison.

Une ligne correspondant au produit enfant s'affiche dans la rubrique *Produits Parent & Enfants.*

10 Pour modifier les caractéristiques d'un produit enfant, cliquez dans la colonne *Produits enfants* sur la ligne correspondante (le libellé désignant le produit est créé automatiquement par VirtueMart en fonction du nom du produit parent).

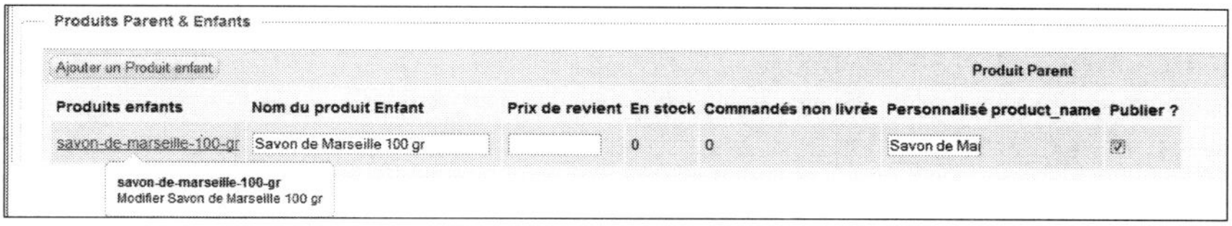

Figure 8.52 : Le produit enfant va être modifié

La page de modification du produit enfant est affichée. Certaines zones sont déjà renseignées, telles que le nom et l'alias. D'autres sont vierges. Si elles sont laissées dans l'état, ce sont les caractéristiques du produit parent qui seront utilisées. Si vous souhaitez les personnaliser, il vous appartient de les renseigner.

11 Modifiez la référence du produit enfant, unique, donc distincte de celle du produit parent, dans la zone *Réf.*

12 Modifiez le nom du produit enfant dans la zone *Nom* qui ne doit pas rester vide.

13 Saisissez éventuellement la quantité disponible dans la zone *En stock* de la rubrique *Statut du produit* pour gérer les stocks du produit enfant.

14 Cliquez sur le bouton **Enregistrer & fermer**.

15 Éditez à nouveau éditez le produit parent et créez d'autres déclinaisons. Pour cela, réitérez les étapes 9 à 14 pour chaque nouvelle déclinaison.

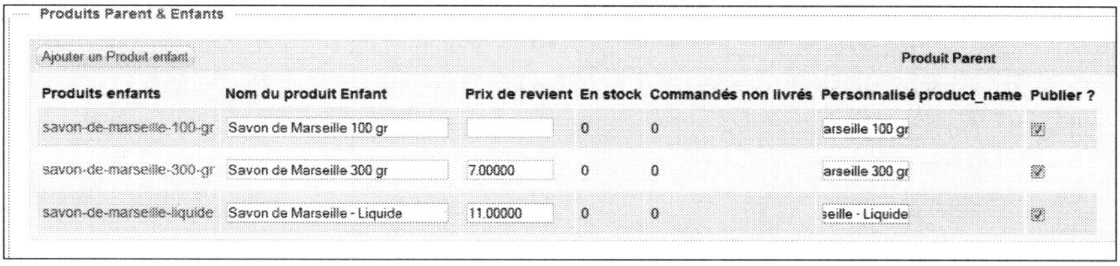

Figure 8.53 : La liste des produits enfants du produit parent

REMARQUE

Autre méthode pour créer un produit enfant

Affichez la liste de produits par le menu **Produits/Produits**. Cochez la case du produit parent puis cliquez sur le bouton **Produits enfants**.

La page de saisie des caractéristiques du produit enfant est affichée.

Figure 8.54 : Le bouton Produits enfants

Pour lister la liste des produits *enfant* et du produit *parent*, affichez la liste des produits par le menu **Produits/Produits**. Les colonnes *Ce produit est enfant de ?* et *Produits enfants ?* indiquent respectivement les éventuels produits parents et enfants.

REMARQUE

Modifier un produit enfant

Affichez les produits par le menu **Produits/Produits**. Si le produit dispose de produits enfants, ceux-ci sont indiqués par le lien *x Enfants(s)* de la colonne *Produits enfants ?*. Cliquez sur ce lien pour afficher les produits enfants dans la page *Produits enfants* puis sur le nom d'un produit pour l'éditer.

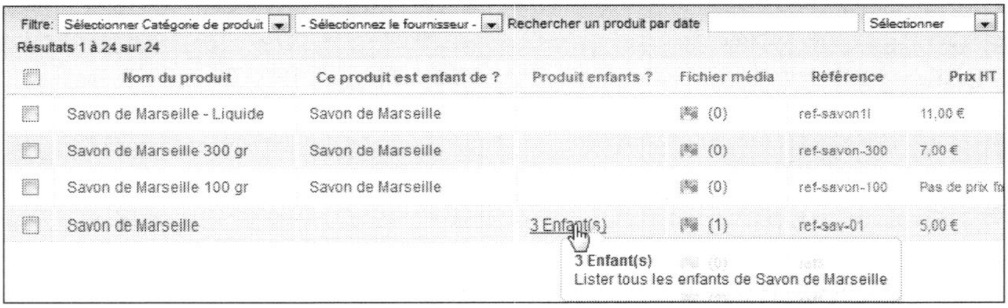

Figure 8.55 : L'accès aux produits enfants

Dans le frontend de la boutique, les produits enfants sont affichés dans une liste déroulante de la fiche de détails du produit parent (voir fig. 8.56).

Les caractéristiques du produit enfant sont affichées lorsqu'un produit enfant est choisi dans la liste déroulante (voir fig. 8.57).

Figure 8.56 : Une déclinaison du produit est choisie dans la liste déroulante

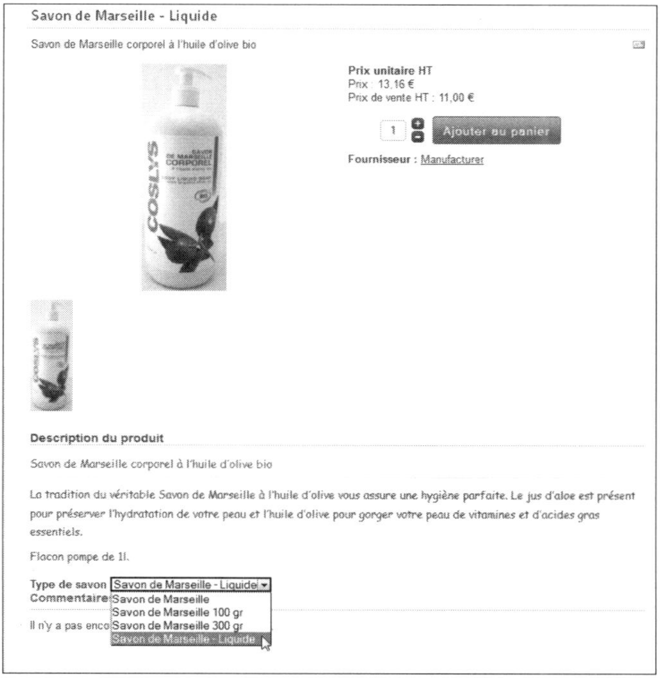

Figure 8.57 : L'affichage d'un produit enfant

Ajouter des caractéristiques spécifiques à la description du produit

Il est possible d'ajouter des caractéristiques complémentaires à un produit au niveau de la description.

La première étape consiste à créer un champ personnalisé de types tels que, par exemple, *chaîne*, *entier*, *booléen*, *date*, *heure* ou encore *image*. Ceci permettra de saisir notamment les caractéristiques à partir d'objets de saisie divers (zones de saisie, listes de choix, options, ...) qui apparaîtront dans la fiche de saisie du produit.

1 Utilisez le menu **Produits/Champs personnalisés** puis cliquez sur le bouton **Nouveau**.

2 Choisissez, par exemple, *Chaîne* dans la liste *Type de champ personnalisé*.

3 Saisissez le nom du champ personnalisé dans la zone *Titre*. Ce libellé correspond à l'étiquette qui précédera la caractéristique dans la fiche de détail du produit.

4 Saisissez éventuellement un texte descriptif du paramètre qui sera affiché comme aide dans le frontend dans la zone *Description*.

5 Saisissez le texte à proposer par défaut dans la zone *Défaut*.

6 Conservez les autres paramètres par défaut et cliquez sur le bouton **Enregistrer & fermer**.

7 Répétez les étapes précédentes pour créer d'autres caractéristiques au produit.

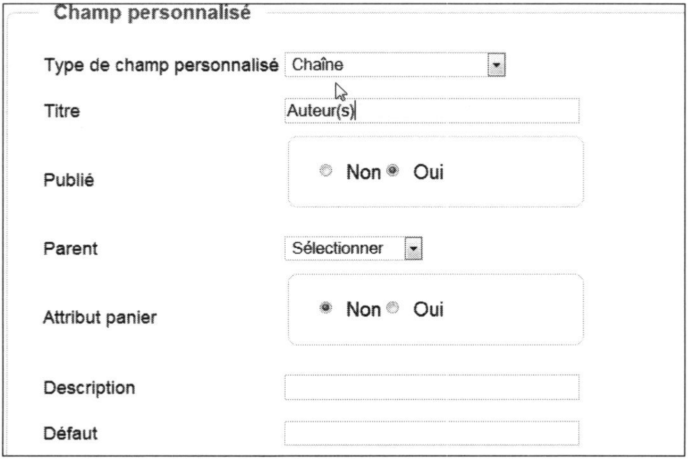

Figure 8.58 : La création d'un champ personnalisé de type chaine

Associer une liste déroulante à un champ personnalisé

Pour créer une liste de choix de valeurs, choisissez *Chaîne* dans la liste *Type de champ personnalisé* et cochez l'option *Oui* à la ligne *Liste*. Dans les zones *Défaut*, saisissez les valeurs de la liste séparées par des points-virgules.

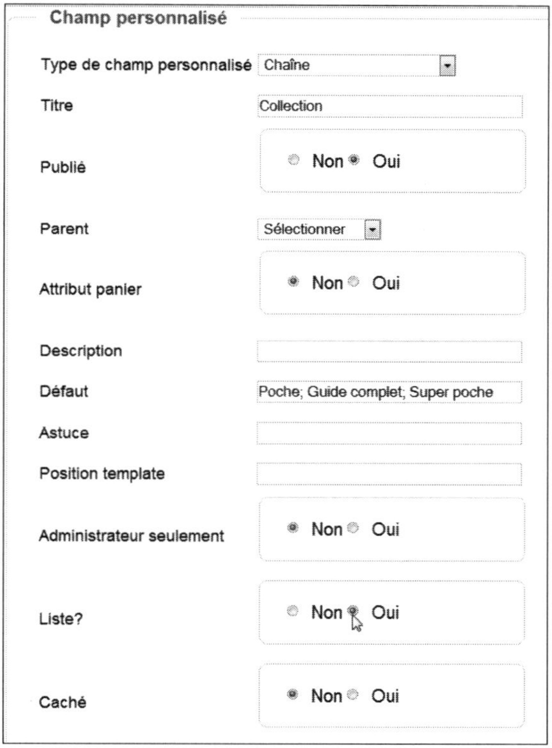

Figure 8.59 : La création d'un champ personnalisé utilisant une liste déroulante

Créer un champ personnalisé de type booléen

Pour créer un champ personnalisé qui permet de choisir l'option *Oui* ou *Non*, choisissez *Booléen* dans la liste *Type de champ personnalisé*.

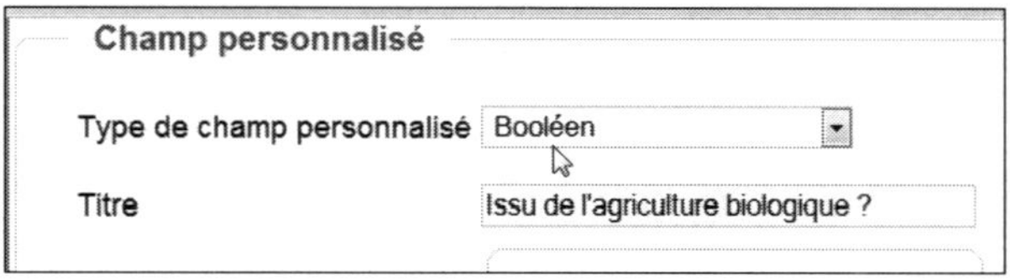

Figure 8.60 : La création d'un champ personnalisé de type booléen

Vous allez maintenant associer le champ personnalisé au produit et saisir la caractéristique spécifique.

8 Éditez le produit depuis la page de la liste des produits accessible depuis le menu **Produits/Produits** puis cliquez sur l'onglet **Champs personnalisés**.

9 Dans la rubrique *Type de champ personnalisé*, développez la liste déroulante et choisissez le champ personnalisé précédemment créé, correspondant à une caractéristique complémentaire. Une ligne correspondante au champ personnalisé s'affiche.

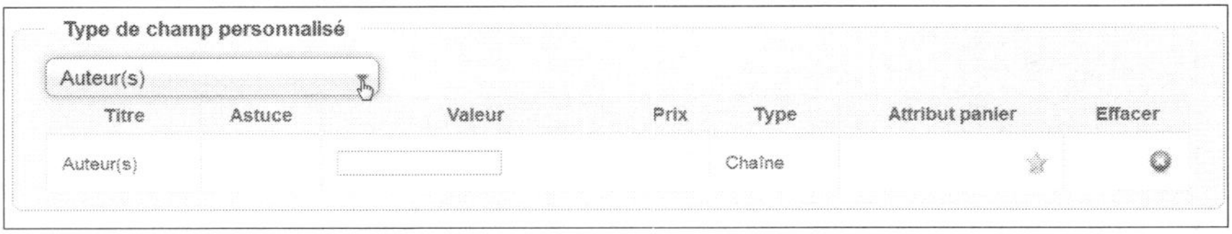

Figure 8.61 : L'ajout d'un champ personnalisé

10 Saisissez ensuite la caractéristique complémentaire dans la zone *Valeur* de la ligne du champ personnalisé.

11 Si vous avez créé d'autres champs personnalisés afin de saisir d'autres caractéristiques, associez les autres champs au produit en répétant les précédentes étapes.

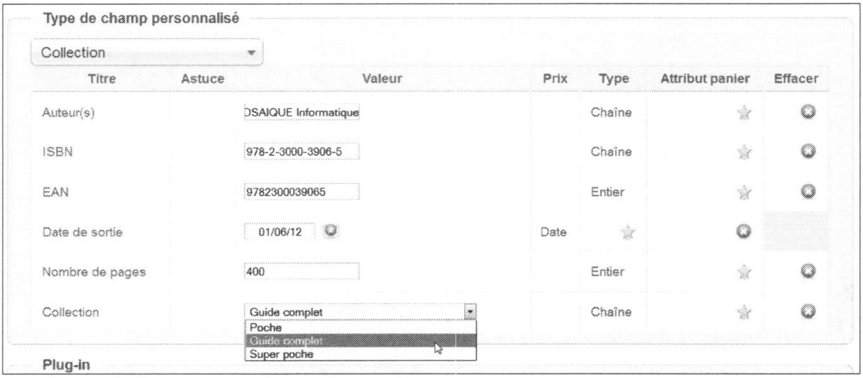

Figure 8.62 : Les caractéristiques complémentaires saisies pour le produit

12 Cliquez sur le bouton **Enregistrer & Fermer**.

Les informations complémentaires apparaissent dans le frontend, en dessous de la description du produit.

Figure 8.63 : Les caractéristiques complémentaires du produit depuis le frontend

ASTUCE

Regrouper les champs personnalisés

Il est possible de regrouper les champs personnalisés : vous devez créer un champ personnalisé de type *parent*. Pour cela, activez le menu **Produits /Champs personnalisés** puis cliquez sur le bouton **Nouveau**. Créez un nouveau champ personnalisé de type *Parent*.

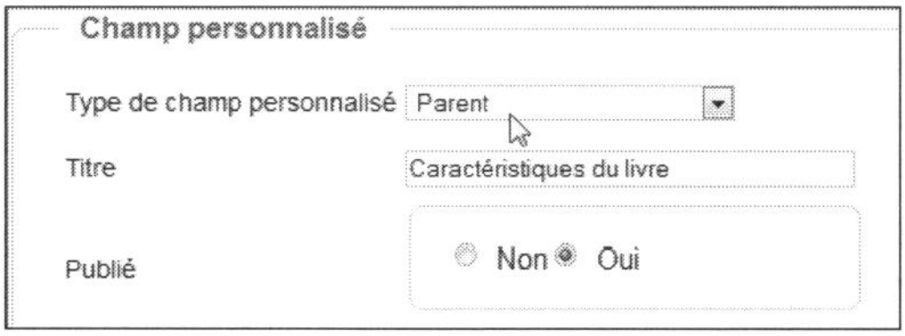

Figure 8.64 : La création d'un champ personnalisé de type Parent

L'étape suivante consiste à spécifier, pour chaque champ personnalisé concerné, son champ parent. Depuis la page de la liste des champs personnalisés (menu **Produits/Champs personnalisés**), éditez un champ personnalisé puis choisissez *Parent* dans la liste déroulante proposée à la ligne *Parent*.

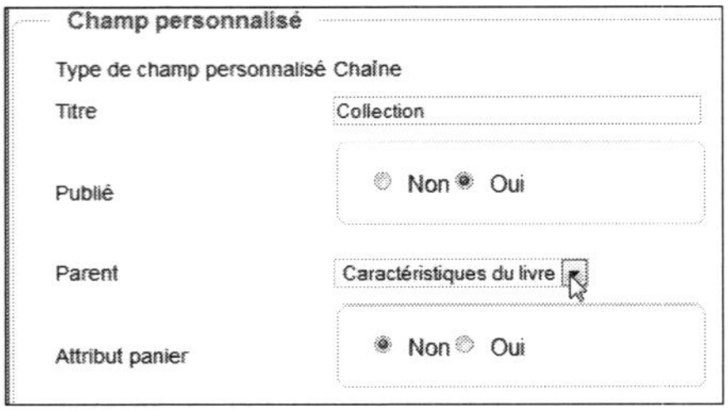

Figure 8.65 : L'affectation du champ parent à un champ personnalisé

Pour consulter la liste des champs personnalisés dépendants d'un champ personnalisé de type parent, activez le menu **Produits/Champs personnalisés** et choisissez le champ personnalisé de type parent dans la liste *Parent*.

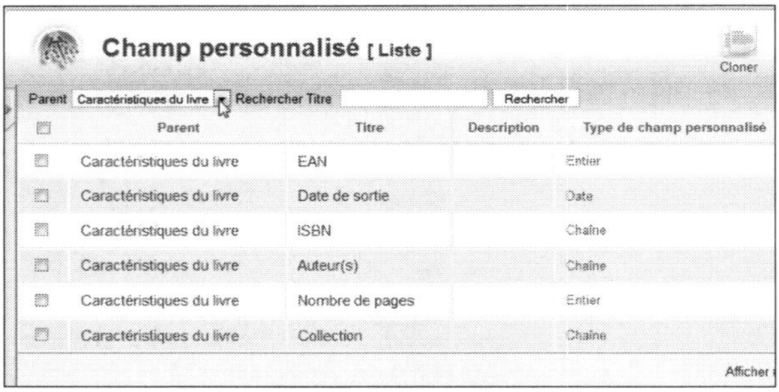

Figure 8.66 : Le filtre est appliqué sur un champ de type parent

Enfin, éditez un produit puis cliquez sur l'onglet **Champs personnalisés**. Choisissez le champ personnalisé de type parent dans la liste déroulante *Type de champ personnalisé*. Une ligne correspondante au champ personnalisé de type parent s'affiche ainsi que les champs personnalisés associés. Renseignez les zones pour définir les différentes caractéristiques.

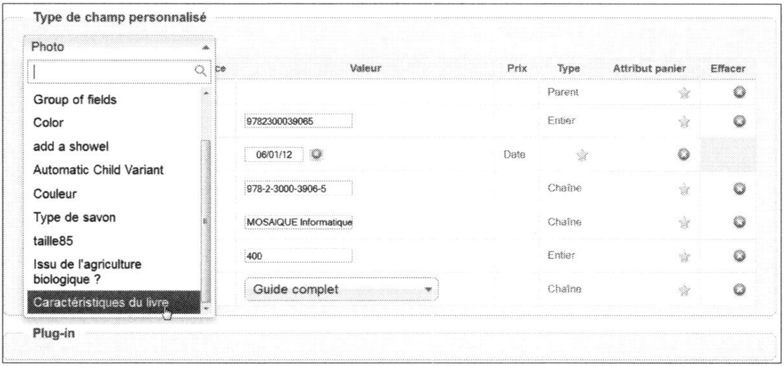

Figure 8.67 : L'association d'un champ personnalisé de type parent au produit

Associer les produits complémentaires

Les produits complémentaires sont des produits ayant un lien avec le produit présenté, tels que des accessoires ou des modèles similaires.

1 Éditez le produit depuis la page de la liste des produits accessible depuis le menu **Produits/Produits**.

2 Cliquez sur l'onglet **Champs personnalisés**, puis saisissez le nom du produit à associer dans la zone *Trouver des produits ou des catégories en relation*.

Une liste de vignettes des produits correspondants au nom saisi s'affiche sous la zone de saisie.

3 Cliquez sur la vignette du produit à associer. Répétez l'opération pour en ajouter d'autres.

Figure 8.68 : L'association de produits complémentaires

Depuis le frontend, la vignette du produit complémentaire s'affiche dans la fiche de détail du produit.

REMARQUE

Supprimer des produits complémentaires

Depuis l'onglet **Champs personnalisés**, cliquez sur la croix de la vignette du produit complémentaire dans la rubrique *Produits Complémentaires*. Le produit est alors retiré des produits complémentaires.

REMARQUE

Associer une catégorie

Depuis l'onglet **Champs personnalisés**, saisissez le nom de la catégorie à associer dans la zone *Catégories de recherche connexes*. Une liste de vignettes des catégories trouvées s'affiche sous la zone de saisie. Cliquez sur la vignette de la catégorie de la liste.

Gérer les remises

1 Activez le menu **Produit/Taxes & Règles de Calcul** puis cliquez sur le bouton **Nouveau**.

La page *Taxes & Règles de Calcul* est affichée.

2 Saisissez le libellé de la remise dans la zone *Nom de la règle de calcul*.

3 Cochez l'option *Oui* de la zone *Publié*.

4 Saisissez éventuellement une description.

5 Choisissez ensuite un type de calcul de la remise (nous choisissons ici le type *Modificateur de prix après taxe par produit* pour effectuer une remise sur le montant TTC du produit).

REMARQUE

Les types de calculs de la remise

La zone *Type de calcul* offre plusieurs options de calcul de la remise. Il vous est ainsi possible de calculer celle-ci sur les montants HT ou TTC, appliquée sur le prix du produit ou sur le montant total de la facture.

6 Choisissez une opération mathématique (nous choisissons ici le type -).

7 Saisissez la valeur de la remise dans la zone *Valeur.*

8 Conservez l'Euro comme devise par défaut.

9 Choisissez l'option *Oui* dans les zones *Visible pour le client* et *Visible pour le vendeur.*

10 Indiquez, par exemple, la date de début et la date de fin de l'application de la remise.

11 Cliquez sur le bouton **Enregistrer & Fermer** (voir fig. 8.69).

Vous allez maintenant appliquer la remise au prix d'un produit.

12 Éditez le produit par le menu **Produits/Produits**. Cliquez dans la zone *Type de remise* de l'onglet **Informations produit** puis choisis-

sez, dans la liste proposée, la remise à appliquer sur le produit. Si une autre règle est proposée dans la zone, supprimez-la en cliquant sur la croix présentée sur le bouton de la remise.

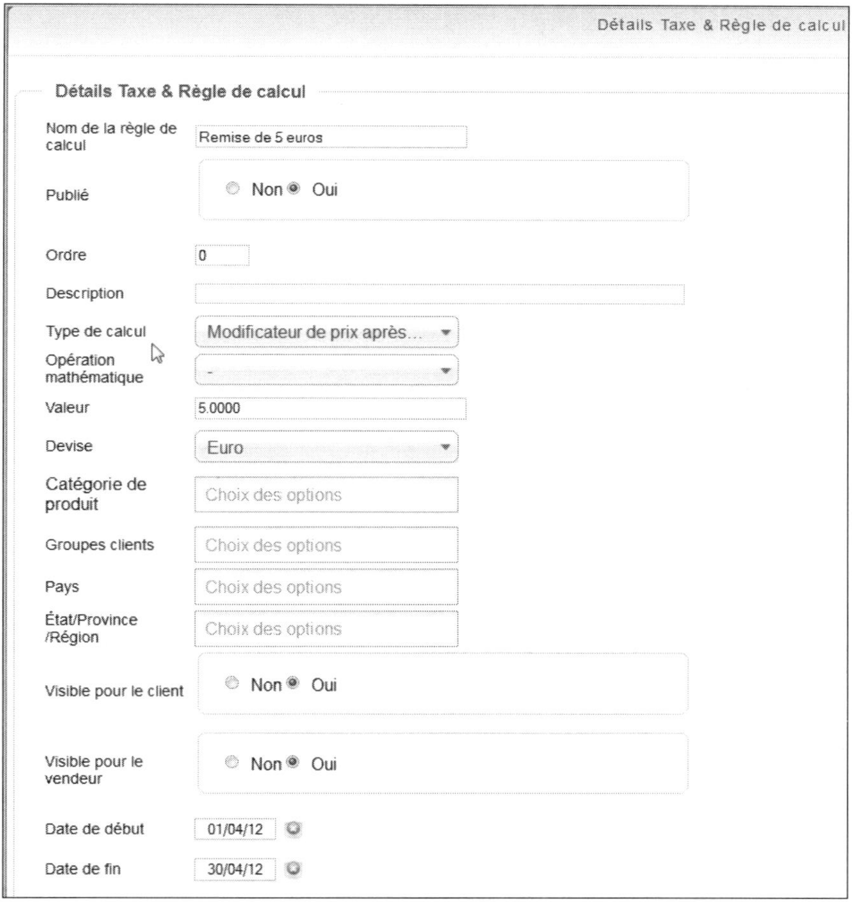

Figure 8.69 : La création d'une remise

13 Cliquez ensuite sur le bouton **Enregistrer**.

La remise est calculée automatiquement par rapport au prix initial du produit en fonction du type de calcul de la remise (remise sur le prix HT ou sur le prix TTC).

La zone *Prix final* affiche le prix de vente remisé du produit.

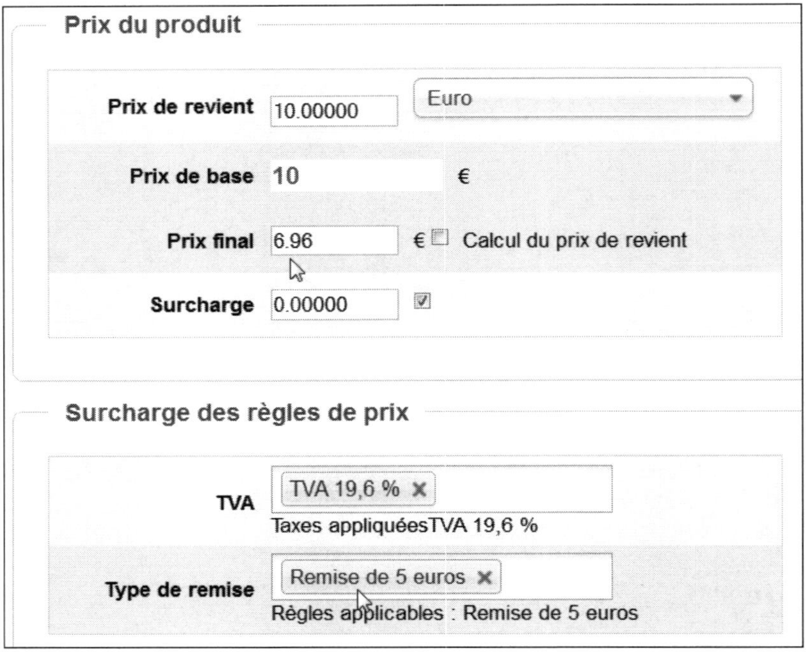

Figure 8.70 : L'affectation de la remise au produit

Depuis le frontend, la remise et le prix remisé sont affichés si vous avez conservé les paramètres d'affichage des prix par défaut (menu **Configuration/Configuration** puis onglet **Prix**).

REMARQUE

Offrir des réductions au moyen de chèques boutique

Pour permettre de saisir un code de chèque cadeau lors de la prise de commande, la fonctionnalité des chèques boutique doit être activée. Pour cela, utilisez le menu **Configuration/Configuration**, puis cliquez sur l'onglet **Boutique frontale** et enfin cochez la case *Activer l'utilisation des chèques boutique* de la rubrique *Paramètres principaux*.

Pour créer un chèque boutique, cliquez sur le menu **Commandes & Clients/Chèques boutique** puis sur le bouton **Nouveau**. Renseignez ensuite les zones de la page *Chèque Boutique* affichée :

- saisissez le code du chèque boutique fourni au client dans la zone *Chèque Boutique* ;
- renseignez la valeur de la réduction dans la zone *Valeur* ;
- choisissez si la remise du chèque boutique est un pourcentage ou un montant fixe dans la zone *Pourcentage ou total* ;
- dans la zone *Type chèque boutique*, choisissez *Chèque Boutique Permanent* (le chèque est utilisable en permanence) ou *Chèque Boutique Cadeau* (le chèque boutique est utilisable pour un seul achat) ;

- précisez éventuellement la zone *Montant Minimum de la Commande* ;
- dans la zone *Date de début*, spécifiez la date de la validité du chèque ;
- dans la zone *Date d'expiration*, spécifiez la date de fin de validité du chèque.

Cliquez sur le bouton **Enregistrer et Fermer**.

Figure 8.71 : La création d'un chèque boutique

Depuis le Frontend, le chèque boutique, dont vous avez communiqué le code à l'acheteur, peut alors être utilisé par ce dernier, à la consultation du panier, par saisie du code dans la zone *Code chèque boutique* puis en cliquant sur le bouton **Sauvegarder**. La réduction correspondante au montant du chèque boutique est alors appliquée et vient se déduire du montant total du panier.

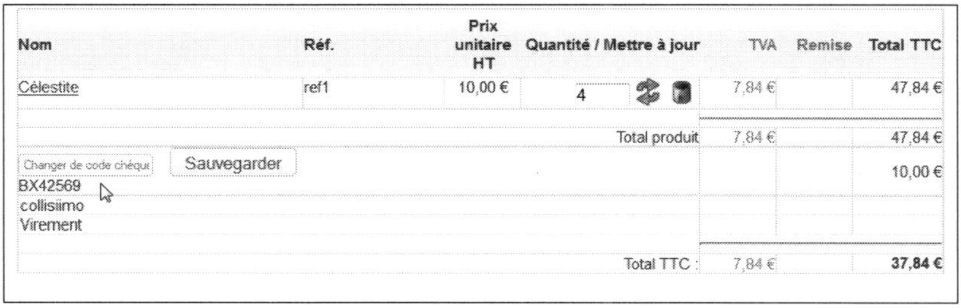

Figure 8.72 : L'utilisation d'un code chèque boutique

La gestion des stocks

VirtueMart intègre une fonctionnalité de gestion des stocks dont le mode opératoire est décrit ci-après.

1 Éditez le produit par le menu **Produits/Produits**, puis cliquez sur l'onglet **Statut du produit**.

2 Saisissez le nombre de produits en stock dans la zone *En stock*.

Figure 8.73 : La saisie du stock pour un produit

3 Saisissez, dans la zone *Notification de stock bas*, une valeur à partir de laquelle le stock sera considéré comme bas. Cette information sera signifiée à l'internaute par un symbole coloré, accompagnant l'image du produit dans la boutique (les codes de couleurs utilisés sont les suivants : vert indique un stock conséquent, orange un stock bas, rouge une rupture de stock).

Pour rendre visible l'état des stocks depuis le frontend, activez le menu **Configuration/Configuration**, puis cochez la case *Afficher le niveau de stock* de la rubrique *Paramètres principaux* sous l'onglet **Boutique frontale**.

Figure 8.74 : Les codes de couleurs indiquant à l'internaute l'état des stocks, visibles dans la page présentant une catégorie de produits

5 Cliquez sur le bouton **Enregistrer & Fermer**.

L'état des stocks est visible depuis l'inventaire.

6 Pour consulter les stocks des produits, activez le menu **Inventaire**.

Le stock de chaque produit est affiché dans la colonne *Nombre* de la page *Inventaire*.

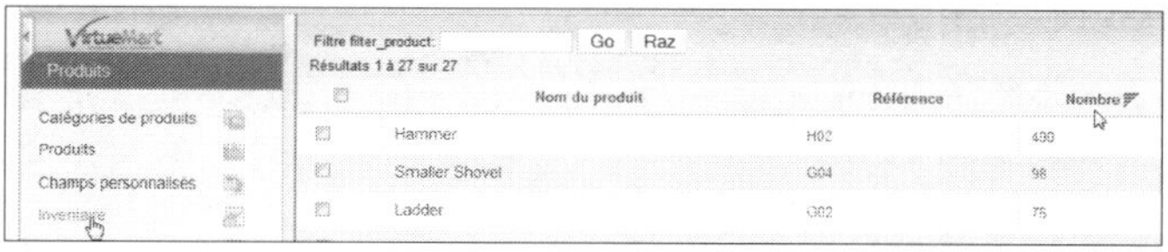

Figure 8.75 : La page présentant l'inventaire

REMARQUE

Les options de commande d'un produit, en cas de rupture de stock

La rupture de stock d'un produit peut être gérée de différentes façons :

- la commande du produit reste proposée à l'acheteur ;
- le produit n'est plus affiché jusqu'à reconstitution du stock ;
- l'internaute est prévenu par mail lorsque le produit est à nouveau en stock ;
- la commande du produit est possible mais un pictogramme indique à l'internaute qu'un délai de livraison spécifique est requis.

Ces paramètres sont accessibles par le menu **Configuration/Configuration**. Il est alors nécessaire de choisir l'une des options proposées dans la zone *Action* quand un produit est en rupture de stock, dans l'onglet **Boutique frontale**.

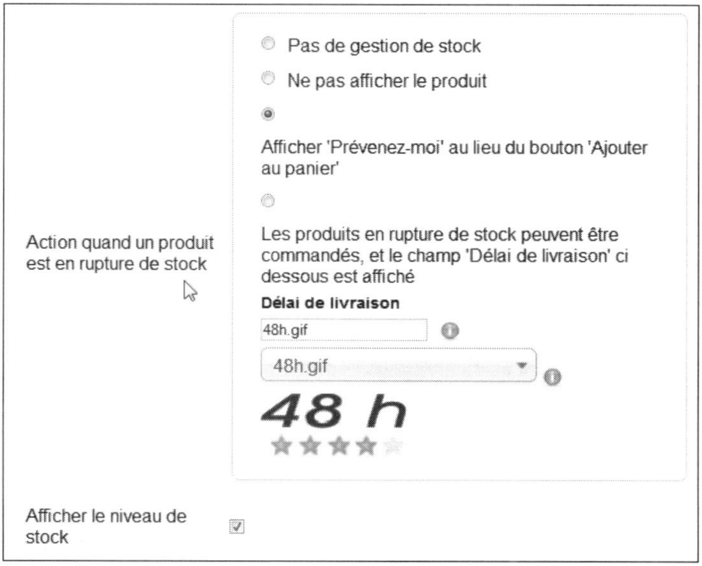

Figure 8.76 : Les options de commande d'un produit, en cas de rupture de stock

Définir le poids et les dimensions d'un produit

1 Éditez le produit depuis la page de la liste des produits accessible depuis le menu **Produits/Produits**.

2 Cliquez sur l'onglet **Dimensions et poids du produit**, saisissez le poids du produit dans la zone *Poids*.

> REMARQUE
>
> **Unités de poids et de mesure par défaut**
>
> Pour vous éviter de redéfinir ces unités lors de la saisie des caractéristiques du produit, pensez à définir ces deux valeurs dans la configuration générale de la boutique (menu **Configuration/Configuration/Boutique frontale**).

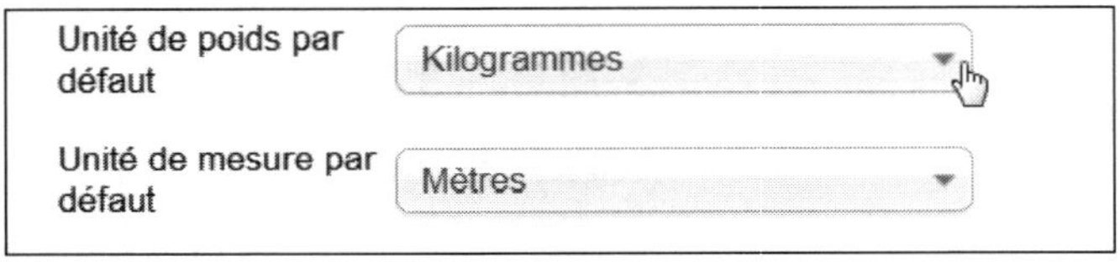

Figure 8.77 : La définition des unités de poids et de mesure par défaut

3 Renseignez les zones *Longueur*, *Largeur* et *Hauteur*.

Figure 8.78 : La saisie du poids, de la longueur, de la largeur et de la hauteur

8.8. Paramétrer les expéditions

Les coûts des expéditions étant liés aux poids des produits, vous allez définir des tranches tarifaires correspondant à des fourchettes de poids.

1 Activez le menu **Boutique/Modes de Livraison** puis cliquez sur le bouton **Nouveau**. La page *Mode de Livraison* est affichée ainsi que l'onglet **Information sur le mode de livraison**.

2 Saisissez le libellé de la tranche qui sera affiché lors de la prise de commande dans la zone *Nom du mode de livraison*.

3 Cochez l'option *Oui* de la zone *Publié*.

4 Saisissez éventuellement une description. Conservez le mode de livraison proposé par défaut et choisissez un groupe de clients si le taux est affecté à des clients spécifiques.

5 Saisissez un numéro dans la zone *Ordre* pour définir la position du taux dans la liste des taux affichés.

6 Cliquez sur le bouton **Enregistrer** puis sur l'onglet **Configuration** (les zones de cet onglet s'affichent seulement après le premier enregistrement du mode de livraison).

7 Choisissez le pays d'expédition de l'application du taux dans la liste *Pays*. Plusieurs pays peuvent être sélectionnés. Le taux ne sera pas affiché pour les acheteurs des pays non sélectionnés.

REMARQUE

Modifier la liste des pays de livraison

Pour ajouter ou supprimer des pays à la liste proposée, cliquez sur **Configuration**, puis sur **Pays**. Utilisez le bouton **Nouveau** pour ajouter un pays et le bouton **Supprimer** pour supprimer les pays sélectionnés.

8 Saisissez éventuellement le code postal de départ dans la zone *Fourchette de codes postaux commence à* et le code postal de fin dans la zone *Fourchette de codes postaux termine à*. Le taux sera alors appliqué pour certaines villes. Utilisez la fourchette `00000` et `99999` pour appliquer le taux à toute la France.

9 Saisissez le poids minimal de la commande dans la zone *Poids minimum*.

10 Saisissez le poids maximal dans la zone *Poids maximum*.

11 Définissez l'unité de poids.

12 En fonction du type de produits vendus, vous pourrez également avoir recours aux zones suivantes :

- nombre de produits minimum ;
- nombre de produit maximum ;

— montant minimal de la commande ;

— montant maximal de la commande.

13 Saisissez le tarif pour ce taux dans la zone *Taux de livraison*.

14 En fonction du type de produits vendus, vous pourrez également avoir recours aux zones suivantes :

— prix de l'emballage du colis ;

— taxe à appliquer pour ce taux ;

— montant minimal Franco de port.

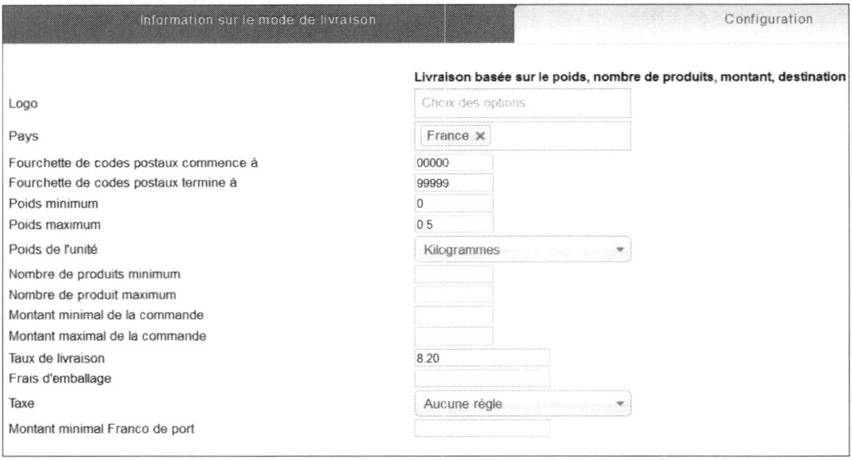

Figure 8.79 : L'ajout d'un tarif de frais de livraison

15 Cliquez sur le bouton **Enregistrer & Fermer**.

REMARQUE

Afficher un délai de livraison

Pour indiquer un délai de livraison du produit dans sa page de détails, éditez le produit par le menu **Produits/Produits**, puis cliquez sur l'onglet **Statut du produit** de la page *Produit*. Saisissez le délai dans la zone *Délai de livraison* ou choisissez un fichier de l'image du délai dans la liste proposée. Pour ajouter une image symbolisant un délai dans la liste, le fichier image doit être transféré dans le dossier *components\com_virtuemart\assets\images \availability* à l'aide d'un logiciel FTP.

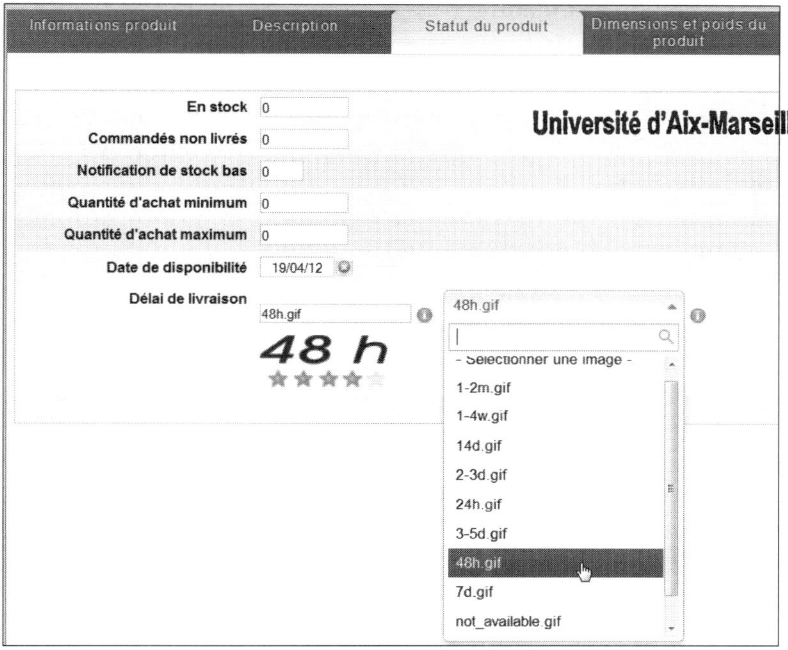

Figure 8.80 : L'affectation d'un délai de livraison à un produit

8.9. Personnaliser les modes de paiement

Joomla autorise nativement plusieurs modes de paiements. Il vous est possible d'en ajouter d'autres, correspondant à des organismes bancaires spécifiques, par ajouts de plugins, disponibles sur le web.

Les paiements par chèques et virements

1 Activez le menu **Boutique/Modes de Paiement** et cliquez sur le bouton **Nouveau**.

Définissez les zones de l'onglet **Informations Mode de paiement** comme suit :

2 Saisissez le nom de la méthode de paiement dans la zone *Nom du mode de paiement*, ici `Règlement par chèque` ou `Virement`.

3 Cochez l'option *Oui* de la zone *Publié*.

4 Choisir *VM – Payment, Standard* dans la liste *Mode de paiement*.

5 Cliquez sur le bouton **Enregistrer**.

Renseignez éventuellement les zones de l'onglet **Configuration** comme suit :

6 Choisissez le pays d'expédition de l'application du taux dans la liste *Pays*. Plusieurs pays peuvent être sélectionnés. Le mode de paiement ne sera pas affiché pour les acheteurs des pays non sélectionnés.

7 Dans la zone *Devise acceptée*, conservez la devise proposée par défaut, qui est celle du vendeur ;

8 Si vous souhaitez définir une fourchette de valeurs acceptées pour la transaction, renseignez les zones *Montant minimum* et *Montant maximal* ;

9 Si la transaction est soumise à des frais, renseignez les zones *Frais par transaction* et *Pourcentage du total* ;

10 Saisissez ensuite le message de finalisation de la commande ainsi que l'adresse éventuelle d'envoi du chèque dans la zone *Informations paiement*. Dans le cas d'un paiement par virement, saisissez les références bancaires.

11 Cliquez sur le bouton **Enregistrer & Fermer**.

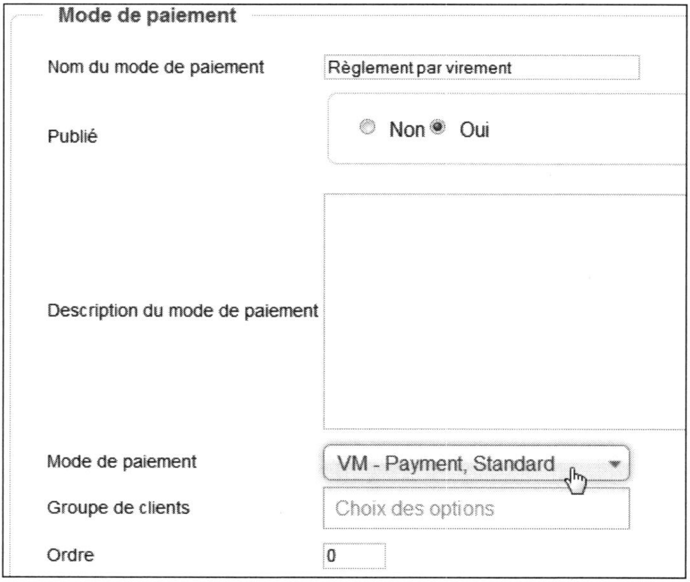

Figure 8.81 : L'ajout d'un mode de paiement

Les paiements par le système Paypal

Le système de paiement par carte bancaire Paypal met à votre disposition un environnement de test, simulant l'utilisation d'un compte Business sur le site de test Paypal Sandbox (**https://developer.paypal.com**). Il vous est ainsi possible de créer un compte e-mail pour le client (acheteur) et pour le compte du commerçant (vendeur) et de vous faire attribuer un numéro de carte bancaire fictif. Vous pourrez alors réaliser la simulation d'une commande et en suivre les étapes.

Configurer Paypal dans VirtueMart pour les tests

1 Activez le menu **Boutique/Modes de Paiement** et cliquez sur le bouton **Nouveau.**

Définissez les zones de l'onglet **Informations Mode de paiement** comme suit :

2 Saisissez le nom de la méthode de paiement dans la zone *Nom du mode de paiement*, ici `Règlement via Paypal`.

3 Cochez l'option *Oui* de la zone *Publié*.

4 Choisir *VM - Payment, Paypal* dans la liste *Mode de paiement*.

5 Cliquez sur le bouton **Enregistrer**.

Définissez maintenant les zones de l'onglet **Configuration** comme suit :

6 Saisissez, dans la zone *E-mail marchand sandbox*, l'adresse électronique du compte vendeur que vous aurez créée dans l'environnement de test PayPal Sandbox.

7 Cochez l'option *Oui* dans la zone Sandbox.

Figure 8.82 : Le paramétrage en mode test du paiement Paypal

8 Cliquez sur le bouton **Enregistrer & Fermer**.

Paramétrer Paypal pour une mise en œuvre réelle

1 Connectez-vous à l'adresse www.paypal.fr et créez un compte Paypal en tant que vendeur (ce type de compte est nommé "*compte Business*" par Paypal).

2 De retour dans l'interface d'administration de VirtueMart, activez le menu **Boutique/Modes de Paiement** et cliquez sur le bouton **Nouveau.**

Définissez les zones de l'onglet **Informations Mode de paiement** comme suit :

3 Saisissez le nom de la méthode de paiement dans la zone *Nom du mode de paiement*, ici `Règlement via Paypal`.

4 Cochez l'option *Oui* de la zone *Publié*.

5 Choisir *VM - Payment, Paypal* dans la liste *Mode de paiement*.

6 Cliquez sur le bouton **Enregistrer**.

Définissez maintenant les zones de l'onglet **Configuration** comme suit :

7 Saisissez, dans la zone *E-mail de paiement Paypal*, l'adresse électronique du compte vendeur réel sur le site de Paypal.

8 Cochez l'option *Non* dans la zone Sandbox.

9 Renseignez éventuellement les autres zones proposées dans la page afin de personnaliser le paramétrage de la transaction (vérification de l'identité de l'acheteur, adresse de livraison, frais, ...).

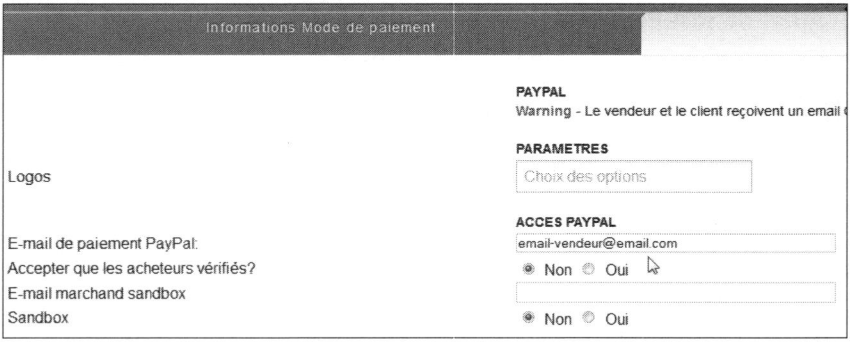

Figure 8.83 : La configuration réelle du paiement Paypal

10 Cliquez sur le bouton **Enregistrer & Fermer**.

REMARQUE

Le choix du mode de paiement

Le mode de paiement n'est pas précisé lors de la première visualisation du panier par l'acheteur. Ce dernier doit en effet cliquer sur le lien *Choisir le mode de paiement* afin de faire apparaître une page spécifique, dans laquelle il pourra choisir le mode de paiement. Ce choix est modifiable tant que la validation définitive du panier n'a pas été effectuée.

Figure 8.84 : Le choix du mode de paiement, depuis le panier

8.10. Consulter l'état des commandes

VirtueMart vous permet de visualiser l'état de vos commandes, en cours ou effectuées.

1 Activez le menu **Configuration/Statuts des commandes**.

La page *Statuts de la Commande* affiche les états de la commande en anglais.

2 Editez chaque statut de commande et renommez éventuellement les états de la commande en cliquant sur leurs noms. Les états sont les suivants :

- *Pending* : commande en attente (la commande est enregistrée, mais le règlement est en attente).
- *Confirmed* : commande confirmée (le paiement est accepté, un e-mail est envoyé au client).
- *Cancelled* : commande annulée.
- *Refunded* : commande remboursée.

— *Shipped* : commande expédiée (il vous faut activer cet état de commande après la livraison).

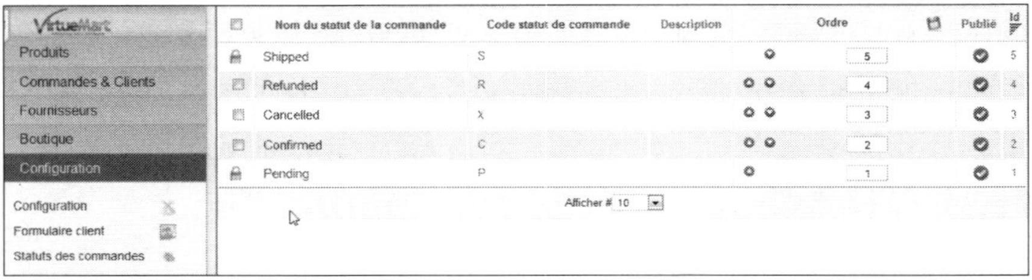

Figure 8.85 : Les différents états de la commande

Acheter avec ou sans compte client

REMARQUE

Lors de l'achat, VirtueMart permet à l'acheteur d'opter pour la création d'un compte client (ses coordonnées sont alors mémorisées et des informations sur l'état de la commande lui sont accessibles) ou pour une transaction sans création de compte, nommée "*compte invité*" (les informations relatives à l'internaute ne sont pas mémorisées, celui-ci devra les ressaisir en cas de nouvelle commande ultérieure).

Pour offrir ces deux opportunités à l'acheteur, vous devez, depuis l'interface d'administration de VirtueMart, activer le menu **Configuration/Configuration** puis cliquer sur l'onglet **Commande**, cocher la case *Demande la création d'un compte lors de la commande ?* et décocher la case *Seuls les utilisateurs enregistrés peuvent commander*.

Personnaliser le formulaire d'inscription des acheteurs

REMARQUE

Les champs composant le formulaire d'inscription de l'acheteur (e-mail, identifiant, mot de passe, informations de facturation…) peuvent être personnalisés par le menu **Configuration** puis **Formulaire client** de VirtueMart.

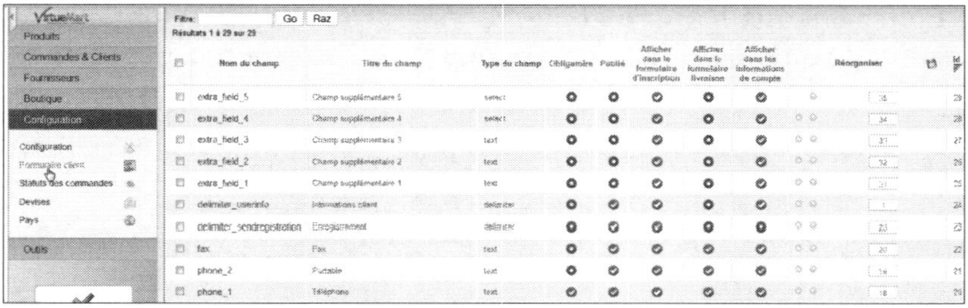

Figure 8.86 : La personnalisation du formulaire d'inscription des acheteurs

3 Activez le menu **Commandes & Clients/Commandes** afin de consulter les commandes passées.

4 Pour consulter le détail d'une commande, cliquez sur le numéro de celle-ci, proposé dans la colonne *Commande numéro*.

5 Pour modifier le statut d'une commande, déroulez la liste de la colonne *Statut* proposée sur la ligne de la commande et choisissez l'un des états de commande proposés. Cliquez enfin sur le bouton **Mise à jour du statut**.

REMARQUE

Automatisation de la mise à jour du statut de la commande

La mise à jour du statut de la commande peut également s'opérer de manière automatique, si le paiement est réalisé par Paypal.

Pour ce faire, activez le menu **Boutique/Mode de paiement** puis cliquez sur le nom du paiement associé à Paypal. Dans la page *Mode de paiement* qui apparaît, cliquez ensuite sur l'onglet **Configuration** puis renseignez les zones de la rubrique *Retour à la boutique*, présentée en bas de page, et choisissez les valeurs qui seront renvoyées à VirtueMart par Paypal, à l'issue de la transaction.

Notez la présence de cases à cocher, dans la colonne *Avertir le client ?*, présentée à droite de la colonne *Statut*, et permettant notamment d'avertir le client d'une modification de statut de la commande ou d'accompagner cette notification d'un commentaire personnalisé.

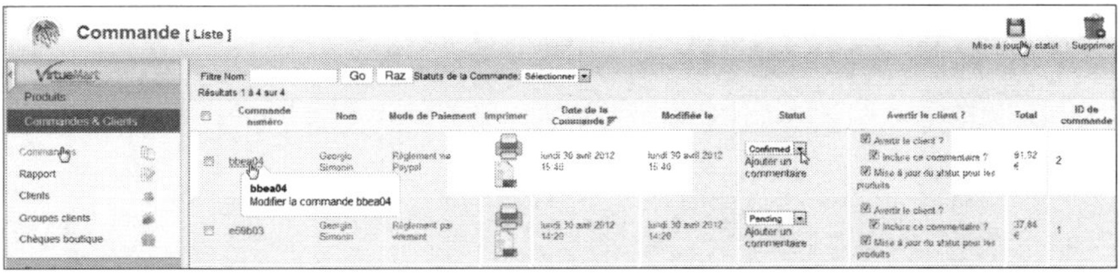

Figure 8.87 : L'état des commandes est présenté dans le tableau de la page Commande

REMARQUE

Consultation et édition de la facture

L'une des nouveautés notables de cette version de VirtueMart est de générer et d'envoyer automatiquement une facture correspondant à chacune des commandes.

Les factures sont consultables depuis la colonne *Imprimer* de la page *Commande*.

La création et l'envoi des factures peuvent être désactivées, pour cela, activez le menu **Configuration/Configuration** puis cliquez sur l'onglet **Commande** et décochez la case *Création et envoi de factures en format PDF*.

6 Pour consulter les commandes par client, activez le menu **Commandes & Clients/Clients**. Dans la page *Client*, cliquez sur le nom de l'utilisateur, puis sur l'onglet **Liste des commandes**.

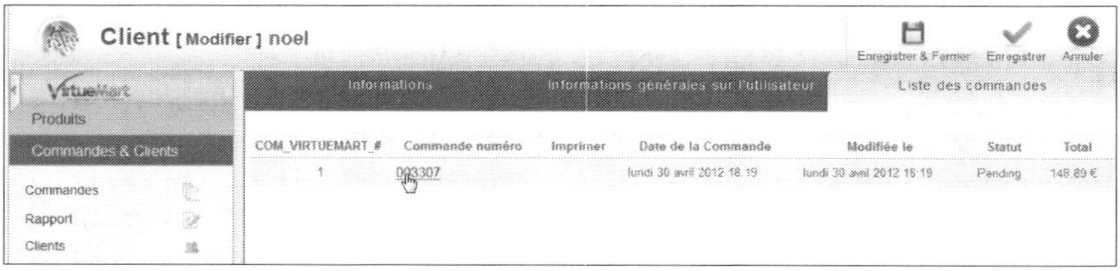

Figure 8.88 : La commande d'un client

Traduction de la boutique

Comme vous l'avez découvert dans la section précédente, la gestion des langues est native sur Joomla 2.5. Si vous souhaitez étendre cette fonctionnalité à VirtueMart, respectez les étapes suivantes :

- Assurez-vous que les packs de langues ont été installés (voir section précédente).

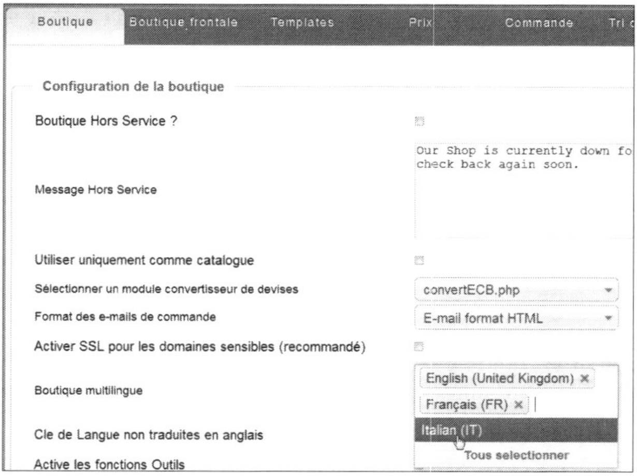

Figure 8.89 : Le choix des langues utilisées dans VirtueMart

REMARQUE

- Activez le menu **Configuration/Configuration** puis cliquez sur l'onglet **Boutique**.
- Cliquez dans la zone *Boutique multilingue* afin de choisir une langue dans la liste proposée.
- Cliquez sur le bouton **Enregistrer & Fermer**.

Pour effectuer la traduction des textes relatifs à un produit, éditez ce dernier depuis la page de la liste des produits accessible depuis le menu **Produits /Produits** et renseignez les zones accompagnées d'un drapeau correspondant à la langue choisie dans la liste proposée en haut de l'onglet **Informations Produit**.

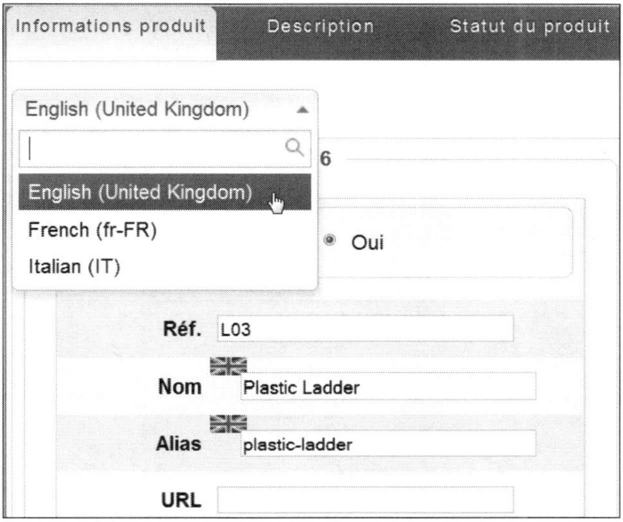

Figure 8.90 : La traduction des informations relatives à un produit

8.11. Sauvegarder le site web

Vous savez maintenant utiliser Joomla et y adjoindre des extensions complémentaires. Dernière étape, il est nécessaire d'effectuer régulièrement des sauvegardes de votre système pour vous préserver d'une perte ou d'une altération de vos données.

Nous décrivons ici la procédure de sauvegarde manuelle, à des fins pédagogiques. Cette procédure, et son opposée, la restauration (qui consiste en une réinstallation des fichiers sauvegardés sur le site en production) peuvent être automatisées au moyen de l'extension Akeeba Backup, comme indiqué dans la section précédente.

Sauvegarde de la base de données

1 Depuis un navigateur Internet, connectez-vous à l'adresse Internet de votre hébergeur.

2 Depuis l'interface d'administration client de votre espace d'hébergement, accédez à la base de données utilisée pour le site web Joomla pour afficher l'interface PhpMyAdmin. L'accès est différent selon les hébergeurs.

3 Depuis l'interface PhpMyAdmin, cliquez, dans la partie gauche de la fenêtre, sur le lien du nom de la base de données, puis sur le lien *Exporter* en haut de la partie centrale de la fenêtre.

4 Dans la page *Schéma et données* de la base qui apparaît, cliquez sur le bouton **Exécuter** en bas de la page sans modifier les paramètres cochés.

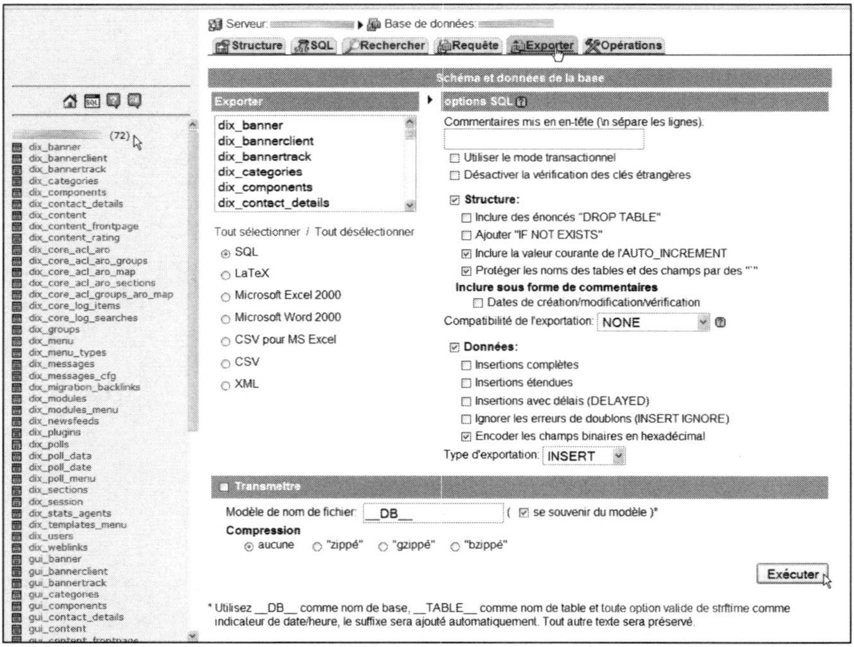

Figure 8.91 : L'exportation de la base de données

5 La base de données est affichée au format SQL dans la partie centrale. Cliquez sur ce code, puis combinez l'action des touches [Ctrl]+[A] pour en sélectionner l'intégralité. La sélection apparaît en vidéo inversée. Combinez ensuite l'action des touches [Ctrl]+[C] pour effectuer un copier.

6 Ouvrez le Bloc-notes de Windows et collez le code précédemment copié. Enregistrez le fichier texte sur l'ordinateur local avec la date de sauvegarde de type `AAMMJJ` (*120901-mysql.txt*, par exemple).

7 Fermer la fenêtre ouverte de l'interface de PhpMyAdmin.

8 Déconnectez-vous de l'interface d'administration client de votre espace d'hébergement.

Sauvegarde des fichiers

1 Lancez FileZilla afin de vous connecter à votre espace d'hébergement. Dans le logiciel, saisissez l'adresse de l'espace d'hébergement, le nom d'utilisateur et son mot de passe rattachés. Ces paramètres FTP vous ont été fournis depuis l'interface d'administration de votre espace d'hébergement. Cliquez sur le bouton **Connexion rapide**.

2 Ouvrez, dans la partie *Site Local* (colonne de gauche), le dossier qui contiendra la sauvegarde des fichiers de site Joomla.

3 Dans votre espace d'hébergement, figuré dans la partie droite du logiciel nommée *Site distant* (colonne de gauche), sélectionnez le dossier du site web Joomla, puis opérez un glisser-déposer vers le dossier de sauvegarde dans la partie *Site Local*.

L'avancement du transfert du fichier apparaît tout en bas de la fenêtre.

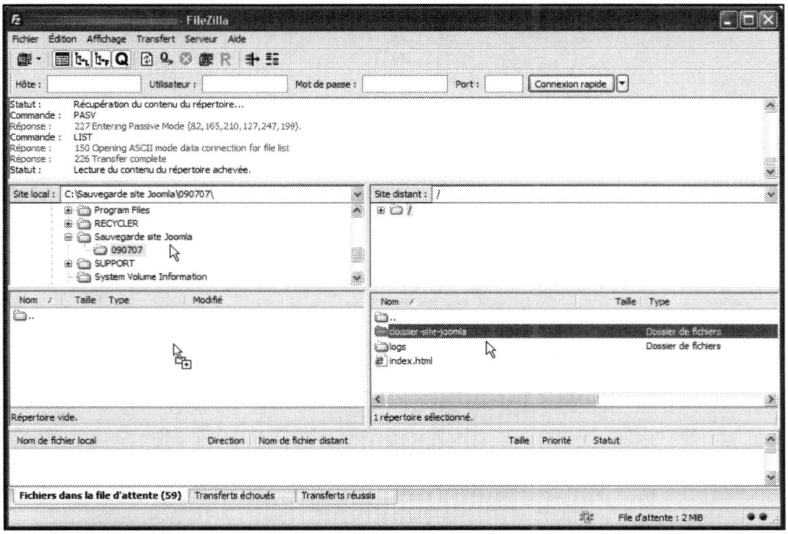

Figure 8.92 : Le transfert des fichiers

8.12. Check-list

- VirtueMart est un composant permettant de transformer votre site Joomla en un véritable site de commerce électronique.
- Vous devrez alors paramétrer ce composant pour l'adapter à votre secteur d'activité, à vos produits, à votre couverture géographique et à vos modes de paiement.
- Vous disposerez de statistiques avancées sur l'état de vos commandes.
- Une perte de vos données pouvant se révéler dramatique, il vous faudra effectuer régulièrement des sauvegardes.

CHAPITRE 9

AMÉLIORER L'INDEXATION DANS LES MOTEURS DE RECHERCHE

Le référencement permet d'augmenter la visibilité de votre site web dans les moteurs de recherche lorsqu'une recherche, portant sur une expression clé (du type "*voiture d'occasion à moins de 5 000 euros*"), est effectuée.

La qualité d'un référencement dépend d'un nombre conséquent de paramètres (quantité de liens externes pointant vers le site, qualité du contenu rédactionnel, utilisation de certaines balises, sémantique, noms des images, etc.).

9.1. Connaître les principes de fonctionnement de Google

Google, qui tire ses revenus de la publicité, se doit, pour conserver l'énorme taux de fréquentation qui le caractérise, de fournir aux internautes un service de qualité, en matière de classement des sites qu'il a répertoriés. Ceux-ci doivent nous être présentés en fonction de critères de pertinence réels, dont le contenu rédactionnel est certainement le plus important.

À bien y réfléchir, le "marché" semble équitable puisque tous les acteurs y trouvent leur compte :

- *L'internaute*, à qui le moteur de recherche donne gratuitement une source d'informations pertinentes, sous la forme d'une liste d'URL classées selon une estimation qualitative crédible, en fonction de la recherche effectuée.
- *Les sites web*, dont les webmestres trouvent, en ce qui concerne le référencement naturel (terme indiquant que le moteur de recherche n'est pas payé pour positionner le site), chez Google, un outil efficace de promotion gratuit de leurs contenus.
- *Le moteur de recherche* qui, grâce à l'énorme trafic généré, se trouve promu au rang d'immense espace d'affichage publicitaire, capable de s'étendre à l'infini, puisque les annonces payantes des annonceurs, nommées "liens commerciaux", ne sont plus seulement affichées sur le portail de Google mais sur d'innombrables sites web, moyennant rémunération de leurs propriétaires, par le système de partenariat de Google nommé "Google AdSense".

REMARQUE

Google AdSense

Ce terme désigne le concept technique de Google reposant sur l'insertion de messages publicitaires dynamiques (c'est-à-dire en rapport avec le

REMARQUE

contenu rédactionnel des pages dans lesquelles ils sont affichés) sur les sites des webmestres ayant souhaité devenir partenaires du moteur de recherche.

Au regard de ces bases conceptuelles, il est donc aisé de déduire l'axiome fédérateur de toute théorie visant à améliorer le référencement naturel : de nombreux contenus de qualité. Sans ce fond de sauce essentiel, toutes les recettes de cuisine que vous lirez dans cet ouvrage et ailleurs ne seront que des trucs et astuces à efficacité non garantie et, par essence, éphémères.

Qualité des contenus éditoriaux et fréquence de mise à jour des informations produites sont donc les garants de la pérennité d'un bon référencement naturel.

Cette logique, universelle et simple, peut d'ailleurs être étendue à tous les moteurs de recherche puisque l'on imagine mal comment leurs critères de sélection pourraient différer de ceux de Google. À ceci, ajoutez une bonne compréhension du principe de la "longue traîne", décrit plus loin, et vous disposerez des bases efficaces pour obtenir une indexation naturelle (encore désignée par le terme de "référencement organique") durable et de qualité.

Que penser, alors, de tous les conseils d'optimisation des pages, de tous les modes opératoires plus ou moins techniques, édictés de façon souvent anarchique sur le Web ?

Ceux-ci se divisent en deux catégories, qu'il est essentiel de parfaitement cerner car de mauvaises pratiques pourraient vite se retourner contre le webmestre peu scrupuleux et uniquement soucieux de positionner son site (ou celui de son client) en tête des classements et ceci à tout prix :

- Les techniques approuvées par les moteurs de recherche et qui suivent une logique cohérente d'utilisation de l'outil web (utilisation des titres, emploi des balises de formatage de texte et des images, etc.). Ces méthodes, décrites plus loin, ont un effet bénéfique sur le positionnement d'un site dans les pages de réponses des moteurs de recherche. Elles ne visent pas à berner l'internaute mais correspondent à un usage normal et efficace du code HTML.
- Les techniques "de triche", en ce sens qu'elles ne respectent pas le code de déontologie des moteurs (usage abusif de certaines balises de mise en forme, répétitions non justifiées d'un mot-clé, pages dédiées au moteur de recherche et non à l'internaute, pages

satellites, texte invisible caché dans le code HTML, le code JavaScript ou les feuilles de style, inscription sur des annuaires n'ayant pour fonction que de générer artificiellement des liens vers le site, etc.). Forcément vouées à l'échec, à plus ou moins long terme, ces méthodes peuvent engendrer, de la part du moteur de recherche, des "sanctions" pouvant aller jusqu'à l'exclusion pure et simple du site concerné. Elles sont, évidemment, à proscrire.

REMARQUE

Quand le travail de référencement aboutit à une désindexation du site

Si, comme de nombreux propriétaires de sites web, votre emploi du temps ne vous permet pas d'effectuer vous-même le travail de référencement, activité très chronophage, et que vous décidez de confier cette mission à un référenceur professionnel, demandez à ce dernier d'établir une description exacte et précise des tâches qu'il envisage d'effectuer. Prenez le temps nécessaire pour vous documenter sur les techniques énoncées afin de vous assurer qu'aucune d'entre elles ne risque de provoquer un déclassement dans les moteurs de recherche ou, pire, un blacklistage (suppression de tout ou partie du contenu de votre site dans les index des moteurs).

Nous vous conseillons donc de conserver une ligne conductrice "honnête", visant à respecter les consignes des moteurs de recherche, et particulièrement celles de Google. Une telle ligne de conduite vous apportera de nombreux avantages, à long terme :

- Vos visiteurs constateront, en navigant sur votre site, que vous ne cherchez pas à les berner mais décrivez objectivement votre sujet. Cette attitude ne pourra que vous apporter des retombées bénéfiques (de plus en plus d'internautes adoptent un regard très critique vis-à-vis de certains sites utilisant des techniques de marketing grossières).
- Vous contribuerez au développement de ce superbe outil qu'est le Web, en apportant votre contribution à cette immense base de connaissances communautaire, par un site Internet de qualité, disposant d'une originalité propre et apportant une véritable valeur ajoutée aux informations en ligne.
- Les paramètres de positionnement des sites évoluant en permanence, et gardés secrets par les moteurs de recherche, vous partirez sur des bases rédactionnelles et comportementales saines, vous assurant une stratégie de référencement robuste, qu'il vous suffira d'affiner, au fil de l'évolution des techniques utilisées par les moteurs.

Les algorithmes de Google sont, en effet, l'un des secrets les mieux gardés du monde par ses concepteurs. Chose parfaitement logique puisque le moteur de recherche perdrait instantanément toute sa crédibilité si le code de ses programmes d'indexation était connu des référenceurs, qui le détourneraient irrémédiablement de sa fonction première, le classement des sites, pour vendre leurs prestations aux plus offrants. On trouverait alors aux premières places, non plus les sites les plus méritants et les plus appréciés des internautes mais ceux pour qui le plus gros budget marketing aurait été investi. Et ceci sonnerait le glas de l'Internet en tant que source et lieu de partage universel de l'information.

On ne peut donc, au final, que se réjouir du manque de communication de Google sur le fonctionnement de ses rouages internes, fréquemment modifiés et améliorés, puisque cette attitude sert l'ensemble de la communauté des utilisateurs du Web et incite les éditeurs de contenus que nous sommes à améliorer sans cesse et sans subterfuge la qualité de nos pages.

9.2. Référencement naturel vs référencement payant

Le référencement naturel et le référencement payant sont, pour le webmestre, deux stratégies différentes qui visent pourtant un même objectif : se trouver mieux placé que ses concurrents dans les pages de recherche des moteurs. Les moyens employés, quant à eux, diffèrent de l'un à l'autre.

Dans le cas du référencement naturel, l'enjeu est de positionner un site dans les premiers liens "non sponsorisés", sur les SERP des moteurs de recherche, lorsqu'une expression de recherche est saisie par l'internaute et qu'elle renferme des mots-clés spécifiques au site.

Figure 9.1 : Une recherche effectuée sur l'expression "planche à voile occasion" dans Google (http://www.google.fr)

SERP

DEFINITION

SERP est l'acronyme de *Search Engine Result Page*. Ce terme désigne une page de résultats, c'est-à-dire une liste de liens, affichés par les moteurs de recherche et pointant vers des sites web, après que l'internaute a effectué sa recherche.

Figure 9.2 : Une recherche effectuée sur la même expression et réalisée dans le moteur de recherche Yahoo (http://fr.yahoo.com) renvoie un résultat différent

Mots-clés

DEFINITION

Les mots-clés (ou expressions clés) sont les mots que l'utilisateur d'un moteur de recherche tape dans la zone de saisie afin que celui-ci lui propose des liens vers les sites qui s'y rapportent. Ils constituent donc le thème de la recherche. Les mots-clés sont généralement saisis par groupes afin de préciser au maximum le sujet.

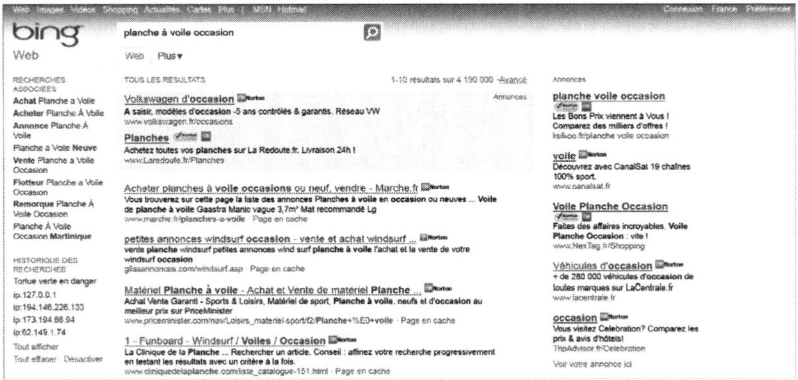

Figure 9.3 : Une recherche effectuée sur la même expression et réalisée dans un troisième moteur de recherche (ici Bing, à l'adresse http://www.bing.com) renvoie un résultat encore différent)

Le référencement payant, quant à lui, nécessite de verser des sommes plus ou moins conséquentes à des régies publicitaires, pour que celles-ci affichent des liens commerciaux sous forme de textes, d'images ou encore d'animations, dans les pages de recherche ou à l'intérieur de sites, alors rémunérés. Les sites ayant choisi de réserver un espace à la publicité sont généralement payés en fonction du nombre de clics effectués par les internautes sur ces publicités. La régie publicitaire en ligne la plus importante, à ce jour, est celle de Google ("*Google Adwords*" et "*Google AdSense*").

REMARQUE

Google AdWords et Google AdSense

Afin de simplifier au maximum et de rendre plus accessible l'affichage de publicité dans les sites Internet, la régie publicitaire Google a choisi de séparer les deux aspects de son utilisation et de les rendre indépendants aux yeux des internautes qui en font usage.

Ainsi, un annonceur n'aura à s'intéresser qu'à Google AdWords. Grâce à ce système, il pourra acquérir des espaces d'affichages publicitaires vers son site. Si plusieurs liens publicitaires sont en concurrence, une enchère sur des mots-clés est effectuée et un classement reposant sur le prix payé par clic détermine le positionnement.

Si, au contraire, vous êtes propriétaire d'un site fréquemment visité et que vous souhaitiez gagner de l'argent grâce à la publicité, c'est uniquement à Google AdSense que vous devez vous intéresser. Vous n'aurez qu'à décider de placer une "annonce Google" sans vous soucier du contenu. Google s'en charge. Ainsi, vous choisissez la nature de la publicité (simples liens hypertextes, images, animations, etc.) mais une fois cette étape franchie, vous n'avez plus rien à faire. Lorsque des visiteurs s'intéressent à la publicité et cliquent sur les liens, vous recevez de l'argent de la part de Google. Les annonces sont en rapport plus ou moins direct avec le contenu de la page qui les contient : elles sont dites "contextuelles".

Le concept du référencement payant consiste donc à payer Google (ou un moteur de recherche fournissant le même type de service) pour l'achat de mots-clés. Dès lors, les liens publicitaires seront affichés dans les SERP si l'expression saisie par l'internaute correspond aux mots-clés pour lesquels l'annonceur paye ou au sein des sites si le contenu de la page est en rapport avec ces mots-clés (voir fig. 9.4).

Une campagne de référencement payant peut se montrer efficace pour augmenter la visibilité d'un site sur une période limitée. C'est, par exemple, un bon moyen de faire connaître un site qui présente un événement annuel. En effet, il sera très difficile pour le webmestre de celui-ci d'obtenir un bon référencement naturel, dans la mesure où le site n'est visité qu'un mois sur douze. Mais le référencement payant n'est pas toujours une stratégie durable et il ne faut pas compter sur ce seul moyen pour assurer une bonne visibilité de votre site. Il semble en outre logique d'imaginer que l'internaute, de mieux en mieux informé sur les techniques de marketing en vigueur sur le Web, fera de plus en plus la part des choses et accordera moins d'importance aux liens commerciaux qu'aux liens naturels.

Figure 9.4 : Les annonces textuelles et les bannières publicitaires des annonceurs sont affichées sur les sites diffusant les annonces Google (ici, sur le site http://www.mosaiqueinformatique.fr)

Obtenir un bon référencement naturel, par contre, est une tâche de plus longue haleine et nécessite patience, esprit de compétition et savoir-faire. Vous l'aurez compris, ce type de référencement se mérite, mais la répercussion se fait très largement sentir au niveau du taux de visites. Les facteurs de réussite d'un site dans le domaine du référencement naturel sont très divers, et seront développés plus loin dans ce livre.

Les plus importants sont :

- La dynamique du site, c'est-à-dire le fait qu'il soit, ou non, fréquemment mis à jour.
- La qualité du contenu. Celle-ci passe principalement par la qualité de la rédaction et la quantité d'informations présentes.

- Le Page Rank, indice attribué par le moteur de recherche lui-même aux pages du site reposant sur de nombreux critères visant à estimer la qualité.
- L'existence ou non de liens externes pointant vers le site, le nombre de ceux-ci et la notoriété des sites qui placent ces liens, etc.

Le référencement est donc d'une importance cruciale pour toute stratégie de communication, dans la mesure où c'est lui qui détermine, parmi les visiteurs ayant fait une recherche sur le sujet de votre site, le nombre de ceux qui seront amenés à voir votre site.

Pour obtenir un bon référencement naturel, vous devrez respecter les règles édictées par Google et éviter les techniques de "triche", qui risqueraient de provoquer un bannissement temporaire ou définitif de votre site par les moteurs de recherche.

9.3. Comprendre les principes du référencement naturel

Il est important de comprendre l'intérêt du référencement, son incidence sur la viabilité du site, les enjeux et la stratégie à adopter, en fonction des moyens et de l'objectif à atteindre.

Comprendre les enjeux du référencement

Les techniques de référencement ont radicalement changé en quelques années. Cette évolution est allée dans le bon sens, puisque les sites qui fournissent des contenus rédactionnels de qualité sont largement privilégiés, c'est-à-dire promus par Google (moteur de recherche leader, sur lequel s'appuie cette étude des techniques de référencement).

Il est en effet incontestable qu'un net progrès a été fait, en matière de qualité de classement fourni par les moteurs de recherche, par rapport à cette époque, datant d'il y a quelques années, et pendant laquelle certains webmestres écrivaient en texte blanc sur fond blanc, afin d'y cacher des listes de mots-clés ou utilisaient les balises `META` du code HTML pour y inclure des mots-clés sans rapport avec les pages visitées. Ces techniques étaient à l'origine d'un appauvrissement progressif des contenus, d'une diminution de la pertinence et, par conséquent, de pertes de temps lors des recherches qui devenaient inefficaces.

Heureusement, les critères ont eu le temps de s'affiner et les moteurs de recherche ont acquis l'intelligence nécessaire pour faire la part des choses, discerner les techniques illégitimes et sanctionner par une dégradation du positionnement ou un bannissement les sites qui en font usage.

S'il veut anticiper l'aspect que prendra son champ de bataille, un bon référenceur se doit de comprendre les règles économiques qui s'imposent à Google et aux autres moteurs de recherche. Ceux-ci, pour garder toute crédibilité auprès des annonceurs publicitaires, doivent fournir aux consommateurs des résultats de qualité, concernant les recherches d'informations, de produits, de techniques et de services. Les moteurs de recherche doivent donc éliminer tous les sites qui ne respectent pas les règles de qualité. Il est obligatoire de comprendre ces règles.

S'il devait être résumé en une phrase, le concept du référencement naturel s'énoncerait comme ceci : d'importants contenus de bonne qualité et un maximum de liens pointant vers ceux-ci. Rien de techniquement inabordable mais un travail pouvant se révéler rapidement fastidieux. Aussi est-il prudent d'estimer objectivement le temps dont vous disposerez pour entretenir le référencement naturel de votre site et de ne pas vous voiler la face : si vous ne pouvez y consacrer plusieurs heures par semaine, voire davantage, l'objectif se révélera très difficile à atteindre.

Pour être visible sur Google, chers webmestres, il faut donc, on a tendance à l'oublier, avoir un sujet précis à traiter avec intérêt. De plus, la qualité rédactionnelle est indispensable. Enfin, c'est la touche personnelle qui jouera. Cette dernière fera que vos articles seront attractifs ou ennuyeux, et c'est loin d'être un détail sans importance. Si l'internaute accroche à votre style, ce sera pour lui un plaisir de lire jusqu'au bout, et il retournera sur votre site s'il en a l'occasion. Si, au contraire, il lui a fallu relire l'article plusieurs fois pour le comprendre, il préférera visiter un autre site la fois suivante. N'abusez toutefois pas des effets de style car les robots des moteurs de recherche n'ont aucune finesse d'esprit. Certains jeux de mots, par exemple, peuvent être mal interprétés et ne pas donner des résultats, en termes de classement dans les SERP, à la hauteur de vos textes.

Voici déjà un résumé des règles comportementales à adopter, pour tout rédacteur, et qui sont expliquées plus en détail dans les sections suivantes de ce livre :

- Déterminez seulement quelques mots-clés ou expressions sur lesquels vous vous concentrerez lors de la rédaction d'une page.

- Ne tombez pas dans l'excès quant à la répétition de ces mots-clés. Ne vous sentez donc aucune obligation de placer "voiture" dans chacune des phrases de votre site dédié à l'automobile. Quatre ou cinq fois sur la page seront suffisantes, la répétition systématique pouvant même être néfaste.
- Appliquez sur vos mots ou expressions-clés des liens hypertextes menant vers d'autres pages de votre site traitant d'un sujet similaire. Par exemple, vous pouvez créer un lien vers "`accessoires automobiles`", pointant vers la page de votre site qui évoque cette catégorie. Il s'agit alors de placer l'expression que vous voulez rendre cliquable dans une phrase comme "*Nos voitures peuvent être livrées avec de nombreux* **accessoires automobiles**, *dans toutes nos agences de vente d'automobiles.*"
- Il ne semble pas y avoir de volume idéal, en terme de nombre de mots constituant une page web mais ne descendez pas en dessous de plusieurs centaines de mots par article ; vous risqueriez de manquer de richesse sémantique sur le sujet, donc de pertinence sur le chapitre.
- Rédigez vos articles dans un style naturel tout en gardant à l'esprit que le robot du moteur de recherche risque de prendre pour non pertinent un texte qui ne serait fait que de périphrases, jeux de mots et allusions.
- Tentez de faire en sorte qu'un nombre maximal de liens externes pointe vers votre site. Ceux-ci peuvent être dirigés vers la page d'accueil du site mais aussi vers les pages de contenu. On parle dans ce second cas de "liens profonds". Dans la mesure du possible, il est très largement préférable que les liens soient dirigés vers des pages qui contiennent vos mots-clés. Enfin, plus le site qui propose un lien vers le vôtre est important et en rapport avec votre sujet, plus il améliorera votre référencement.

Comprendre les objectifs et les méthodes de référencement

Les raisons d'obtenir un bon référencement varient en fonction de l'activité liée au site :

- Quel que soit votre secteur d'intervention, vous souhaiterez augmenter votre notoriété. Celle-ci est liée à la visibilité de votre site et toute augmentation de trafic sur celui-ci sera positive.
- Améliorer l'accès à une information (scientifique, culturelle, politique, etc.).

- Accroître le nombre de vos clients potentiels.
- En augmentant le nombre de visiteurs, vous augmentez automatiquement les revenus que vous touchez grâce à la présence d'annonces publicitaires. Ce point est particulièrement important si vous comptez gagner de l'argent en parlant de votre passion, sur votre blog.
- Établir un réseau de relations et de contacts utiles.

Connaître les types de référencement

Il existe trois principaux types de référencement :

- le référencement naturel, que l'on appelle aussi parfois "référencement organique" ou encore SEO, acronyme de *Search Engine Optimization* ;
- le référencement payant ou SEM (acronyme de *Search Engine Marketing*), dont le principe est de payer afin d'être placé parmi les liens sponsorisés ;
- un troisième type de référencement appelé SMO (*Social Media Optimization*) consiste à faire connaître le site en question par le biais de moyens divers tels que les réseaux sociaux ou l'emailing.

Assimiler les méthodes de référencement naturel

Pour permettre à votre site de bénéficier d'un bon référencement naturel, il vous faudra :

- Veiller au bon fonctionnement du site, c'est-à-dire vous efforcer d'éliminer au maximum les problèmes d'ordre technique qu'il pourrait renfermer, et ne négliger en aucun cas l'importance de la qualité réelle du contenu de vos pages. En effet, si celui-ci ne se montre pas intéressant aux yeux du lecteur, inutile d'espérer un bon placement dans les SERP.
- Travailler sur l'environnement du site, qui joue de manière très importante sur son référencement naturel. L'erreur à ne pas faire serait de se concentrer uniquement sur le site lui-même. Un site peut être d'une richesse exemplaire, et n'être pour autant que très peu visité s'il se trouve coupé du "noyau actif" d'Internet, à savoir les forums de discussion, le monde des blogueurs et les réseaux sociaux (tels que Facebook). En effet, c'est en ce lieu virtuel que, dans de nombreux domaines, le bouche à oreille s'effectue, que les liens se font naturellement et qu'un site de qualité a de grande chance d'être reconnu en tant que tel.

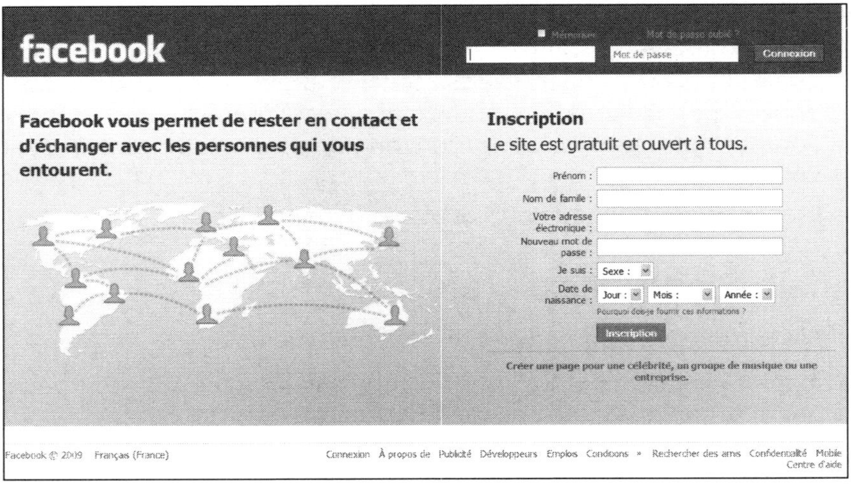

Figure 9.5 : Les sites de réseaux sociaux (ici Facebook sur http://fr-fr.facebook.com) constituent une opportunité non négligeable de faire connaître votre site

Maîtriser les étapes du référencement

Le travail du référenceur demande une grande endurance. Il s'agit d'un cycle d'actions visant à augmenter l'indexation sur un nombre toujours plus important de mots-clés :

- Vérifiez constamment que le site n'est entaché d'aucun problème technique ou rédactionnel ; les plus classiques d'entre eux étant les "liens morts", c'est-à-dire les liens hypertextes vers des pages supprimées ou inexistantes, les contenus ou images dupliqués (que le robot repère très facilement).
- Réfléchissez au choix des mots-clés que vous allez définir. Gardez en tête qu'un internaute effectuant une recherche sur ceux-ci doit voir la page sur laquelle vous avez travaillé. Une fois un objectif bien ciblé atteint (par exemple "`meubles anciens Nancy`"), vous pouvez élargir à un sujet plus vaste.
- Vérifiez que le contenu de vos pages traite exactement le sujet que constituent vos mots-clés. Il est conseillé de créer une page par expression précise que le visiteur est susceptible de saisir dans le moteur de recherche.
- Œuvrez à améliorer les liens (on parle de *netlinking*) internes et externes pointant vers les pages concernées.
- Votre travail ne s'arrête jamais : à peine vos objectifs sont-ils atteints que vous devez songer à élargir la plage de mots-clés

définis. Autrement, vos pages se verront vite descendre dans le positionnement. En effet, vos concurrents ne se reposeront pas.

Anticiper le fonctionnement des moteurs de recherche

La méthode utilisée par les moteurs de recherche est nommée "crawl" et emploie un "robot" (encore appelé "spider" ou "crawler"). Il s'agit d'un programme qui visite les pages en ligne, suivant le chemin des liens hypertexte. Chaque page visitée est copiée sur un serveur.

À l'aide d'un algorithme complexe et tenu secret par Google, les pages enregistrées sont analysées : c'est l'indexation. Ensuite, le moteur de recherche classe le contenu ainsi que d'autres informations qui lui ont servi à estimer la pertinence de la page dans sa banque de données. S'ensuit l'enregistrement de la page auprès de l'index du moteur. Ce dernier répertorie les pages rencontrées.

La dernière étape est la formulation de la réponse que le moteur de recherche fournit à l'utilisateur lorsqu'il effectue une requête. Une recherche est alors réalisée au sein de l'index. Les pages trouvées sont classées en fonction de leur pertinence par rapport à la requête, puis affichées dans la SERP. Il est donc évident que le référenceur se doit de maîtriser cet algorithme le mieux possible.

Utiliser la longue traîne

Le terme de *longue traîne*, "*long Tail*" ou encore "*longue queue*" désigne un facteur déterminant du référencement naturel.

Ce paramètre repose sur le fait que l'internaute novice, lorsqu'il effectue une recherche, a tendance à ne taper qu'un ou deux mots dans la zone de saisie du moteur. Par conséquent, les résultats sont très nombreux puisque le sujet est vague. La probabilité qu'une réponse satisfaisante se trouve dans les premiers liens est alors très mince. Par exemple, si notre internaute, voyant le printemps arriver, décide de s'intéresser au fonctionnement des bicyclettes afin de réparer son vieux VTT, il va sans doute d'abord saisir "`vélo`" dans sa barre de recherche. Mais les résultats qu'il obtiendra ne conviendront pas, pour beaucoup, à ses attentes (vente de vélos, vélos d'occasion, location de vélos...).

S'il a beaucoup de temps, il peut parcourir les nombreuses pages qui s'offrent à lui dans l'espoir de trouver une réponse pertinente, mais c'est rarement la solution choisie. Il va donc reformuler sa requête avec plus de précision ("`fonctionnement vélo réparation`", par exemple).

Il est alors capital, pour le référenceur, d'utiliser l'effet de la longue traîne.

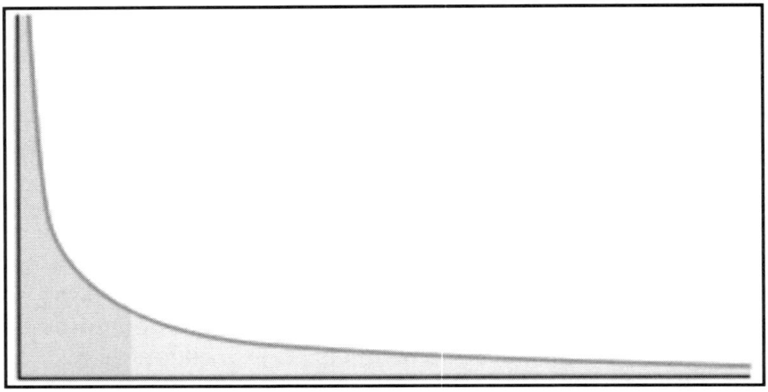

Figure 9.6 : Cette courbe illustre le phénomène de la longue traîne : sur l'axe horizontal, les produits (ou le nombre de mots saisis dans une requête) et sur l'axe vertical, les ventes (ou le nombre de visites du site). Source : Wikipédia

Le terme de "longue traîne" a d'abord été utilisé dans le marketing. Ce phénomène, observé et étudié avec attention, a récemment été également constaté sur le Web, concernant le trafic généré sur un site Internet par les moteurs de recherche.

REMARQUE

L'origine de la longue traîne

Le phénomène de la longue traîne (*Long Tail*, en anglais) a été découvert en 2004 par Chris Anderson, analyste et rédacteur au magazine Wired, qui a fait sa découverte en étudiant les ventes en ligne d'Amazon et de grosses structures économiques de vente en ligne similaires.

Il a déterminé que le volume total de ventes des produits peu recherchés par les consommateurs était plus élevé que celui des produits en vogue.

Ce constat s'applique également sur le Web, en terme d'audience liée à des recherches effectuées dans les moteurs : le volume total des visites liées à des recherches spécifiques, donc expressément et explicitement nommées ("`guitares vintages Fender et Gibson`", par exemple) est supérieur à celui lié à des recherches sur des mots très populaires ("`musique`", par exemple). En outre, le taux de conversion est meilleur car la probabilité, pour l'internaute, de trouver une réponse en corrélation avec sa recherche, est supérieure lors d'une recherche explicite que sur une expression trop générique, sur laquelle un bon positionnement nécessitera un travail fastidieux et donc coûteux pour le référenceur.

Essayons de nous représenter en quoi consiste l'effet longue traîne grâce à un exemple simple : Imaginons qu'un site de vente en ligne propose des vêtements. Il dispose d'un avantage par rapport à son concurrent, le magasin traditionnel, de posséder un fond de catalogue (ensemble d'articles peu vendus) théoriquement illimité, puisqu'il ne doit pas stocker ses marchandises. Il est constaté que le bénéfice dégagé par le fond de catalogue est supérieur à celui que génère la vente des produits les plus vendus, dont doit se contenter le magasin traditionnel.

Quel rapport avec le référencement ? Le principe est exactement le même. Au lieu de s'essouffler à tenter, souvent vainement, de bien se positionner sur un mot-clé unique, face à une concurrence énorme, il est plus rentable de viser les expressions précises, quitte à multiplier les pages. De cette manière, vous pouvez bien placer une page pour chaque expression longue, donc saisie par un nombre plus restreint d'internautes, mais ceux-ci auront plus de chances de voir votre site et ce sera bien ce dont il traite qui les intéresse. Avec un peu d'imagination, il est facile d'envisager de nombreuses combinaisons de mots-clés. Il ne vous reste qu'à créer une page par combinaison et à travailler sur son référencement.

Sur le schéma présenté précédemment, vous pouvez voir que si l'on considère le trafic sur l'axe vertical et le nombre de mots-clés sur l'axe horizontal, la partie droite, donc celle représentant le nombre de visiteurs parcourant le site grâce à l'effet longue traîne, est plus importante que la partie gauche, qui représente le nombre d'internautes ayant trouvé le site suite à une recherche sur une expression simple.

9.4. Déterminer sa stratégie de positionnement

Avant de débuter le travail de référencement à proprement parler, une étude de la concurrence s'avère une étape indispensable. Elle vous permettra d'estimer le coût financier et la somme de travail nécessaires pour atteindre votre objectif.

De nombreux outils disponibles sur le Web vous aideront dans cette tâche. Vous allez en découvrir quelques-uns ci-après.

Rechercher des mots-clés

Le travail du référenceur, comme nous l'avons vu, est efficace uniquement s'il est effectué sur de nombreuses expressions. Aussi, vous devrez en estimer l'importance en fonction du rapport trafic par travail fourni. Vous rencontrerez sans doute de grandes difficultés à vous positionner si vous visez trop haut, par le choix d'expressions trop vagues. N'oubliez à aucun moment qu'il faut garder un esprit compétitif et mesurer avec justesse le poids de vos concurrents, qui, dans certains domaines, peuvent consacrer un budget très important au référencement de leur site.

Utiliser des outils de mesure des mots-clés

Le générateur de mots-clés de Google

Vous allez maintenant découvrir les outils qui vous permettront de travailler plus efficacement sur la qualité de vos mots-clés.

Pour ce faire :

1 Connectez-vous à l'adresse **adwords.google.fr**.

La page *Google AdWords* est affichée.

2 Cliquez sur **Trouver des idées de mots-clés**.

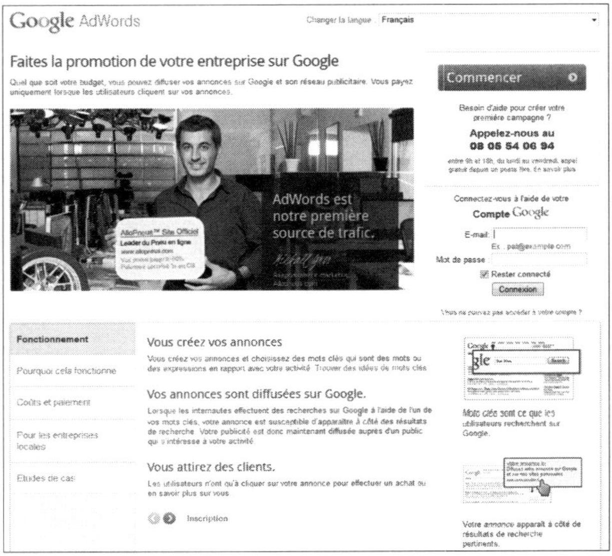

Figure 9.7 : La page Google AdWords

La page *Générateur de mots-clés* apparaît.

3 Dans la zone de saisie de la fenêtre, recopiez la chaîne de caractères affichée (cette fonctionnalité, nommée *Captcha*, est affichée si vous n'êtes pas connecté avec votre compte Google. Elle a pour but d'empêcher les programmes d'utiliser abusivement ce service de Google, destiné à des utilisateurs humains). Cliquez sur le bouton **Envoyer**.

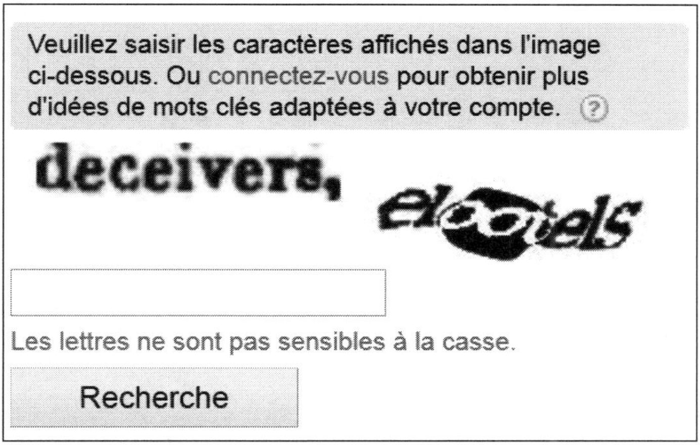

Figure 9.8 : La saisie de la chaîne de caractères de contrôle

4 Dans la zone *Mot ou expression*, saisissez le mot-clé ou l'expression-clé de votre choix puis validez votre demande par un clic sur le bouton **Recherche**.

Figure 9.9 : La saisie de l'expression recherchée

Google vous fournit des informations utiles concernant les différents mots-clés envisageables. Cela peut vous être d'une grande utilité ;

vous pouvez comparer la concurrence à laquelle vous devrez faire face pour chaque expression. À la base, cet outil a été conçu pour les utilisateurs de Google AdWords, afin de leur permettre de faire leur choix plus facilement lorsqu'ils veulent acheter des affichages de publicités en ligne.

Les principales informations qui pourront vous être utiles sont :

- un grand nombre d'expressions-clés en rapport avec votre sujet ;
- le volume de recherche, c'est-à-dire le nombre moyen de requêtes effectuées sur les expressions dont il est question.

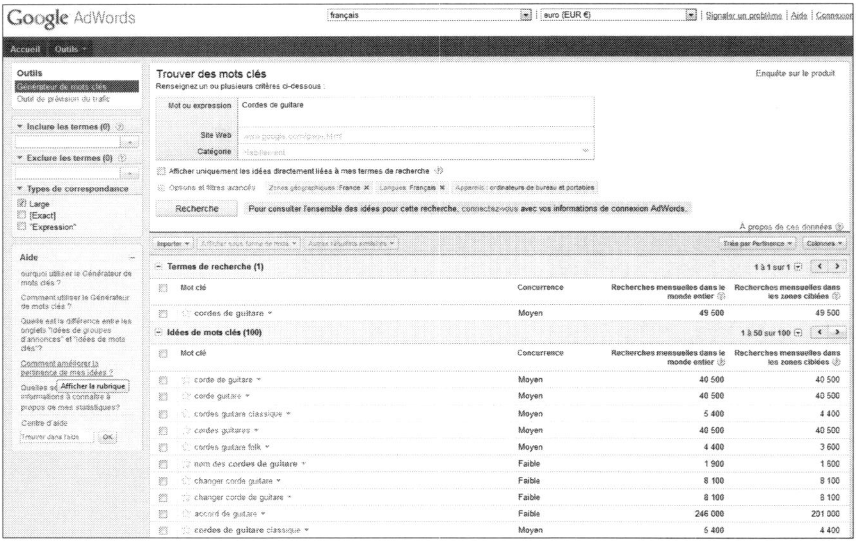

Figure 9.10 : Les résultats affichés

5 Cliquez sur l'en-tête de colonne de votre choix afin de changer l'ordre de classement des réponses affichées dans celle-ci.

Figure 9.11 : Les données sont triées par ordre décroissant dans cette colonne

6 Vous trouverez encore un grand nombre d'informations à votre disposition. Pour y avoir accès, cliquez sur le lien *Outils de prévision du trafic*.

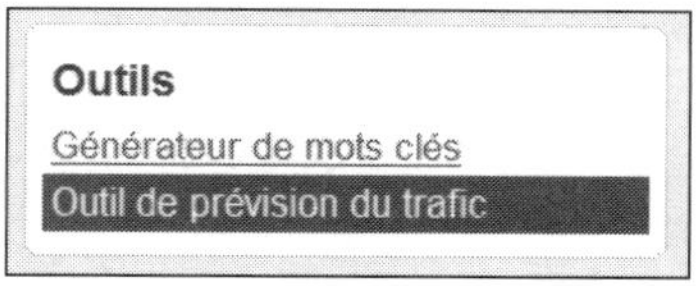

Figure 9.12 : Le lien Outils de prévision du trafic

> **CPC**
>
> Ce terme est l'acronyme de *Coût par Clic*. Les valeurs de la colonne *Coût par clic moyen prévisionnel* représentent de précieuses informations pour qui doit optimiser le coût d'une campagne publicitaire Google AdWords. Les montants affichés sont estimés en fonction de la demande sur l'expression, ainsi que du positionnement et des enchères effectuées sur le prix de l'affichage de celle-ci.

Le service Google Trends

Google Trends pourra aussi se montrer d'une grande utilité dans certains cas. Cet outil affiche, sous forme de graphiques, les tendances sur les volumes de recherches, c'est-à-dire le nombre de recherches effectuées sur une expression, que vous pouvez cibler sur une région ou une langue. Google Trends peut également vous présenter comparativement les statistiques relatives à plusieurs expressions de manière simultanée, ainsi que des articles d'actualité en rapport direct avec les périodes ponctuelles de grande popularité du mot-clé ou de l'expression-clé.

1 Connectez-vous à l'adresse **http://www.google.com/trends**.

2 Dans la zone de saisie, présentée en haut de la page, saisissez une expression ou plusieurs (séparez alors les expressions par des virgules). Cliquez sur le bouton **Search Trends**.

Figure 9.13 : Le service de Google Trends, à l'adresse http://www.google.com/trends

Un graphique présentant l'évolution chronologique des tendances de recherches effectuées est affiché.

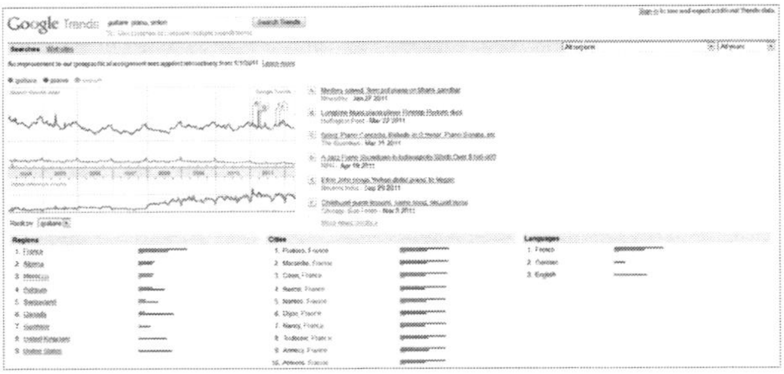

Figure 9.14 : Le graphique de Google Trends

3 Utilisez la liste déroulante présentée en haut et à droite de la page pour restreindre la zone géographique sur laquelle doit être appliquée la fonctionnalité à un pays.

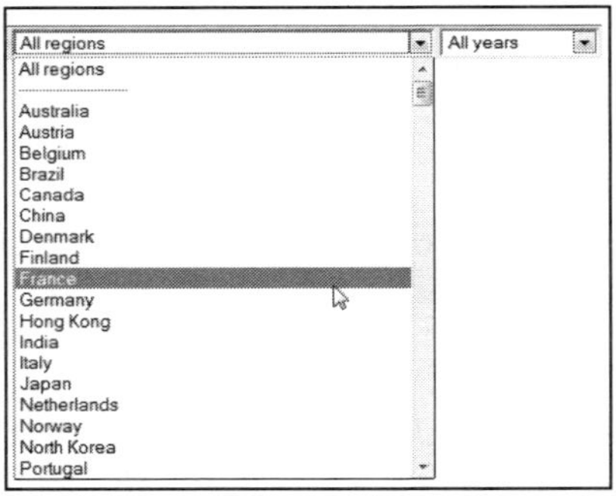

Figure 9.15 : Les statistiques seront ici limitées à la France

4 Utilisez la liste déroulante présentée en haut et à droite de la page pour restreindre la zone géographique sur laquelle la fonctionnalité à une région doit être appliquée.

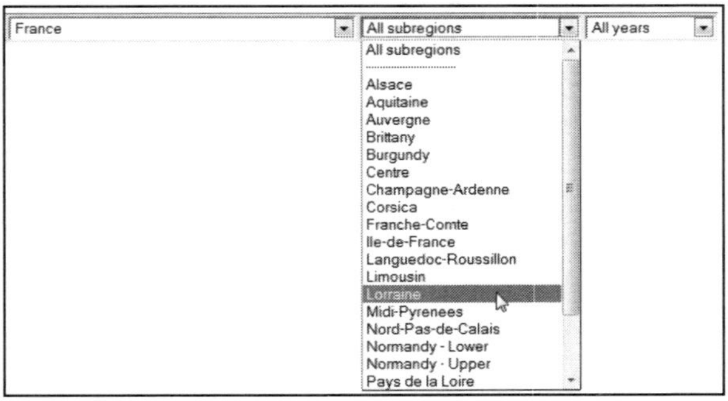

Figure 9.16 : Les statistiques seront ici limitées à la Lorraine

5 Utilisez la liste déroulante placée à droite de la précédente afin de restreindre la période.

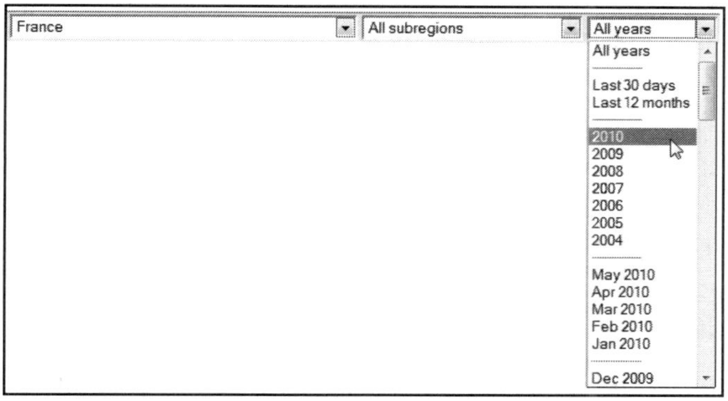

Figure 9.17 : Les statistiques seront ici limitées à l'année 2009

Le service Google Insights for Search

Comme Google Trends, ce nouveau service de Google affiche, sous forme graphique, des statistiques sur le nombre de recherches effectuées pour une ou plusieurs expressions-clés, après saisie de celles-ci (il vous sera nécessaire de vous identifier par votre compte Google).

Plus performant et d'aspect plus graphique (le service affiche une carte de taille et d'échelle variables lors de l'affichage des résultats), Google Insights for Search se présente comme le remplaçant de Google Trends, Google maintenant à ce jour les deux services en ligne.

Google Insights for Search est accessible à l'adresse **http://www.google.com/insights/search/#**.

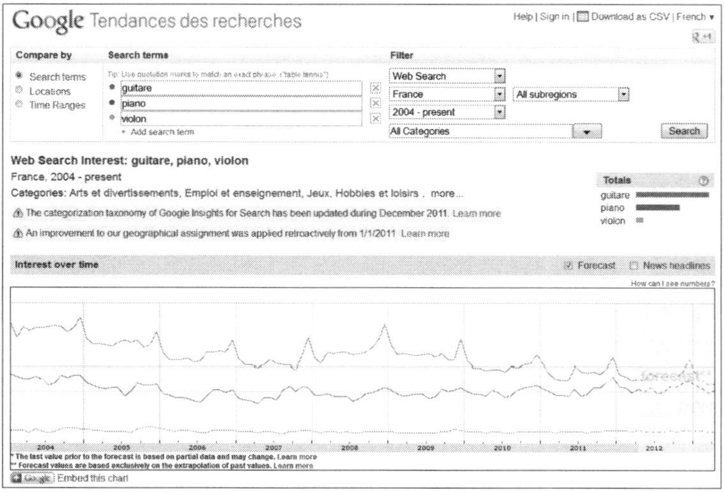

Figure 9.18 : Le service Google Insights for Search

9.5. Optimiser son site pour le référencement naturel

Vous allez maintenant appliquer les principales techniques de référencement à votre site Joomla.

Indexer son site dans Google

Lorsque vous souhaitez que votre nouveau site soit indexé dans Google, deux solutions s'offrent à vous :

- créer un lien vers celui-ci depuis un site déjà indexé de sorte que le robot d'indexation Google (nommé *Googlebot*) parcourt votre site ;
- déclarer directement l'existence de votre site auprès de Google, *via* le formulaire de déclaration que vous trouverez à l'adresse **http://www.google.fr/intl/fr/addurl.html**, après vous être authentifié auprès de Google par votre compte *Google outils pour les webmasters*.

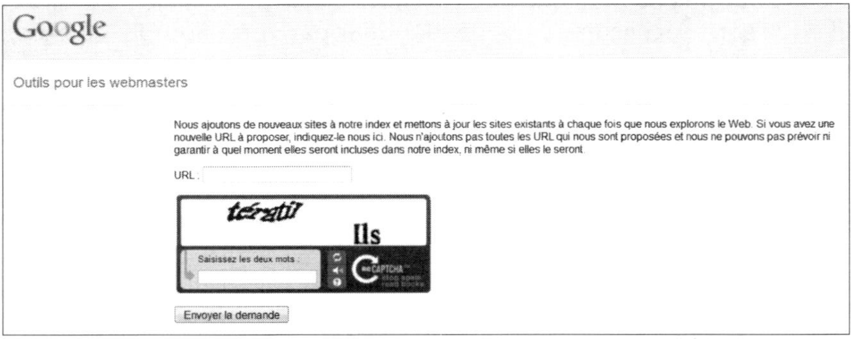

Figure 9.19 : Le formulaire de déclaration d'un nouveau site

Utiliser le fichier Sitemap

Le fichier Sitemap contient toutes les pages d'un site que Google doit indexer. Il sert à indiquer à Google l'existence de celles qu'il n'aurait pas encore rencontrées. Il n'est pas obligatoire d'en créer un, mais cela peut s'avérer utile si les pages de votre site ne sont pas toutes accessibles par la navigation ou que celles-ci sont développées en technologie Flash uniquement, ce qui représente un obstacle pour le robot. Le fichier Sitemap doit être placé, comme indiqué par Google, sur votre espace d'hébergement.

Pour créer le fichier Sitemap, voici la démarche à suivre :

- Si ce n'est déjà fait, créez un compte Google Webmaster Tools (outils pour les webmasters).
- Depuis l'interface alors proposée par Google, saisissez l'URL du site pour lequel vous voulez créer le fichier Sitemap.
- Suivez la procédure de vérification afin que Google s'assure que vous êtes le webmestre du site, puis Google créera le fichier.
- Indiquez l'URL dans le fichier *Sitemaps*.

L'indexation des pages se fera automatiquement, grâce au travail du robot de Google. Le moteur de recherche vous enverra un compte-rendu sur votre compte Google Webmaster Tools.

Augmenter son PageRank

Google calcule un indice, appelé PageRank évaluant la qualité de chaque page web, en fonction de nombreux paramètres. Celui-ci ne dépend pas du thème abordé. Le PageRank n'est évidemment pas l'unique paramètre pris en compte par l'algorithme de Google mais il a une incidence sur le positionnement d'une page web dans les SERP du moteur de recherche.

Principalement, les facteurs en jeu sont les suivants :

- Un lien hypertexte vers une page augmente le PageRank de celle-ci.
- L'importance de l'augmentation provoquée dépend de la popularité de la page sur laquelle figure le lien.
- Si, sur une page relativement populaire ne figure qu'un lien, celui-ci augmentera de beaucoup le PageRank de la page cible, mais plus la page comprendra de liens, moins chacun d'entre eux aura de poids.

Cet indice est mesuré selon une échelle logarithmique fermée. Autrement dit, le nombre peut aller de 0 à 10 et pour chaque unité, il faut multiplier par dix le travail à fournir, ce qui rend les derniers échelons quasi inaccessibles (passer du neuvième au dixième échelon représente un milliard de fois plus de travail que d'obtenir le premier).

Au contraire, les premiers sont rapides et simple à atteindre. Mais parvenir à un PageRank de 5 est difficile pour un rédacteur seul et les échelons supérieurs nécessitent la mise en œuvre de toute une équipe rédactionnelle.

Connaître son PageRank

REMARQUE

Afin de savoir si les stratégies qu'il utilise sont efficaces ou non, il est intéressant pour le webmestre d'avoir connaissance du PageRank des différentes pages de son site.

De nombreux sites permettent d'afficher en ligne le PageRank d'une page web, après saisie de son URL.

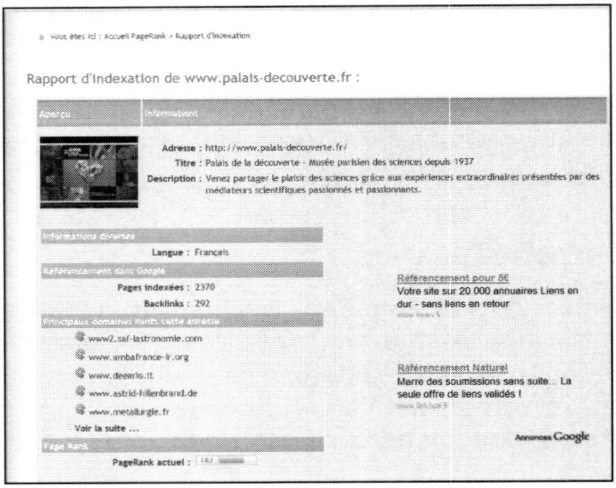

Figure 9.20 : Le site http://www.pagerank.fr, par exemple, affiche le PageRank d'un site, par simple saisie de son URL

Toutefois, la méthode la plus simple pour connaître le PageRank des pages que vous visitez consiste à télécharger la barre d'outils Google pour Internet Explorer. Elle affiche le PageRank directement dans votre navigateur.

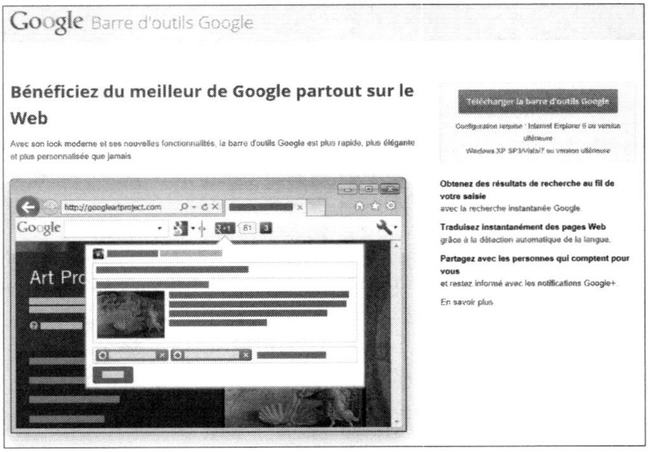

Figure 9.21 : Le téléchargement de la barre d'outils Google, ici pour Firefox, à l'adresse http://www.google.com/intl/fr/toolbar/ie/index.html

Les principales techniques permettant d'améliorer le PageRank sont les suivantes :

- augmenter le nombre de liens externes ;
- essayer, si cela est possible, d'obtenir ces liens de pages elles-mêmes populaires ;
- chercher en priorité des backlinks depuis des pages qui n'en contiennent pas beaucoup.

Attention, au contraire, le PageRank ne dépend pas :

- du trafic que le site connaît ;
- de la fréquence à laquelle les internautes cliquent sur le lien vers le site depuis les SERP ;
- de l'emplacement de la page au sein du site web ;
- du sujet traité.

REMARQUE

Transmission du PageRank

La formule de calcul du PageRank indique que toute page distribue une partie de son PageRank aux pages vers lesquelles pointent ses liens hypertextes. Forte est donc la tentation, pour un webmestre, de limiter les liens de ses pages à des liens internes, afin d'éviter toute fuite de son précieux PageRank vers des sites extérieurs.

Comme vous vous en doutez, les développeurs de Google ne peuvent laisser une telle situation se créer car elle serait synonyme de la fin du Web, chaque site fonctionnant en autarcie.

Il semble donc que des "points" soient redistribués, en termes de positionnement, aux sites jouant le jeu d'un Web ouvert. Ainsi, une page présentant quelques liens externes vers des sites choisis se verra mieux placée que la même page disposant uniquement de liens internes.

REMARQUE

Un autre indice, le TrustRank

Google cherchant à éliminer les sites sans intérêt, le moteur a conçu le concept de TrustRank, indice indiquant le degré de "confiance" accordé à un site. D'abord affecté par un humain sur certains sites à forte notoriété, le TrustRank se transmet ensuite par les liens hypertextes vers les autres sites.

Diminuer l'effet Sandbox

Le terme d'effet Sandbox désigne la mise à l'écart d'un site, lors de l'affichage des résultats.

Cet effet touche principalement les nouveaux sites, pendant les mois qui suivent leur création. Google considère que les sites doivent attester de leur réelle existence. Sont ainsi éliminés les sites n'ayant pas fait leurs preuves.

Pour pallier l'effet SandBox, la méthode la plus efficace est certainement, pour le webmestre, de conserver une attitude naturelle et de ne pas utiliser de techniques d'augmentation artificielle de la visibilité, telles que l'inscription à un grand nombre de sites en une courte période.

> REMARQUE
>
> **La Google Dance**
>
> Ce terme indique la mise à jour du classement des pages référencées par Google et pendant laquelle le PageRank et l'indexation des pages sont recalculés. Effectuée naguère avec une périodicité variable, elle est aujourd'hui réalisée en temps réel par le moteur de recherche.

Optimiser les titres des pages

Ce point est essentiel puisque Google accorde beaucoup de crédit, lors de l'indexation, au contenu de la balise `<title>`, dans le code de la page, ainsi qu'à celui des liens pointant vers les pages (backlinks) et à leur contexte sémantique.

Voici quelques conseils qui vous seront utiles afin d'optimiser vos titres :

- Le titre d'une page étant affiché dans la page de résultats de Google, choisissez une courte phrase donnant à l'internaute envie de la visiter.
- Limitez cette phrase à quelques mots (moins de 10).
- Variez les titres d'une page à l'autre afin d'affecter une expression à chaque page.
- N'utilisez pas de termes génériques (par exemple, "*Bienvenue sur mon site*"), c'est un gaspillage et une dilution de la pertinence de vos mots-clés.
- Utilisez le plus possible de mots-clés dans le titre.
- Placez les mots les plus importants au début de la phrase composant le titre (exemple : "*Club de plongée aux Caraïbes – Stages d'été*").
- Faites en sorte que le contenu sémantique du titre corresponde parfaitement au contexte de la page.

- Utilisez des expressions composées et non une liste de mots-clés.

Activer l'URL rewriting

De par son principe de stockage du contenu rédactionnel dans une base de données, Joomla génère des URL renfermant un nombre assez important de paramètres. Ainsi, une adresse peut prendre la forme suivante : **http://www.formations-informatiques-nancy.mosaiqueinformatique.fr/index.php?option=com_content&view=article&id=47&Itemid=56.**

L'activation de la réécriture dynamique des pages, qui s'appuie sur la technique de l'URL Rewriting, peut vous permettre d'améliorer le référencement de votre site par l'insertion de mots-clés dans les adresses de vos pages web.

Technique relativement complexe et fastidieuse, l'URL Rewriting est désormais nativement intégrée et activée dans Joomla, comme vous pouvez vous en assurer en cliquant sur le menu **Site/Configuration** puis en consultant l'onglet **Site**.

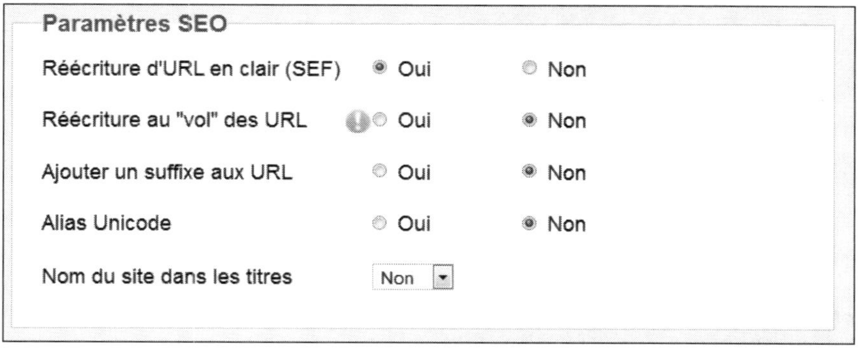

Figure 9.22 : Les paramètres d'activation de la réécriture dynamique des pages, affichés dans l'onglet Site du panneau de configuration

Les URL que vous obtenez sont du type : **http://www.formations-informatiques-nancy.mosaiqueinformatique.fr/creez-votre-site-web-introduction.html** (l'alias des articles est utilisé en remplacement des paramètres).

REMARQUE

Comprendre la réécriture des pages

Voici une courte manipulation qui vous permettra de comprendre le fonctionnement de la réécriture des pages.

Cliquez sur le menu **Site/Configuration** puis sur l'onglet **Site**. À la rubrique *Paramètres SEO*, choisissez l'option *Non* pour la zone *Réécriture d'URL en clair (SEF)* et cliquez sur le bouton **Enregistrer**.

REMARQUE

> Dans la partie publique du site, partant de la page d'accueil, cliquez sur le lien de menu **Sites exemples**. L'URL de la page, qui apparaît dans la barre d'adresse de votre navigateur, est du type **http://127.0.0.1/ site-1-joomla/index .php?option=com_content&view=article&id=38&Itemid=238.**
>
> Retournez dans l'interface d'administration et, à la rubrique *Paramètres SEO*, choisissez maintenant l'option *Oui* pour la zone *Réécriture d'URL en clair (SEF)*. Cliquez sur le bouton **Enregistrer**.
>
> Dans la partie publique du site, partant de la page d'accueil, cliquez à nouveau sur **Sites exemples**. L'URL de la page est désormais du type **http://127.0.0.1 /site-1-joomla/index.php/sample-sites.**

Si vous rencontrez un problème d'affichage, celui-ci est probablement dû aux paramètres par défaut du serveur web de votre hébergeur. Il vous faudra trouver des informations sur son site pour solutionner le problème. Dans ce cas, en attendant, désactivez les trois options de la rubrique *Paramètres SEO* puis cliquez sur **Sauver**.

L'effet de la réécriture dynamique des pages sur l'indexation du site peut être optimisé, lorsque les paramètres du serveur Apache le permettent, en activant l'option *Module Apache mod_rewrite Réécriture au "vol" des URL* de la rubrique *Paramètres SEO* de l'onglet **Site** de la configuration globale (accessible par le menu **Site/Configuration**), après avoir renommé le fichier *htaccess.txt* en *.htaccess*, à la racine du site.

Optimiser les pages de contenus

Le contenu de la page est déterminant. Respectez les consignes suivantes :

- Ayez un véritable contenu rédactionnel dans la page.
- N'utilisez qu'une langue par page.
- Employez les titres et les sous-titres (balises <h1>, <h2>...), les balises de mise en gras (<strong>) et de mise en italique (<em>) et les balises de liens hypertextes (<a>) pour mettre en valeur vos mots-clés, Google accorde plus de crédit aux textes placés dans ces balises. Ne tombez toutefois pas dans l'excès et restez naturel dans votre mise en forme.
- Écrivez un "*chapeau*", c'est-à-dire un paragraphe d'introduction, placé au début du texte, et renfermant les mots-clés stratégiques.
- Placez les mots-clés de premier niveau en début de page.

- Employez des synonymes à vos mots-clés et variez féminin, masculin, singulier et pluriel dans les textes.
- Le nombre d'occurrences d'un mot dans la page divisé par le nombre total de mots dans la page permet de calculer l'indice de densité du mot dans la page. Cette valeur, qui semble prise en considération par certains référenceurs, ne paraît pas être déterminante pour Google. Gardez-lui une valeur raisonnable et résistez à la tentation de répéter trop de fois un mot-clé dans la même page, c'est inutile.
- Donnez de l'importance à l'ordre des mots en plaçant les mots-clés de premier niveau en début d'expression.
- Composez des pages ayant un contenu réel, de plusieurs milliers de mots, en encapsulant les mots ou expressions-clés dans des contextes sémantiques de quelques centaines de mots.

Optimiser les images

L'optimisation des images est un facteur important de l'indexation :

- Placez des mots-clés, séparés par des tirets, dans les noms des images.
- Placez des mots-clés dans l'attribut `alt` de la balise `<img>`.
- Placez des mots-clés autour de l'image, afin qu'ils constituent une légende.

Utiliser la balise META description

Bien que n'ayant pas d'incidence sur l'indexation, cette balise est employée pour affecter une description de la page. Son contenu est affiché à l'intention des internautes, dans les SERP, et c'est lui qui déclenchera ou non le clic sur le lien menant à votre site. Utilisez des phrases ayant une construction sémantique correcte plutôt qu'une suite de mots-clés et limitez la valeur de cette balise à 150 caractères environ.

REMARQUE

Balises META

Les balises `META` sont des balises placées dans l'en-tête de la page et destinées à transmettre des renseignements complémentaires aux moteurs de recherche. Google ne tient presque plus compte de ces balises, suite à des utilisations excessives de celles-ci faites au début du Web et rendant l'indexation des pages peu crédibles.

Certaines de ces balises sont toutefois davantage utilisées par des petits moteurs de recherche.

Utiliser la balise META robots

Cette balise est à utiliser dans certaines situations, par exemple pour indiquer au moteur que vous ne souhaitez pas qu'une page soit indexée.

Utiliser la balise META keywords

Cette balise contient la liste de mots-clés de la page. Elle n'est plus prise en considération par Google. Elle peut toutefois être utilisée par le module *Articles en relation* de Joomla pour mettre en relation des articles traitant de sujets proches. En créant des "liens profonds", d'article à article, cette technique améliore de façon notable de positionnement par création de backlinks automatiquement générés, sans surcroît de travail pour le webmestre.

Bien choisir le nom de domaine du site

L'incidence du libellé du nom de domaine, si elle n'est pas déterminante sur l'indexation, est toutefois significative, puisque l'URL peut renfermer des mots-clés. En outre, cette adresse sera également lue par les internautes ; il est donc toujours préférable qu'elle soit mnémotechnique.

Voici quelques conseils à ce propos :

- Si possible, intégrez des mots-clés dans le nom de domaine, séparés par des tirets.
- N'utilisez qu'un nom de domaine par site (afin d'éviter d'être pénalisé par Google, qui y verrait un contenu dupliqué. Redirigez vos éventuels autres noms de domaines vers ce nom de domaine principal depuis l'interface de votre hébergeur, *via* une redirection de type 301.
- L'emploi de noms de sous-domaines (du type `http://www.monsousdomaine.mondomaine.fr`), pour augmenter artificiellement le nombre de domaines, ne produit généralement pas de bons résultats car les sous-domaines sont vus comme des nouveaux noms de domaines et sont mis dans la Sandbox de Google pendant plusieurs mois. En outre, si la raison d'être des sous-domaines créés est uniquement l'indexation, Google risque de considérer la manœuvre comme une technique de triche (spamdexing) et de pénaliser le site dans les classements. L'utilisation de sous-domaines, effectuée correctement, peut toutefois augmenter votre visibilité en ce

sens que Google, voyant plusieurs domaines, pourra affecter jusqu'à deux lignes dans sa page de résultats à chacun d'entre eux.

Utiliser des mots-clés dans les noms de dossiers et de fichiers

Les moteurs de recherche étant capables de lire les noms de dossiers et les noms de fichiers pour accéder à une page web, placez des mots-clés dans ceux-ci, séparés par des tirets. Cette technique ajoute quelques points à la qualité d'indexation de vos pages.

Opérez de même avec les noms des images.

Gérer un site multilingue

Google accorde des priorités de classement en fonction de l'extension du nom de domaine, qui indique sa nationalité.

Ainsi, un site français sera mieux positionné dans les recherches spécifiques du type "`Pages : France`" s'il est en *.fr*, s'il est hébergé en France ou si vous avez indiqué à Google la zone géographique associée à votre site (depuis le compte Webmaster Tools que vous pouvez créer à partir de la page d'accueil du moteur de recherche).

Dans le domaine de la gestion de sites multilingues, certaines techniques sont à proscrire. Parmi elles, citons l'usage des cookies (fichiers texte envoyés dans le cache du navigateur pour aider la navigation) et la gestion de la langue dans un paramètre passé dans l'URL (du type `http:// www.monsite.com/mapage.php?lg=fr`).

Être présent dans les réponses de recherche universelle

Google affiche, dans certains cas de recherche classique, d'autres informations provenant de différentes sources, comme les cartes Local Business Center de Google (désormais nommées Google adresses) ou Google News.

Ces lignes de résultats font partie des lignes affichées et repoussent les autres plus loin dans les pages d'affichage.

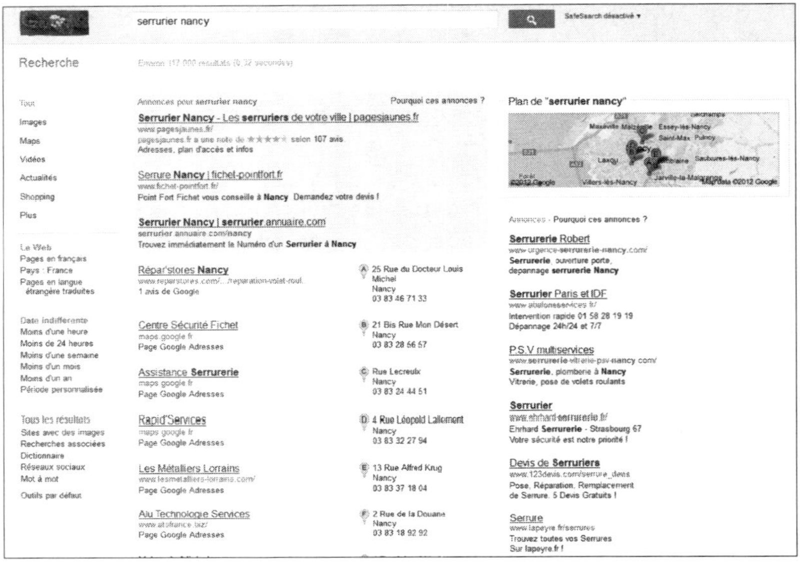

Figure 9.23 : Une carte Local Business Center de Google

Même si l'opération vous coûte du temps, pensez à vous inscrire à de tels services accessibles généralement par formulaires d'inscription.

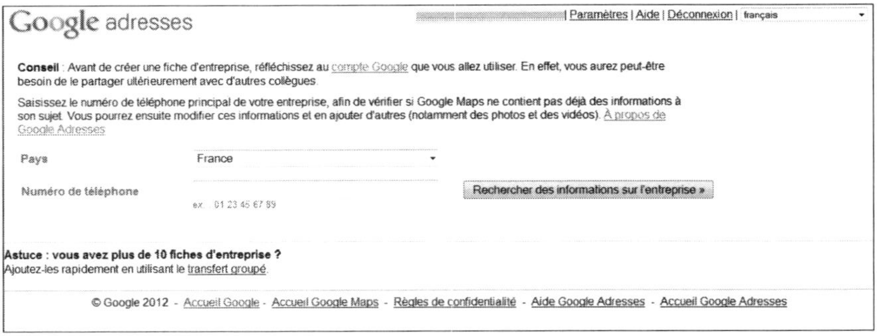

Figure 9.24 : L'inscription au service Google adresses

REMARQUE

Google News

Ce service a pour finalité d'afficher un résumé de l'actualité, issu des journaux en ligne, lorsque le lien *Actualités* est cliqué dans la page de recherche de Google. Être présent sur Google News est un privilège réservé aux journaux en ligne professionnels, puisqu'il est nécessaire de mettre en ligne un nombre conséquent d'articles, de disposer de plusieurs rédacteurs et de publier chaque article sur une adresse unique.

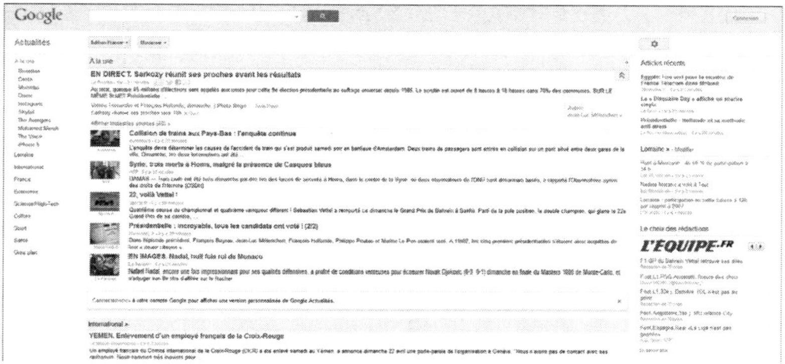

Figure 9.25 : Le service Google News

9.6. Avoir recours au référencement payant

Si vous choisissez cette solution, conservez à l'esprit qu'un tel service doit vous rapporter plus d'argent qu'il ne vous en coûte.

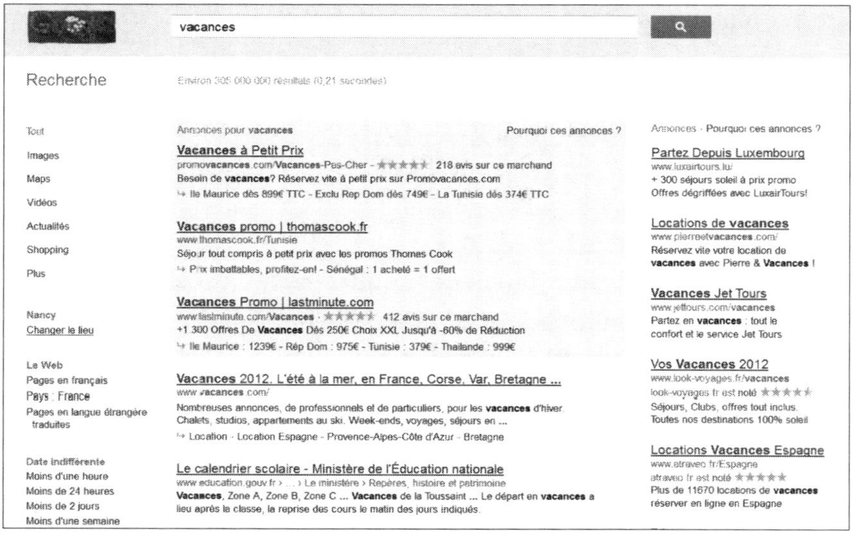

Figure 9.26 : Les liens commerciaux sont affichés en haut et à droite des SERP de Google

Cette technique ne doit qu'exceptionnellement se substituer au référencement naturel. Il s'agit, certes, d'une façon de positionner votre site dans la première ou la seconde page de liens d'une SERP mais ce positionnement est artificiel : il disparaîtra dès que vous cesserez de payer le moteur de recherche.

De plus, de nombreux internautes font désormais la part des choses et accordent moins de crédit aux liens sponsorisés qu'à ceux apparaissant dans la zone de liens naturels.

S'il serait une erreur de la bannir, cette technique est donc à employer avec pondération, dans des cas précis, tels que des événements ponctuels ou imprévus, pour lesquels vous ne disposez plus d'assez de temps de travail sur votre référencement naturel. Il peut également s'agir d'un choix stratégique de votre part, parce que vous estimez que le coût d'un référencement naturel sera supérieur à celui d'une campagne de liens commerciaux. Vous devez, dans ce dernier cas, effectuer votre choix après une sérieuse étude marketing dont le bilan prévisionnel qu'elle a généré vous laisse d'importants espoirs de dégager un bénéfice à la suite de cette action.

L'avantage essentiel du lien sponsorisé est qu'il est affiché immédiatement sur les moteurs de recherche, sans devoir subir les longues et fastidieuses étapes inhérentes au référencement naturel. C'est aussi un moyen de contourner le Sandbox de Google, qui impose à tout nouveau site, même de qualité, un délai d'attente pendant lequel le site est observé par le moteur de recherche.

Certains secteurs n'hésitent pas à investir de grosses sommes d'argent dans des campagnes publicitaires utilisant le lien payant comme vecteur de communication, quelquefois en diminuant en proportions les budgets alloués aux médias traditionnels, tels que la presse, la télévision, la radio ou les affiches urbaines.

Le mode opératoire est le suivant :

1. Le webmestre du site choisit des mots-clés ou des expressions.
2. Il se lie par un contrat auprès d'une régie publicitaire en ligne, telle que celle de Google, et achète le positionnement de ces mots, pour un montant donné. Les valeurs qu'il affecte aux mots-clés ou aux expressions de son choix déterminent un positionnement aux enchères (les meilleures places sont réservées aux annonceurs ayant payé le plus fort prix, pour une expression donnée).
3. Le crédit de l'annonceur est diminué à chaque clic effectué par les internautes sur les liens commerciaux, placés dans les pages de résultats du moteur de recherche ou sur les sites diffusant des liens commerciaux.

4 Quand le crédit est épuisé, la campagne s'arrête, à moins que l'annonceur alloue un nouveau budget à sa campagne d'affichage pour qu'elle continue.

Figure 9.27 : L'inscription à une campagne de liens commerciaux, sur le site de Google AdWords

Voici les principales raisons de choisir d'effectuer une campagne de liens commerciaux :

- accroissement de l'image de marque d'une entreprise, très visible sur Internet, aux yeux de certains internautes novices, pour qui visibilité est synonyme de notoriété ;
- augmentation du trafic afin d'emmener l'acheteur potentiel sur une page déclenchant la pulsion d'achat ;
- campagne publicitaire complémentaire à l'impact du référencement naturel ou à une publicité sur d'autres canaux traditionnels (journaux, TV, etc.).

9.7. Utiliser les commandes de Google

Google met à la disposition de ses utilisateurs un ensemble de commandes qui, saisies dans la zone de recherche du moteur, permettent d'obtenir de nombreuses informations et d'affiner les résultats obtenus. Ces instructions sont essentiellement utilisées pour étudier votre positionnement et celui de vos concurrents.

Vous trouverez, ci-après, la liste des commandes essentielles.

allintitle

Exemple de syntaxe : `allintitle:"vacances été"`.

Cette commande, lorsqu'elle est saisie dans la zone de recherche de Google, permet d'afficher toutes les pages répertoriées par le moteur et renfermant l'expression (dans ce cas entre guillemets) dans leur titre.

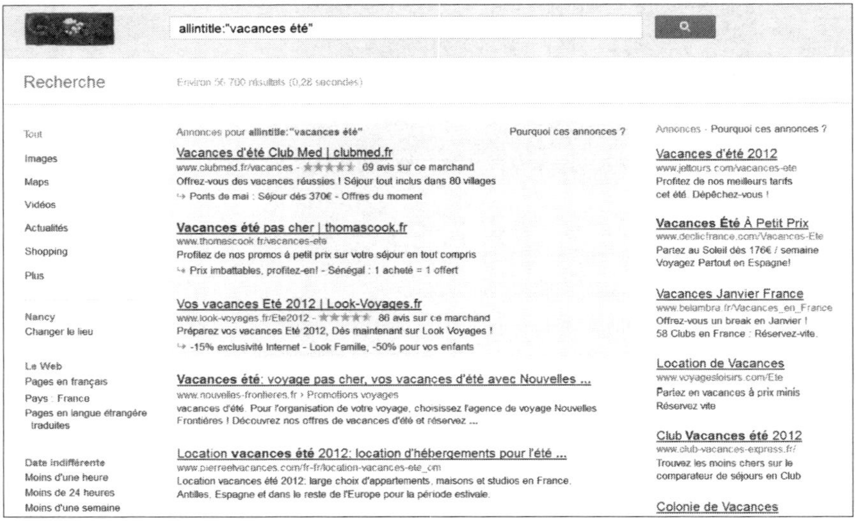

Figure 9.28 : Un exemple d'utilisation de la commande allintitle

REMARQUE

Utilisation de guillemets

Lorsque des guillemets sont utilisés, l'expression exacte est recherchée, alors qu'en l'absence de guillemets, les mots qu'elle renferme sont recherchés, indépendamment de leur ordre de saisie.

allinurl

Exemple de syntaxe : `allinurl: "physique chimie"`.

Cette commande, lorsqu'elle est saisie dans la zone de recherche de Google, permet d'afficher toutes les pages répertoriées par le moteur et renfermant l'expression (dans ce cas entre guillemets) dans leur URL.

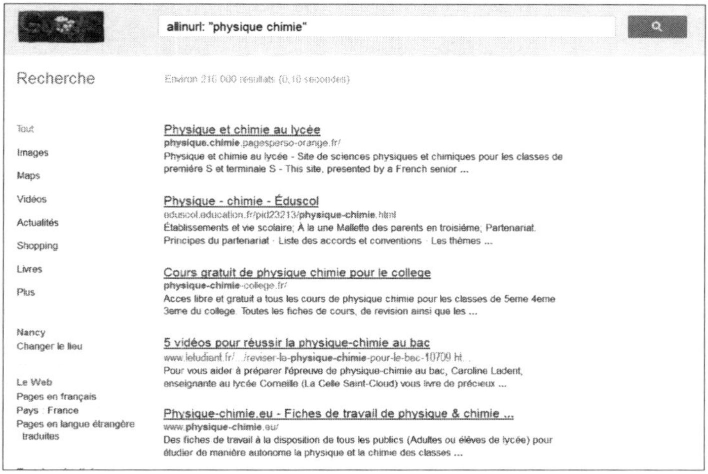

Figure 9.29 : Un exemple d'utilisation de la commande allinurl sur Google

filetype

Exemple de syntaxe : `physique chimie filetype:pdf`.

Cette commande, lorsqu'elle est saisie dans la zone de recherche de Google, permet d'afficher les liens pointant vers le type de fichier indiqué (*pdf*, dans cet exemple) et en rapport avec l'expression saisie. Cette instruction vous sera très utile si vous souhaitez, par exemple, connaître en un instant l'ensemble des documents au format PDF mis en ligne sur un sujet.

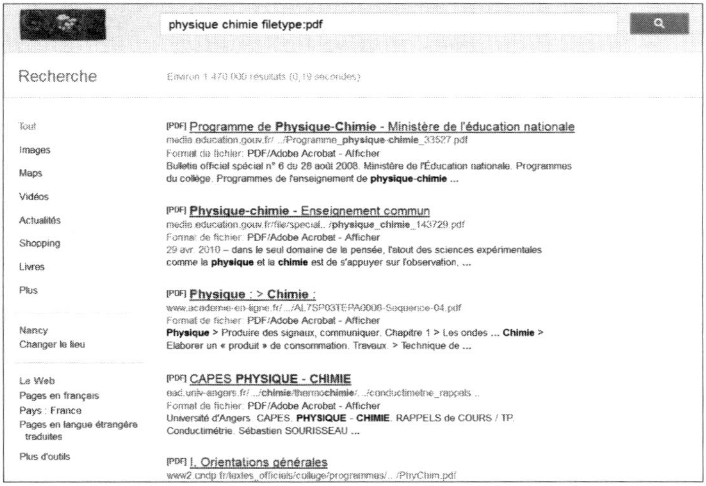

Figure 9.30 : Un exemple d'utilisation de la commande filetype sur Google

inanchor

Exemples de syntaxe :

- `inanchor:"livres informatiques"`. Cette commande permet d'afficher toutes les pages indexées et renfermant des liens utilisant exactement l'expression entre guillemets, indiquée comme paramètre de la commande.
- `inanchor:livres informatiques`. Cette commande permet d'afficher toutes les pages indexées et renfermant des liens utilisant les mots, dans un ordre quelconque, de l'expression indiquée comme paramètre de la commande.

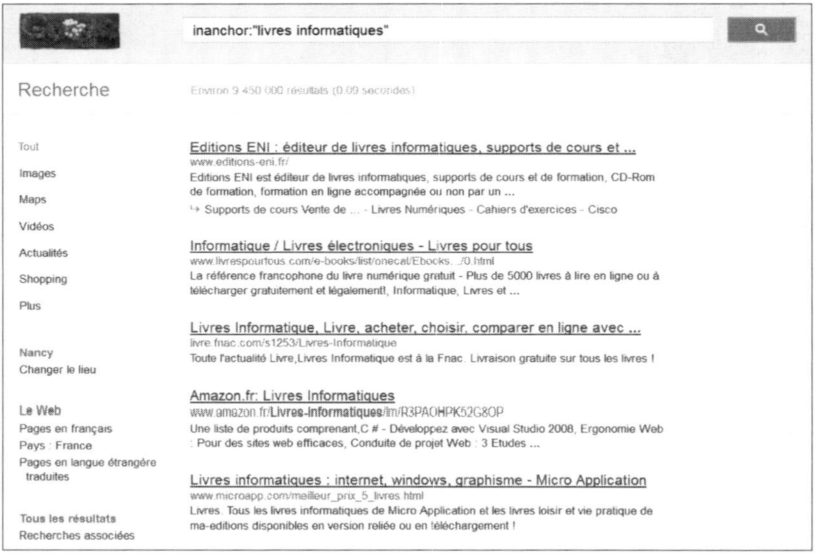

Figure 9.31 : Un exemple d'utilisation de la commande inanchor sur Google

info

Exemple de syntaxe : `info:http://www.palais-decouverte.fr`.

Cette commande, lorsqu'elle est saisie dans la zone de recherche de Google, permet d'afficher les principales informations actuellement détenues par Google sur le site indiqué en paramètre (version en cache, pages similaires, pages renfermant un lien pointant vers l'adresse, liste des pages du site, liste des pages renfermant l'adresse, etc.).

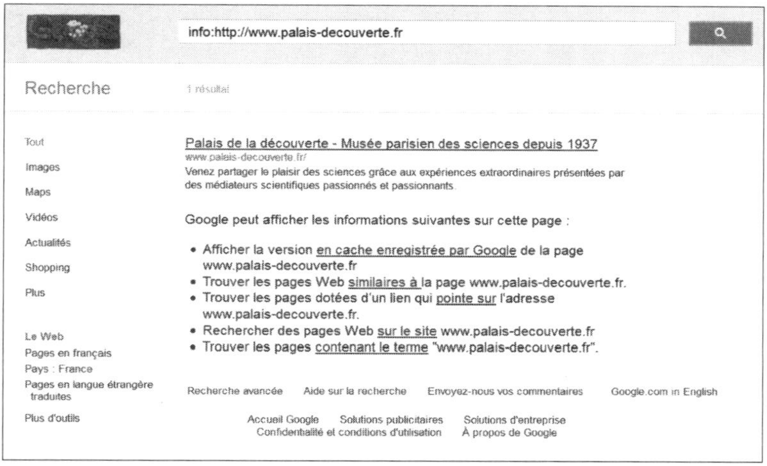

Figure 9.32 : Un exemple d'utilisation de la commande info sur Google

intext

Exemples de syntaxe :

- intext:"physique chimie". Cette commande permet d'afficher toutes les pages indexées et renfermant exactement l'expression entre guillemets.
- intext:"physique chimie" terminale. Cette commande permet d'afficher toutes les pages indexées et renfermant exactement l'expression entre guillemets, ainsi que le mot suivant (non encadré de guillemets), quelle que soit sa place dans le texte des pages.

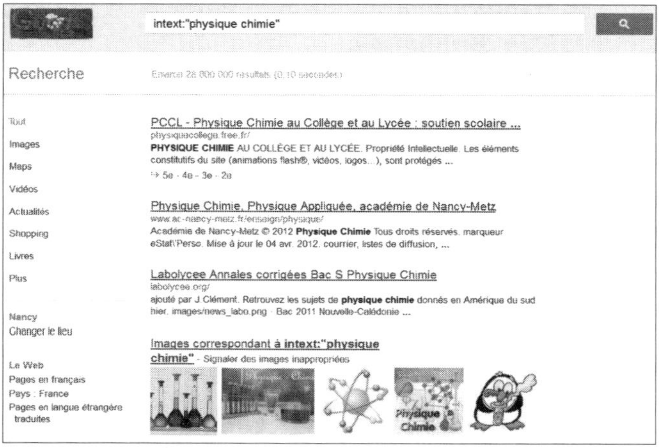

Figure 9.33 : Un exemple d'utilisation de la commande intext sur Google

intitle

Exemple de syntaxe : `intitle:vacances été`.

Cette commande permet d'afficher toutes les pages répertoriées par le moteur et dont le premier mot de l'expression recherchée est contenu dans leur titre alors que les suivants sont renfermés dans la page.

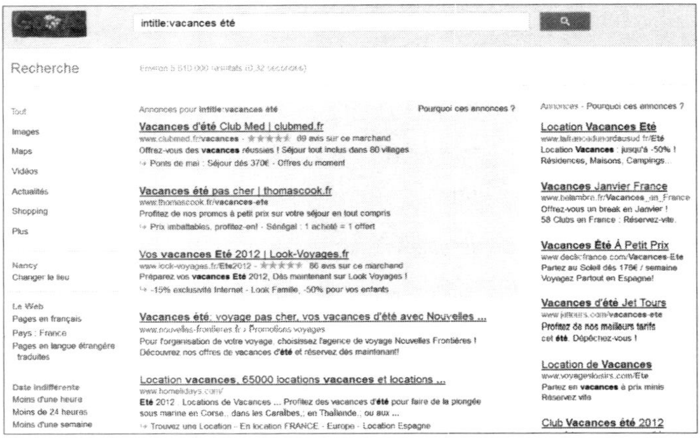

Figure 9.34 : Un exemple d'utilisation de la commande intitle

link

Exemple de syntaxe : `link:www.lemonde.fr`.

Cette commande permet de connaître les adresses des pages répertoriées par le moteur et renfermant un lien pointant vers l'adresse indiquée en paramètre de la commande.

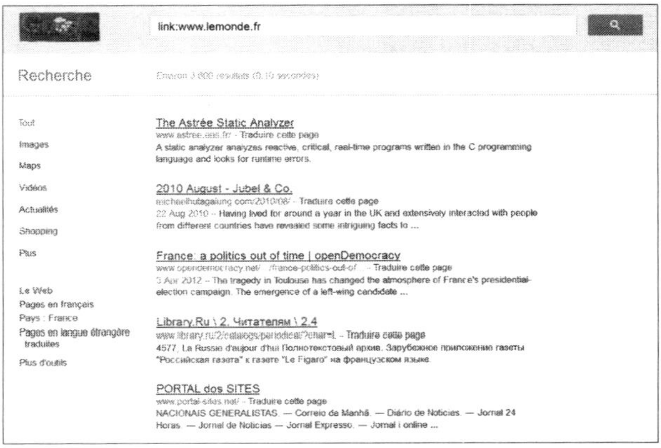

Figure 9.35 : Un exemple d'utilisation de la commande link sur Google

Sur Google, la liste de liens renvoyée par cette commande est incomplète. Sa valeur est donc indicative.

site

Exemples de syntaxe :

- `site:http://www.palais-decouverte.fr`. Cette commande permet d'afficher toutes les pages indexées du site indiqué en paramètre de la commande.
- `site:http://www.palais-decouverte.fr + chimie`. Cette commande permet d'effectuer une recherche, sur un site spécifique, des pages renfermant un mot-clé ajouté en paramètre, derrière l'opérateur `+`.

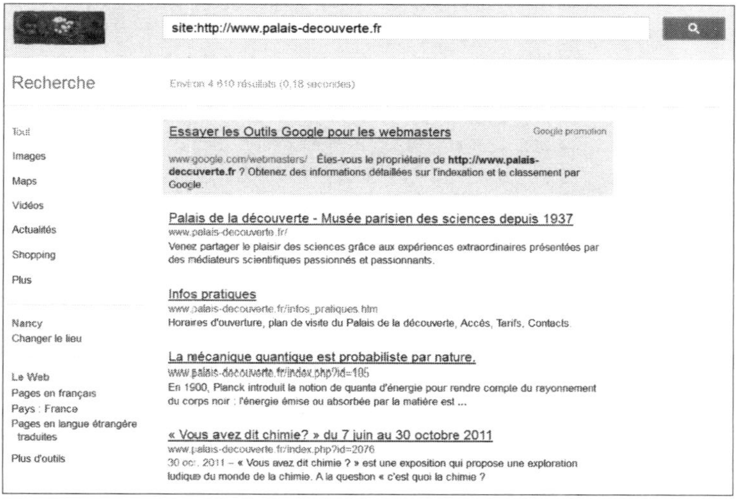

Figure 9.36 : Un exemple d'utilisation de la commande site sur Google

> REMARQUE
>
> **Autre syntaxe**
>
> Il vous est également possible d'utiliser une syntaxe telle que `"chimie" site:http://www.palais-decouverte.fr`

- `"chimie" site:.fr`. Cette commande permet d'effectuer une recherche pour le mot-clé cité en paramètre, pour les sites portant l'extension *.fr*.

define

Exemple de syntaxe : `define:php`.

Cette commande, lorsqu'elle est saisie dans la zone de recherche de Google, permet d'afficher les définitions de l'expression saisie en paramètre.

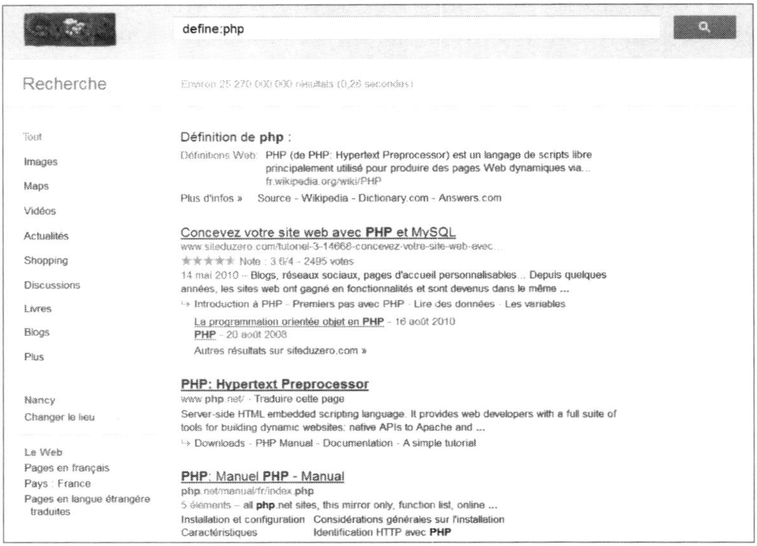

Figure 9.37 : Un exemple d'utilisation de la commande define sur Google

9.8. Anticiper les futures techniques de référencement

Les techniques de référencement décrites ici évolueront, n'en doutez pas.

Google utilise effectivement de nouveaux algorithmes, sous l'appellation de *Google personalized search results*.

Ces techniques s'appuient sur l'historique de navigation des internautes, mémorisé et différent pour chacun d'entre eux. Les résultats obtenus varient donc en fonction des sites précédemment visités.

En outre, l'influence des réseaux sociaux (Facebook, Twitter, Google+, ...) sur le référencement augmente régulièrement.

Le référenceur doit suivre de près cette évolution, s'il souhaite conserver ses acquis.

9.9. Check-list

- Le travail du référenceur est une tâche importante et qui s'étire sur toute la durée de vie du site web.
- La première étape, lors du référencement d'un site, consiste à définir clairement les objectifs à atteindre et à les mettre en corrélation avec les moyens nécessaires.
- La deuxième étape consiste à effectuer une recherche de mots et d'expressions-clés stratégiques, en vous aidant des outils en ligne.
- Ensuite vient le travail d'optimisation technique et rédactionnelle des pages.
- L'étape suivante consiste à obtenir un nombre maximal de liens, internes et externes, pointant vers les pages que vous souhaitez mettre en valeur.
- À ce stade, il ne vous reste qu'à augmenter le nombre de mots-clés et à recommencer le cycle.

ANNEXE

10.1. Glossaire

A

Accessibilité : Ce terme désigne la possibilité, pour tous les internautes, y compris les personnes handicapées ou malvoyantes, d'accéder aux services Internet.

Achat de mots-clés : Terme indiquant la possibilité, pour les annonceurs, d'acheter des liens publicitaires affichés lorsque certains mots-clés sont saisis dans un moteur de recherche. Ces prestations sont vendues par des régies publicitaires telles que celle de Google.

Acrobat Reader : Logiciel permettant d'afficher des documents dans leur forme originale, au format PDF. Ce logiciel, conçu par la société Adobe (www.adobe.fr), est très utilisé sur Internet. De nouvelles versions, téléchargeables gratuitement (par exemple à l'adresse www.adobe.fr/products/acrobat/readstep2.html), sont mises à la disposition des utilisateurs régulièrement par l'éditeur.

ActionScript : Langage de programmation utilisé pour le développement d'applications Flash sophistiquées, telles que les jeux en ligne.

ActiveX : Programmes de technologie Microsoft pouvant être utilisés dans une page web ou un courriel au format HTML. Les ActiveX, comme les scripts écrits en langage JavaScript, permettent de réaliser les traitements impossibles à effectuer en langage HTML. Ils peuvent contenir des virus informatiques et doivent donc être activés uniquement lorsqu'ils proviennent de sources sûres, sous le contrôle d'un logiciel antivirus.

Administrateur de réseau : Personne ayant la charge d'entretenir un réseau informatique. L'administrateur crée les comptes des utilisateurs et leur affecte des droits (de lecture ou d'écriture par exemple) sur le système informatique.

Adresse email : En informatique, adresse équivalente à une adresse postale et vers laquelle sont adressés les courriers électroniques.

Adresse IP : Adresse sur 32 bits, divisée en zones. Les adresses IP sont utilisées par le protocole TCP/IP qui affecte une adresse unique à chaque ordinateur (`192.168.000.001`, par exemple). Il existe deux catégories d'adresses IP affectées à un ordinateur : l'adresse IP statique, qui ne change pas, et l'adresse IP dynamique, qui change à chaque connexion. Dans ce cas, il faut que le serveur dispose d'une fonctionnalité permettant la distribution dynamique d'adresses IP (DHCP).

Adresse URL (*Uniform Resource Locator*) : Adresse d'un site Internet (du type `www.mosaique-informatique.com`) saisie dans la Barre d'adresse du navigateur Internet pour accéder à une page.

AdSense : Système de publication de liens publicitaires textuels, c'est-à-dire variant en fonction des pages web dans lesquelles elles sont diffusées, moyennant rémunération des sites sur lesquels les liens sont diffusés.

ADSL (*Asymmetrical Digital Subscriber Line*) : Mode de connexion à Internet permettant de disposer d'une connexion permanente et rapide à un coût abordable et utilisant le réseau téléphonique existant.

AdWords : Système de diffusion de liens publicitaires payants, édité par Google, sur ses pages de recherche et sur les sites web qui en font la demande à Google et sont acceptés en tant qu'éditeurs par ce dernier.

AFNIC (*Association française pour le nommage Internet en coopération*) : Organisme ayant pour mission de gérer les noms de domaine français.

Ajax (*Asynchronous JavaScript and XML*) : Terme indiquant l'utilisation d'un regroupement de technologies libres (XHTML, CSS, XML, XSLT, JavaScript) et autorisant le rafraîchissement partiel d'une partie web, dans le but de diminuer les temps de réponses et la quantité de bande passante utilisée.

Algorithme : Méthode d'analyse de problèmes destinée à optimiser l'écriture des programmes informatiques.

Algorithme de pertinence : Système d'estimation de la pertinence d'une page web, utilisé par les moteurs de recherche, lorsqu'une requête est saisie par l'internaute.

Alias : Synonyme de "*raccourci vers un fichier*".

Alt : Balise XHTML permettant d'indiquer un message associé à une image, particulièrement à l'intention des malvoyants.

Ancre (*Anchor*) : Balise XHTML permettant de créer un lien hypertexte.

Annonceur : Personne créant une action publicitaire d'affichage de liens payants sur Internet.

Annuaire : Moteur de recherche de sites web dont l'indexation est contrôlée par des humains, à la différence d'un robot dans lequel l'indexation est réalisée automatiquement par une machine.

Apache : Serveur web OpenSource, très largement utilisé sur le Web, chez les FAI notamment.

Applet Java : Programme inséré dans les pages web et permettant des traitements impossibles en HTML tels que des animations d'images, des calculs ou des chats.

Arobase (@) : Caractère signifiant "*chez*" (prononcé *at* en anglais), utilisé dans les adresses de courrier électronique pour séparer le nom du destinataire de celui du nom de domaine auquel il est rattaché (*dupont@nomdedemine.fr*, par exemple).

Article : Sous Joomla, entité rédactionnelle composée de texte, d'images et éventuellement d'objets.

Assistant : Logiciel apportant une aide à l'utilisateur lors d'une tâche, l'installation d'un programme par exemple.

Audit de site : Analyse d'un site web dans le but d'en améliorer les performances.

Authentification : Contrôle de l'identité d'un utilisateur sur un réseau ou un ordinateur.

AVI : Format de fichiers informatiques de vidéo.

AWR - *Agent Web Ranking* : Programme d'analyse de référencement et de positionnement dans les moteurs de recherche.

B

Backlink : Lien hypertexte venant d'un autre site web.

Backend : Interface d'administration de Joomla.

Backup : Sauvegarde de fichiers d'une unité de mémoire de masse vers une autre.

Balise : Commande utilisée en HTML pour mettre en forme le document.

Balise meta : Balise HTML renfermant des informations à l'intention des robots des moteurs de recherche.

Balise meta title : Balise HTML qui définit le texte du titre d'une page web. Cette balise est fondamentale ; elle renferme un texte qui est affiché dans les pages de résultats des moteurs de recherche. Elle est très souvent prise en considération par les moteurs de recherche, lors de l'indexation d'une page.

Balise meta description : Balise HTML qui définit la description d'une page web. La description est affichée à la suite du titre, dans les pages de réponses des moteurs de recherche. Elle doit être correctement rédigée afin de donner à l'internaute le désir de visiter le site web correspondant.

Balise meta keywords : Balise HTML qui définit les mots-clés d'une page. Cette balise n'est plus prise en considération par la plupart des moteurs de recherche.

Bande passante : Débit d'une connexion.

Bannière : Image ou animation publicitaire affichée sur un site web.

Barre de titre : Zone d'affichage des titres en haut d'une fenêtre de Windows, celle du navigateur Internet par exemple.

Barre d'outils : Zone composée de boutons et d'icônes qui constituent des raccourcis vers les menus.

Base de données : Logiciel de stockage des informations répondant à des concepts structurels (tables, relations...), comme les logiciels Access ou MySQL.

Bloc-notes : Éditeur de texte primitif sous Windows.

Blog : Terme désignant un type de site web, souvent utilisé afin d'afficher un journal personnel et dont le propriétaire (nommé blogueur) n'est pas systématiquement informaticien. Les pages placées sur le blog sont affichées dans un ordre chronologique inverse et portent l'appellation de billets. Ces sites sont très nombreux.

Body : Balise HTML définissant la zone de contenu d'une page web.

Bookmarks : Adresses de pages web mémorisées sur un navigateur Internet.

Browser : Synonyme de navigateur Internet.

Buffer : Mémoire tampon. Les données qu'elle renferme sont régulièrement effacées au profit de nouvelles. Les *buffers* permettent l'accélération des logiciels.

Bug : Erreur informatique (équivalent français : *bogue*).

Butineur : Synonyme de navigateur Internet.

C

Cache : Zone de mémoire, appelée aussi "mémoire cache", qui stocke les données récemment utilisées afin d'accélérer les traitements.

Catégorie : Conteneur virtuel d'articles sous Joomla.

Chemin d'accès : Chemin virtuel qu'il faut emprunter, en partant de la racine, pour accéder à un fichier sur un ordinateur, plus exactement sur une de ses unités de mémoire de masse (disque dur, disquette, CD-ROM...). Chaque unité est signalée par une lettre suivie de deux points : les lecteurs de disquettes sont généralement nommés *A:* et *B:*, le premier disque dur est nommé *C:*, etc. Les fichiers sont classés dans des dossiers ou répertoires, eux-mêmes pouvant en contenir d'autres. Le caractère utilisé pour séparer les noms de dossier est la barre oblique (/) ou la barre oblique inversée (\).

Clic : Action de cliquer sur un lien dans une page web.

Client : Dans une architecture client-serveur, le client est le logiciel qui se connecte à un autre pour obtenir des données ou solliciter des traitements. Le navigateur Internet (Internet Explorer, par exemple) est le client d'un serveur web lorsqu'il se connecte à celui-ci pour obtenir des pages HTML. Ce principe de fonctionnement décharge le logiciel client des tâches les plus lourdes pour les déléguer au serveur qui dispose généralement de capacités de traitement plus importantes.

Client-serveur : Type de réseau composé de postes (clients) qui se connectent au serveur distribuant les applications et les fichiers. Cette architecture est utilisée en grandes et moyennes entreprises. Les particuliers et les petites entreprises peuvent se satisfaire d'une architecture de type poste à poste, moins lourde à mettre en œuvre, mais dans laquelle la sécurité est moindre.

Cloaking : Technique de triche consistant à afficher des informations différentes pour les robots de celles affichées aux internautes et employée à l'origine afin d'empêcher la copie de certaines informations. Cette méthode est aujourd'hui considérée comme du spamdexing par les moteurs de recherche car elle leur cache le véritable contenu d'un site web. Cette technique est interdite par les moteurs de recherche.

Clustering : Technique employée par les moteurs de recherche, consistant à afficher une seule page par site web dans les pages de résultats pour empêcher le monopole des meilleures places par un site unique.

CMS (*Content management system*) : Terme synonyme de "système de gestion de contenus", désignant un site web composé d'un ensemble de programmes et d'une base de données permettant de stocker les articles, mis à jour par les rédacteurs depuis une interface accessible par un simple navigateur Internet. Les CMS ont connu un grand essor, ces dernières années.

Combo : Menu déroulant.

Commerce électronique : Les sites de commerce électronique sont des sites Internet permettant d'acheter des produits ou des services sur Internet.

Compatibilité : Un matériel (ou un programme) est compatible s'il se plie aux normes d'interfaçage en vigueur et si son fonctionnement n'entre pas en conflit avec d'autres périphériques ou d'autres applications.

Composant : Sous Joomla, fonctionnalité complémentaire et additionnelle au système natif.

Compression : Méthode visant à réduire la taille d'un fichier afin qu'il utilise moins de place sur le disque dur ou moins de bande passante. Certains fichiers, comme les vidéos et les sons, prennent énormément de place et doivent être compressés. Les fichiers compressés doivent subir l'opération inverse, nommée "*décompression*", avant de pouvoir à nouveau être exploités.

Compte d'accès : Terme désignant l'identification d'un abonné chez un FAI.

Configuration : Terme désignant un environnement paramétré d'ordinateurs, de logiciels et de périphériques.

Contenu dynamique : Méthode de construction d'un site, faisant appel à un langage de programmation, tel que PHP, et une base de données, telle que MySQL, pour afficher des pages, plutôt qu'à construire celles-ci de façon traditionnelle en langage HTML.

Cookie : Fichier texte déposé sur le disque dur d'un ordinateur par un serveur Internet et stockant des informations relatives au comportement de l'utilisateur lors de sa navigation sur le site. Il est possible de supprimer les cookies stockés sur l'ordinateur.

Courriel : Synonyme de courrier électronique.

Coût par clic : Système de tarification des régies publicitaires en ligne par lequel les annonceurs paient le service publicitaire au prorata du nombre de clics effectué sur les liens affichés.

Coût pour mille : Système de tarification des régies publicitaires en ligne par lequel les annonceurs paient le service publicitaire au prorata du nombre de milliers d'affichages effectués.

Cracker : Individu effectuant une tentative d'intrusion logicielle sur un ordinateur distant. Les crackers utilisent généralement les failles de protection découvertes dans Windows pour pénétrer à distance sur des ordinateurs connectés à Internet. L'emploi d'un pare-feu est indispensable pour se préserver des attaques des crackers.

CSS (*Cascading Style Sheet*) : Nom donné aux feuilles de style en cascade, fichiers utilisés pour décrire la mise en forme des pages HTML. Cette technique est aujourd'hui couramment utilisée. Elle permet de normaliser la présentation de toutes les pages d'un site et de changer leur aspect en quelques instants. Ceci n'était pas possible avant l'apparition des feuilles de style, époque à laquelle le code de mise en forme était stocké lui-même dans la page HTML.

D

Débit : Quantité de données pouvant être transmises en un temps donné. C'est la vitesse de transmission sur un réseau. Le débit est un élément essentiel des performances du réseau. Il détermine ce qui pourra ou ne pourra pas être fait sur le réseau. Ainsi, un réseau offrant un débit trop faible ne pourra pas véhiculer certaines fonctionnalités, comme le son ou la vidéo.

Débit descendant : Informations reçues par l'internaute par le biais de sa connexion.

Débit montant : Informations envoyées par l'internaute par le biais de sa connexion.

DHTML : Variante du langage HTML.

DNS (*Domain Naming System*) : Système de correspondance entre les adresses IP et des adresses saisies dans la Barre d'adresse du navigateur Internet.

Download : Téléchargement de fichiers reçus sur le Poste de travail depuis un autre ordinateur.

Dynamique : Adjectif indiquant le mode de construction d'un site web, dans lequel les textes des pages sont enregistrés dans une base de données. Les pages sont alors construites "dynamiquement", au fil des requêtes de l'internaute qui parcourt le site.

E

Échange de liens : Technique visant à augmenter le référencement de deux sites, qui échangent des liens hypertextes et augmentent ainsi le nombre de backlinks, liens externes pointant vers eux.

Encapsulation : Technique consistant à enfermer un sous-protocole dans un autre pour permettre le transport de données.

Ergonomie web : Terme synonyme de recherche d'une optimisation des fonctionnalités d'un site web.

Extension : L'extension d'un fichier est une chaîne de caractères ajoutée derrière son nom (nom de fichier et extension sont séparés par un point) et indiquant à quelle famille appartient le fichier. Un fichier portant l'extension *.xls* appartient à la famille des fichiers de classeurs Excel.

F

FAI (*fournisseur d'accès Internet*) : Free, Wanadoo, Neuf Telecom, etc., sont des FAI. Connectés en permanence à Internet, ils permettent à leurs abonnés de disposer de tous les services accessibles sur le réseau des réseaux. Le terme anglais *provider* est aussi utilisé.

Favori : Voir *Bookmarks*.

Feuille de style : Voir *CSS*.

Fichier : Un fichier correspond à un stockage d'informations. Les informations sont enregistrées sur les unités de mémoire de masse sous la forme d'entités que sont les fichiers, eux-mêmes gérés par le système d'exploitation. Il existe deux types de fichiers : les fichiers exécutables par le système, comme les fichiers programmes, et les fichiers de données (informations utilisées par les programmes).

Fil d'Ariane : Liste de liens hypertextes indiquant à l'internaute les pages par lesquelles il est passé.

Firefox : Navigateur Internet, concurrent du navigateur Internet Explorer.

Firewall : Voir *Pare-feu.*

Flash : Technologie évoluée permettant de réaliser des applications dans les pages web.

Flash Player : Plug-in gratuit permettant de lire les animations Flash dans un navigateur Internet.

Flux RSS : Documents au format XML utilisés pour la syndication de contenus sur le Web. Il est ainsi possible à l'abonné de recevoir des mises à jour d'informations diverses.

Format de fichier : Méthode d'organisation des informations dans un fichier. Le format d'un fichier dépend du logiciel qui l'a généré. Le format de fichier le plus simple est le format "texte brut", qui ne contient aucun caractère d'enrichissement de la mise en forme.

Forum de discussion : Espace de discussion en différé sur Internet dans lequel les internautes peuvent laisser des messages consultables en ligne et classés par thèmes.

Footer (*pied de page*) : Partie inférieure de la page, dans laquelle sont généralement affichées des informations génériques.

Freeware : Logiciel gratuit, généralement proposé en téléchargement sur le Web.

Frontend : Partie publique d'un site Joomla.

FTP (*File Transfer Protocol*) : Protocole de communication permettant à un utilisateur de transférer des fichiers entre des ordinateurs distants.

G

Gigaoctet (*Go*) : Unité de mesure informatique ayant pour valeur 1 073 741 824 octets.

Gmail : Service de création d'adresses email de Google.

GNU/GPL : Type de licence OpenSource très répandu.

Google : Moteur de recherche très utilisé sur Internet.

Google Bombing : Technique mise en œuvre par les blogueurs, qui, agissant en nombre en créant de nombreux liens hypertextes vers un même site, positionnent celui-ci sur une expression clé, valorisante ou péjorative.

Google Chrome : Navigateur Internet développé par Google.

H

Hacker : Pirate informatique. Les pirates sont des personnes qui tentent d'entrer de façon illicite sur un système informatique.

Head : Zone d'en-tête dans une page HTML.

Heuristique : Technique de résolution de problèmes dont le principe repose sur une analyse de résultats qui détermine la conduite à tenir pour les traitements suivants. Cette technique est utilisée par les logiciels antivirus et les moteurs de recherche.

HTML (*HyperText Markup Language*) : Langage de mise en forme utilisé pour l'écriture des pages consultées dans le navigateur Internet (ou d'autres logiciels susceptibles de lire ce format de fichiers). Le HTML a permis l'essor d'Internet, notamment avec la possibilité de "*rebondir*" d'une page à une autre par le biais des liens hypertextes (d'où l'expression surfer sur le Web, par analogie avec un surfeur qui rebondirait de vague en vague).

HTTP (*HyperText Transfer Protocol*) : Protocole de communication entre le poste client (poste connecté à Internet et utilisé par l'internaute) et le serveur (machine qui envoie les fichiers, principalement des pages HTML).

HTTPS - *HTTP Sécurisé* : Version sécurisée du protocole HTTP, utilisée notamment pour les paiements en ligne.

I

IIS (*Internet Information Services*) : Serveur web de Microsoft.

Impression : Affichage d'une publicité sur un site web.

Index : Base de données renfermant une liste ordonnée et facilitant les recherches.

Indexation : Enregistrement d'une page web dans un moteur de recherche.

Indice de densité : Rapport entre le nombre de fois où un mot est affiché et le nombre total de mots dans une page.

Indice de popularité : Critère de pertinence d'une page web employé par les moteurs de recherche.

Interactivité : Possibilité donnée à l'internaute de laisser des messages sur une page web.

Interface : Terme générique désignant tout système, logique ou physique, permettant à deux univers incompatibles d'entrer en communication. Un modem (acronyme de modulateur démodulateur), par exemple, est une interface physique. Un système d'exploitation ou un logiciel sont des interfaces logiques entre le microprocesseur et l'utilisateur.

Interface graphique : Ensemble de commandes permettant à un utilisateur d'agir sur le fonctionnement d'un programme sans saisir de lignes de commandes.

Internet : Réseau informatique mondial permettant l'interconnexion de tous types d'ordinateurs. Les deux principales fonctionnalités d'Internet sont le *World Wide Web*, qui permet la consultation des pages au format HTML constituant les sites Internet, et le courrier électronique.

Internet Explorer : Navigateur Internet de Microsoft.

Internic : Organisme américain dont la mission est de gérer certaines familles de noms de domaine Internet.

Intranet : Mise en application des protocoles Internet sur un réseau local.

IP (Internet Protocol) : Protocole de réseau ayant pour mission l'acheminement des paquets d'informations.

J

Java : Langage de programmation utilisé sur les serveurs web pour créer des fonctionnalités dynamiques dans les pages web.

JavaScript : Langage de script capable d'être interprété par le navigateur web et inséré dans le code HTML afin de permettre des traitements tels que des animations.

Joomla : Système de gestion de contenu OpenSource.

K

Kilobit par seconde (*kbit/s*) : Unité de mesure de vitesse de transfert des données (1 024 bits par seconde).

L

LAMP (*Linux Apache Mysql Php*) : Ensemble OpenSource constitué d'un système d'exploitation, d'un serveur web, d'une base de données et d'un langage de programmation pour le Web.

LAN (*Local Area Network*) : Terme signifiant réseau local. Ensemble d'ordinateurs et de périphériques reliés entre eux par des liaisons physiques et régis par des protocoles de communication communs.

Lien contextuel : Lien en rapport avec le contexte sémantique d'une page web.

Lien hypertexte : Zone de texte ou image réactive qui ouvre une page HTML ou un fichier lorsqu'elle est activée d'un clic.

Lien mort : Lien hypertexte pointant vers une page inexistante.

Lien naturel : Lien hypertexte placé spontanément sur une page vers un autre site web, sans contrepartie commerciale.

Lien organique : Lien d'un moteur de recherche vers un site, sans rémunération du moteur de la part du propriétaire du site.

Lien profond : Lien pointant vers une page spécifique d'un site et non vers sa page d'accueil.

Liens réciproques : Échange de liens réciproques entre deux sites web.

Lien sponsorisé : Lien publicitaire payant, affiché sur un site web.

Link-farm : Site web affichant de très nombreux liens.

Linux : Système d'exploitation libre.

Login : Nom d'utilisateur généralement associé à un mot de passe et permettant l'identification d'un utilisateur sur un système informatique ou lors de l'établissement d'une connexion.

M

Marque-page : Voir *Bookmarks*.

Mégabit par seconde (*Mbit/s*) : Unité de mesure de vitesse de transfert des données (1 000 000 bits par seconde).

Mégaoctet (Mo) : Unité de mesure informatique correspondant à 1 048 576 octets.

Mémoire vive : La mémoire vive est la mémoire de travail du microprocesseur. Elle est rapide (beaucoup plus que la mémoire de masse). À la différence de la mémoire de masse, la mémoire vive est volatile : la conservation de son contenu est liée au passage du courant électrique, c'est-à-dire que l'ordinateur doit être sous tension pour que le contenu de la mémoire vive soit conservé.

Menu : Système de navigation sous Joomla.

Modem (*modulateur démodulateur*) : Interface transformant un signal numérique en un signal analogique, et réciproquement. Un modem est donc un périphérique réversible, largement utilisé depuis les années 1980, pour permettre la communication entre les ordinateurs, via le réseau téléphonique, initialement prévu pour véhiculer la voix humaine, sous forme de signaux analogiques (et non de signaux numériques, utilisés par les ordinateurs). Bien qu'il présente des analogies physiques et conceptuelles, ce type de modem, dit modem RTC, ne doit pas être confondu avec un modem ADSL, de technologie radicalement différente.

Module : Fonctionnalité additionnelle sous Joomla.

Moteur de recherche : Site Internet permettant d'effectuer des recherches d'autres sites sur le Net par le biais de mots-clés.

Firefox : Navigateur Internet OpenSource.

MySQL : Base de données très utilisée sur le Web, associée à PHP.

N

Navigateur : Logiciel dédié à l'affichage des pages HTML, tel qu'Internet Explorer ou Firefox.

Newsletter : Courrier électronique d'information sur un sujet et adressé à des internautes abonnés au service.

Nom de domaine : Adresse réseau sur Internet du type `www.mondomaine.extension`.

O

Occurrence : Nombre de répétitions d'un mot dans un texte.

Octet : Unité d'information correspondant à 8 bits. Un bit est une valeur binaire égale à `0` ou à `1`. Un octet est donc une valeur du type `10111011`, qui correspond ici à la valeur `187` en base 10.

OpenSource : Programmes libres d'accès qui peuvent être modifiés et redistribués librement.

P

Page jacking : Technique frauduleuse reposant sur la copie illégale du contenu d'une page web.

Page alias : Page n'ayant d'existence que pour les moteurs de recherche dans le but d'améliorer l'indexation. Cette technique est illégale aux yeux des moteurs de recherche.

Page orpheline : Page n'ayant aucun lien pointant vers elle.

Page satellite : Pages d'un site Internet dédiées au référencement sur les moteurs de recherche et redirigeant vers d'autres pages. Elles renferment un texte optimisé pour apparaître dans les moteurs de recherche sur un mot-clé puis redirigent l'internaute vers une page du site. Cette technique est prohibée par les moteurs de recherche.

Pagerank : Indice de popularité d'une page web utilisé par Google et intervenant dans le classement des liens dans les pages de résultats.

Panda : nom donné par le moteur de recherche Google à une amélioration de son algorithme de classement des sites web dans ses pages de résultats. Cette modification de Google, apparue courant 2011, à pour but d'améliorer les résultats des recherches en faisant disparaître les sites de faible qualité, dont les contenus, souvent rédigés dans la hâte par compilation de contenus déjà existants, n'offrent que peu ou pas d'intérêt pour l'internaute.

Pare-feu : Programme empêchant les intrusions de crackers sur un ordinateur. Le principe du pare-feu repose sur un blocage des ports non autorisés à émettre ou à recevoir. Ce dispositif de protection antipiratage sur un réseau est encore nommé *firewall*.

PDF (*Portable Document Format*) : Format de fichier créé par Adobe affichable sur la majorité des plateformes informatiques.

Penguin : nom donné par le moteur de recherche Google à une nouvelle amélioration de son algorithme de classement des sites web dans ses pages de résultats. Apparu en 2012, le but essentiel de Penguin est d'éliminer les sites de faible intérêt, jusqu'à lors bien positionnés par une sur-optimisation, en terme de techniques de référencement, de leurs pages et par un nombre important de liens, souvent artificiels, pointant vers eux.

Permalink : Lien permanent vers une page web.

Plugin : Sous Joomla, petit programme ajoutant des fonctionnalités au système.

PNG (*Portable Network Graphics*) : Format d'image libre de droits.

Podcast : Fichier audio ou vidéo envoyé par flux RSS.

Pop-up : Fenêtre ouverte automatiquement dans un navigateur Internet.

Positionnement : Place d'un site web dans le classement d'un moteur de recherche.

Positionnement naturel : Place d'un site web dans le classement d'un moteur de recherche, sans rémunération du moteur.

Protocole : Ensemble de normes définissant une méthode d'échanges de données.

Provider : Voir *FAI*.

R

Redirection : Technique de renvoi d'une adresse Internet vers une autre.

Réécriture d'URL (*URL Rewriting*) : Technique de réécriture d'URL afin d'améliorer le référencement.

Registrar : Société d'enregistrement des noms de domaines.

Requête : Expression saisie dans un moteur de recherche dans le but de trouver l'adresse d'un site web.

Réseau : Ensemble d'ordinateurs reliés entre eux par un dispositif physique et logique.

Robot : Programme d'un moteur de recherche utilisé pour l'indexation.

Roll over : Affichage d'une information au passage du pointeur de la souris sur une zone d'une page web.

Routage : Acheminement de données d'un point à un autre.

Routeur : Dispositif permettant l'aiguillage des informations entre différents réseaux.

RSS (*Really Simple Syndication*) : Système de diffusion d'articles depuis un site web vers les internautes qui s'abonnent au service.

S

Sanbox : Temps de mise en retrait d'un site web par Google dans son index, pour diverses raisons.

SEO (*Search Engine Optimization*) : Optimisation d'un site pour le référencement dans les moteurs de recherche.

Section : Conteneur virtuel de catégories sous Joomla.

Serveur : Ordinateur dédié à l'adressage des fichiers ou des programmes aux ordinateurs clients. Dans un réseau, un serveur est la clé de voûte du système : il adresse les informations et les programmes aux postes clients qui en font la demande.

Serveur de messagerie : Ordinateur connecté à Internet et permettant aux abonnés de recevoir et envoyer des courriers électroniques.

Serveur web : Ordinateur qui héberge des pages web et répond aux requêtes des navigateurs. Également appelé serveur HTTP, un serveur web stocke des fichiers dont l'URL commence par `http://`.

Site dynamique : Site web dont les pages sont générées par lecture de leur contenu dans une base de données.

SiteMaps : Fichier placé dans un site web dans le but d'améliorer le référencement de toutes les pages du site.

SMTP (*Simple Mail Transfer Protocol*) : Protocole employé pour adresser les courriers électroniques sortants.

Spip : Système de gestion de contenu OpenSource.

Soumission : Inscription d'un site web dans un annuaire.

Spam : Courriels publicitaires adressés en grande quantité et généralement indésirables. C'est un facteur de ralentissement du réseau Internet, du fait de la surcharge inutile de trafic qu'il génère.

Spamdexing : Pratiques interdites permettant de tromper les moteurs de recherche.

Syndication : Principe de mise à disposition d'une partie d'un site à l'attention des autres sites qui souhaitent en afficher les contenus.

Système de gestion de contenu : Voir *CMS*.

Système d'exploitation : Programme de base permettant à l'ordinateur de fonctionner.

T

Tag : Voir *Balise*.

Taux de rebond : Pourcentage d'internautes visitant une page d'un site web et la quittant immédiatement après.

Taux de transfert : Terme désignant un débit de données pendant une transmission.

Taux de transformation : Pourcentage d'internautes ayant réalisé un achat par rapport au nombre total de visites.

TCP/IP (*Transmission Control Protocol/Internet Protocol*) : Regroupement de deux protocoles : TCP, qui gère les flux de paquets, et IP, qui effectue la vérification des erreurs. Ce protocole est le protocole standard utilisé sur Internet.

Téléchargement : Transfert de fichiers d'un ordinateur à un autre par Internet. On parle de débit descendant (*download*) lorsque le téléchargement à lieu vers l'ordinateur et de débit montant (*upload*) lorsqu'un fichier est chargé depuis l'ordinateur par une autre machine. Les protocoles FTP et HTTP sont les plus utilisés pour les téléchargements.

Template : Système de gestion de la mise en forme sur un CMS tel que Joomla.

Trafic : Total de visites reçues par un site web sur une période définie.

Trustrank : Indice de confiance accordé par Google à un site web.

Typo3 : Système de gestion de contenu OpenSource.

U

Unix : Système d'exploitation portable sur des machines de types différents.

Upload : Terme désignant un transfert de fichiers depuis l'ordinateur de travail vers une autre machine.

URL (*Uniform Ressource Locator*) : Adresse Internet. Système de dénomination des pages HTML sur Internet.

V

VirtueMart : Composant Joomla permettant de créer un site de commerce électronique.

W

W3C : Consortium assurant la fonction de normalisateur des protocoles utilisés sur Internet.

Web : Service d'Internet autorisant l'accès aux informations des serveurs web au moyen d'un interpréteur de code HTML, nommé navigateur. Les navigateurs les plus célèbres sont Internet Explorer et Firefox.

Web 2.0 : Terme désignant les techniques récentes utilisées sur le Web.

Webmaster : Personne ayant en charge la gestion d'un site web.

Wordpress : Système de gestion de contenu OpenSource.

WWW (*World Wide Web*) : Sigle désignant aujourd'hui, par abus de langage, l'ensemble des pages HTML disponibles sur Internet.

WYSIWYG (*What you see is what you get*) : Terme désignant un éditeur de HTML graphique et permettant de visualiser immédiatement le résultat obtenu.

X

XHTML : Langage de création des pages web.

XML (langage de balisage extensible) : Langage de création de fichiers de données permettant la définition de balises.

Z

Zip : Format de compression de fichiers le plus répandu, permettant de réduire la taille des fichiers et donc leur espace de stockage nécessaire ainsi que leur temps de téléchargement. De nombreux logiciels permettant de compresser et décompresser des fichiers au format ZIP sont téléchargeables sur le Net, mais ils deviennent inutiles sous Windows XP et Vista, qui savent effectuer cette tâche.

10.2. Adresses Internet utiles

Cette section vous propose quelques adresses Internet qui vous permettront de trouver des informations complémentaires sur Joomla.

- Portail Joomla francophone : http://www.joomla.fr.
- Portail Joomla francophone dédié aux extensions : http://www.joomlafrance.com.
- Portail Joomla francophone dédié à la documentation sur le produit : http://aide.joomla.fr.
- Portail Joomla francophone dédié aux forums d'entraide et de discussions : http://forum.joomla.fr.
- Forums de discussion Joomla en anglais : http://forum.joomla.org.
- Site des concepteurs de VirtueMart (en anglais) : http://virtuemart.net.
- Site de démonstration de VirtueMart : http://demo.virtuemart.net.
- Portail dédié aux extensions de VirtueMart : http://extensions.virtuemart.net.
- Site fournissant de nombreux templates Joomla : http://www.joomlademo.de.
- Site de MySql (en anglais) : http://www.mysql.com.

- Site francophone de MySql : http://www.mysql.fr.
- Site officiel de PHP (en anglais) : http://www.php.net.
- Création de texte latin de remplissage pour créer des maquettes de pages : http://fr.lipsum.com.
- Moteur de recherche Google : http://www.google.fr.
- Moteur de recherche Bing : http://www.bing.com.
- Moteur de recherche Orange : http://www.orange.fr.
- Moteur de recherche Yahoo : http://www.yahoo.com.
- Moteur de recherche Alta vista : http://fr.altavista.com.
- Google vidéo : http://video.google.fr.
- Apache : http://www.apache.org.
- Logiciel permettant d'installer de façon totalement automatisée un serveur Apache, PHP, MySQL sous Windows : http://www.easyphp.org.
- Logiciel permettant d'installer l'ensemble PHP Apache et MySQL sur Windows : http://www.wampserver.com.
- Le client FTP OpenSource FileZilla : http://www.filezilla.fr.
- CMS WordPress francophone : http://www.wordpress-fr.net.
- CMS Spip : http://www.spip.net.
- CMS Dotclear permettant de gérer des blogs : http://fr.dotclear.org.
- CMS Typo3 : http://typo3.org.
- CMS XOOPS France - Système Dynamique de Gestion de Contenu : http://frxoops.org.
- CMS Drupal France et francophonie : http://drupalfr.org.
- Site officiel de l'extension HikaShop : http://www.hikashop.com.
- Portail francophone de PrestaShop : http://www.prestashop.com/fr.
- Jardin Zen css, conception CSS : http://www.csszengarden.com/tr/francais.
- Mozilla Europe, navigateur web Firefox : http://www.mozilla-europe.org/fr/firefox.
- Navigateur web Opera Software : http://www.opera-fr.com.
- Navigateur web Google Chrome : http://www.google.com/chrome.
- Codes JavaScript : http://www.javascriptfr.com et www.codes-sources.com.
- L'éditeur JavaScript : http://www.editeurjavascript.com.
- Recherche de nom de domaine : http://www.indom.com.
- AFNIC : http://www.afnic.fr/outils/whois.
- Recherche de nom de domaine : http://www.whois.net.
- Hébergeur Magic OnLine : http://www.magic.fr.

- Hébergeur 1&1 : http://www1and1.fr.
- Hébergeur OVH : http://www.ovh.com.
- Hébergeur Gandi : http://www.gandi.net.
- Hébergeur Amen : http://www.amen.fr.
- Hébergeur NFrance : http://www.nfrance.com.
- Hébergeur NuXit : http://www.nuxit.com
- Hébergeur Ouvaton : http://www.ouvaton.coop.
- Hébergeur Strato : http://www.strato-hebergement.fr.
- Portail Free : http://www.free.fr.
- Téléchargement de logiciels gratuits ou de démonstration : http://www.telecharger.com.
- Logiciels Adobe : http://www.adobe.com/fr.
- Logiciel Photoshop Album Édition Découverte : http://www.adobe.com/fr/products/photoshopalbum/starter.html.
- Logiciel Adobe Photohop Express : http://www.photoshop.com/express/landing.html.
- Logiciels Corel Corporation : http://www.corel.com.
- Logiciel Picasa : http://picasa.google.fr.
- Logiciel The GIMP : http://www.gimp.org.
- Google Maps : http://maps.google.fr.
- Google Adsense : http://www.google.com/adsense.
- Google AdWords : http://www.google.com/adwords.
- Centre d'aide AdWords : https://adwords.google.fr/support.
- Blog officiel Adwords en français : http://adwords-fr.blogspot.com.
- Encyclopédie Wikipedia : http://fr.wikipedia.org.
- Encyclopédie de la distribution : http://www.distripedie.com.
- Tutoriels infographie, photo numérique et bureautique : http://www.mosaiqueinformatique.fr.
- Formations Joomla : http:www.mosaiqueinformatique.com.

A

B

C

D

E

F

G

H

I

J

K

L

M

N

O

P

R

S

T

U

V

W

X

Z

Notes

Notes

Notes

Notes

Notes

Notes

Notes

Composé et imprimé en France. - JOUVE, 1, rue du Docteur Sauvé, 53100 MAYENNE
N° 912341E. - Dépôt légal : juin 2012